Lipman Sznajder

Wladek war ein falscher Name

Lipman Sznajder

Wladek war ein falscher Name

Die wahre Geschichte eines dreizehnjährigen Jungen

SZNAJDER LIPMAN VERLAG

Meiner geliebten Frau Malka
für ihre unermüdliche Hilfe
und meinen Kindern
und Enkelkindern gewidmet

Einbandgestaltung: Atelier ZERO, München
Satz: DTP br
Druck- und Bindearbeiten: Ebner Ulm
Printed in Germany
ISBN 3-9802816-1-2

Die Rückkehr

Nachdem die schreckliche Zeit vorüber war, die Deutschen aufgerieben waren und ihren planlosen, überstürzten Rückzug in die Versenkung begonnen hatten, verfolgt von der russischen Armee, unseren Befreiern, beschloß ich, nach Chelm zurückzukehren, in die Stadt, in der ich geboren bin, in der ich meine Kindheit verbracht habe, aus deren Unbesorgtheit ich erbarmungslos herausgerissen worden war.

Die Fahrt nach Chelm dauerte nicht länger als fünfzehn Minuten und erschien mir dennoch endlos. Sie führte mich in eine Stadt, die ich mir in meinen Träumen immer bewahrt hatte, die aber jetzt, wo ich sie wiedersah, eine fremde geworden war. Fünfzehn Minuten, eine Ewigkeit, länger als jede Nacht während des Krieges! Noch einmal den Ort sehen, in dem ich aufgewachsen bin – und diesmal unter meinem richtigen Namen.

Ein Fahrzeug der Roten Armee hatte mich mitgenommen, und mein Glück beim Erreichen der Stadtgrenze von Chelm war unbeschreiblich. Am liebsten hätte ich jedem zugewinkt und lauthals geschrien: »Ich lebe, ich bin am Leben, ich, Lipman Sznajder, Shlomo Sznajders Sohn. Schaut her, ich bin es, der Urenkel von Abisz Szticziver. Ich bin der Hölle entronnen und bin zurückgekommen, um wieder Jude zu sein und nicht mehr Wladislaw Szymczyk, der angebliche Pole. Ich brauche nicht mehr zu fliehen und mich nicht mehr zu verstecken!«

Ich wollte laufen, schreien, meine Arme in die Luft werfen und zum Himmel hinaufrufen, daß ich wieder da bin, nach Chelm zurückgekehrt, in die Stadt meiner Kindheit – nicht als Wladislaw Szymczyk, sondern wieder als Lipele Sznajder, der Sohn des Kaufmanns Shlomo Sznajder. Ja, das wollte ich – aber ich konnte nicht.

Ich blickte mich überall um, aber für mich gab es nichts mehr zu sehen. Chelm, die Stadt, von der ich immer geträumt hatte und die ein so lebendiger Teil meiner Erinnerungen war, die Stadt meiner verlorenen Jugend, wo ich in behüteter Unbeschwertheit mit meiner großen Familie gelebt hatte, dieses Chelm war nicht mehr da. Mein altes Chelm war einfach nicht mehr vorhanden; die fremde Stadt,

in die ich jetzt zurückkehrte, präsentierte sich als eine graue, stumme, farblose und nichtssagende Steinwüste.
Meine ganze Familie war ausgerottet und meine Stadt war eine andere geworden. Mir war, als ginge ich über einen Friedhof: jedes Haus ein Grabstein zum Gedenken an eine ehrbare jüdische Gemeinde, die hier geblüht hatte und die zugrunde gegangen war. Ich starrte jedem zufällig Vorübergehenden ins Gesicht, aber ich erkannte niemanden. Dies war nicht mehr mein Chelm.
Wieder wollte ich schreien: »Schaut her, ich lebe«, aber es waren nur Fremde, die an mir vorbeigingen, und ich kannte niemanden, überhaupt niemanden, den ich mit meinem früheren Leben in Verbindung hätte bringen können.
Tief in meinem Innern steckte dieser ungeheure Schrei, der nach draußen wollte, aber meine Zunge klebte am ausgetrockneten Gaumen. Keiner schenkte mir Aufmerksamkeit. Wie hätte ich die ungeheure Freude darüber, daß ich überlebt hatte, mit Leuten teilen können, denen mein Name absolut nichts sagte?
»Schaut mich doch an, ihr alle, ich bin Lipele, Shlomo Sznajders Sohn. Ihr müßt euch doch an ihn erinnern! Ihr habt doch immer bei ihm eingekauft!« Sie schienen mich alle mit ausdruckslosen Augen anzublicken, sahen mich aber nicht, so als sei ich Luft oder Staub oder rein gar nichts.
Auch beim Anblick der noch intakten Häuser, die mir von früher her bekannt waren, wollte sich die alte Vertrautheit nicht wieder einstellen. Sie schienen mir so weit weg, so gesichtslos und verschwommen, als seien sie nie ein Teil meiner Kindheit gewesen. Die Stadt war grau; und so war der Himmel. Sogar der Sonnenaufgang schien ohne Glanz. Tristesse überall. Stillstand. Depression.
Ich hatte einmal einen Traum – ich hatte einmal eine Stadt – aber diese hier war es nicht.
Langsam ging ich auf die Kolejowastraße zu, um nach Frau Kowalska zu suchen, der ich meine Dankbarkeit erweisen wollte: einmal, weil sie mich in ihrem Haus versteckt hatte, und zum anderen, weil sie meine Identität nicht verraten und mich nicht bei den Nazis angezeigt hatte. Aber die Fensterläden an ihrem Haus waren geschlossen, und nichts rührte sich, als ich an die Tür klopfte. Keine

Antwort, kein Laut. Die Nachbarn, die ich fragte, ob sie wüßten, wo sie sein könnte, schauten mich verständnislos an und entgegneten mit offensichtlicher Gleichgültigkeit: »Sie ist fortgezogen. Nein, wir wissen nicht, wohin. Wir wissen nicht, ob sie zurückkommen wird. Wir wissen einfach überhaupt nichts ...« Frau Kowalska war verschwunden, und ich konnte ihr nicht danken. Auch sie für immer verloren!

Ich suchte noch einmal den Innenhof, wo mir einst ein Pole das Leben gerettet hatte, als er mich in seinem Hinterhof vor einem seiner Landsleute versteckte, die es sich zur Aufgabe gemacht hatten, Juden zu jagen, um sie dann an die Nazis auszuliefern. Auch ihn, meinen einstigen Retter, wollte ich aufsuchen, um ihm zu danken, aber ich konnte ihn nicht mehr finden.

Wie ein Schlafwandler bewegte ich mich durch die Straßen von Chelm. Hunderte von Menschen eilten an mir vorüber, aber ich erkannte keinen. Meine Füße trugen mich zu unserem ehemaligen Haus in der Lvowskastraße. Ich betrat den Hof und blieb stehen, wie vom Blitz getroffen. Nur noch Ruinen! Kein Stein mehr auf dem anderen.

Die Erinnerung an die beiden SS-Schergen Schlesinger und Schmidt überkam mich, und ich hörte sie ihre Befehle hinausschreien, man solle das Haus zerstören, die Grundmauern umgraben, um das Gold zu finden, das mein Vater hier versteckt haben soll; ihre Habgier machte sie zu Bestien.

Und nun sah hier alles aus, als seien Bombenvolltreffer niedergegangen; nur noch ein riesiger Schutthaufen war übriggeblieben; ein Mahnmal und eine Gedenkstätte für meine Familie, die für immer ausgelöscht war.

Ich durchstreifte weiter die Straßen von Chelm, einsam und verlassen, ohne Eltern, ohne Geschwister oder Freunde, mit denen ich die Freude meines Überlebens hätte teilen können. Der Krieg war vorbei, vorbei war aber auch mein Traum von Chelm, so wie ich es geliebt hatte; vorbei auch meine Kindheit, meine Jugend. Hatte es dieses Chelm wirklich einmal gegeben?

Ich habe versucht, mich zu erinnern ... und ich habe mich erinnert ... an alles, von Anfang an.

Der Krieg ist ausgebrochen

Viele Jahre sind seit dem Tag, an dem der Krieg über Chelm hereinbrach, vergangen, aber er hat sich für immer unauslöschlich in mein Gedächtnis eingegraben.

Es war ein Morgen wie jeder andere, und ich war gerade dabei, mich für die Schule fertigzumachen, als meine Mutter auf mich zukam, mich an den Schultern packte und sehr eindringlich zu mir sagte: »Lipele, heute brauchst du nicht zur Schule zu gehen. Die Schule ist geschlossen, denn heute ist der Krieg ausgebrochen.«

Ich schaute sie fragend an und verstand nicht, was sie damit meinte. Phantasiert sie? fragte ich mich; sicher hat sie geträumt! Nein, ich sah ihren Augen an, daß sie sehr wohl wußte, wovon sie sprach.

Ich war aber ein störrisches Kind und ließ mich durch nichts von meinem gewohnten Schulgang abhalten.

Als ich dort ankam, war ich allerdings sehr erstaunt, denn die Tore waren tatsächlich geschlossen. Besorgt und aufgeregt eilte ich nach Hause zurück. Mutter hatte recht gehabt; irgend etwas Ungewöhnliches lag in der Luft. Vielleicht war wirklich ein Krieg ausgebrochen, und dieses merkwürdige Wort konnte mein Leben und das meiner Familie völlig verändern.

Und dann war unsere Stadt plötzlich überfüllt mit fremden Menschen, die wir noch nie zuvor gesehen hatten. Männer, Frauen und Kinder waren aus Warschau, aus Lodz, aus Krakau und anderen Orten gekommen, ein wahrer Menschenstrom, der versuchte, dem Krieg, dem deutschen Moloch zu entkommen, solange sie noch eine Möglichkeit dazu hatten. Bis heute kann ich ihre verstörten Gesichter nicht vergessen: diese Menschen, die in panischer Angst davongelaufen waren, um ihr armseliges Leben zu retten.

Eine Flüchtlingsfamilie war auch zu uns in einem schwarzen Automobil auf den Hof gekommen, ein junger Mann von ungefähr fünfundzwanzig, dessen Frau einen Säugling von etwa acht Monaten auf dem Arm trug. Sie war vielleicht drei Jahre jünger als ihr Mann und sehr elegant gekleidet. Es war nicht zu übersehen, daß sie wohlhabend waren. Ich schaute sie an und dachte: Gestern waren sie noch reiche Leute, heute haben sie nicht einmal mehr ein

Dach über dem Kopf. Ihre Gesichter waren von Angst und Sorge gezeichnet. Meine Mutter war immer hilfsbereit, und sie bot ihnen an, daß sie ein paar Tage bei uns bleiben konnten, »bis sich die Lage wieder beruhigt hat«, sagte sie, »bis der Sturm vorüberzieht und die Gefahr vorbei ist«.

Wer hätte damals schon ahnen können, daß dieser Sturm alles zerstören würde, was sich ihm in den Weg stellte?

1939 war ein privates Auto in Chelm eine große Seltenheit, und daher übte dieses große schwarze Fahrzeug auf uns Kinder eine gewaltige Anziehungskraft aus. Shmuel und ich übernahmen die Herrschaft über das Automobil; wir kletterten darin herum, liebkosten es und waren einfach nicht mehr rauszukriegen. Wir setzten uns ans Steuer, drehten das Lenkrad wild hin und her und ahmten die Geräusche von Rennwagen nach, die mit halsbrecherischer Geschwindigkeit vorüberrasten – wechselten Gänge und so fort, wobei wir unter lauten Rufen das Tempo immer weiter steigerten, als ob wir über eine Rennstrecke führen.

Das junge Paar mit dem Baby wurde in unserer Küche einquartiert. Eine ganze Woche lang versuchten sie Benzin aufzutreiben, bis sie endlich ihre Flucht fortsetzen konnten. Sie bedankten sich überschwenglich bei meiner Mutter und gaben ihr ihre Adresse, »damit wir vielleicht noch einmal zusammenkommen, wenn der Krieg vorbei ist«. Sie bestanden darauf, für ihren Aufenthalt zu bezahlen, aber Mutter weigerte sich, etwas dafür zu nehmen. »Ich habe euch aufgenommen, um zu helfen, aus keinem anderen Grund«, sagte sie, »und schon gar nicht wegen des Geldes.«

Und überhaupt, wer brauchte jetzt noch Geld? An dem Tag, als der Krieg ausbrach, hatte Geld seine Bedeutung verloren, und niemand wollte mehr etwas für Geld hergeben, denn plötzlich waren die Scheine zu wertlosem Papier geworden.

Aber mein Vater, ein weiser und vorausblickender Geschäftsmann, hatte den Wertverlust des Geldes in Kriegszeiten vorausgeahnt und seine Barschaft noch rechtzeitig in Waren umgesetzt: Zucker, Kaffee, Mehl und andere Lebensmittel, die lange haltbar waren. Er füllte ganze Lagerhäuser mit Essig, Seife und allen möglichen unverderblichen Waren, die er noch bekommen konnte.

Eines dieser Lager, ein großer Keller von ungefähr hundert Quadratmetern, befand sich ganz in der Nähe unseres Hauses. Alles, was Vater in seinen Lagern nicht mehr unterbringen konnte, brachte er nach Hause, und so wurde auch unser Heim mehr und mehr zu einem Warendepot, in dem die Vorräte bis an die Decke gestapelt waren.

Obwohl wir Lebensmittelvorräte angelegt und uns für kommende Gefahren vorbereitet hatten, war uns die volle Bedeutung des Kriegsausbruchs nicht aufgegangen, bis zu dem Tag, als deutsche Flugzeuge am Himmel von Chelm auftauchten und damit begannen, ihre Bombenpakete fallen zu lassen. Als die Bomben einschlugen und Teile der Stadt in Flammen aufgingen, wurde die Angst vor dem realen Krieg allgegenwärtig spürbar.

Es war der Bahnhof von Chelm, der das erste Ziel der deutschen Bomben wurde. Danach eilten die Gerüchte und Geschichten von Haus zu Haus, denen zufolge Tote und Verwundete in der Bahnhofsgegend lägen, und für uns Kinder waren diese Gerüchte so aufregend wie die Geräusche des Krieges selbst.

Shmuel und ich konnten es zu Hause nicht mehr aushalten; keine Gefahr konnte uns schrecken, und wir liefen zum Bahnhof, um uns selbst zu überzeugen, was an diesen unverständlichen Geschichten dran war.

Schon von weitem sahen wir Menschenmassen, die planlos umherliefen; Flammen überall; Tote und Verwundete über den Platz verstreut. Da kroch auch in uns langsam ein bisher unbekanntes Gefühl der Angst hoch.

Ich war damals gerade zwölf, Shmuel, mein kleiner Bruder, war ein Jahr jünger; zwei Kinder, die dem Krieg direkt ins Gesicht starrten, die unmittelbar in den Rachen des Todes blickten. Zwei Kinder, die beim Herabfallen von Bomben erwachsen wurden. Verstört und verängstigt kehrten wir zu unseren Eltern zurück, und unsere Mutter ermahnte uns: »Es ist jetzt zu gefährlich draußen, bleibt besser im Haus.«

Und dann, als uns schon alles hoffnungslos verloren schien, kamen auf einmal die Russen. Lange Panzer- und Lastwagenkolonnen, voll mit Soldaten. Die Einwohner von Chelm hießen die Russen mit offenen Armen willkommen, mit Freude, Respekt und Wohlwollen. Menschenmassen säumten die Straßen, als sie in die Stadt einfuhren, und sie jubelten ihnen freudig zu und warfen ihnen Süßigkeiten oder Blumen hinauf. Junge Frauen winkten den Soldaten aufgeregt entgegen, und diese bedankten sich mit ihren lachenden Gesichtern. Die Russen taten ihr Bestes, um uns zu helfen, und sie gaben uns das Gefühl, daß der ganze Kriegsspuk nun bald vorüber sein würde. Aber unser Glück war nur von kurzer Dauer, denn bald erfuhren wir, daß die Russen den Befehl hatten, Chelm nur zwei Wochen nach ihrem Einmarsch wieder zu verlassen. Ein Passus des Ribbentrop-Molotow-Vertrages bestimmte, daß sie sich hinter eine Linie zurückzuziehen hatten, die etwa zwanzig Kilometer von Chelm entfernt und auf der anderen Seite des Flusses, der *Bug* hieß, lag. Danach trennte uns das große, breite Flußbett des *Bug* vom Gefühl der trügerischen Sicherheit, das uns der Einmarsch der Russen vermittelt hatte.

Bevor sie sich auf die andere Flußseite zurückzogen, versuchten die russischen Soldaten, die Juden von Chelm zu überreden, mit ihnen auf die andere Seite überzuwechseln. Sie schlugen den Juden vor, all ihre Habseligkeiten zusammenzupacken: Möbel, Lebensmittel, Haushaltsgegenstände, einfach alles. Eine ganze Woche lang zogen die Russen von Haus zu Haus, um den Juden ihre Vorschläge zu unterbreiten. Sie kamen auch zu uns, und ein junger russischer Offizier sprach lange mit meinem Vater. Er versprach ihm einen Lastwagen, auf den er unseren ganzen Besitz aufladen könne. »Sie können mit uns auf der anderen Seite des Flusses ein neues Leben aufbauen«, versuchte er Vater zu überzeugen.

Meine Eltern aber konnten sich für diese Lösung nicht begeistern. Sie berieten sich mit anderen Familienmitgliedern, überlegten hin und her, wägten ab, aber am Ende aller Überlegungen und Beratungen setzte sich Vaters Entscheidung durch, nämlich, daß sie ihr Haus und ihr Geschäft nicht aufgeben würden. Nur zwei meiner Vettern, Lipman und Wolf, entschieden sich für den Vorschlag der Russen und gingen mit ihnen über den Fluß.

Zu der Zeit wollten viele Juden noch nicht wahrhaben, daß die Deutschen ihnen etwas antun würden. Dennoch blieb ein bohrender

Zweifel. Was, wenn sie es doch tun würden? Auch wir blieben von diesen Zweifeln nicht verschont, und so entschied Vater sich für einen Kompromiß: Esther und unser ältester Bruder Moshe sollten zusammen mit den beiden Vettern zu den Russen gehen, während die Eltern, Drejza, Shmuel und ich in Chelm bleiben würden. Mutter wandte sich zwar vehement gegen diesen Plan, aber schließlich setzte Vater sich durch: Esther und Moshe würden mit den Russen gehen.

Aber vorher gab es die Abschiedsszenen – Umarmungen, Küsse, Schulterklopfen, Ermahnungen, es wollte kein Ende nehmen. Als der endgültige Abschied nicht mehr länger hinausgezögert werden konnte, brach Esther in hemmungsloses Schluchzen aus, und auch Moshe konnte seine Tränen nicht mehr zurückhalten. Wir Kleineren standen daneben und waren verzweifelt; kein Zureden konnte uns trösten. Nur Vater bewahrte Haltung.

Wir hatten uns immer noch nicht voneinander getrennt – Mutter konnte die beiden nicht loslassen –, als Esther plötzlich laut schluchzend sagte: »Ich kann nicht weggehen.« Und Moshe schloß sich ihren Worten sofort an. »Ich bleibe auch.«

Die Koffer wurden wieder ausgepackt, und Mutter sagte: »Was auch immer kommen mag, wir werden es gemeinsam durchstehen.« So blieben wir alle zusammen und waren glücklich – zumindest vorläufig.

Es war ein grauer, regenverhangener Tag, an dem deutsche Truppen in Chelm einmarschierten. Ein Tag, an den sich die Menschen noch heute mit Entsetzen und Schaudern erinnern. Mein Bruder und ich rannten zur Lubelskastraße, der Hauptdurchgangsstraße von Chelm, um ihren Einmarsch in die Stadt mitzuerleben. Für uns Kinder bedeutete das nicht mehr als nur ein beeindruckendes Schauspiel; wir konnten ja nicht ermessen, was diese endlos langen Kolonnen von deutschen Panzern mit ihren nach Osten gerichteten Geschützrohren für uns bedeuten würden.

Als wir zum erstenmal deutsche Soldaten erblickten, waren wir tief beeindruckt von ihren tadellos sitzenden Uniformen und ihren hohen Lederstiefeln. Allerdings erschienen uns die Gesichter streng und unnahbar. Irgendwie ging ein Eindruck gewaltiger Macht von ihnen aus, und die Menschen wurden von bösen Vorahnungen erfüllt. Der unbeschreibliche Aufmarsch zog sich über zwei Stunden lang hin.

Wir kehrten kleinlaut nach Hause zurück. »Die Deutschen sind da«, berichteten wir unserer Mutter. Wir waren ja noch unwissende Kinder, die keine Ahnung hatten, welche Schrecken ihrem Einmarsch in Chelm bereits vorausgegangen waren. Aber viele Erwachsene hatten davon gehört, und sie wußten es. Alles. Zumindest glaubten sie das damals.

Zunächst änderte sich gar nichts am täglichen Leben in Chelm, nur langsam wurde die bedrückende Anwesenheit der SS spürbar. Ein Gefühl der Ohnmacht und Bedrohung lag in der Luft, das sich ganz besonders unter den Juden ausbreitete, denn die Nazis hatten begonnen, sich in Chelm als die absoluten Herren aufzuspielen.

Sie bestimmten die Bildung eines Judenrates, der sich aus Vertretern der jüdischen Gemeinde zusammensetzte, die von den Deutschen eingesetzt wurden und oft nicht mit den bisherigen Vorstehern der Gemeinde identisch waren. In Chelm bestand der Judenrat aus Persönlichkeiten der angesehensten Stände, wie zum Beispiel Rechtsanwälte, Ärzte, Apotheker oder Intellektuelle. Auch einige der wohlhabendsten Gemeindemitglieder gehörten ihm an, und seine Aufgabe bestand darin, die Befehle der Nazis an die Juden weiterzugeben und für die genaueste Befolgung zu sorgen.

Schon sehr bald bekamen wir den ersten Vorgeschmack der Brutalität, mit der die SS in Chelm vorging. Drei Tage nach ihrem Einmarsch räumten sie die Nervenklinik und schafften die Insassen beiseite. »Wir brauchen das Gebäude für unsere Soldaten«, war die Erklärung, »und nicht für nutzlose Verrückte.« Später erfuhren wir, daß die »nutzlosen Verrückten« die ersten Todesopfer ihres Terrors wurden.

Und jetzt begann die Verfolgung der Juden, und zwar wurden sie zunächst gejagt und gefangengenommen, um sie »arbeiten zu lassen«, was mit Schlägen und Verunglimpfungen verbunden war. Andere wurden gezwungen, ihre Geschäfte zu öffnen und wertvolle Waren für wertlose polnische Zloty zu verkaufen. Auch unser Geschäft fiel unter diese Vorschrift.

Die Szenen wiederholten sich mit beängstigender Regelmäßigkeit: deutsche Soldaten, die wie wilde Horden in die Geschäfte der Juden einfielen, sämtliche Regale leerten und die Ladenbesitzer erniedrigten, die – zu Tode erschrocken und fassungslos – zu fliehen versuchten.

Eine Ohrfeige für meine Mutter

Diese Überfälle auf Juden spielten sich nicht nur in öffentlichen Einrichtungen ab, sie machten auch vor unseren Wohnungstüren nicht halt.
So erschien in unserem Falle das Übel in Gestalt eines SS-Angehörigen, der energisch zu wissen forderte, was wir im Hause versteckt hielten. »Zeigt mir, was ihr hier gehortet habt«, herrschte er Mutter an, die mit uns Kindern allein im Haus war. Ich konnte das boshafte Funkeln in seinen Augen sehen, während er ständig wiederholte: »Was habt ihr versteckt? Zeigt mir sofort, was ihr versteckt habt!« Mutter versuchte Haltung zu bewahren. Sie stand da, groß und stolz, und sie schaute auf den Soldaten herab, der hysterisch herumbrüllte; aber dann antwortete sie mit äußerster Ruhe, die ihr jedoch sichtbar große Anstrengung abverlangte: »Wir besitzen nichts. Sie vergeuden hier nur Ihre Zeit.« Der SS-Mann aber gab sich damit nicht zufrieden. Er stürmte ins Schlafzimmer meiner Eltern und tobte weiter: »Und was habt ihr hinter dem Schrank versteckt?«
Wir hatten den Schrank absichtlich dorthin gestellt, um den Zugang zu dem dahinterliegenden Raum damit zu verdecken, in dem Vater tatsächlich große Warenvorräte gelagert hatte.
»Hinter dem Schrank?« fragte Mutter, so ruhig, wie es ihr nur möglich war. »Was da liegt, gehört uns nicht; das gehört anderen Leuten und wurde nur bei uns deponiert.«
Das überzeugte den Deutschen jedoch nicht. Er schob den Schrank kraftvoll zur Seite, und das Versteck von Zucker, Mehl, Öl, Seifen und anderen Waren lag offen vor ihm. Wir standen da wie angewurzelt, und mir wurde klar, daß uns jemand angezeigt haben

mußte, da er so zielstrebig genau auf den Platz zugegangen war, wo er nachzusehen hatte. Und bestimmt war dieser Gewaltmensch nicht per Zufall in unser Haus geraten.
Wie der Blitz drehte er sich nach meiner Mutter um. Die Ledersohlen quietschten auf dem Fußboden, und noch während er seine Drehung ausführte, ahnten wir bereits den kommenden Schlag: mit unvorstellbarer Geschwindigkeit erhob er die Hand und schlug meiner Mutter mit voller Kraft ins Gesicht.
Wir, ihre Söhne und Töchter, standen wie versteinert daneben. So etwas hatten wir noch nie erlebt! Ein Mensch, der die Hand gegen unsere Mamuschka erhebt! Mit kindlichem Zorn wäre ich am liebsten über diesen unmenschlichen Barbaren hergefallen und hätte ihn grün und blau geschlagen. Wieso hat er sie geschlagen? pochte es ständig in meinem Kopf. Weil sie Lebensmittel gekauft hat, um uns zu versorgen? Es war *unser* Geld, und *unser* Vater hatte hart dafür arbeiten müssen. Nur mit Mühe konnte ich meine Empörung über eine derartige Ungerechtigkeit zügeln. Wie sollte ich ruhig mit ansehen und gleichgültig ertragen, wie dieser arrogante Mensch sie schlug, meine beste Mutter, die zu allen Menschen gut war? Ich konnte mich einfach nicht beruhigen, daß dieser brutale Deutsche sie geschlagen hatte. Warum nur? Warum?
Mutter stand kerzengerade da, mit erhobenem Kopf. Ein Ausdruck von Stolz lag in ihren Zügen, dem eine unbeschreibliche Verachtung, ja fast sogar Mitleid beiwohnte. Sie warf dem Nazi einen Blick zu, der so durchbohrend war, daß man meinte, er müsse davon schmerzhaft berührt werden. Kein Laut war über ihre Lippen gekommen, aber sie war schneeweiß im Gesicht. Ihr Mund zog sich zusammen, und ihre Gesichtsmuskeln zuckten nervös. Nur daran war zu erkennen, daß sie den natürlichen Instinkt bekämpfte, seinen Schlag zu erwidern. Ich konnte es noch immer nicht fassen: Meine liebste Mutter, der von allen Menschen Respekt und Verehrung entgegengebracht wurde, entehrt mit ihrer brennenden Wange, geschlagen von einer Bestie! Ich stand daneben wie versteinert.
Das Schweigen wurde durch den Befehl des Deutschen unterbrochen: »Ihr werdet diese Waren sofort in euer Geschäft bringen und verkaufen. Wagt ja nicht, irgend etwas für euch selbst zu nehmen.«

Um uns daran zu hindern, etwas aus dem Zimmer zu entfernen, schloß er die Tür ab und versiegelte sie mit Wachs. »Wir sorgen dafür, daß bis morgen mittag alle Waren im Geschäft sind, und zwar verkaufsfertig«, drohte er und ging.
Die Nachricht verbreitete sich wie ein Lauffeuer in der Stadt: Die Sznajders hatten Befehl bekommen, ihren gesamten Warenvorrat zu verkaufen. Die Deutschen erlaubten jeder Familie in Chelm, ein Kilo Zucker und eine bestimmte Menge anderer Waren zu erwerben. Vor dem Geschäft meines Vaters bildete sich eine lange Schlange, in der die Menschen stundenlang geduldig warteten, bis sie an die Reihe kamen. Nach drei Tagen war alles verkauft und die Regale leergefegt. Anstelle seiner Waren hatte Vater nur noch eine unglaublich große Menge wertloser polnischer Zloty, mit denen zu der Zeit absolut nichts mehr anzufangen war.
Die Schikanen der Deutschen gegen die Juden breiteten sich aus wie eine ansteckende Krankheit. Sie wurden festgenommen, ins Gefängnis geworfen und in Lager gesteckt. Geschichten von Juden, die man einfach niedergeschossen hatte, machten die Runde. Aber all das war erst der Anfang der Ausführung eines teuflischen Plans, ausgebrütet in diszipliniertem Wahnsinn, der nichts anderes zum Ziel hatte, als die Juden auszurotten – so als ob es nichts Natürlicheres auf der Welt gäbe, als Juden umzubringen.
Eines Tages erging der Befehl, daß sich alle männlichen Juden im Alter zwischen sechzehn und fünfundsechzig Jahren auf dem Marktplatz in der Lubelskastraße zu ihrer Registrierung einzufinden hätten. Der Erlaß enthielt eine deutliche Warnung: »Wer versucht, sich der Registrierung zu entziehen, wird ohne Rücksicht auf seine Person erschossen.« So einfach und so irrsinnig: Registrierung oder eine Kugel!
Vater und mein älterer Bruder Moshe, die unter die Bestimmung fielen, konnten sich nicht entscheiden, wie sie sich verhalten sollten, aber nachdem die Situation mit allen Onkeln und Tanten lang und breit durchdiskutiert worden war, kamen sie zu dem Schluß, daß sie es nicht wagen durften, sich dem Erlaß zu widersetzen.
Bereits um acht Uhr am nächsten Morgen hatten sich die Juden auf dem Marktplatz versammelt. Auch ich war mitgegangen, obwohl

ich aufgrund meiner Jugend von der Bestimmung ausgenommen war. Aber ich wollte unbedingt sehen, was sich da abspielte, denn meine Neugier war stärker als meine Furcht.
Eine Stunde später traf die SS ein, einige kamen in Autos angefahren, andere hoch zu Roß. Sie umstellten den Platz, kreisten die versammelten Juden ein und begannen plötzlich, ohne ersichtlichen Grund, auf alles und jeden einzuschlagen.
Erst später begriff ich, daß auch dies Teil ihrer Strategie war – Terror verbreiten, Chaos verursachen, Furcht einflößen und damit den Juden ihre Minderwertigkeit klarmachen.
Nachdem die Aktion der sinnlosen Schläge vorüber war, mußten die Juden sich in Dreierreihen aufstellen. Ein SS-Angehöriger schnappte sich den breitkrempigen Hut eines Juden und ging damit durch die Reihen und befahl jedem, seine gesamten Wertsachen hinzulegen. Wer versuchte, sein Eigentum zu behalten, wurde verprügelt.
Der SS-Mann ging mit großer Brutalität und Menschenverachtung vor. Sein Blick verfolgte jedes Stück auf seinem Weg in den Hut; er reagierte kaum, wenn ein gewöhnlicher Gebrauchsgegenstand hineingelegt wurde, aber wenn es sich um etwas wirklich Wertvolles handelte, war seine Anerkennung unübersehbar, und zwar sowohl für den Gegenstand selbst wie auch dafür, wie schwer sich sein Besitzer davon trennte. Diese »Zeremonie« zog sich über Stunden hin.
Als die Taschen der Juden vollkommen ausgeplündert waren, mußten sie sich in Viererreihen aufstellen, und dann wurden sie aus Chelm hinausgeführt, in Richtung Chrubieszow. Ich versuchte mit allen Mitteln, Vater und Moshe nicht aus den Augen zu verlieren.
Wie so viele andere, lief auch ich der Prozession hinterher, um zu verfolgen, wohin man sie brachte und was mit ihnen passieren würde.
Zunächst machten einige den Eindruck, als nähmen sie die ganze Angelegenheit nicht ernst. Manche versuchten sogar, einen komisch aussehenden Gleichschritt einzuhalten, als ob sie in einer Parade marschierten.
Langsam aber breitete sich doch Angst aus, als sie erkannten, daß

man sie ins Ungewisse führte. Nachdem sie die Stadtgrenze überschritten hatten, wurden die Hinterherlaufenden, zu denen auch ich gehörte, abgeblockt und zurückgeschickt. Chelm war ringsum von deutschen Wachposten umstellt, und jedem, der sich nicht registrieren lassen mußte, wurde befohlen umzukehren. »Wir werden auf alle das Feuer eröffnen, die sich nicht daran halten«, warnten sie unmißverständlich.
Kurz bevor ich umkehrte, sah ich den ersten Toten. Es war der Sohn eines bekannten Steinmetzes, und da er hinkte, konnte er mit den anderen nicht Schritt halten. Seine Gehbehinderung störte das gleichmäßige Tempo der Prozession, und die Deutschen konnten keine Störung brauchen. Zuerst versuchten sie noch, ihn anzutreiben, aber als sie erkannten, daß er nicht schneller gehen konnte, erschossen sie ihn vor aller Augen. Er war das erste Opfer der Aktion, die später als »Todesprozession« bekannt werden sollte.
Bald machten Gerüchte über das Schicksal derer, die in der Prozession abgeführt worden waren, die Runde. Die Polen verbreiteten die Nachricht, daß die Juden im Wald exekutiert würden; ein Gerücht, das meine Mutter – verständlicherweise – in Panik versetzte. Sie nahm einen Wagen und fuhr mit meinem Bruder Shmuel und mir in die Richtung, in die die Abgeführten gegangen waren.
Der Weg der Todesprozession war durch Gruben gekennzeichnet. In einer davon waren fünfzehn Juden vergraben, in einer anderen zwanzig. Alle waren während des Marsches erschossen und entlang der Route vergraben worden. Die Deutschen töteten erbarmungslos jeden, der in der Prozession zu langsam ging – oder auch zu schnell, um vielleicht zu entkommen. Es wurde nicht lange gefackelt.
Am nächsten Tag zogen wir von einem Haus zum anderen in dem vergeblichen Versuch, wenigstens etwas über Moshe und Vater zu erfahren. Mutter und Esther erkundigten sich, fragten, flehten. Niemand wußte etwas; niemand hatte sie gesehen. Mutter verlor ihre mühsam aufrechterhaltene Fassung, und auch wir begannen zu weinen. Allmählich wuchs in uns die Überzeugung, daß das Schlimmste passiert war und daß wir Vater und Moshe nie mehr wiedersehen würden.
Und dann kursierten eines Tages wieder die Gerüchte: sie seien hier

und da gesehen worden – lebend. Aber niemand konnte etwas Bestimmtes sagen. Fast eine Woche lang liefen wir in Chelm von Haus zu Haus auf der Suche nach jeder, wenn auch nur der kleinsten Information; befragten, wen immer wir trafen, jedoch ohne Ergebnis.
Aber wir waren in unserem Leid nicht allein. Das Grauen hatte nahezu jedes Haus in Chelm erreicht, und die Stadt befand sich in einer Art von kollektivem Schockzustand; in Furcht und Schrecken. Shmuel und ich wollten nicht aufgeben. Wir betrieben unsere Nachforschungen auf eigene Faust weiter. Eines Tages fuhren wir mit der Kutsche fünfzehn Kilometer weit aus der Stadt heraus, wieder einmal in der Hoffnung, die Spur eines Lebenszeichens und somit einen Funken Hoffnung auszumachen. Wir waren den ganzen Tag ergebnislos unterwegs gewesen, bis wir dann abends müde und enttäuscht beschlossen, nach Hause zurückzukehren.
Schon von fern konnten wir erkennen, daß unser Haus irgendwie anders aussah: hell erleuchtet und bewohnt. Unsere Aufregung steigerte sich ins unermeßliche, und wir hatten eine gute Vorahnung, die allerdings durch die Angst vor Enttäuschung niedergehalten wurde.
Irgend etwas hat sich zu Hause verändert, sagte ich mir. Ich trieb die Pferde an und schwang ungeduldig die Peitsche. Ich konnte nicht schnell genug unser Haus erreichen, und als wir eintraten, erblickten wir Vater und Moshe. Erschöpft und innerlich aufgewühlt, aber überglücklich, weil sie davongekommen waren, berichteten sie uns, was sie während der »Todesprozession« durchgemacht hatten.
Zuerst war die Prozession der Unglücklichen nach Chrubieszow geführt worden. Zwei Kilometer vor dem Ufer des *Bug* wandte sich der SS-Wachposten an sie: »Ab sofort wird nicht mehr auf euch geschossen. Aber jetzt müßt ihr rüber auf die andere Seite des Flusses, zu den Russen, übersetzen.«
Alle Juden gingen auf die Brücke, während die Deutschen ein Maschinengewehr auf dem polnischen Ufer des Flusses in Position brachten und verkündeten: »Wer versucht zurückzukommen, wird erschossen.«
Nachdem die Juden die russische Seite des Flusses erreicht hatten,

gaben die Russen ihnen zuerst einmal etwas zu essen und gestatteten ihnen auch, sich eine Weile auszuruhen, aber dann sagten sie ihnen klar und deutlich, daß ihre Befehle aus Moskau sich inzwischen geändert hätten und daß alle Juden wieder auf die polnische Seite, die unter deutscher Kontrolle stand, zurückzukehren hätten.
Viele ungewisse Stunden vergingen mit Verhandlungen, Debatten und Telefonaten. Während dieser Zeit ließen die Deutschen ihre Seite der Brücke unbewacht, und das nutzten Vater und Moshe aus, um auf die polnische Seite herüberzukriechen, wo sie ungesehen einen Wagen erwischten, der bereit war, sie nach Chelm mitzunehmen. Das war die »Todesprozession – 1939«, wie sie mir von meinem Vater und Moshe geschildert wurde: Von 3000 Juden, die an jenem Tag vom Marktplatz in Chelm aufgebrochen waren, kamen nicht einmal mehr ganze 1000 zurück.

Das Elend im Ghetto

Die grauenvollen Erlebnisse während der Todesprozession verursachten Vater immer wieder Alpträume, die ihn nicht nur nachts, sondern auch tagsüber heimsuchten. Das Interesse an seinem Geschäft hatte er ganz und gar verloren, zum Teil natürlich auch deshalb, weil es keinen Sinn hatte, Waren gegen wertlose Zloty zu verkaufen, und so gab er es eines Tages ganz auf. Er suchte nach einer Arbeit und fand auch bald eine Anstellung in der Mühle, in der auch sein Bruder Moshe beschäftigt war. Selbst unser Drängen konnte ihn nicht dazu bewegen, sein Geschäft doch weiterzuführen.
Eines Tages jedoch teilten Esther und Moshe ihm ihren lange gehegten Plan mit, nämlich, daß die beiden das Geschäft selbst weiterführen wollten.
Vater, der zu dieser Zeit völlig apathisch war, hatte keine Einwände. »Macht, was ihr wollt; macht nur ruhig, was ihr wollt«, war alles, was er dazu zu sagen hatte.
Das Geschäft lief schon bald recht gut. Viele der Polen, die mit großer Besorgnis der Zukunft entgegensahen, hatten sich auf harte

Zeiten vorbereitet und Gold gehortet; das konnten sie nun anstelle ihrer wertlosen Währung benutzen, um Waren einzukaufen.
Meine Geschwister nahmen die Geschäftsbeziehungen zu den Firmen wieder auf, mit denen Vater vor dem Krieg zusammengearbeitet hatte, und diese waren bald die Hauptlieferanten für verschiedene Artikel.
In erstaunlich kurzer Zeit nahm unser Leben in Chelm wieder seinen normalen Gang – falls diese Redewendung überhaupt angebracht ist, um eine Situation zu beschreiben, in der Tag für Tag mehr Menschen festgenommen, geschlagen und gedemütigt wurden und in der sich Juden fürchteten, einen Fuß vor ihre Haustür zu setzen.
Bald schon hatten sich die Nazis ein neues Schandgesetz für uns ausgedacht: Alle Juden, die älter als dreizehn Jahre waren, mußten auf ihrem rechten Vorderärmel einen weiß-schwarzen Davidstern tragen, eine Armbinde der Schande, als weithin sichtbares Zeugnis ihres Judentums. Da wir das Alter der Bar Mitzvah noch nicht erreicht hatten, waren Shmuel und ich von dieser Aktion wieder einmal nicht betroffen.
Wir lebten inmitten einer Gerüchteküche – Geschichten, die sich teils als falsch, teils als wahr herausstellten. Ein Gerücht hielt sich hartnäckig und wurde von Haus zu Haus hinter vorgehaltener Hand weitergetragen, nämlich, daß alle Juden in ein einziges Areal zusammengepfercht werden sollten, das zum Ghetto erklärt würde.
Der Verstand meines Vaters arbeitete immer noch messerscharf, und er war von Anfang an überzeugt davon, daß dies *kein* Gerücht war. Sein Verantwortungsgefühl für die Familie war wieder voll erwacht, und er begann heimlich damit, Vorbereitungen für die neue Situation, die seiner Meinung nach mit Sicherheit eintreten würde, zu treffen.
Sämtliche Informationen darüber, wo sich das Ghetto befinden sollte, wurden zwar streng geheimgehalten, aber dank Vaters guten Verbindungen zum Judenrat gelang es ihm, die dafür vorgesehene Lage herauszufinden. Er machte sich sofort auf Wohnungssuche, und das Glück war auf seiner Seite, denn schon bald konnten wir eine geräumige Dreizimmerwohnung beziehen, komplett mit Küche und obendrein noch zwei Kellerabteilen. Ein Fuhrwerk trans-

portierte unsere Siebensachen in die neue Wohnung, und was wir nicht mitnehmen konnten, wurde entweder verkauft oder verschenkt.

Meine Familie gehörte zu den ersten Juden, die ins Ghetto einzogen; das war eine Weile vor dem Passahfest 1940; bis zu diesem Zeitpunkt mußte der Umzug aller Juden ins Ghetto vollzogen sein. Vater war mal wieder – wie immer, wenn es darauf ankam – ungewöhnlich weitblickend gewesen; für viele, die später kamen, gab es nur noch quälend beengte Verhältnisse: Zwei und drei Familien wurden in Wohnungen gesteckt, die für höchstens zwei oder drei Personen geeignet waren. Das Ghetto von Chelm war zwar nicht von Mauern umschlossen, aber es war ein isoliertes Wohnviertel, und es war den Juden streng untersagt, dieses zu verlassen und sich in den polnischen Wohngegenden zu bewegen.

Die dominante Person in unserer Familie war Großmutter Raza. Sie war damals gerade fünfundachtzig geworden, oder vielleicht auch schon achtundachtzig. Sie erklärte kategorisch, daß keine Macht der Welt sie ins Ghetto brächte. »Ich bin hier geboren«, erklärte sie stolz, »und hier werde ich auch sterben. Nicht in einem Ghetto!«

Als auch die letzten aus unserer Verwandtschaft umgesiedelt waren, zog sie zu einer ihrer Freundinnen ins Haus, zu Sarah, der Frau von Rabbi Dovidl, einem gutherzigen, tiefgläubigen und aufrechten Mann, der zusammen mit uns in der Synagoge betete. Jeden Succoth lud er uns ein, ihn zu besuchen. Da er und Sarah keine eigenen Kinder hatten, galt uns seine ganze Zuneigung.

Aber Großmutter Raza lebte nicht lange bei Sarah und Dovidl. Unmittelbar vor dem Passahfest, bevor sie ihren Fuß auch nur ein einziges Mal ins Ghetto setzen mußte, starb sie, Ich erinnere mich noch gut an die letzten Worte, die sie mir auf jiddisch sagte, kurz bevor sie starb. »Nimm dich ja vor den Deutschen in acht – und paß gut auf dich auf.«

Die Lebensbedingungen im Ghetto waren nur ein weiteres Glied in der Kette einer sadistischen Strategie der Nazis: Unerträglicher Druck sollte auf die Juden ausgeübt werden, man wollte zeigen, daß sie vegetieren wie die Tiere, und man wollte ihnen dadurch ihre Minderwertigkeit klarmachen.

Im großen und ganzen bemühten sich die Ghettobewohner um Harmonie in ihrem Zusammenleben, und Leid und Freud wurden gleichermaßen geteilt. Trotzdem konnten Hunger und qualvolle Enge nicht ohne Wirkung auf die Menschen bleiben, so daß die allgegenwärtige Depression ins unermeßliche wuchs.

Der Ausbruch von Typhus, der wegen der unhygienischen und beengten Verhältnisse besonders dramatische Formen annahm, kam wie ein weiterer Fluch über uns. Die Krankheit hatte nahezu in jeder Familie Todesopfer gefordert. Nur wenige verfügten über Kenntnisse, wie man sich bei dieser Krankheit zu verhalten hatte, und das wenige, das sie wußten, waren nur Bruchstücke und oft nicht einmal richtig.

Auch mich hatte der Typhus erwischt, aber meine Mutter machte sich auf die Suche nach dem besten Arzt, zahlte horrende Summen für die notwendige Medizin, und dank ihrer entschlossenen Initiative war ich in kürzester Zeit wieder auf den Beinen. Es war ein Segen, daß wir uns den Luxus einer ärztlichen Behandlung leisten konnten. Im Gegensatz zu vielen anderen, ehemals wohlhabenden Familien, die nichts mehr besaßen, als im Ghetto ankamen, hatte mein Vater es verstanden, entsprechende Vorbereitungsmaßnahmen zu ergreifen. Geld war das Lebensblut im Ghetto; ohne Geld gab es keine Möglichkeit, Hunger oder Krankheiten zu überstehen, auch nicht, dem Tod zu entrinnen.

Zwei Monate, nachdem ich mich wieder erholt hatte, erkrankte mein kleiner Bruder Shmuel. Vielleicht war es Typhus, vielleicht aber auch irgendeine andere schwere Krankheit. Die Ärzte gaben die Hoffnung auf; er war nahezu gelähmt, fiel in ein tiefes Koma und mußte künstlich ernährt werden. Wir waren vor Sorge um Shmuel fast krank, nur Mutter ließ den Mut nicht sinken. Wieder rief sie die besten Ärzte an sein Bett, kaufte die teuersten Medikamente und pflegte ihn so, wie sie es zuvor für mich getan hatte – bis das erflehte Wunder geschah.

Ich höre den Arzt, als er an Shmuels Bett stand, auch heute noch sagen: »Wenn er diese Nacht übersteht, dann hat er eine Chance zu überleben.« In jener Nacht saßen alle an Shmuels Bett und wachten, nur ich konnte nicht gegen meine Müdigkeit ankämpfen und schlief ein. Als ich wach wurde, dämmerte der Morgen, und ich schaute als erstes auf Shmuel, der zwar unglaublich schwach, aber mit offenen Augen dalag. Aus seinem leichenblassen Gesicht strahlte eine tiefe Dankbarkeit. Er konnte zwar noch kein Wort sprechen, aber wir merkten, daß er jeden erkannte, und wir wußten: Er hat es überstanden. Das Glück trieb uns die Tränen in die Augen, und meine Dankbarkeit für meine einzigartige Mamuschka, die uns allen das Leben geschenkt hatte, war übergroß und nicht mit Worten zu beschreiben.

Die Sorgen um die eigene Familie hielten Vater nicht davon ab, auch an andere zu denken, die weniger Glück hatten als wir. Mit ein paar Juden tat er sich zusammen, und sie richteten eine kleine Suppenküche im Ghetto ein, um die zu speisen, die gar nichts mehr hatten – heiße Suppe, um »die Seele wiederaufzurichten«.

Als Teil eines sozialen Hilfsprogramms für das Ghetto hatte der Judenrat in Zusammenarbeit mit meinem Vater beschlossen, eine Marmeladenfabrikation aufzuziehen; das war im Winter 1940. Die Marmelade sollte verkauft und der Gewinn an Bedürftige verteilt werden, so daß sie etwas zu essen hätten. Mein Vater sollte in seiner Eigenschaft als Fabrikleiter zusammen mit einigen anderen nach Warschau fahren, um dort die erforderlichen Rohmaterialien einzukaufen. Der Judenrat sorgte für die besondere Reiseerlaubnis. Aber meine Mutter hatte Einwände: »Bleib hier. In dieser Zeit ist es nicht gut zu verreisen«, meinte sie, »zu Hause bist du in Sicherheit!«

Aber Vater ließ sich nicht aufhalten, und so trat er schließlich seine Reise an, ausgerüstet mit einer Sondererlaubnis der SS, und bereits nach einigen Wochen konnte die Fabrik ihren Betrieb aufnehmen. Ein Teil der Marmelade wurde außerhalb und ein Teil im Ghetto selbst verkauft, und dieses System war ein Segen für das Ghetto. Die Nazis jedoch waren von unserem Sinn für private Initiative nicht begeistert, und nach kurzer Zeit wurde den Juden befohlen, die florierende Fabrik wieder zu schließen.

Zum Passahfest 1941 war den Juden von den Nazis erlaubt worden, Matzen für ihren Feiertag zu backen. Das Leben war zwar hart, aber noch erträglich. Ich glaube, daß die Deutschen uns damals

ziemlich in Ruhe ließen, weil sie mit ihren Vorbereitungen zum Rußlandfeldzug beschäftigt waren.
Chelm war übervoll mit deutschen Soldaten; manche waren nur auf der Durchreise zur Front hier, andere blieben in der Stadt stationiert. Ich lief ihnen ständig über den Weg, wo immer ich auch hinging.
Eines Tages – ich schlenderte gerade die Straße entlang – kam einer von ihnen auf mich zu:
»Möchtest du kaufen?«
»Was verkaufen Sie denn?« wollte ich wissen.
»Schokolade. Ich habe auch Zigaretten.«
Welcher Vierzehnjährige kann schon widerstehen, wenn ihm Schokolade in Aussicht gestellt wird oder eine Zigarette, die er heimlich auf der Toilette paffen kann?
»Komm mit mir«, schlug der Soldat vor.
Und ich, unerfahren und naiv, folgte ihm, ohne an etwas Böses zu denken. Er marschierte los – ich immer hinterher –, und wir gingen zielstrebig in Richtung Friedhof, der auf einem Hügel in der Nähe der Pocztowa-Chrubieszowska-Straße lag. Wir kletterten ganz nach oben, und inmitten der heiligen Stätte, die unsere Vorfahren angelegt hatte, den Grabsteinen aus dem Ersten Weltkrieg, den dickstämmigen Bäumen mit Blättern, die im Wind rauschten, und der Atmosphäre ehrfürchtiger Mystik, die auf Friedhöfen herrscht, packte der junge Soldat plötzlich meinen Arm, und zwar ziemlich ruppig. Er war ungefähr vierundzwanzig, klein und dünn, mit dunklen, tiefliegenden Augen. Schwer atmend stand er vor mir.
Für den Bruchteil einer Sekunde war ich schockiert, bis ich erkannte, daß er mir überhaupt nichts verkaufen wollte – keine Schokolade und auch keine Zigaretten. Ich versuchte, mich aus der bärenstarken Umklammerung zu lösen, und schubste ihn mit dem Ellenbogen auf die Seite. Er atmete in einer Art und Weise, die mir unheimlich war: leidenschaftlich, wobei er merkwürdige Töne von sich gab und ein seltsames Flackern in seinen Augen hatte. Lähmende Angst überkam mich, als ich zu begreifen begann, was dieser Deutsche vorhatte. Aber mein Verstand war nicht ausgeschaltet. Aus einem Blickwinkel konnte ich in einiger Entfernung ein Pärchen erspähen:

ein dunkelhaariges, molliges Mädchen und ein junger Mann mit einem gekräuselten Schnurrbart. Ich verstärkte meinen Widerstand gegen den Soldaten und fing lauthals an zu schreien. »Hilfe«, rief ich so laut, daß das Paar mich hören mußte. Da erblickte schließlich auch der Soldat die beiden, ließ mich los und rannte fort. Erleichtert, aber immer noch zitternd, starrte ich dem Flüchtenden nach; er schien das Gleichgewicht zu verlieren, als er den Hang hinunterraste und dabei loses Gestein und Äste mit sich riß; und selbst als er schon ein Stück von mir entfernt war, glaubte ich noch, seinen schweren Atem zu vernehmen.

Nachdem der Soldat verschwunden war, kam das Paar zu mir her, und der junge Mann sagte: »Du hattest großes Glück. Wären wir nicht dagewesen, hätte er was Schreckliches mit dir angestellt, und du hättest dafür mit deinem Leben bezahlen müssen. Dieser Deutsche wollte dich vergewaltigen. Verstehst du das?«

Schon allein diese Worte ließen mich erschaudern. Er war weg, aber was blieb, waren die Angst und die Vorstellung, daß dieser Nazi mich umgebracht hätte, damit ich seine Schandtat nicht aufdecken könnte.

In Begleitung des Paares, das mich gerettet hatte, kehrte ich in die Stadt zurück. Ich war zwar immer noch verängstigt, aber meine Lektion hatte ich gelernt: Die Lust auf Schokolade hatte mich in die Arme dieses Homosexuellen getrieben und hätte mich beinahe das Leben gekostet. Ich kehrte ins Ghetto zurück, wagte aber nicht, irgend jemandem von meinem Erlebnis zu erzählen. Ich wußte nur zu gut, daß meine Mutter mir eine fürchterliche Standpauke gehalten hätte, denn diesen Leichtsinn hätte sie mir wohl kaum verziehen. Das Erlebnis hatte eine schwere Depression zur Folge. Ich zog mich ganz in mich zurück und konnte die Szene mit dem Deutschen, dessen abartige Lust mich beinahe das Leben gekostet hätte, lange Zeit nicht abschütteln. Ich dankte Gott auf den Knien dafür, daß er mir das junge Paar zur Rettung geschickt hatte.

Der Tod in seiner ganzen Häßlichkeit

Der Krieg zwischen Deutschland und Rußland brach an einem christlichen Feiertag aus, am Sonntag, dem 22. Juni 1941. Ich erinnere mich an diesen Tag, als sei es erst gestern gewesen. Bald nach ihrer Invasion begannen die Deutschen damit, Chelm mit russischen Kriegsgefangenen vollzustopfen. Zuerst wurden sie in Gruppen von zehn oder zwanzig Mann gebracht; bald aber wurden es mehr und mehr, so daß die Deutschen eigens ein Lager gegenüber dem Friedhof in der Lvowskastraße, nicht weit von unserer Wohnung entfernt, für sie errichteten.

Unter schwerer deutscher Bewachung mußten die gefangenen Russen das Lager aufbauen. Sie errichteten Baracken, die mit Elektrozäunen abgeriegelt wurden, um Ausbrüche zu verhindern. Bald aber war auch dieses Lager mit 5000 Gefangenen hoffnungslos überfüllt. Tausende von jungen Männern, für die es nichts zu essen gab; nicht einmal eine dünne Suppe wurde für sie gekocht. Ich habe sie mit eigenen Augen Gras essen sehen, aber diese ungeeignete Nahrung hatte oft schlimme Folgen. Sie wurden immer schwächer vor Hunger, und erst als sie schon fast verhungert waren, wurden sie aus dem Lager in einen Zug verladen und an einen anderen Bestimmungsort gebracht – vielleicht in einen Wald, vielleicht aber auch irgendwo anders hin, wo sie umgebracht wurden.

Als es Herbst wurde, gab es in Chelm keinen einzigen russischen Kriegsgefangenen mehr. Niemand hatte auch nur die geringste Ahnung, was mit ihnen geschehen war, und auch ich habe die entsetzliche Wahrheit nur durch Zufall erfahren.

Eines Tages, als ich gerade die Straße hinunterging, wurde ich festgenommen und mußte mit ein paar anderen Juden das Kriegsgefangenenlager niederreißen, den Stacheldraht einrollen und die ganze Ausrüstung auf Lastwagen verladen.

Im Lager selbst wurde ich dann schließlich mit dem Greuel konfrontiert. Hunderte, vielleicht sogar Tausende von Leichen lagen herum. Alle diese Russen waren innerhalb weniger Wochen im Lager umgebracht worden, wobei sie nicht die geringste Chance hatten, sich zu verteidigen. Abgeschlachtet wie die Lämmer. Sie

waren so ausgehungert, daß sie nichts unternommen hätten, auch wenn sie die Möglichkeit gehabt hätten, sich zu wehren. Sie konnten nur noch daran denken, wie sie etwas zu essen bekommen könnten. Manche hatten die Qualen nicht ausgehalten und sich einfach aufgehängt, andere sprangen in einen tiefen Schacht im Lager. So erlebte ich den echten Holocaust, als ich hier zum erstenmal in meinem Leben mit dem Tod in seiner ganzen Grausamkeit und Häßlichkeit konfrontiert wurde. Hunderte und aber Hunderte von Leichen.
Wir mußten sie auf Lastwagen aufladen und in die Wälder transportieren, wo sie vergraben wurden.
Manche Ereignisse kann man einfach nicht aus der Erinnerung streichen, und ich kann noch immer nicht diesen grauenhaften Anblick vergessen, ein Anblick, der immer wieder in mir aufsteigt. Tote kann man begraben; sie fühlen nichts mehr. Aber diejenigen, die mit solch unauslöschlichen Erinnerungen zurückbleiben, leben fortan in einem tiefen Loch, im Schatten des Todes weiter. Äußerlich mag man ihnen vielleicht gar nichts anmerken, aber in ihrem Innern bleiben Narben, und wenn es auch scheinen mag, als ob sie mit der Zeit heilten, so brennen sie doch ein Leben lang. Und wenn mich ein besonders höllischer Alptraum in kaltem Schweiß gebadet aufwachen läßt und mir die Bilder von aufgerissenen Leibern ins Gedächtnis zurückruft, dann kann niemand das Entsetzen nachvollziehen, das mich wieder ergreift. Wer einen solchen Anblick jemals vor Augen hatte – Leichen, an denen nichts Menschliches mehr zu erkennen war –, der kann das bis ans Ende seiner Tage nicht vergessen.
Aber nicht nur dieses grauenhafte Ereignis überschattete unser Leben. Informationen über andere Greueltaten drangen langsam zu uns durch: Juden würden umgebracht. Mit Gas. Wir hörten Namen wie Himmler, Eichmann, Sobibor, Majdanek, Travniki, Treblinka. Polen, die frei herumreisen konnten, erzählten uns, daß jüdische Männer, Frauen und Kinder riesige Gruben ausheben mußten. Danach zwang man sie, sich auszuziehen, und dann wurden sie erschossen, sie brachen zusammen und fielen in die Gräber, die sie vorher selbst mit eigenen Händen geschaufelt hatten. Keiner, der

diese Geschichten hörte, konnte sie glauben. Die Leute sagten vielmehr: »Die sind ja verrückt; solch grausame Geschichten können nur kranke, wahnsinnige Gehirne erfunden haben. Sie können nicht wahr sein. Ja, vielleicht sind ein paar Kommunisten erschossen worden. Das wird aber auch schon alles sein.« Andere versuchten, die Geschichten abzumildern: »Männer und Frauen sind vielleicht tatsächlich getötet worden, aber Kinder ...! Unmöglich! Was haben die denn mit Kommunismus zu tun?«

Ende 1941, oder vielleicht war es auch schon Anfang 1942, wurden alle Juden aus Lublin vertrieben, und so kamen mein Onkel Pinchas und seine zwei Söhne aus Lublin zu uns in die Wohnung. Ester, seine Tochter, die damals so um die Zwanzig war, hatte sich geweigert, mit ihnen zu kommen. Sie hatte beschlossen, in Lublin zu bleiben, um dort den Besitz der Familie zu hüten. Das war eine unglückliche Entscheidung: Sie wurde verhaftet und erschossen.

Onkel Pinchas und seine Söhne Chaim-Yosl und Itzele bekamen ein Zimmer in unserer Wohnung. Wir nahmen sie gerne auf.

Mein Vater, der jeder Situation noch etwas Gutes abgewinnen konnte, sagte zu mir und meinem Bruder Shmuel: »Die Deutschen haben euch verboten, zur Schule zu gehen, also wird euch ab sofort Itzele zu Hause unterrichten. Niemand wird es erfahren.« Shmuel ging gerne zur Schule, und daher freute er sich auf den Unterricht. Ich war jedoch weniger begeistert von dieser Beschneidung meiner Freizeit, aber Vater gab nicht nach, und so hatten wir täglich Unterricht.

Itzele war schon ein richtiger Gelehrter, es fehlte ihm nur noch ein Jahr Studium, um zum Rabbi geweiht zu werden. Er lehrte uns die Bibel und brachte uns Mathematik bei. Wir waren aufmerksame und gelehrige Schüler, die seinen Unterricht wirklich ernst nahmen. Er seinerseits war uns gegenüber außergewöhnlich tolerant und locker. Es war eine Schule, die Lehrer und Schülern Freude machte.

Anfang 1942 begannen die Deutschen, Juden auch aus Deutschland und der Tschechoslowakei zu vertreiben und sie im Ghetto von Chelm anzusiedeln. Sie kamen mit der Eisenbahn, wie Ölsardinen zusammengepfercht in trostlosen, verschmutzten Güterwaggons, unter Bedingungen, die nicht einmal für Tiere auf ihrem Weg zum

Schlachthof zumutbar gewesen wären. Und dann wurden sie ins Ghetto gesteckt, in dem eine unvorstellbare Enge herrschte: Neun oder zehn Personen in einem Raum, was zu unerträglichen Spannungen und unbeschreiblichen hygienischen Verhältnissen führte. Die jüdische Gemeinde versuchte zu helfen, aber sie konnte in Anbetracht ihrer eigenen Lage kaum etwas ausrichten. Mit jedem Tag kamen weitere verzweifelte Juden an; die Wohnungen im Ghetto waren vollgestopft mit hoffnungslosen Neuankömmlingen, deren Augen die Qual und Furcht vor dem widerspiegelten, was an Unglück noch auf sie zukommen sollte.

Eines Morgens sah ich in der Miene meines Vaters eine ungewohnte, fast hoffnungslose Bedrückung; mir schien, als ob eine dunkle Wolke vor seinem Gesicht hinge. Zunächst versuchte er, seinen Kummer vor uns zu verbergen. Schließlich jedoch konnte er es nicht länger für sich behalten und berichtete uns, was er im Judenrat gehört hatte: »Die Deutschen haben beschlossen, alle Juden von Chelm nach Wlodawa zu bringen; Wlodawa ist ungefähr vierzig Kilometer von Chelm entfernt, aber nur fünf Kilometer vom Konzentrationslager Sobibor.«

Damals waren sie gerade dabei, Sobibor zu bauen. Die Mauern waren schon errichtet und die Gaskammern installiert. Wir sollten glauben, daß in der Gegend von Wlodawa – in der Nähe des Flusses *Bug*, nahe der russischen Grenze – eine neue Stadt für die Juden gebaut würde. Mein Vater jedoch kannte schon damals die Wahrheit, aber er wollte uns nicht noch zusätzlich damit belasten und uns nichts davon sagen. Wir lebten ohnehin in ständiger Angst, da niemand wußte, ob der nächste Tag nicht der letzte sein würde.

Da Vater gezwungen war, die SS mit Waren zu versorgen, erhielt er eine Sondergenehmigung, sich auch außerhalb des Ghettos frei zu bewegen. Über den Judenrat versorgte er die SS mit Kaffee, Tee, Reinigungsmitteln und Kleidung. Auch Polen und Ukrainer kamen aus den benachbarten Dörfern zu uns in den Laden; sie waren unsere zuverlässigste Informationsquelle. Von ihnen haben wir zuerst erfahren, daß tote Juden in Gräbern lagen, die sie zuvor selbst ausheben mußten. Inzwischen glaubte auch mein Vater diese Geschichten, egal wie phantastisch sie klangen; er glaubte sie, war aber nicht fähig, die Ungeheuerlichkeit der Verbrechen in ihrem Ausmaß, in ihrer ganzen Grausamkeit und Kaltblütigkeit zu erfassen. Auch heute noch ist es kaum zu begreifen, daß solche Greueltaten an Menschen tatsächlich begangen worden sind und daß es sich keineswegs um Phantastereien handelte, wie viele Leute das damals noch glauben wollten.

Noch heute muß ich mit den Tränen kämpfen, wenn ich an meine geliebte Schwester Drejza denke. Eines Tages vertraute sie mir an, daß sie wahnsinnig gerne in den polnischen Sektor ins Kino gehen möchte. Drejza war meine Lieblingsschwester. Sie war so fein und hübsch: braune Augen, kurzes schwarzes Haar, groß und schlank. Ich versuchte, sie von diesem leichtsinnigen Vorhaben abzubringen, denn daß unsere Eltern uns bestrafen würden, wenn sie davon erführen, dessen war ich ganz sicher. Aber Drejza ließ sich nicht abbringen. Sie war damals erst siebzehn und wollte unbedingt einen bestimmten Film sehen. Sie hatte sich sogar schon einen Plan zurechtgelegt und war fest entschlossen, ihn auch durchzuführen.

Ich sollte tagsüber die Eintrittskarten besorgen; abends wollten wir uns dann ein paar Minuten, nachdem der Film lief und es im Kino dunkel war, hineinschleichen, ohne daß uns jemand sehen würde – zwei junge, furchtlose Juden, obendrein noch verantwortungslos, die so einfach und frech in den polnischen Sektor eindrangen!

Die Eintrittskarten kosteten einen Zloty. Nachdem der Saal verdunkelt war, schlichen wir uns hinein. Ich war recht stolz, daß ich meiner großen Schwester ihren Wunsch erfüllen konnte, und die Gefahr dabei schreckte mich überhaupt nicht. Ich achtete kaum auf die Bilder, die über die Leinwand liefen; die Genugtuung, daß Drejza mich dazu auserwählt hatte, sie zu begleiten, war mir Vergnügen genug. Sie dagegen genoß jeden Augenblick, ihre Augen hingen gebannt an dem Geschehen auf der Leinwand. Ich wunderte mich, daß mir niemand meine Aufregung anmerkte – eine Mischung aus Spannung und Furcht. Was würde passieren, wenn uns ein Pole erkannte?

Kurz bevor der Film zu Ende war, standen wir zusammen auf, liefen gemeinsam hinaus und flohen zurück in die Sicherheit des Ghettos. Wir hatten für einen kurzen Augenblick des Vergnügens für Drejza unser Leben aufs Spiel gesetzt. Für nichts! Wenn die Polen uns erwischt hätten – ich wage nicht auszudenken, was uns passiert wäre. Aber an jenem Tag war das Glück auf unserer Seite. Und so blieb dieses im Grunde doch recht harmlose Erlebnis unser Geheimnis, das wir mit keinem aus der Familie teilten, nicht einmal mit unserem lieben Bruder Shmuel.

Schlesinger

Eines Tages platzte ein SS-Mann in unseren Laden. Sein Name war Schlesinger. Er stand breitbeinig da, die Arme in die Hüften gestemmt und mit tadellos gebügelter Uniform. Der Ausdruck in seinem Gesicht verbreitete Terror, als er meinen Vater mit schnarrender Stimme anbrüllte: »He, du, Sznajder, wie viele Söhne hast du?«

»Drei«, antwortete mein Vater, ganz ruhig, so als ob keinerlei Gefahr von Schlesinger ausginge.

Der schnarrte zurück: »Derjenige, der auf dem Schwarzmarkt Geld verkauft hat! Morgen früh! In meinem Büro! Um neun! Und du wirst ihn begleiten! Hast du verstanden, Sznajder?«

Vater hatte sehr wohl begriffen, was passiert war, aber er behielt seine würdevolle Haltung und tat, als ob er von nichts eine Ahnung und keine Angst hätte, verhört zu werden. Innerlich jedoch flatterte alles vor Aufregung in ihm.

Der offizielle Umtauschkurs war zwei Zloty zu einer Mark. Aber auf dem schwarzen Markt war die Mark 2,24 Zloty wert. Irgend jemand mußte den Deutschen verraten haben, daß Moshe, mein älterer Bruder, mit Geld Schwarzhandel betrieb.

Vater hüllte sich in Schweigen, und Schlesinger verließ den Laden. Nachdem die brenzlige Angelegenheit im Familienkreis besprochen worden war, waren sich alle klar darüber, daß Moshe sich auf keinen Fall bei Schlesinger melden durfte, da man damit rechnen mußte, daß er nicht mehr lebend zurückkäme. »Wenn die Deutschen schon Juden umbringen, die überhaupt nichts angestellt

haben, werden sie auch keine Hemmungen haben, Moshe wegen illegalen Geldumtauschs zum Tode zu verurteilen«, war die einhellige Meinung in der Familie.
Wir saßen um den Tisch herum und wußten uns keinen Rat. Schlesingers Befehl hing über uns wie ein Damoklesschwert. Unsere Angst wurde noch verstärkt, weil wir wußten, daß Schlesingers Drohung auch im Judenrat bekanntgegeben worden war: »Falls der Judenbengel nicht erscheint, werde ich die ganze Familie Sznajder ins Gefängnis werfen.«
Auf allen Gesichtern spiegelte sich Hoffnungslosigkeit. Was war zu tun? Ich war ganz sicher, daß diese Angelegenheit das Ende für meinen älteren Bruder Moshe bedeutete. Mutter ging nervös im Zimmer auf und ab, Vater murmelte Unverständliches vor sich hin, dazwischen betete er leise, aber alle waren wir uns der Tatsache bewußt, daß Moshe eine Verabredung mit dem Tod hatte, wenn er den Termin bei Schlesinger einhielt.
Auf einmal hellte sich Vaters Gesicht auf. Er wandte sich in sanftem Ton an mich: »Lipele, ich habe mir gedacht, vielleicht könntest du an Moshes Stelle zu Schlesinger gehen. Du bist zu jung, dich werden sie vielleicht ungeschoren davonkommen lassen.«
Meine Mutter, die auf einen derartigen Vorschlag nicht vorbereitet war, stieß einen lauten Protestschrei aus.
Alle schauten mitleidsvoll auf mich. Ich erkannte, wie unbehaglich Vater sich fühlte und daß er dabei war, einen Weg zu finden, wie er Moshe retten konnte. Mir war klar, daß die Familie jetzt entscheiden würde, wer zu Schlesinger geschickt, und daß sicher ich der Auserwählte sein würde.
»Selbstverständlich werde ich gehen«, sagte ich zu meinem Vater. »Ich habe keine Angst; ich werde gehen!«
Mein kluger Vater sah mich mitleidsvoll an. »Ich weiß, Lipele, daß du tapfer bist. Aber wir müssen ganz sicher sein, daß du auch genau verstehst, was deine Aufgabe ist und was du sagen sollst. Bleib fest dabei, daß du nicht mehr als zwei Zloty für die Mark bekommen hast. Nicht mehr. Nur zwei Zloty. Laß dich von niemandem verwirren. Nur zwei Zloty für eine Mark.«
Am nächsten Morgen war ich zur vereinbarten Stunde in Schlesin-

gers Büro. Vater wartete im Vorzimmer. Schlesinger ließ mich vor seinem Schreibtisch sitzen, er setzte sich mir gegenüber hinter den Schreibtisch, nahm einige Unterlagen aus der Schublade und fing an mich zu verhören:

»Verstehst du Deutsch?«

»Ja, ich kann Deutsch.«

»Wie heißt du?«

»Lipman Sznajder.«

»Dein Geburtsdatum?«

»15. März 1927.«

»Hast du Reichsmark an einen Juden verkauft?« Er erwähnte den Namen eines Mannes, der oft zu uns in den Laden kam.

»Ja, hab ich«, antwortete ich mit dem ungetrübten Vertrauen eines Kindes. »Er zahlte mir 4000 Zloty, und ich gab ihm 2000 Mark.«

Schlesinger sprang von seinem Stuhl hoch; er stellte sich vor mich hin: »Du lügst«, schrie er mich an. Seine Stimme kippte beinahe um. »Du lügst«, wiederholte er, und seine Worte hallten schmerzhaft in meinen Ohren wider. Er öffnete eine andere Schublade, nahm eine Peitsche heraus und ließ sie vor mir schnalzen.

Seine Absicht war klar: Ich sollte so eingeschüchtert werden, daß ich alles gestehen würde. »Dein jüdischer Kumpan hat ja schon zugegeben, daß er dir mehr bezahlt hat«, schrie er. Aber ich blieb bei meiner Version. Ruhig und gelassen wiederholte ich: »Ich habe ihm 2000 Mark für 4000 Zloty verkauft. Das ist alles.«

Schlesinger öffnete wieder die Schublade, zog eine Pistole heraus und hielt mir den Lauf direkt vor die Augen. Mir wurde mulmig zumute, und ich starrte wie hypnotisiert in die Mündung, so als ob ich dem Tod direkt ins Auge blickte. Mein Herz schlug wild, und ich konnte hören, wie mein Puls schneller wurde. In meinen Schläfen klopften Trommeln. Mir wurde schwindlig, und ich erwartete mein Ende. Aber ich dachte an Vaters Worte. Nein, ich würde nichts anderes sagen.

»Der Jude hat gestanden, daß er dir mehr bezahlt hat«, zischte Schlesinger. Und ich, abermals wie eine gesprungene Schallplatte: »Ich habe ihm 2000 Mark für 4000 Zloty verkauft. Das ist alles.«

Im nächsten Moment war Schlesinger so in Rage, daß sicher jeder

Angst vor ihm bekommen hätte. Er war ein eher kleiner Mann mit krummen Beinen, der seine Haare frisiert hatte wie Hitler, mit dem Scheitel auf der rechten Seite. Er war höchstens zweiunddreißig und hatte den Ruf, ein kaltblütiger Mörder zu sein.
Meine Augen waren nur auf die Pistole in seiner Hand gerichtet, ich fühlte mich wie das Kaninchen vor der Schlange, wehrlos gegen seine unberechenbare Wut. Plötzlich jedoch – ohne erkennbaren Anlaß, ich kann wirklich nicht erklären, wieso – kam eine unerklärliche Gelassenheit über mich: Er wird es nicht wagen, mich umzubringen, ging es mir durch den Kopf. Sein Benehmen kam mir auf einmal theatralisch vor, wie eine Szene in einem absurden Theaterstück. Ich lachte nicht. Im Gegenteil, ich behielt meinen verängstigten Blick bei, aber ich war ganz ruhig, denn die innere Stimme in mir wiederholte wieder und wieder: Mach dir keine Sorgen. Es ist alles in Ordnung.
»Ich werde dich auspeitschen«, drohte Schlesinger, aber er tat nichts dergleichen. »Ich werde dich erschießen«, kreischte er, aber er führte seine Drohung nicht aus. »Auf der Stelle hier, in diesem Augenblick. Wenn du weiterhin lügst, wird das dein letztes Stündlein sein.« Aber mein letztes Stündlein kam nicht.
Das Gezeter ging weiter, bis Schlesinger endlich erkannte, daß ich von meiner Version nicht abweichen würde. Er packte mich am Arm und brüllte mich an, während er mich in hohem Bogen aus seinem Büro warf: »Sag deinem Vater, er soll zu mir kommen. Und zwar sofort!«
Sobald Vater den Raum betreten hatte, wurde die Tür hinter den beiden geschlossen, so daß ich nichts hören konnte. Nach einer halben Stunde öffnete die Tür sich wieder, und Vater winkte mich herein. Schlesinger, der noch immer gereizt war wie ein Stier, wandte sich an mich: »Ich verlange, daß du mir jetzt endlich die Wahrheit sagst. Wie viele Zloty hast du für die 2000 Mark bekommen?«
Noch bevor ich den Mund aufmachen konnte, fühlte ich Vaters Hand auf meiner Wange brennen; er hatte mir eine saftige Ohrfeige verpaßt. Mit dieser Kraft hatte er bis jetzt noch nie zugeschlagen. Dann sagte er etwas ganz Unverständliches zu mir, nämlich: »Lipe-

le, hör jetzt wirklich mit dem Leugnen auf. Es bringt doch nichts zu lügen. Gib schon zu, daß du 2,24 Zloty für die Reichsmark, die du verkauft hast, bekommen hast.«

Ich starrte fassungslos auf meinen Vater; das konnte doch nicht wahr sein! Aber dann sah ich in seinen Augen eine Botschaft, die er mir vermitteln wollte, und daß es ihm ernst war mit dem, was er gesagt hatte. Ich senkte den Kopf und sagte kleinlaut: »Ja, es stimmt. Er hat mir 2,24 Zloty für jede Reichsmark gegeben.« Die Ohrfeige brannte immer noch in meinem Gesicht, ich empfand sie als Beleidigung, als eine Schande, aber es war das letztemal im Leben, daß Vater seine Hand gegen mich erhob.

Nachdem Vater das Büro Schlesingers verlassen hatte, befahl dieser mir, mich wieder hinzusetzen. Er spannte ein Blatt in die Schreibmaschine und tippte mein Geständnis hinsichtlich meiner Aktivitäten als Schwarzmarkthändler. Danach ließ er mich das Protokoll unterschreiben. Nach der Unterschrift auf mein Geständnis erwartete ich eigentlich, daß ich nun abgeführt und erschossen würde. Da aber kam Vater wieder zurück und bedeutete mir, nach Hause zu gehen.

Als ich in unseren Laden kam, wurde ich wie ein Held begrüßt: der junge jüdische Mordskerl, der aus Schlesingers Klauen mit dem Leben davongekommen ist. Ich verstand nicht, was an meinem Geständnis so mutig gewesen sein soll.

Erst später, als Vater bleich, müde und abgespannt nach Hause kam, erkannte ich die Bedeutung dessen, was geschehen war. Vater sah trotz allem, was wir durchgemacht hatten, zufrieden aus, als er erzählte, wie er mein Leben von Schlesinger zurückgekauft hatte. Der Nazi wollte Gold, Silber, Pelze, Vorhänge, Lebensmittel und alle möglichen Waren, um den »Vorfall zu vergessen« und mich am Leben zu lassen. Natürlich hat Vater ihm alles, was er verlangte, versprochen, damit ich dank einer Ohrfeige und fürstlichem Lösegeld vor dem sicheren Tod bewahrt wurde.

Als man damit anfing, die Juden aus dem Ghetto in Chelm zu vertreiben, stellte sich bald heraus, daß die Geschichte der Nazis über eine im Bau befindliche Stadt für Juden in der Nähe von Wlodawa erlogen war. Hunderte, ja Tausende von Juden wurden in Güterwaggons aus Chelm wegtransportiert – an jenen Ort, aus dem es kein Zurück gab. Zwar durfte jeder eine Tasche mit persönlicher Habe mitnehmen, aber auch das war nur ein Teil der Täuschung. Es war nicht vorgesehen, daß sie diese persönlichen Gegenstände jemals benutzen würden.

Bald nach den Erwachsenen kamen die Kinder an die Reihe. Die Nazis jagten sie in den Straßen, und wenn sie welche aufspürten, wurden sie auf Lastwagen geladen und zum Bahnhof gebracht, um nach Wlodawa transportiert zu werden – oder zumindest sagte man ihnen das. In Wirklichkeit war die Endstation Sobibor.

Drei Kinder waren aus unserem Hof verschwunden. Ich kannte sie alle von klein auf und auch ihre Familien. Mein Kinderherz krampfte sich zusammen, als ich sah, wie die fassungslosen Eltern wie betäubt durchs Ghetto wankten.

Ich glaube nicht, daß jemand verstehen kann, was im Herzen einer Mutter vor sich gehen muß, die gestern noch liebevoll für ihre Kinder gesorgt hat und sich heute nur noch fragen kann, wohin sie wohl gebracht wurden und wann sie – falls überhaupt – zurückkommen werden.

Moshe und Shmuel beschlossen, ein Versteck für unsere Familie zu bauen – die Not machte uns erfinderisch. In der Wohnung stand ein alter Schrank, und wir ließen einen Handwerker kommen, der in eine der Wände eine Nische ausbaute, und zwar hinter der Stelle, an welcher der Schrank stand. Shmuel und ich konnten in dieser Geheimnische mit Mühe und Not aufrecht stehen, und wenn die Nazis kamen und in den Straßen kleinere Kinder suchten, würden wir zu unserem Versteck hinter der Wand laufen. Der Zugang war gut verdeckt und kaum auszumachen. Wir würden dann darin sicher – zwar zitternd und in vollkommenem Schweigen – stehen können, bis die Luft wieder rein wäre.

Ihre Jagd nach jüdischen Kindern brachte die Nazis auch in unser Haus. Aber dank unseres Verstecks, das so perfekt angelegt war, daß es keinen Verdacht erwecken konnte, blieben wir in Sicherheit. Unsere Eltern sagten den SS-Leuten, die nach uns suchten: »Sie sind hinausgegangen zum Spielen«, oder »Sie sind nicht hier; sie sind da und dort hingegangen« oder ähnliche Ausreden.

Bei einer ihrer Razzien schnappten die Deutschen meine Schwester Drejza, und sie wurde mit einem der Lagertransporte weggebracht. Ich gab die Hoffnung nicht auf, daß meine hübsche Schwester plötzlich lächelnd um die Ecke käme, mich umarmen und somit das Gerücht, das ich sowieso nicht glauben konnte, widerlegen würde. Leider war dies jedoch nichts anderes als der fromme Wunsch eines ahnungslosen Kindes. Was war tatsächlich mit Drejza passiert, die ich so gern hatte? Wurde sie erschossen? Hat man sie nach Majdanek verfrachtet? Wir erfuhren es nicht. Meine Eltern gingen zum Judenrat in der Hoffnung, wenigstens ein paar vage Hinweise zu bekommen. Wohin hat man sie gebracht? Wohin hat man all die anderen gebracht? Es dauerte ein paar Tage, bis man uns überhaupt eine Antwort gab, allerdings keine gute: Niemand wußte, was mit ihr geschehen ist; niemand hatte sie gesehen; sie war einfach verschwunden.

Als Vater diese lapidaren Worte hörte, war ihm sofort klar, daß Drejza nicht mehr lebte. Mutter dagegen weigerte sich, die Hoffnung aufzugeben. Anders als wir hielt sie fest an der Illusion, daß Drejza bald zurückkommen würde, als ob ihre Tochter einen Ausflug zu Verwandten in eine entfernt gelegene Stadt unternommen hätte. Ja, so weit voneinander entfernt wie Leben und Tod!

Der Verlust einer Tochter ist für eine Mutter sicher noch tragischer als die Tatsache, einen Sohn im Krieg zu verlieren, denn wenn ein junger Mann in den Kampf zieht, muß man mit der Möglichkeit rechnen, daß er vielleicht nicht mehr zurückkommt. Aber eine Tochter ...

Wenn dein Zuhause nicht mehr Ort der Zuflucht für dich ist, und wenn dein Land zu einer einzigen Gefahrenzone wird, in der Kinder von der Straße weg geraubt werden – wer kann sich schon an einen solchen Wahnsinn gewöhnen?

Mutter wurde langsam krank vor Sorge um Drejza, die vielleicht irgendwo in der Welt herumirrte. Wer kümmerte sich um sie, wer würde ihr zu essen geben oder sie vor der Kälte schützen? Meine Gedanken kehren oft zu Drejza zurück, und jedesmal gibt es mir einen Stich ins Herz, wenn ich daran denke, daß wir ohne Abschied auseinandergegangen sind. Ein noch offenes Konto, das auch für

immer offen bleiben muß! Manchmal denke ich, daß es besser wäre, die volle Wahrheit in all ihrer Häßlichkeit zu kennen, die bittere Realität zu akzeptieren und nicht ein ganzes Leben lang von Gedanken und Vorstellungen über Greueltaten gequält zu werden, von Alp- und Wunschträumen. Aber das wurde uns nicht ermöglicht. Wir konnten nie in Erfahrung bringen, was tatsächlich mit unserer geliebten Schwester Drejza geschehen war; jedenfalls war sie das erste Opfer, das meine Familie den Nazi-Schlächtern gebracht hat.
Vater war voller Initiative. Er wußte, daß die Erlaubnis, weiterhin in Chelm bleiben zu dürfen, nur denen erteilt würde, die arbeiteten; daher bestand er darauf, daß wir alle eine Beschäftigung fanden. Durch seine Beziehungen zum Judenrat und zu anderen Stellen – und nicht zuletzt durch beachtliche Bestechungsgelder –,war es ihm gelungen, für uns alle eine Arbeitserlaubnis zu bekommen. Er fand eine Anstellung für Esther; Moshe wurde dem deutschen Verwaltungsdirektor unterstellt, der für das gesamte jüdische Eigentum in Chelm verantwortlich war. Sogar für Mutter erhielt er die Bestätigung, daß sie in einem Arbeitsverhältnis stehe, obwohl das nicht der Fall war.
Ich begann im Klempner- und Elektrohandwerk zu arbeiten – als jüngster unter ungefähr zwanzig anderen Juden. Die Arbeit begann jeden Morgen um acht Uhr, und meine Aufgabe bestand hauptsächlich darin, Rohre hochzuziehen oder sie wieder herunterzulassen. Die Polen, die uns beschäftigten, waren offensichtlich von mir angetan, denn ich arbeitete konzentriert, gewissenhaft und effizient. Ich schreckte vor keiner schwierigen Aufgabe zurück und drückte mich vor keiner Arbeit. Vor allen Dingen aber war ich ehrlich und pünktlich, zwei Eigenschaften, die sie sehr zu schätzen wußten.
Der Antisemitismus in Polen war stark ausgeprägt, und wir waren ständig irgendwelchen Beleidigungen und körperlichen Belästigungen ausgesetzt. Nur ich schien mich besonderer Privilegien erfreuen zu dürfen. Sie gaben mir zu verstehen, daß sie viel von mir hielten, vielleicht hatte ich, weil ich der Jüngste in der Gruppe war, Mitleid oder Sympathie in ihnen erweckt. Ich achtete immer darauf, sauber und gepflegt daherzukommen, war höflich und tat stets genau das, was mir aufgetragen wurde. Ich hatte es mir zur Gewohnheit

gemacht, jeden Morgen fünf oder zehn Minuten vor Arbeitsbeginn zu erscheinen, und ging niemals auch nur eine Minute eher, als bis die Arbeit planmäßig beendet war. Rief man mir zu, ich solle einen Hammer bringen, so wußte ich genau, welcher gebraucht wurde; ich war mit dem passenden Schraubenzieher im richtigen Moment zur Stelle und wußte, wie ich bei der Aufteilung der Rollen zur Hand gehen konnte. Natürlich wurde auch ich nicht für meine Arbeit bezahlt, das wurde keiner der Juden; im Gegenteil – das Recht auf Arbeit mußte bezahlt werden, aber das war eben ein Privileg, durch das uns erlaubt war, weiterhin in Chelm leben zu dürfen.

Alle Juden hatten Steuern an den Judenrat abzuführen, und mein Vater hatte eine sehr beträchtliche Summe zu entrichten; ich weiß nicht mehr genau, wieviel es war, aber ich erinnere mich, daß es sich wohl jeden Monat um einige tausend Zloty handelte. Dann und wann wurde er gezwungen, den Betrag zu erhöhen, so als ob dadurch sichergestellt werden könnte, daß ihm und seiner Familie nichts geschehen würde.

Eines Tages hörte ich ihn klagen: »Sie verlangen immer mehr von mir, weil sie glauben, ich sei so reich. Wenn ich ihren Forderungen nicht nachkomme, nehmen sie mich sicher fest oder stecken einen von uns ins Gefängnis. Aber ich lasse mich nicht länger erpressen, auch wenn das bedeutet, daß sie kommen und tatsächlich einen von uns festnehmen.«

Wieder einmal wurde eine Familienkonferenz einberufen, um zu vereinbaren, wer das sein würde. Vater, Mutter – oder eines der Kinder? Und wieder einmal wandte Vater sich mir mit diesem bekümmerten Blick zu, den ich inzwischen schon kannte. Dann sagte er schließlich mit matter Stimme: »Du, Lipele, du bist der Richtige. Laß du dich festnehmen. Ich verspreche dir, dafür zu sorgen, daß du so schnell wie möglich wieder freigelassen wirst.«

Ich wurde im Gefängnis des Ghettos untergebracht, eigentlich war das kein richtiges Gefängnis, sondern nur ein normales Haus mit drei Zimmern, und es hatte Fenster, von denen aus man auf Bäume schauen konnte. Ich wurde in einem Raum zusammen mit zwei anderen Gefangenen festgehalten; ein jüdischer Aufseher bewachte uns. Vielleicht war es mal wieder bloße Naivität oder mein unver-

wüstlicher Optimismus, auf jeden Fall war diese ganze Episode für mich eher ein Abenteuer denn ein schreckliches Erlebnis: Lipele Sznajder, der fünfzehnjährige Sträfling! Warum sollte ich mir Sorgen machen? Was sollten sie einem Fünfzehnjährigen schon antun? Dazu klammerte ich mich an Vaters Wort, daß er bald kommen und mich befreien würde. Ich machte mir keine Sorgen um meine Zukunft, außerdem wußte ich, daß meine Mutter ständig Druck auf Vater ausüben würde, um mich so schnell wie möglich freizubekommen. Sie ließ ihm in der Tat keine Ruhe, bevor er nicht langwierige und ermüdende Verhandlungen mit jedem führte, den er für kompetent hielt, und nach einem Tag voller Besprechungen, Bestechungen, Geben und Nehmen wurde ich freigelassen.
Am nächsten Tag jedoch wurde das volle Ausmaß der brenzligen Situation, in der ich mich befunden hatte, klar: Noch keine Stunde nach meiner Freilassung stürmte ein bewaffneter SS-Mann ins Gefängnis und brachte in einem Anfall von Wahnsinn, gepaart mit kaltblütiger Gleichgültigkeit gegen menschliches Leben, alle Insassen um.
Als meine Mamuschka diese Nachricht erfuhr, strich sie mir voller Zärtlichkeit übers Haar und sagte: »Mein Lipele, mein liebes Kind, der Segen des Himmels hat dich beschützt. Er hat dich uns rechtzeitig wieder zurückgegeben, bevor auch du erschossen worden wärest.«
Viele der Juden, die noch in Chelm lebten, besaßen keine Arbeitsgenehmigung, und alle wußten, daß diese ins Lager transportiert würden. Um sie zu retten, wurde beschlossen, tief unten im Keller unseres Hauses ein Versteck zu bauen. In besseren Zeiten hatte dieser Keller einmal als Lagerraum gedient, und da sein Zugang nicht einsehbar war, eignete er sich vorzüglich als Versteck. Trotz seiner relativ kleinen Abmessungen wurde der Keller so ausgestattet, daß vierzig Menschen darin Unterschlupf finden konnten.
Während einer der ständig stattfindenden Razzien kam ein sturer und mißtrauischer SS-Mann in unser Haus. Er muß das Versteck »gerochen« haben, denn er suchte so lange, bis er darauf stieß, und damit auch auf seine vierzig Insassen, zu denen auch meine zwei Vettern Itzele und Chaim-Yosl sowie deren Vater Pinchas gehörten.

Sie wurden alle in die große Synagoge geschafft, wo man sie verhörte, um herauszufinden, wer das Kellerversteck angelegt hatte und wem es gehörte.
Die jüdische Polizei wußte, daß es uns gehörte, und man befahl dem Judenrat: »Bringt uns Sznajder, und zwar sofort!«
Als Vater davon erfuhr, war ihm klar, daß er dem Befehl zu folgen hatte, aber bevor er ging, wies er uns an: »Geht zu Schlesinger. Erzählt ihm, was passiert ist.«
Schlesinger hörte uns an und entgegnete kalt: »Ich werde sehen, was ich tun kann.« Wir rannten zu Vater zurück, der sich in unserer Begleitung auf den Weg zur Synagoge machte, schleppenden Schrittes, zögernd und ergeben. Seine Augen lagen tief in den Höhlen, und der Ausdruck darin zeigte Hoffnungslosigkeit. Die Möglichkeit, daß er zusammen mit den vierzig anderen Festgenommenen erschossen würde, war nicht von der Hand zu weisen.
Als wir bei der Synagoge ankamen, sahen wir eine Gruppe von SS-Offizieren um die eingeschüchterten Juden herumstehen. Die SS-Wachen lachten und scherzten, während sie die Bedauernswerten fotografierten.
Wir blieben bis Mittag in der Nähe der Gefangenen, um zu sehen, was mit ihnen passierte. Aber da war für die Deutschen Essenszeit, und um ihre ungestörte Mittagsruhe zu haben, ließen sie Vater laufen, allerdings nicht, ohne ihm vorher zuzurufen: »Morgen früh mußt du zum Judenrat gehen.»
Als Vater sich dort meldete, verrieten sie ihm: »Du verdankst Schlesinger dein Leben. Er hat sich irgendwie deiner Sache angenommen. Wir wissen allerdings nichts Genaues.« Es erübrigt sich wohl zu erwähnen, daß Schlesinger für seine »Gefälligkeit« teuer bezahlt werden mußte.

Falsche Personalpapiere

Ein paar Tage später hörte Vater den Bericht eines achtzehnjährigen Juden, der aus Sobibor entkommen war. Seine haarsträubenden Geschichten machten uns fassungslos. »Die Insassen von Sobibor – Männer, Frauen, Kinder – werden vergast«, erzählte er. Eindeutig und mit erschreckend einfachen Ausdrücken beschrieb er, wie sich die Juden nackt ausziehen mußten und dann in die Gaskammern geführt wurden und wie man ihre Leichen anschließend verbrannte. Viele der fassungslos Zuhörenden wollten seine Berichte einfach nicht glauben, und so versuchten sie, ihn in Widersprüche zu verwickeln, um zu beweisen, daß er sich eine Welt aus Alpträumen und Halluzinationen – vollkommen wirklichkeitsfremd – zurechtgelegt habe.

Aber mein Vater nahm das, war er gehört hatte, ernst. Nachdem er die »Todesprozession« mitgemacht hatte, wußte er, daß die Deutschen in ihrer Gewalttätigkeit gegen die Juden keine Hemmungen kannten. Er ahnte, daß es vielleicht sogar noch schlimmer war, als man es sich jetzt vorstellte. Er wurde zunehmend gereizter, und diese Gereiztheit beeinflußte sein Verhalten. Ich hörte ihn sagen: »Der Tod ist nun schon bis zu unserer Türschwelle vorgedrungen, bis ins Ghetto.« Ihm war auch klar, daß die Menschen, die nach Sobibor geschickt wurden, nicht wie vorgetäuscht zum »Arbeiten« dorthin gebracht wurden, sondern zu einer Vernichtungsaktion, unfaßbar für den normalen Menschenverstand.

Vater hatte von früher viele polnische Bekannte, und nun wandte er sich hilfesuchend an sie.

»Falls die Situation noch schlimmer wird«, wurde ihm versprochen, »werden wir Ihnen und Ihrer Familie helfen.«

Unglückseligerweise bekamen wir kurz darauf zu spüren, daß ihre Versicherungen gar nichts wert waren. Leere Worte, sonst nichts. Vater verlor aber dennoch nicht die Hoffnung, und ich weiß, daß er sogar betete, obwohl er im Innern seines Herzens ahnte, daß von Polen keine Rettung zu erwarten war. Er war davon überzeugt, daß sie es, ganz im Gegenteil, auf seine Wertsachen abgesehen hatten. Dennoch klopfte er weiter unaufhörlich an Türen, wohl in der

Hoffnung, wenigstens einen Menschen zu finden, der bereit wäre, ihm ehrlich und ohne Nebenabsichten zu helfen. Tag für Tag wurde er abgewiesen, bis er zu dem unwiderlegbaren Schluß kam: Man kann keinem Polen trauen. Wenn ein Jude Hilfe braucht, muß er für sich selbst sorgen.

Ein positives Ereignis der Suche nach einer helfenden polnischen Hand war der Kontakt zu Polen, die Ausweise fälschten. Als scharfsinniger, vorausschauender Mensch erkannte Vater, daß hier eine realistische Rettungsmöglichkeit lag, und so beschloß er, für jeden von uns falsche Ausweise zu besorgen. Er wußte, daß die Zeit kommen würde, wo wir uns nur noch hinter falschen Identitäten verstecken konnten, wenn wir dem grausamen Schicksal entgehen wollten, das die Nazis für alle Juden vorgesehen hatten. Die Papiere würden ein Vermögen kosten, und sogar für jemanden, der so wohlhabend wie mein Vater war, stellte der Preis eine schwer zu beschaffende Summe dar. Dennoch überlegte er nicht einen Moment, denn was war Geld, wenn man seinen Wert gegen die Möglichkeit aufwog, das Leben seiner Familie zu retten? Er beschloß, seine gesamten noch verbliebenen Wertsachen dem Versuch zu opfern, uns vor dem sicheren Tod zu retten.

Diese Entscheidung mußte ihm nicht leichtgefallen sein, denn er fand es sinnlos, auch für sich selbst falsche Papiere zu besorgen. Beim genauen Betrachten meines Vaters fielen jedem die eindeutig jüdischen Gesichtszüge ins Auge, und so machte er erst gar nicht den Versuch, für sich selbst auch eine »arische« Identität zu beschaffen. Ich glaube schon, daß diese Tatsache ihn sehr verstört hat, wenn er sich auch nach außen nichts anmerken ließ. »Alles, was mich interessiert, ist, daß meine Familie davonkommt«, sagte er immer wieder.

Auch für Shmuel konnte er keine Papiere bekommen, weil er noch zu jung war, und auch ich war unter der Altersgrenze, in der jeder Pole Ausweispapiere erhält. Aber das war nur ein kleiner Kunstfehler – ein Federstrich genügte –, und ich war um zwei Jahre »gealtert«. Für meinen gefälschten Ausweis wurde also das Geburtsjahr mit 1925 und nicht – wie korrekt – mit 1927 angegeben. Für die Paßfotos wurden wir alle in die Lubelskastraße geschickt. Aus irgendeinem Grund, den ich heute nicht mehr weiß, erschien mir die ganze Angelegenheit damals unwichtig, und so verschob ich den Gang zum Fotografen immer wieder, einmal wegen eines Fußballspiels, ein andermal wegen irgendwelcher anderer belangloser Aktivitäten, bis es meinem Vater zu dumm wurde. Er nahm mich streng ins Gebet und befahl mir unmißverständlich, mich auf der Stelle zum Fotografen zu begeben. Ich kann mich noch gut an diesen erinnern, so, als sei ich erst gestern in seinem Atelier gewesen, und auch an die zwei Stufen, die ich hinaufsteigen mußte, um direkt ins Objektiv seiner Kamera zu schauen. Ich werde nie erfahren, was dieser Mann sich wohl dabei gedacht hat, als sich die gesamte Familie Sznajder auf einmal einbildete, unbedingt Paßfotos haben zu müssen, aber das ist ja auch nicht weiter wichtig.

Ein paar Tage später konnten die Fotos abgeholt werden, und als ich damit nach Hause kam, strahlte Vater vor Freude und Glück, als er die Fotos, die er in Händen hielt, betrachtete.

Am darauffolgenden Tag stattete uns Idl einen Besuch ab. »Ich war gerade zufällig in der Gegend«, sagte er, »und dachte mir, ich schau mal herein, um zu erfahren, was es bei euch Neues gibt.« Idl schätzte Vaters Klugheit und Scharfsinn hoch, und die Neuigkeit über die falschen Ausweispapiere interessierte ihn sehr. Ich sehe ihn heute noch vor mir, wie er die Fotos mustert und sie von einer Seite zur anderen dreht, damit zum Fenster geht, um sie in besserem Licht betrachten zu können. Er runzelte die Stirn, preßte die Lippen zusammen, und nach langem Schweigen wandte er sich in wichtigtuerischem Ton an mich: »Mit so einem Foto und deinem arischen Aussehen wirst du mit Sicherheit durchkommen.« Vater war derselben Meinung, und an diesem Tag bekam ich noch oft zu hören: »Lipele sieht auf dem Foto überhaupt nicht jüdisch aus. Mit diesem Bild und seinem Aussehen hat er eine echte Chance.«

Vater brachte die Fotos zu dem polnischen Ausweisfälscher, der ihm versprach: »Die Arbeit wird in Warschau ausgeführt; Sie werden die Papiere in einigen Wochen bekommen.«

Sicher, er hat es versprochen, sagte ich mir, aber kann man auch fest damit rechnen, daß er liefern wird? Werden die Papiere so rechtzeitig ankommen, daß sie uns vor dem Tod bewahren?

Die Papiere ließen in der Tat auf sich warten, und die Zeit lief uns davon. Mit jedem Tag wurde die Situation brenzliger, da die Transporte, die das Ghetto von seinen Bewohnern entvölkerten, immer zahlreicher wurden. Täglich vermißte man vertraute Gesichter, und die Atmosphäre im Ghetto wurde zunehmend trostloser.
Eines Tages wurde der Judenrat instruiert: »Alle Juden in Chelm haben sich zu versammeln und weitere Anweisungen abzuwarten.« Kurz danach erklärte man uns, daß das gesamte Ghetto beseitigt werden solle. Dies war der letzte Erlaß des Judenrates, und von dem Augenblick, in dem wir darüber in Kenntnis gesetzt worden waren, wurde uns der Zutritt zum Ghetto untersagt.
Die Nachricht schlug ein wie der Blitz – vielleicht, weil wir in der trügerischen Hoffnung gelebt hatten, daß das Schlimmste nicht passieren würde, obwohl alle Zeichen auf die grauenhafte Entwicklung hindeuteten –, nur, wir hatten uns geweigert, sie zu akzeptieren. Viele unserer Nachbarn waren bereits in die Lager gebracht worden, aber ein paar tausend Juden blieben, und eine große Anzahl davon stammte aus den benachbarten Dörfern.
Die Nazis, die von Anfang an sehr erfolgreich waren im Erfinden immer neuer Qualen, hatten auch diesmal wieder Erfolg bei ihren Bemühungen, einen neuen »Sport« einzuführen: Als die Juden eines Nachmittags von ihrer Arbeit zurückkehrten, erhielten sie den Befehl, sich zu den SS-Wachposten zu begeben und sich in Reihen aufzustellen.
Die Sonne war gerade untergegangen, da bekamen wir noch einen tiefen Einblick in einen Teilbereich des bestialischen Nazi-Charakters. Sie peitschten auf die versammelten Juden ein, schlugen uns wahllos mit ihren Gewehrkolben und zwangen uns, alle möglichen absurden Arbeiten zu verrichten. Einige Juden mußten Felsbrocken mit den Händen von einem Ende des Ghettos ins andere schleppen, woraufhin andere die Steine auf genau die gleiche Art wieder zurückschleppen mußten. Wir waren zutiefst bestürzt ob dieser unnötigen Schinderei. Das war doch der reinste Sadismus! So mußte ich zum Beispiel einen Schubkarren voller Sand von einem Ort zum anderen transportieren, während ein anderer die Aufgabe hatte, den Sand wieder dorthin zu bringen, von wo ich ihn geholt hatte.

Das ging stundenlang so. Mit schmerzendem Rücken und klapprigen Beinen, mit vor Überanstrengung verkrampften Muskeln, mit Tränen und entwürdigten Seelen machten wir mechanisch weiter, bis an den Rand der Erschöpfung. Nur der übermächtige Wunsch zu überleben gab uns die Kraft weiterzumachen, mit krummem Rücken und mehr oder weniger auf allen vieren.

Die Erlösung kam mit der Nachtkühle, als die Nazis uns wie eine Herde Vieh auseinandertrieben, in verschmutzte Räume steckten, wo wir auf dem Fußboden einschliefen. Die totale Erschöpfung unserer heruntergekommenen, denkunfähigen Körper brachte uns Schlaf und für kurze Zeit Vergessenheit.

Schon sehr früh am nächsten Morgen weckten uns die Teutonen mit ihrem beängstigenden Geschrei auf: »Aufstehen! Marsch! Los! Sofort aufstehen!« brüllte ein SS-Mann, der zwischen uns durchlief, während wir gerade dabei waren aufzuwachen, bis auf die, die kein Auge zubekommen hatten. »Aufstehen!« brüllte er weiter. Geschlagen, verletzt und gequält wurden wir in den riesigen Hof gebracht, wo die SS-Horde schon auf uns wartete. Gut ausgeschlafen und voller Energie ließen uns diese Schinder mit ihren adrett gebügelten Uniformen von neuem mit unserer unnützen Arbeitsroutine beginnen. Sie fingen wieder an, uns zu schlagen, und quälten uns in ihrer erbarmungslosen Art.

An diesem Tag erlebte ich zum erstenmal eine Selektion: Wir waren etwa tausend Juden, und die Nazis suchten dreißig gut ausgebildete Arbeiter; der Rest würde ganz einfach weggeschafft und getötet. Links ... du bleibst am Leben; rechts ... um umgebracht zu werden. Einfach und gefühllos. Kalt und unmißverständlich. Ausgewählt für ein qualvolles Leben oder für den Tod! Welch eine Alternative!

Ich wurde nach rechts geschickt; also zum Sterben. Als ich das leidenschaftslose Kommando hörte, wurden meine Beine schwer wie Blei. Angst schnürte mir die Kehle zu, und mein Herz raste. Nur noch eine Minute bis zum Tod, eine Minute bis zum Tod, schien es zu klopfen.

Wir gingen langsam, vornübergebeugt, und schleppten unsere Füße hinter uns her, so als ob unsere Herzen die Beine zurückhielten, um noch ein paar zusätzliche Minuten unseres armseligen Lebens zu genießen, um noch ein paar Züge der kostbaren Luft in unsere Lungen zu pumpen. Die Gedanken überschlugen sich: vielleicht würden wir nach Sobibor geschickt, oder vielleicht irgendwo anders hin, von wo es keine Rückkehr mehr gab. Oder vielleicht würden wir – irgendwie – überleben. Unsere Schritte wurden schleppender und schwerer, als ob dadurch das Ende hinausgezögert werden konnte.

Wir wurden zum dritten Stock eines Gebäudes geführt, und als wir die wackeligen Stufen hinaufkletterten, sahen wir rechts und links im Treppenhaus das Plakat eines gutgekleideten SS-Mannes. Gefolgt von verächtlichen Blicken, setzten wir unseren Aufstieg fort. Die Treppe erschien uns endlos lang. Waren es tausend Stufen oder gar doppelt so viele? Die Gedanken waren leer, der Kopf schwer; nur die Beine bewegten sich mechanisch nach oben. Noch eine Stufe, und noch eine ... Was erwartete uns wohl am Ende der endlosen Treppe? Wann würde der Alptraum zu Ende sein?

Und dann waren wir plötzlich im obersten Stockwerk angelangt. Es gab keine weiteren Stufen mehr hinaufzusteigen. Aber schon im nächsten Moment merkten wir, daß wir ein Gebäude erstiegen hatten, das sowohl einen Treppenaufgang wie auch einen Niedergang hatte, und nun waren wir gerade dabei, die gleiche Unendlichkeit von Stufen auf unserem Weg nach unten zu bewältigen.

Schließlich hatten wir das Erdgeschoß erreicht und fanden uns plötzlich auf der Straße wieder, wo uns ein SS-Mann mit einem Gewehr in der einen und einer Peitsche in der anderen Hand erwartete. Er ließ uns in Viererreihen aufstellen, während sich rings um uns herum eine Menschentraube von polnischen Gaffern gebildet hatte. Sie schienen von dem, was sich da abspielte, ganz begeistert zu sein.

Ich konnte in vielen Augen eine Genugtuung erkennen, als sie den Juden dabei zusahen, wie sie in Viererreihen aufgestellt und gequält wurden, bevor man sie – mit deutscher Gründlichkeit – in die Todeslager schickte.

Ich hatte mich in der sechsten oder siebten Gruppe eingereiht. Ich ließ meine Augen nicht von dem SS-Mann, der von einem Ukrainer unterstützt wurde, und im Bruchteil eines Augenblickes entschloß ich mich blitzschnell, den Sprung in die Freiheit zu wagen: Ich machte einen Schritt nach rückwärts, aber schon war der Ukrainer mir auf den Fersen: »He, du, was glaubst du denn, wohin du gehst! Stell dich wieder zurück in deine Reihe! Aber sofort!« schrie er und rannte auf mich zu, um sich über mich herzumachen. Ich weiß heute noch nicht, woher ich plötzlich die Dreistigkeit nahm, aber als er mir so gegenüberstand, gab ich ihm mit fester und sicherer Stimme zur Antwort: »Ich bin Pole.« Und dann machte ich, daß ich so schnell wie möglich aus der Reihe kam.

Es gelang dem Ukrainer noch, mir einen ordentlichen Tritt in den Hintern zu versetzen, bevor ich mich aus dem Staub machte und in einem kurvenreichen Weg in Richtung der zuschauenden Polen floh, die diese Vorstellung offensichtlich genossen.

Ich rannte und rannte, weil ich auf einmal merkte, daß meine Füße federleicht waren. Irgendwelche Energiereserven – weiß der Teufel, wo die noch herkamen – verliehen meinem Körper ungeahnte Kräfte. Meine Augen sahen nur geradeaus, aber meine Ohren waren auf die Geräusche hinter mir fixiert. Allerdings hörte ich weder einen Deutschen, der seine Waffe in Anschlag brachte, noch den Befehl, mir nachzujagen.

Ich bemerkte die überraschten Blicke der Polen, die nicht begreifen konnten, wie die Deutschen mich aus der Schar von jämmerlichen, todgeweihten Juden entkommen lassen konnten. Endlich erreichte ich unser ehemaliges Versteck im Ghetto. Dort riß ich mir schnell die Arbeitskleidung vom Leib, unter der ich aus Sicherheitsgründen immer meinen letzten guten Anzug trug, und dann ging ich seelenruhig raus aus dem Ghetto und direkt hinein in den polnischen Sektor der Stadt. Ich fühlte mich wie neu geboren.

Aber wohin sollte ich nun gehen? Wohin? Das Ghetto war verloren; es gab keinen Grund und keine Möglichkeit, dorthin zurückzukehren. Da mir kein anderer Ort einfiel, ging ich in Richtung des deutschen Zeughauses, das gegenüber der polnischen Polizei lag, wo mein Bruder Moshe und meine Schwester Esther arbeiteten. Esther bemerkte mich als erste, als ich am Tor klopfte. »Mach, daß du von hier fortkommst, schnell!« warnte sie mich. »Die SS wird in ein paar Minuten zur Inspektion hier sein. Sobald sie wieder weg sind, gebe ich dir ein Zeichen, dann kannst du wieder zurückkommen.« Und dann sagte sie, noch bevor ich weggehen konnte, ganz entsetzt: »He, ihr da drin, schnell. Hugo Raschendorf kommt!« Raschendorf! Dieser Name ließ mir kalte Schauer über den Rücken laufen. Er war als der sadistischste Mörder bekannt, den man sich vorstellen kann, eine Bestie, vollkommen unbarmherzig, ein gefühlloses, zweibeiniges Monster.

Er kam in einem offenen Wagen, einer Art Jeep. In meiner Nähe stand ein Junge, einer meiner ehemaligen Nachbarn, der in der Polizeiwache arbeitete. Wir liefen zusammen schnell in den Hof, um uns irgendwo zu verstecken. Ich drückte mich ganz flach an das Tor, und der Junge versteckte sich unter dem Hauseingang. Raschendorf stieg aus dem Auto. Er hielt eine Automatik in der Hand, den Finger am Abzug. Mit seiner Linken deutete er mit drohendem Zeigefinger auf mich:

»Pole?« schrie er.

»Tak«, antwortete ich auf polnisch. »Ja.«

»Pole?« fragte er wieder.

Ich antwortete möglichst unbefangen: »Tak. Tak.«

Dann rannte er auf den Jungen zu, der sich unter dem Hauseingang versteckt hatte. Er packte ihn brutal, und dann hörte ich einen Schuß. Keine Worte, keine Fragen. Nur ein Schuß. Und anschließend – Totenstille.

Mein Herz wurde wie in einem Schraubstock von Panik und Furcht ergriffen. Ich konnte nicht mehr atmen, und ich war nicht mehr in der Lage zu entscheiden, wie mein nächster Schritt aussehen sollte. Ich reagierte einfach mit dem Instinkt eines gejagten Tieres und lief und lief, wie eine Maus, die gerade den Krallen einer Katze entkommen ist. Ich wollte an die Decke klettern oder auf die Dachsparren, die Wände entlangrennen – oder was auch immer. Aber ich konnte nirgendwo hin. Todesangst überkam mich, in der ich mich am liebsten in Rauch aufgelöst hätte oder mich wie Staub vom Wind verwehen lassen. Meine Ohren waren taub, nur das Echo des Schusses hallte in ihnen wider, und dann folgte die Grabesstille. Ich war überzeugt, daß ich als nächster dran war.

Das alles hatte nicht länger als vielleicht fünf Minuten gedauert, mir

aber war es wie eine Ewigkeit erschienen. Irgendwie – ich weiß nicht, wie – fand ich mich in einer dunklen Dachkammer wieder, hatte aber keine Ahnung, in welchem Haus ich mich befand. Gelähmt vor Furcht stand ich still da und wartete; ich hatte Angst, daß schon mein keuchender Atem mich verraten könnte. Aber Raschendorf kam mir nicht nach. Ich floh in ein anderes Versteck, in die städtischen Wasserwerke, wo ich früher gearbeitet hatte.
Hier also, zusammengekauert im Abwassergraben, wartete ich, bis die Nacht hereinbrach. Ich weiß nicht mehr, wo ich danach hinfloh und wo ich diese Nacht verbracht habe.
Überleben war mein stärkster Instinkt, und ich war mir bewußt, daß ich mir irgendwo etwas zum Essen besorgen mußte, zumindest ab und zu, wenn ich genügend Kraft zum Weiterleben behalten sollte.
Am nächsten Morgen erschien ich wie früher an meinem alten Arbeitsplatz, als ob nichts gewesen wäre.
»Ich habe keine Arbeit mehr für dich«, sagte mein ehemaliger Chef. »Du mußt dich neu registrieren lassen.«
Und so ging ich in das Büro im Wasserwerk und äußerte doch nur den einfachsten Wunsch, der aber mein Leben in Gefahr bringen konnte: Ich will arbeiten!
Die Polen waren verblüfft: »Woher kommst du denn? Wie bist du hierhergekommen?« fragten sie mich und bemühten sich dabei, ihr Erstaunen zu verbergen. Nachdem sie gesehen hatten, wie alle Juden nach Sobibor transportiert worden waren – zur Vernichtung –, konnten sie nicht begreifen, was ich hier bei ihnen noch zu suchen hatte. Vielleicht kam mir ihre Überraschung zugute, oder vielleicht war es einfach unverschämtes Glück, jedenfalls verriet mich keiner.
Also ging ich zum Meister, um mit ihm zu reden. Er hatte zwar Mitleid, sagte aber, er müsse zuerst den Abteilungsleiter fragen. Ich folgte ihm bis zum Büro und wartete auf seinen Wunsch hin draußen vor der Tür.
Nach einer Zeit, die mir unendlich lange vorkam, kehrte er zu mir zurück. »Tut mir leid, ich darf dich nicht wieder einstellen«, sagte er, aber er versprach fest, mir bei der Suche nach einem Schlafplatz behilflich zu sein. »Mehr kann ich nicht tun«, fügte er noch hinzu.

Ich wurde zum Wasserwerk zurückgebracht, wo ich mich in einer Turbine, die nicht mehr benutzt wurde und mit einem Zementblock abgedeckt war, versteckte und die Nacht verbrachte. Diese Nacht bleibt unauslöschlich in meiner Erinnerung, wie eine Brandnarbe, die nicht mehr zuheilt. Ich hatte eine Zuflucht gefunden, und mein Leben war gerettet, aber in jener Nacht hörte ich die Schreie der Deportierten von Sobibor; herzzerreißendes Schluchzen, das mit dem Stöhnen von unerträglichen Schmerzen vermischt war, und dem Bellen der Hunde, und dem Rattern der Eisenbahn. Eine gewaltige Kakophonie, die Metapher der deutschen Vernichtungsmaschinerie in ihrer ganzen Deutlichkeit. Von all diesem Grauen war ich nur durch eine Holzwand getrennt, einem schmalen Grat zwischen Sicherheit und Vernichtung. Irgendwann schlief ich dann doch ein – der tiefe Schlaf der Verzweiflung.
Als ich am nächsten Morgen aufwachte, herrschte absolute, himmlische Ruhe, als sei nie irgend etwas passiert.

Die Stunden sind gezählt

Wieder einmal sah ich mich mit einem altvertrauten Dilemma konfrontiert: Wohin sollte ich gehen? Nachdem ich mir eine Weile darüber den Kopf zerbrochen hatte, beschloß ich, mich mit der Menge treiben zu lassen. Die Juden gingen in Richtung Ghetto, der Ort, der ihnen vertraut war, und so folgte ich ihnen. Ich hoffte, auf bekannte Gesichter zu stoßen, aber wen immer ich auch sah, er war mir fremd.
Das Ghetto war mit neuen Flüchtlingen überfüllt, Juden, die wie Schatten ihres früheren Ichs aussahen. Ihre Augen glichen ausgebrannten Lichtern. Sie machten sich mit einer solchen Lethargie an die Arbeit, als hätten sie schon vor der Tatsache resigniert, daß ihr Ende nur noch eine Frage von kurzer Zeit war. Ihr einziges Bestreben bestand darin, noch eine Minute, noch eine Stunde, noch einen Tag zu leben. Nur nicht an morgen denken. Das Heute war entscheidend.

Ich machte mich auf den Weg zu unserem Haus, obwohl ich nicht wußte, ob es noch stand; ob sich noch irgend jemand aus meiner Familie dort aufhielt oder überhaupt noch am Leben war.
Ich hatte kaum noch Hoffnung; da sah ich plötzlich meinen Vater vor mir stehen. Ungläubig starrte ich ihn an. »Träume ich?« brachte ich überrascht hervor, aber da stand er, wirklich, er war es! Ich warf mich in seine Arme, und er hielt mich so fest an sich gedrückt, als wolle er mich nie wieder loslassen. Er weinte und lachte gleichzeitig. Ich erzählte ihm, was ich in den vergangenen vier Tagen erlebt hatte, und dabei konnte auch ich meine Tränen nicht mehr zurückhalten. Ich war zu Hause, zurückgekehrt zu den Lebendigen, und meine ganze Familie ebenfalls. Etwas Wunderbares war geschehen! Vielleicht sogar ein Wunder? Wer weiß?
Esther und Moshe arbeiteten weiter im Lager, und Vater hatte eine Sondergenehmigung, die ihm erlaubte, sich frei zu bewegen und selbst für seinen Unterhalt zu sorgen. Mutter und Shmuel versteckten sich in einem Bunker in der Nähe unseres Hauses. Wir waren wieder eine komplette Familie, wenn auch nur für kurze Zeit, denn tief in unserem Innern wußten wir alle, daß das Ende nicht mehr fern war. Man mußte nicht darüber sprechen, und daher taten wir es auch nicht. Die Zeit, die uns noch verblieb, war bemessen, denn die Vernichtung aller Juden war beschlossen und würde auch durchgeführt werden. Mein Vater jedoch wollte gegen unser Todesurteil kämpfen, und er tat alles, um eine Rettungsmöglichkeit für seine Familie zu finden.
Eines Tages traf er auf das Glück in Form von Frau Kowalska, und diese Polin war bereit, uns alle in ihrem Haus in der Kolejowastraße, außerhalb des Ghettobereiches, zu verstecken. Sie war eine kleine Frau, deren rundliches Gesicht Freundlichkeit ausstrahlte. Ihre beiden Söhne – einer war zwanzig, der andere zwei Jahre jünger – lebten bei ihr. Frau Kowalska war unsere Rettung.
»Ihr könnt euch in meinem Haus verstecken, bis die gefälschten Papiere kommen«, sagte sie zu meinem Vater. »Ich kümmere mich um alles andere, was ihr braucht.« Allerdings setzte sie auch einen Preis für ihre Gastfreundschaft fest, den Vater selbstverständlich bezahlte. So waren wir zufrieden, und sie ebenfalls.

Die Evakuierung aus dem Ghetto wurde mit der Präzision einer militärischen Aktion geplant und durchgeführt. Daher riet Vater eines Abends meiner Mutter, Esther und Moshe, zu Frau Kowalskas Haus zu gehen; sie sollten den kürzesten und sichersten Weg dorthin ausprobieren und ihn sich fest einprägen. Falls wir von einer drohenden Aktion hören sollten, könnten wir das Ghetto rechtzeitig verlassen und bei unserer Retterin Zuflucht finden. Und so suchten unsere Pfadfinder den kürzesten Fluchtweg, prägten ihn sich genau ein, damit sie im Notfall schnell dorthin gelangen konnten.
Am darauffolgenden Abend machte Moshe mit mir zusammen den gleichen Weg noch einmal, da er auch mir vertraut sein mußte. Nie werde ich unseren gemeinsamen Gang dorthin vergessen, und wie ich zum erstenmal das kleine Haus erblickte. Es fehlte ihm jegliche Eleganz, aber mir erschien es schön und sicher. Auch diesmal waren Vaters Sorgfalt und die systematische Art, mit der er alles plante, wieder erkennbar. Er hatte jede Möglichkeit in Betracht gezogen, so daß keine Pannen passieren konnten und unser Leben unter den gegebenen Umständen so sicher wie möglich sein sollte.
Eine seiner Maxime war die »Operation Feinmachen«, und sein Lieblingsspruch war »Kleider machen Leute«. »Man wird von den Menschen so eingeschätzt, wie man daherkommt. Wenn ihr ordentlich und sauber gekleidet auftretet, behandeln sie euch mit Respekt. Andererseits ist die Art und Weise, wie man einen schmutzig und nachlässig gekleideten Menschen behandelt, auf seine schlampige Erscheinung zurückzuführen.«
Den Juden im Ghetto fehlte es am Notwendigsten. Wenn jemand mit dem Existenzminimum auskommen muß, kann er nicht an ordentliche Aufmachung denken. Hier konnte sich niemand mehr leisten, auf modische Kleidung zu achten, fehlte doch das Geld selbst für die minimalsten Lebensmittel. Diese Binsenweisheit bildete den Kern in Vaters Planungen.
Er brachte uns zu einem Schneider, der saubere Kleidung für uns vorbereitete: Hosen, Hemd, einen Anzug sowie einen eleganten Mantel. Dann kaufte er noch Schuhe, Stiefel und für Esther einen edlen Pelzmantel, in dem sie so wunderbar katholisch aussah, als sei sie ein Mitglied der richtigen Rasse und der richtigen Klasse.

Niemand würde beim Anblick dieser eleganten jungen Dame im Pelzmantel auf den Gedanken kommen, daß sie Jüdin wäre. Aber warum einen Pelzmantel? Einfach deshalb, weil die Nazis einen Erlaß herausgegeben hatten, wonach es Juden untersagt war, Pelzmäntel zu tragen. Sie waren alle beschlagnahmt worden, und jeder Jude, der es noch wagte, einen zu tragen, wurde kurzerhand erschossen. Daher war es ganz klar, daß Esther – und was konnte überzeugender sein – keine Jüdin sein konnte, wenn sie in einem Pelzmantel herumlief.

Auch Mutter bekam ihren Pelzmantel, und diese Mäntel schmuggelten Shmuel und ich eines späten Abends zusammen mit vielen anderen Kleidungsstücken zu Frau Kowalskas Haus. Nachdem es dunkel geworden war, stopften wir die Kleider in Säcke und Taschen, um unsere Sachen dann – wie Diebe in der Nacht – zu Frau Kowalska zu bringen, die sie für uns versteckte.

Ich war in diesen Tagen voller Unruhe und wünschte mir, daß auch unsere Kleider bald fertig wären. Dauernd lief ich zum Schneider und bedrängte ihn, sich doch etwas zu beeilen. Er neckte mich dann immer: »Warum hast du es denn so eilig, Herr Sznajder junior? Warum diese Hetze? Triffst du vielleicht Vorbereitungen, um ins Ausland zu verreisen?« Sein Sarkasmus brachte mich nicht aus der Ruhe, und ich hütete mich, ihm von unserem Vorhaben zu erzählen. Ich reagierte auf seine Neckereien immer mit einer passenden, aber nichtssagenden Redensart; dennoch war ich überzeugt, daß dieser scharfsinnige Jude durchaus bemerkt hatte, daß irgend etwas in der Luft lag. Seine Frau, eine dicke, schlampige Matrone, die stets in Schwarz gekleidet war, schimpfte ihren Mann, weil er mich ständig neckte: »Schau mal«, sagte sie ärgerlich zu ihm, »dieser Junge war schon fünf- oder sechsmal hier, und du hast die Kleider immer noch nicht fertig. Mach sie ihnen doch endlich.« Der Schneider hatte offenbar großen Respekt vor seiner energischen Frau, denn in kürzester Zeit hatte ich meinen schönen Mantel, meinen Anzug und auch die Hosen. Ich legte alles zu den Offiziersstiefeln, die ich bereits besaß, und dann versteckte ich meine Schätze in Frau Kowalskas Haus.

Was ist das nur für ein Gott?

Der Alltag im Ghetto war eine einzige Aneinanderreihung von Horrorereignissen, die mit beängstigender Regelmäßigkeit erfolgten. Auch heute noch, so viele Jahre später, erinnert mich alles, was an Schrecklichem passiert, an irgendeinen Vorfall aus diesen unglücklichen Tagen im Ghetto. Bilder und Anblicke. Anblicke und Bilder. Unaufhörlich. Unvergeßlich. Kein Ende. Und immer wieder jener Tag, an dem die Laute des Wehklagens schwer in unserem Haus hingen – die Erinnerung an die Tränen meiner geliebten Mamuschka, als sie mir vom Tod des Rabbi Dovidl und seiner Frau Sarah berichtete.

Die beiden lebten uns gegenüber in der Reformackastraße, wo sie einen kleinen Lebensmittelladen führten. Da sie keine eigenen Kinder hatten, verhätschelten sie uns nach Strich und Faden; sie waren Onkel und Tante für uns. Sarah und Dovidl waren liebe Menschen, friedfertig und sehr gläubig. Sie hatten sich geweigert, ins Ghetto zu gehen, und schoben die Entscheidung, umzuziehen, immer wieder hinaus. Schließlich gab es keinen Aufschub mehr, und sie mußten gehen, aber zu dem Zeitpunkt waren sämtliche Wohnmöglichkeiten im Ghetto bereits vergeben, und sie fanden sich auf der Straße wieder.

Obwohl unsere Verhältnisse auch schon unerträglich beengt waren, nahm Mamuschka sie bei uns auf. Sie ließ Handwerker kommen, um den Keller wohnlich zu machen, und Sarah und Dovidl zogen dort ein. Da sie nun beide beschäftigungslos waren, verbrachten sie den ganzen Tag mit Beten, dem Studium des Talmud und Fürbitten zu Gott. Mutter schickte ihnen das Essen hinunter, und jeden Freitag war es meine Aufgabe, ihnen den Fisch zum Sabbat zu bringen.

»Sarah und Dovidl sind tot«, stammelte Mutter.

Ich konnte nicht glauben, was ich gerade gehört hatte, und mußte mich mit eigenen Augen überzeugen. Ich ging in den Keller hinunter und fand die beiden Seite an Seite auf ihrem Bett liegend. Hatten sie Selbstmord begangen?

In jener Zeit sahen nicht wenige Juden im Selbstmord den letzten

Ausweg aus ihrem Leid. Nach den jüdischen Gesetzen war dies jedoch eine schwere Sünde, und sowohl Sarah als auch Dovidl waren sehr fromme Juden, die alle Gebote beachteten – und zwar ohne Ausnahme. Ich konnte nicht glauben, daß sie fähig gewesen sein sollten, sich das Leben zu nehmen, und auch heute noch, fast ein halbes Jahrhundert danach, halte ich es für unwahrscheinlich, daß die beiden fähig waren, so gegen das Gebot Gottes zu verstoßen. Wie dem auch sei – das Bild der beiden in ihrem Bett, wie sie tot und bewegungslos nebeneinander dalagen, hat sich ebenfalls für ewig in mein Gedächtnis eingegraben. Bewegungslos stand ich da und starrte auf ihre Leichen und konnte es einfach nicht fassen, daß diese guten Menschen nicht mehr lebten. Ich sah Rabbi Dovidl, wie er uns mit Süßigkeiten verwöhnte. Eindringlich erlebte ich noch einmal eine Episode, die sich einmal im Sommer zugetragen hatte: Ich war damals fünf, Drejza schon sieben und der kleine Shmuel vier. Wie alle anderen Kinder aus der Nachbarschaft verbrachten wir viel Zeit am Bach, der in der Nähe unseres Hauses vorbeifloß. Eines Tages trafen wir auf einen Polen, der mit seinem kläffenden Hund auf uns zukam. Wir hatten schreckliche Angst, der Hund würde uns beißen, und liefen schreiend und in Panik davon. Der kleine Hund bellend immer hinter uns her. Onkel Dovidl schaute aus seinem Fenster. Als er sah, was da los war, ging er hinaus zu dem Polen und zankte ihn aus: »Warum erlauben Sie Ihrem Hund, den kleinen Kindern solche Angst einzujagen?«

Der Pole stotterte entschuldigend: »Das war doch nur ein Spaß; der Hund ist so klein und bestimmt nicht gefährlich.« Nach diesem Disput waren wir wieder getröstet und spielten ungestört weiter.

Aber jetzt forderte die Realität ihren Tribut: Sarah und Dovidl mußten für das Begräbnis zurechtgemacht werden.

Ich war damals in dem Alter, das man heute mit Teenager bezeichnet, wäre aber lieber erwachsen gewesen – und dazu gehörte, daß man raucht. Das wiederum hatten meine Eltern streng verboten. Trotzdem wollte ich endlich selbst die Erfahrung dieses Vergnügens machen, zumindest ein einziges Mal. Ich setzte mich über das Verbot hinweg und suchte mir einen Platz, wo ich mir eine Zigarette anstecken konnte, ohne dabei erwischt zu werden. Ein Treppenhaus

erschien mir als ideales Versteck, wo ich vor den Blicken zufälliger Passanten geschützt war. Ich setzte mich auf die erste Stufe und entzündete das Streichholz. Welch ein Glück! Als ich es ausblies, bemerkte ich Herrn Zucker auf dem gegenüberliegenden Balkon. Auch er sah mich. »Genießt du das verbotene Vergnügen?« fragte er mit gutmütigem Spott. »Macht dir das Rauchen Spaß?« In dem Ton frotzelte er mich lustig weiter. Plötzlich jedoch veränderten sich seine Gesichtszüge, er sprang von seinem Stuhl hoch, und das blanke Entsetzen stand in seinen Augen. Noch bevor ich einen Schuß hörte und der Körper von Herrn Zucker über die Balkonbrüstung in die Tiefe stürzte und auf dem Betonboden aufschlug, hatte ich von meinem Blickwinkel aus die Umrisse von Raschendorfer gesehen, der vom Hof aus eiskalt auf den armen Herrn Zucker gezielt und ihn erschossen hat.
Mir blieb vor Schreck das Herz stehen, denn es war unzweifelhaft, daß Raschendorfer auch mich erblickt hatte und nun den Zeugen seiner Tat auch noch erledigen würde.
Hastig drückte ich meine Zigarette aus, deren Glimmen mich verraten hätte, und stürzte, so schnell ich nur konnte, die dunklen, wackeligen Stufen in den tiefen Keller des Hauses hinunter, wo ich mich mit wild klopfendem Herzen in eine Ecke drückte und bewegungslos stehenblieb.
Viele Stufen über mir konnte ich das Hinundhersausen, ja sogar das Atmen von Raschendorfer vernehmen, der seine Jagd auf mich aufgenommen hatte. Zu meinem Glück war der Weg in den Keller so unheimlich tief und düster, daß sich der große »Held« alleine offenbar nicht hinunterwagte.
Ich hörte ihn noch eine Weile herumlaufen, dann war auf einmal Stille. Sollte er seine Suche nach mir aufgegeben haben? Ich stand noch immer bewegungslos, wagte kaum zu atmen, obwohl ich glaubte, vor Atemnot zu ersticken. Wie lange ich in diesem Zustand verharrte, weiß ich nicht. Er können dreißig Minuten gewesen sein, aber auch mehrere Stunden. Das Gefühl für die Zeit war mir völlig abhanden gekommen. Aber als ich auf einmal aufgeregte Stimmen hörte, die sich auf jiddisch unterhielten, da wußte ich, daß die Gefahr vorüber war. Ich verließ mein unheimliches Versteck und

berichtete den Leuten, daß ich gesehen habe, wer Herrn Zucker ermordete.
Als ich, noch immer vollkommen aufgewühlt, nach Hause kam und meiner Mutter das schreckliche Erlebnis berichtete, drückte sie mich voller Zärtlichkeit an sich, und die Tränen der Erleichterung, daß ich davongekommen war, liefen ihr übers Gesicht. Wieder einmal hatte der Tod meinen Weg gekreuzt, und wieder einmal hatte der Name Raschendorfer für Terror und Mord im Ghetto von Chelm gesorgt.
Die Lebensbedingungen im Ghetto wurden von Tag zu Tag unerträglicher. Offensichtlich verbrachte die SS ihre Abende damit, sich neue Schikanen auszudenken, die sie dann am nächsten Tag an den Juden in die Praxis umsetzte. So erhielt eines Tages der Judenrat den Befehl, einige hundert Juden für einen »Sondereinsatz« zusammenzustellen. Da sich der Judenrat keine Illusionen über die Bedeutung dieses »Sondereinsatzes« machte, versuchte er, bessere Bedingungen auszuhandeln. Leider vergeblich! Die SS-Schergen drohten: »Wenn ihr uns die Leute nicht liefert, werden wir selbst die Auswahl treffen.« Das wollte der Judenrat nicht riskieren, und so stellte er eine Gruppe zusammen, die hauptsächlich aus Kranken, Alten und Kindern bestand, genügend, um die geforderte Quote zu erfüllen. Und dann wurden sie am Bahnhof abgeliefert.
Am nächsten Tag erfuhren wir, daß auch mein Onkel Pinchas, zusammen mit seinen Söhnen Itzele und Chaim-Josl, auf diese Reise ohne Wiederkehr geschickt worden war. Jetzt war der blanke Terror auch an unserer Tür angekommen, und er fraß unser Fleisch und Blut.
Familien, mit denen wir uns gestern noch unterhalten hatten, waren heute einfach verschwunden und würden morgen wahrscheinlich schon tot sein. Die Bevölkerungszahl im Ghetto schrumpfte merklich, und die Stimmung der Menschen wurde immer bedrückter. Aus unserem Block waren von ursprünglich dreiunddreißig Familien dreizehn schon weg. Einfach verschwunden. Und man wußte nie, ob sie in die Lager geschickt worden waren oder ob man sie gleich umgebracht hatte. Aber ungeachtet des Rätselratens, was mit ihnen geschah: das Morden ging weiter. Manchmal waren es Frem-

de, manchmal aber auch Leute, die wir ein Leben lang gut gekannt hatten.

Eines Tages kam eine Schwester meines Vaters weinend zu uns und berichtete uns, obwohl sie vor Schluchzen kaum einen vernünftigen Satz herausbringen konnte: »Vor einer Stunde haben sie Großvater erschossen.« Wir waren vor Entsetzen sprachlos, schauten Vater an und merkten, wie seine nun traurigen, leidenden Augen ihre gewohnte Vitalität verloren hatten. Mutlosigkeit sprach daraus, aber auch Verzweiflung. Großvater war fünfundsechzig Jahre alt, als er umgebracht wurde. Ich erinnere mich an einen großzügigen, gutherzigen Menschen, der uns immer Geschenke mitbrachte. Er war ein starker und gesunder Mann, den ich nie als »alt« empfunden habe.

Zuerst starrte Vater auf seine Schwester, dann auf uns. Obwohl er versuchte, die Tränen zurückzuhalten, konnte uns sein Schmerz nicht verborgen bleiben. Wir senkten den Blick, um ihm zu ersparen, daß seine Kinder ihn weinen sahen. Wie Schattenfiguren standen wir verlegen um ihn herum und wußten nicht, wie wir uns verhalten sollten, aber wir waren nicht weniger betrübt als er. Wir versuchten, ihn zu trösten, indem wir uns ganz nahe an ihn heranpreßten und uns unter seine Fittiche stellten.

Eine Woche später hielt das Schicksal einen neuen Schlag für uns bereit. Tante Esther, Vaters Schwester, war an ihrem Arbeitsplatz erschossen worden.

Die Greueltaten waren nicht mehr zu zählen, und wir merkten, daß es mit Riesenschritten dem Ende zuging. Die Juden von Chelm, die seit Generationen in der Stadt gelebt hatten und die stolze, aufrechte und meist auch wohlhabende Mitglieder der Gemeinde waren, verwandelten sich in Gespenster, in deren Augen nur noch Kummer, Erniedrigung und Schmerz lagen.

Vater wußte, was uns erwartete, und Mutter wußte es auch. Sie wollten uns aber so weit wie möglich unsere Sorglosigkeit erhalten, und immer, wenn die Eltern etwas über die Zukunft besprechen wollten, wurden wir Kinder ins Nebenzimmer geschickt. Sie wollten nicht, daß wir alles mitbekämen, damit wir die uns noch verbleibenden wenigen Tage ohne Todesangst leben könnten.

Ich aber wollte alles wissen. Ich wollte nicht behandelt werden wie ein Sterbender, vor dem man die Wahrheit verbirgt, und trotz der Bemühungen meiner Eltern merkte ich alles und erfuhr auch alles. Meine Antennen waren sehr sensibel, und ich war durchaus in der Lage zu begreifen, was um uns herum passierte. Ich erfuhr auch, daß ein SS-Mann in ein Haus im Ghetto eingedrungen war und ohne jeden Grund eine dreizehnköpfige Familie einfach niedergeschossen hatte – Kinder, Frauen, Großeltern, einfach alle. Natürlich war auch ich entsetzt, aber ich war auch neugierig, wollte unbedingt sehen, ob das wirklich wahr war. Vor dem Haus, in dem das Unglück geschehen war, stand eine riesige, aufgeregte Menschenmenge. Ich drängte mich nach vorn, um das Resultat des Gemetzels zu sehen. Die Leichen lagen tatsächlich im ganzen Haus verstreut herum – auf der Treppe, in den Türeingängen, hingen über den Geländern, alle in einer riesigen Blutlache. Ihre Augen waren aufgerissen, die Münder verzerrt und die Gliedmaßen gebrochen. Ich blickte auf die herumstehenden Verwandten und Bekannten: Alle zitterten und waren zu keiner vernünftigen Bewegung fähig. Erst später hatten sie die Kraft, die Leichen wegzuschaffen. Sicher war ihnen genauso klar wie mir: morgen konnten wir an der Reihe sein. Warum jetzt noch trauern? Warum jetzt noch weinen? Waren wir doch alle dazu verdammt, erschossen zu werden, zu verhungern, vergast zu werden oder so lange Zwangsarbeit zu leisten, bis wir tot umfielen. Der Teufel würde schon wissen, welches Los er für uns bereithielt. Die Mordsmaschinerie würde auf jeden Fall funktionieren.

Der Tod wütete bereits rings um uns herum, und unsere gefälschten Ausweise waren immer noch nicht aus Warschau gekommen. Sie waren doch unsere einzige Hoffnung; aber würden sie überhaupt noch kommen? Schließlich beschloß Vater, zu handeln und nicht mehr auf das Glück zu vertrauen. Er bezahlte einen Kurier, den er nach Warschau schickte, um festzustellen, wieso die Papiere so lange auf sich warten ließen. Der Kurier kam zurück und beruhigte meinen Vater: »Sie müssen noch ein paar Tage warten. Haben Sie Geduld, und verlieren Sie die Ruhe nicht. Sie werden Ihnen bald zugeschickt werden.«

Bei dieser Antwort verlor Vater seine Fassung, und sein bisher so

starkes Vertrauen schwand dahin. Er glaubte, Opfer eines Betruges geworden zu sein, und war überzeugt, daß man ihm nur sein Geld abgenommen hätte, er die Papiere aber niemals zu Gesicht bekommen würde. Das hörte ich, als er mit Mutter darüber sprach. Uns Kinder hat er mit diesen Sorgen nicht belastet.
Mutter dachte trotz aller anderen Sorgen und Probleme unaufhörlich an Drejza, ihre jüngste Tochter. Der Gedanke, daß ihr kleines Mädchen unauffindbar verschwunden war, machte sie krank. Immer wieder wandte sie sich an Vater und flehte ihn an, zu prüfen, nachzuforschen, Gebrauch von seinen Beziehungen zu machen. Er sollte einfach alles unternehmen, um Drejzas Schicksal in Erfahrung zu bringen, und versuchen, ob man sie nicht lebend nach Hause zurückbekommen könnte. Vater sagte ihr, er hätte gehört, daß Drejza vielleicht in Lublin oder irgendwo anders sei. »Es gibt keinen Grund zur Panik«, versuchte er sie zu besänftigen. »Sobald sie freikommt, wird sie nach Haus zurückkehren.«
Wir alle hörten seine Worte, und wir alle wußten, daß er das nur sagte, um Mutter zu beruhigen. Uns war klar, daß er wußte, daß seine Tochter nicht mehr am Leben war. Nur Mutter wollte die Wahrheit nicht akzeptieren. Sie gab die Hoffnung nicht auf, daß sie Drejza eines Tages wiedersehen würde.
Rosh Hashana, der jüdische Neujahrstag, rückte näher; wir schrieben das Jahr 1942, und es war das letzte Neujahrsfest, das wir in Chelm feiern sollten. Meine Eltern waren sehr gläubig: Gott war für sie ein reales Wesen und nicht nur ein Glaubensobjekt. Aber als der Feiertag da war, quälten sich auch die Gläubigsten mit einer Frage, auf die es wohl keine Antwort gab: Was für ein Gott war das, zu dem wir beteten? Wie war es möglich, daß wir ihm zu Ehren Feiern abhalten konnten, während rings um uns herum die schrecklichsten Greueltaten geschahen? Welche Sünden haben wir begangen, daß er uns so strafte?
Aber Glaube und Tradition waren doch stärker als alle Zweifel, und in diesem Jahr unterschieden sich die Feierlichkeiten in nichts von denen der vergangenen Neujahrsfeste. Allerdings wurde ein Wachposten hinausgeschickt, als die Stunde des Gebets da war, der die Gruppe der Betenden vor der Polizei oder der SS warnen sollte.

»Wenn du sie bemerkst, dann rufe ›Jankl‹«, befahl man mir, »wir werden dann mit dem Beten aufhören, nach Hause laufen und die Gebetsschals und andere religiöse Artefakte des Feiertages verstekken.«
Danach kam der letzte Yom Kippur, den wir in Chelm verbringen sollten; auch dieser Tag ist für immer und ewig in mein Gedächtnis eingebrannt, denn an diesem Tag hat Mutter den Tod Drejzas akzeptiert. Sie zündete die Feiertagskerzen an, segnete uns alle und begann einsam ein Gebet für unsere Sicherheit zu sprechen. Sie drückte uns an sich und küßte uns. Dann bat sie Gott, ihre noch verbliebenen vier Kinder zu beschützen. Hatte ich recht gehört? Es war das erstemal, daß Mutter von ihren »vier« Kindern sprach, das erstemal, daß sie Drejza nicht auch erwähnt hatte. Wir schauten einander ungläubig an. Hatte Mutter sich tatsächlich mit dem Unabänderlichen abgefunden?
Und dann hob sie ihr Gesicht zum Himmel. Ihre Augen waren geschlossen und die Stirn in Falten gelegt, als ob es ihr dadurch leichter fiele, ihr unermeßliches Leid zu ertragen. So wandte sie sich an irgendeinen fernen Gott und beschwor ihn: »Eine Tochter, meine Drejza, habe ich Dir als Opfer dargebracht. Jetzt flehe ich Dich an, bewahre meine anderen Kinder vor Leid. Amen. Dein Wille geschehe!« Nun wußte ich, daß Mutter den Verlust ihrer Tochter akzeptiert hatte. Ich sah das Leid in ihren Augen, und ich litt mit ihr.
Den ganzen Yom-Kippur-Tag verbrachte ich auf meinem Wachposten, während alle anderen beteten und ihre Fürbitten zu Gott hinaufschickten. Obwohl ich noch sehr jung war, hatte ich das Verlangen verloren, gemeinsam mit ihnen zu einem Gott zu beten, der solche Greueltaten zuließ, ohne sein Strafgericht über die Missetäter zu schicken. Jeder, der den Holocaust überlebt hat, wird für den Rest seiner Tage von der Frage gequält: Wo war Gott? Was für ein Gott ist das, unter dessen Himmel wehrlose Frauen und kleine Kinder in Gaskammern gesteckt wurden, Männer zwangsweise in Arbeitslager, wo sie bis zum Umfallen Schwerstarbeit verrichten mußten, wo Menschen lebendig in Massengräber geworfen werden? Und sie alle nennen sich seine Kinder!

Halt, oder ich schieße!

Nur in Zeiten großer Not erfährt man, was wirklich hinter den Fassaden von Menschen steckt. Wirkliche Freunde werden den Test bestehen; aber das sind wenige; falsche Freundschaften werden schnell entlarvt.
Ich erinnere mich an eine polnische Christin, die zum Kundenstamm meines Vaters gehörte. Ihre Familie besaß viel Land, unzählige Obstbäume, und sie hatten immer reiche Lebensmittelvorräte im Haus. Im Laufe der Jahre hatte sich zwischen uns ein herzliches Verhältnis entwickelt. Obwohl meine Eltern eigentlich prinzipiell keine Einladungen zu christlichen Feiern annahmen, machten sie im Falle dieser Kundin eine Ausnahme, und sie nahmen an der Hochzeitsfeier ihrer Tochter teil. Mutter und Vater wußten, wie sie echten Freunden ihre Achtung bezeugen konnten, und so kauften sie dem jungen Paar ein schönes Hochzeitsgeschenk. Und nun kam uns diese Polin an einem Sonntagmorgen besuchen. Sie fragte uns, wie das Freunde eben so tun, wie es uns ginge und wie wir denn im Ghetto zurechtkämen. Ihre Anteilnahme kam mir überhaupt nicht merkwürdig vor; im Gegenteil, es schien mir ganz natürlich, daß sie an unserem Schicksal interessiert war; waren wir nicht immer gute Freunde gewesen? Aber dann, ohne jede Vorwarnung, entwich der »Teufel aus der Flasche«. »Kann ich irgend etwas für Sie tun, Frau Sznajder«, fragte sie. »Möchten Sie vielleicht Ihren Schmuck verkaufen? Sie müssen ja sowieso hier weg.«
Meine Mutter war für einen Moment sprachlos. Langsam änderte sich der Ausdruck in ihrem sonst immer so freundlichen Gesicht. Die Augen wurden eiskalt, und ihre Lippen begannen zu zittern. Ich sah, wie sie sich zu einer ruhigen Antwort zwang, dennoch waren ihre Worte wie ein Schlag ins Gesicht: »O ja, ich kann Ihnen die wertvollsten Juwelen anbieten, die ich besitze, zwei außerordentliche Kostbarkeiten: Sie können Shmuel oder Lipele nehmen und sie verstecken, bis dieser Spuk vorüber ist. Das ist alles, was ich Ihnen an Juwelen anzubieten habe.«
Die polnische Dame war ob dieser Reaktion äußerst indigniert. Sie erhob sich und eilte hinaus, aber Mutter war noch nicht fertig. Sie

lief hinter ihr her und rief ihr – immer noch aufs äußerste empört – nach: »Ich brauche Sie nicht, und ich brauche Ihr Geld nicht! Ich brauche überhaupt keine Bekanntschaften wie die Ihre! Gehen Sie!«
Ich denke oft an diese häßliche Szene, in der eine Polin sich in ihrer ganzen Heuchelei entlarvte. Diese polnische »Freundin der Familie« war nur eine unter vielen. Die meisten Polen waren sich in ihrem Judenhaß gleich. Mir sind die Gründe ihres Judenhasses unklar, aber ich weiß, daß sie, obwohl sie die Deutschen bestimmt nicht besonders gerne mochten, einen Mordsspaß hatten, als die Nazis mit der Ausrottung des Judentums in Polen begannen.
Vaters Unruhe wegen der Papiere wuchs von Stunde zu Stunde, dennoch versuchte er immer noch, Mutter aufzuheitern:
»Bruchele«, sagte er – denn das war sein Kosename für sie –, »Bruchele, mach dir nicht solche Sorgen. Es werden auch wieder bessere Zeiten kommen.« Aber ich weiß, sie machten sich beide nur was vor. In Wirklichkeit wußten sie, daß es sich nur um eine fromme Lüge handelte.
Nachdem die rettenden Papiere immer noch auf sich warten ließen, dachte Vater sich noch eine Sicherheitsmaßnahme aus, für den Fall, daß unser erstes Versteck auffliegen würde. Eines Tages kam er freudestrahlend nach Hause und erzählte uns, daß er bei einem polnischen Bäcker – einem ehemaligen Geschäftspartner – gewesen war, der ihm versprochen habe, in seiner Bäckerei ein Versteck für uns alle zu schaffen, natürlich für einen ansehnlichen Preis – wie sollte es auch anders sein. Ein solches Versprechen ist leicht zu geben, dachte ich mir, und natürlich, als dann der Zeitpunkt gekommen war, es einzulösen, passierte gar nichts.
Obwohl – oder vielleicht gerade weil – unsere Sicherheit ständig bedroht war, hörten unsere Eltern nicht auf, nach weiteren Rettungsmaßnahmen zu suchen. So hatte Mutter zum Beispiel Vorbereitungen getroffen für den Augenblick, an dem wir endgültig fliehen mußten. Sie nähte Zloty, Dollar und mindestens zehn verschiedene Goldstücke in mein Mantelfutter ein. Es war eine meisterhafte Arbeit, denn nicht einmal ein Fältchen war in dem Futter zu entdecken. Als sie mir den Mantel zeigte, sagte sie eindringlich: »Lipele, hüte diesen Mantel wie deinen Augapfel. Falls du jemals

mit Geld dein Leben retten kannst, wirst du es damit erkaufen können; dieser Mantel soll deine Rettung sein.« Ähnliche Mäntel bereitete sie auch für Moshe, Esther und Shmuel vor.

Vater machte weitere Vorbereitungen für den Tag X; er beschloß, noch ein anderes Versteck zu suchen, das sich aber innerhalb des Ghettos befinden sollte. Er bezahlte, was notwendig war, an ein paar der noch verbliebenen Handwerker im Ghetto, damit sie eine Dachstube ausbauten, in der sich zehn oder zwölf Leute verstecken konnten. Sie errichteten eine Spezialkonstruktion mit doppelten Wänden, so daß der innere Raum von außen nicht bemerkt werden konnte. Hier würden wir uns verstecken können, bis wir in sichere Quartiere umziehen konnten. Nach und nach brachten wir Stühle, einen Tisch, Decken und Lebensmittel in unser neues Versteck, damit wir uns dort auch für längere Zeit aufhalten könnten.

Donnerstag war ein besonderer Tag im Ghetto. Der Duft von *Gefilte Fisch* und von Challahs, die Mutter für den Sabbat zubereitete, lag immer in der Luft. An diesem Donnerstag aber, der uns unvergeßlich bleiben wird, gab es weder Challahs noch *Gefilte Fisch*, denn das Ghetto war erfüllt von der Schreckensbotschaft, daß das Ghetto von Chelm jetzt endgültig zerstört werden solle.

Mutter begann sofort, uns für die Flucht vorzubereiten. Sie händigte jedem seinen Notmantel aus und organisierte auch alles andere, was unbedingt nötig war.

Wegen des Gerüchts der bevorstehenden Vernichtung schliefen viele Bewohner in dieser Nacht bereits in ihren vorbereiteten Verstecken. Obwohl Shmuel und ich heftig protestierten, entschied Mutter, daß wir diese Nacht noch in unseren eigenen Betten verbringen sollten.

Wir waren so erschöpft, daß wir sofort einschliefen, nicht ahnend, daß nun das Ende tatsächlich gekommen war.

Am Morgen um fünf Uhr weckte Mutter uns auf, nicht sanft wie sonst, sondern in wilder Panik. Es war Freitag, der 6. November 1942, und das Ghetto war von der SS umstellt. Jetzt waren sie wirklich gekommen, um uns alle auszulöschen!

Moshe rannte nach draußen, um zu sehen, ob es noch irgendeinen Ausweg gäbe oder ob wir rettungslos in der Falle saßen.

Nach einer halben Stunde kehrte er zurück. »Wir können noch rauskommen«, erklärte er und beschrieb uns den genauen Weg, den wir zu nehmen hätten, um zu entkommen. Wir waren wild entschlossen, es zu versuchen und bis zu Frau Kowalskas Haus zu gelangen. Ich packte Shmuel und eilte mit ihm nach draußen zur Ecke Lubelskastraße und Reformackastraße, bemüht, so schnell und so unauffällig wie möglich den Weg hinter uns zu bringen, den Moshe uns eingeimpft hatte.

Als wir gerade um die Ecke bogen, standen plötzlich drei SS-Leute ein paar Meter vor uns. »Halt, oder ich schieße!« rief uns einer zu. Shmuel machte sofort voller Angst auf dem Absatz kehrt und begann zu rennen. Ich wunderte mich sehr, daß sie nicht hinter ihm herschossen. Nun blieb mir nichts anderes übrig, als es mit Unverfrorenheit zu versuchen. Obwohl mir vor Angst die Knie schlotterten, ging ich mit übertriebener Selbstsicherheit und mit festen Schritten weiter auf den SS-Mann zu, der uns angerufen hatte. Er schnauzte mich an: »Laß mich deine Papiere sehen! Auf der Stelle!«

»Die habe ich nicht bei mir«, antwortete ich, wobei ich einen Ton anschlug, als ob ich der ganzen Angelegenheit keine Wichtigkeit beimäße. »Ich bin Pole. Ich brauche nicht ständig meine Papiere mit mir herumzutragen.«

Er aber gab sich nicht zufrieden mit meiner Erklärung: »Ich will deine Papiere sehen, verdammt noch mal!«

»Ich bin Pole«, erwiderte ich, nach außen hin eiskalt, dabei spielte ich mit meinem Leben.

Er glaubte mir wohl nicht, denn er schnauzte mich an: »Du sollst gehen!«

Ich tat, wie er mir befohlen hatte, und ging; nach drei Schritten aber blieb ich stehen und drehte mich nach ihm um. Da sah ich, daß sein Gewehr direkt auf mich gerichtet war und daß er auf mich zielte. Ich konnte in den Lauf des Gewehres blicken. O Gott, er tut es wirklich, war alles, was ich denken konnte, während ich mich im Geiste schon in einer Blutlache am Boden liegen sah.

Ich glaube, soviel Unverfrorenheit kann ein Mensch nur an den Tag legen, wenn er ganz jung ist. Ich wurde mit einemmal eiskalt, ging ganz nahe an ihn heran, und zwar nur Bruchteile von Sekunden,

bevor er abdrücken konnte. »Darf ich diesen Weg gehen?« fragte ich ganz unschuldig und zeigte dabei in irgendeine Richtung. Der SS-Mann starrte mich ganz verblüfft an, doch ich hielt seinem Blick unerschrocken stand. Bestimmt hatte er erwartet, daß ein Jude versuchen würde wegzulaufen, und weil ich dies nicht tat, konnte ich ja wohl auch kein Jude sein. Langsam nahmen seine haßerfüllten Gesichtszüge einen anderen Ausdruck an, und ich wartete gerade noch lange genug, bis er verwirrt sagte: »Ja, ja, geh nur.«
Auf der anderen Straßenseite ging ein polnisches Mädchen. Sie war klein und zierlich, vielleicht achtzehn. Es war ganz sicher nichts Besonderes an ihr, aber in meiner Erinnerung wird sie ewig als ein Engel weiterleben, denn dieses Mädchen war meine Rettung. Um den SS-Mann zu überzeugen, daß ich Pole und kein Jude war, begann ich ein Gespräch mit ihr.
»Ach, verzeihen Sie, aber können Sie mir bitte sagen, wie spät es ist?« fragte ich, krampfhaft bemüht, meine Erregung zu unterdrükken und vollkommen gleichgültig zu erscheinen.
Sie hatte keine Uhr. »Ich weiß nicht«, antwortete sie, »vielleicht sechs, oder Viertel nach sechs.« Ich hielt mich beständig neben ihr, fragte sie, wohin sie ginge und alles, was mir einfiel, während ich in meinem Rücken die Blicke des SS-Mannes spürte, der mich nicht aus den Augen ließ. Unablässig redete ich auf sie ein, ohne mir anmerken zu lassen, daß ich Angst hatte, er könne wieder auf mich zielen oder daß das Mädchen bemerken könnte, daß ich Jude war.
»Wohin gehst du?« fragte sie mich.
»In die Kolejowastraße«, antwortete ich.
Wir gingen miteinander plaudernd weiter, bis wir außer Sichtweite des SS-Mannes waren. Noch heute kann ich nicht begreifen, woher ich plötzlich diesen Mut und diese Frechheit genommen hatte, nachdem ich doch bereits dem Mörder direkt in den Gewehrlauf geschaut hatte.
Es war noch dunkel, aber die gesamte Stadt war bereits in einem solchen Aufruhr, wie ich es noch nie erlebt hatte. Überall sah ich deutsche Soldaten und SS-Leute, die Jagd auf menschliche Beute machten.
Ich schlich mich in einen Hinterhof, wo ich ein sicheres Versteck

fand – wenigstens bis es hell würde, und ich es wagen konnte, an Frau Kowalskas Tür zu klopfen. Wo meine Familie jetzt war, wußte ich nicht. Wir hatten ausgemacht, uns zu trennen und uns dann später alle bei Frau Kowalska zu treffen. Ich wollte mein Leben nicht unnötig aufs Spiel setzen und würde mich daher tagsüber bei Frau Kowalska versteckt halten und erst nach Einbruch der Dunkelheit weitergehen.

An jenem Morgen stand ich gegen acht Uhr an ihrer Türschwelle: zu dieser Stunde wagte ich endlich, sie zu stören. Ich klopfte zaghaft, und sie öffnete die Tür nur einen Spaltbreit. Aus ihrem Gesicht sprach keine Gastfreundschaft, und ich ahnte schon, daß sie mich nicht hereinlassen würde.

»Ist meine Mutter da?« fragte ich.

»Nein«, antwortete sie, nicht eben sehr freundlich, »von deiner Familie ist niemand gekommen.«

Meine Enttäuschung trieb mir die Tränen in die Augen. Ich drehte mich um und rannte mit pochendem Herzen zur Reformackastraße Nummer 24, wo wir gelebt hatten, bevor wir ins Ghetto umziehen mußten. Ich kannte die Polen aus der Nachbarschaft und fragte jeden, den ich sah, ob er meine Familie gesehen hätte. Aber niemand hatte sie gesehen, und niemand hatte auch nur das geringste von ihnen gehört.

Frau Kowalska war meine letzte Hoffnung, und ich überlegte krampfhaft, ob ich nicht noch einmal wagen könnte, zu ihr zu gehen. Vielleicht war sie bereit, mich zu verstecken, bis sie ankämen! Würde sie mir überhaupt helfen? Meine Gedanken überschlugen sich, und ich fand keine Antwort auf die vielen Fragen, die mir im Kopf herumschwirrten. Ich hatte solche Angst, daß ich doch nicht den Mut aufbrachte, sie noch einmal aufzusuchen, und so lief ich ziellos umher, während das Echo der Gewehrschüsse aus dem Ghetto ständig in meinen Ohren widerhallte. Dort wurden die Juden zusammengetrieben und zum Bahnhof verfrachtet, um von dort zu ihrer Ermordung gebracht zu werden. Die Schüsse hörten nicht auf, und ich stellte mir vor, wie die armen verängstigten Juden erbarmungslos gehetzt wurden. War jemand aus meiner Familie dabei?

Es war elf Uhr vormittags, und ich hatte schon seit vielen Stunden nichts mehr gegessen. Der Hunger wurde jedoch verdrängt von der einzigen Sorge, die mich beschäftigte: Wo war meine Familie? Ich betete, daß es ihnen gelungen war, Frau Kowalskas Haus zu erreichen. Ich wollte es glauben. Aber nein, im nächsten Augenblick war ich sicher, daß sie nicht hingefunden hatten. Frau Kowalska hatte sich unmißverständlich geäußert. Ich traute mich nicht mehr in die Nähe ihres Hauses, und deshalb setzte ich ziellos meine Suche fort. Hier und da fing ich Gesprächsfetzen von Polen auf, die sich miteinander unterhielten: »Im Botanischen Garten sind viele Juden erschossen worden«, hörte ich sie sagen. Ich eilte zum Botanischen Garten. Dort lagen etwa zwanzig Leichen – Männer und Frauen –, die an jenem Schwarzen Freitagmorgen erschossen worden waren. Gewaltsam unterdrückte ich meine Angst und zwang mich dazu, die Leichen genau zu betrachten. Würde ich meine Eltern darunter finden? Ich schaute den Toten direkt ins Gesicht, systematisch, einem nach dem anderen, mit Entsetzen zwar, aber – wie ich zugeben muß – auch mit Erleichterung, denn keiner aus meiner Familie war darunter. Nun war ich wieder fest davon überzeugt, sie lebend wiederzufinden. Wie ein Verrückter rannte ich in der Gegend umher, vielleicht würde ich einem in die Arme laufen. Die Vernichtungsaktion der Nazis war in vollem Gange, mich aber interessierte nur meine Familie. Ich sah genau alles, was um mich herum passierte, aber es ließ mich in gewisser Weise unberührt. Die Nazis und ihre ukrainischen Gefolgsleute waren eifrig dabei, der jüdischen Bevölkerung von Chelm den Rest zu geben – sie wurde geschlagen, getreten, mit dem Gewehrkolben herumgestoßen, gedemütigt. In mir aber sang es: Meine Eltern leben, meine Geschwister leben!

Die Juden waren absolut wehrlos. Einer nach dem anderen verschwand – spurlos. Die Polen betrachteten die Aktion in gewisser Weise als ein Gaudium, eine Volksbelustigung. Sie standen herum und schauten den Vorgängen zu und hatten ihren Spaß beim Anblick der Juden, als diese in die total überfüllten Eisenbahnwaggons gepfercht wurden. Die Polen wußten, was mit ihnen geschah. Sie kannten die Wahrheit. Wie hätten sie sie auch nicht kennen können, wo doch Tag für Tag viele Menschen in den Zügen nach

Sobibor abtransportiert wurden und die Waggons leer wieder zurückkamen? Wie hätten sie dabei keinen Verdacht schöpfen sollen? Sie wußten, was vorging, und es machte ihnen Freude. Diese Erinnerung an ihr Gejohle und ihr breites Grinsen – wie so vieles andere aus jenen schicksalhaften Tagen – wird mich nie wieder verlassen. Niemals ist mir je soviel Schadenfreude beim Unglück von Menschen begegnet. Ich erinnere mich an die Witze, die sie rissen, und ihre makabren Spekulationen über das Schicksal, das die Juden am Ende ihrer Reise erwartete.

Verdammter Jude, was suchst du hier?

Ich nahm meinen ganzen Mut zusammen und machte mich noch einmal auf den Weg zu Frau Kowalska. Diesmal empfing sie mich mit freundlicher Miene und ließ mich auch gleich ins Haus. Offensichtlich hatte sie doch Mitleid mit diesem armen Jungen, der täglich um die Bahnhofsgegend herumstrich, um nach Mitgliedern seiner Familie zu suchen. Sie erlaubte mir, mich auszuruhen, und das tat ich dann auch bis zum Abend. Nach einigen Stunden fühlte ich mich besser, und ich machte mich wieder auf die Suche. Wen immer ich auch fragte, die Antwort auf meine Fragen war stets eine Enttäuschung. Nein, niemand hatte sie gesehen.

Wo sollte ich noch suchen? Das Ghetto war zerstört worden – natürlich auch das Haus, in dem wir gewohnt hatten. Mutlos und verzweifelt ging ich zu Frau Kowalska zurück. Ihre beiden Söhne waren nicht gerade erfreut darüber, daß ich in ihrem Haus Zuflucht gefunden hatte, und sie bemühten sich auch nicht, ihre Verärgerung darüber zu verbergen. Ich glaube, sie fürchteten, daß sie auch mit ihrem Leben dafür bezahlen müßten, falls ich geschnappt würde – weil sie mir Zuflucht gewährt hatten.

Beim Anblick ihrer mürrischen Gesichter fühlte ich mich ganz und gar nicht wohl, wenn ich mir auch sagte, daß ich ja nur kurze Zeit hier bleiben müßte. Allerdings dachte ich auch, daß sie für die horrende Summe, die mein Vater bezahlt hatte, ruhig ein bißchen zittern dürften. Wenn erst die gefälschten Papiere da wären, bräuchten wir uns keine Sorgen mehr zu machen, dachte ich. Wir könnten unser Leben als reinrassige Polen weiterführen, ohne Angst vor Deutschen, ohne Angst vor Polen, die so scharf darauf gewesen waren, jeden Juden, dessen sie habhaft werden konnten, ans Messer zu liefern.

Wenn ich mir meine Gedanken von damals zurückrufe, so erinnere ich mich, daß mir immer die Worte »*wir* müßten«, »*wir* könnten«, »*wir* sollten« im Kopf herumgingen. Nie sah ich einen Ausweg für mich allein, sondern immer nur im Zusammenhang mit der gesamten Familie Sznajder.

Jedes Geräusch, das von der Straße kam, jeder Schritt vor der Haustür, jede Stimme, die ich in der Nähe von Frau Kowalskas Haus vernahm, alles erregte Hoffnung und Furcht zugleich in mir. Waren das Geräusche der Deutschen, die kamen, um mich aufzustöbern, oder war es die Stimme eines Boten, der endlich die gefälschten Papiere brachte – unsere Fahrkarte in die Freiheit und ein neues Leben?

Frau Kowalska stellte mir etwas zum Essen hin, aber ich konnte nichts herunterbringen, denn in mir war alles wie zugeschnürt. Schließlich zwang ich mich dann doch, etwas zu mir zu nehmen, und danach bereitete Frau Kowalska mir ein Strohlager in ihrem Wohnzimmer. Ich glaube, ich schlief bereits ein, noch während ich mich mit der Wolldecke zudeckte. Nichts hätte mich in dieser Nacht aufwecken können, nicht einmal ein Kanonenschuß. Meine tiefe Erschöpfung ließ mich bis zum Morgen durchschlafen.

Beim Aufwachen waren meine Ängste sofort wieder präsent, und ich verlor keine Zeit, die Suche nach meinen Angehörigen fortzusetzen. Gegen sieben Uhr abends kehrte ich niedergeschlagen und ausgebrannt zu Frau Kowalskas Haus zurück, wo ich noch einmal die Nacht verbrachte.

Bei meinen Streifzügen auf der Suche nach meinen Eltern würde ich nicht immer unentdeckt bleiben können. Aber da es schon einige Tage gutgegangen war, wurde ich wohl ein bißchen leichtsinnig und ließ die gebotene Vorsicht außer acht. Jedenfalls war ich nicht so auf der Hut, wie es die Situation verlangte. Deshalb erschrak ich furchtbar, als mich plötzlich jemand am Arm packte. Ein junger Pole, ein vorbestrafter Krimineller von etwa zweiundzwanzig Jahren, hatte mich erkannt. »He, du verdammter Jude, was zum Teufel hast du hier im Polengebiet verloren?«

Ich versuchte, seine kräftigen Arme abzuschütteln und mich frei zu machen. Ich wand mich hin und her wie eine Schlange, aber der Kerl ließ nicht von mir ab. Als es mir schließlich doch gelang, mich aus seiner Umklammerung zu befreien, packte er mich an meinem Mantel. Ich kam einfach nicht gegen ihn an.

Also griff ich auf einen Trick zurück. »Ich bin auf dem Weg zur Arbeit«, erklärte ich. »Wenn du mich nicht sofort losläßt, verpfeife ich dich bei meinem Chef, und dann bist du aber dran. Also laß mich lieber in Ruhe.«

»Du hast ja gar keine Arbeit«, erwiderte er scharf. »Du bist ein mieser Jude, und du darfst gar nicht mehr für die Polen arbeiten. Das Ghetto wird gerade eliminiert, und du kommst auch dran, du lausiges Judenschwein.«

Ich versuchte es noch einmal mit meiner Drohnung, ihn zu verpfeifen, aber er lachte nur, und als in der Nähe ein polnischer Polizist auftauchte, rief er ihn herbei: »Hallo, Polizei. Ich habe hier einen Juden erwischt; er treibt sich ständig im Polenviertel herum. Stecken Sie ihn ins Gefängnis, damit er die Luft nicht verpesten kann. Er hat hier nichts verloren.«

Der Polizist schaute kurz in meine Richtung, und ich glaubte, in seinen Augen einen Funken Mitleid entdeckt zu haben, jedenfalls zog er es vor, nicht in die Sache verwickelt zu werden, und er antwortete gleichmütig: »Mach mit ihm, was du willst. Ich habe keine Zeit, mich darum zu kümmern.« Damit ging er seiner Wege.

Aber mein Peiniger gab noch nicht auf. Er war fest entschlossen, mich an die SS oder die polnische Polizei auszuliefern.

Wieder einmal bekam ich einen Vorgeschmack auf mein letztes Stündlein, denn mir war klar, daß ich diesem Typen kaum mehr auskommen konnte. Ich versuchte es zwar noch einmal mit Frechheit und sagte keck zu ihm: »Gehen wir doch zu den SS-Leuten dahinten. Dann kannst du ja sehen, daß ich für sie arbeite.« Es war meine feste Absicht, ihn irgendwie auf dem Weg dorthin abzuschütteln. Er aber zog mich weiter, und ich konnte mich trotz aller Anstrengung nicht aus seinem festen Griff befreien. Da fiel mir ein, daß ich etwas Geld bei mir hatte, und dachte, daß bei diesem Typen ein Bestechungsversuch wahrscheinlich funktionieren würde. »Ich gebe dir Geld«, lockte ich. »Fünfhundert Zloty, wenn du mich in Ruhe läßt.« Er aber lachte mich aus und spottete: »Ich werde dich nicht laufenlassen, auch nicht für tausend Zloty, du dreckiger Jude. Du kommst jetzt mit.«

Wir gingen langsam vorwärts, und weil ich die Gegend gut kannte, wußte ich, daß ich verloren wäre, wenn es ihm gelänge, mich nur noch fünfzig Meter weiterzuschleifen, denn hinter der nächsten Straßenecke standen SS-Patrouillen.

Ich hatte nichts mehr zu verlieren, also setzte ich alles auf eine Karte. Am Straßenrand stand ein kleiner Baum, und als wir daran vorbeikamen, packte ich den Stamm und umklammerte ihn wie einen Schraubstock, während ich zu dem Kopfjäger sagte: »So, das war's. Von hier kriegst du mich nicht weg.« Ich hing an dem Baum wie ein Affe und ging keinen Schritt weiter.

»Wie du willst«, sagte er. »Dann hole ich eben die SS hierher, mit denen wirst du dann schon mitgehen, auch wenn du nicht willst.«

Ich schaute mich um und sah, daß sich um uns herum ein Kreis von Polen versammelt hatte, um einen Blick auf dieses Fangspiel zu erhaschen. Sie feuerten den Polen an und gaben ihm gute Ratschläge: »Nimm ihn auf deine Schultern, und schmeiß ihn der SS zu Füßen«, sagte einer. Aber der Kerl antwortete: »Was? Glaubst du, ich will mich dreckig machen mit diesem Judenbengel. Die SS wird gleich hier sein und ihn mitnehmen.« Dann sah er mich höhnisch an. »Dein Bäumchen wird dir dann auch nicht mehr helfen, denn die SS wird dich notfalls losschneiden.«

Der Zuschauerkreis der Polen wurde immer größer. Sie glotzten auf den jungen Juden mit seinem polnischen Peiniger, als wären wir eine Zirkusnummer. Sie grölten und feuerten ihn lautstark an. Selbst in meiner jämmerlichen Situation kam ein leichtes Gefühl der Verachtung in mir auf: Während ich hier um mein Leben kämpfe, steht ihr erwachsenen Polen um uns herum und wißt euch vor Schadenfreude nicht zu fassen!

Der junge Pole hielt mich ungefähr zehn Minuten fest, bis endlich ein Auto um die Ecke bog, auf dem ich das SS-Emblem zu erkennen glaubte. Sowohl der Kopfjäger wie auch ich selbst waren sicher, daß dies das Ende unseres Spielchens war. Nur ein Schuß würde genügen. Unsere Zuschauer benahmen sich ekstatisch. Sie winkten dem sich nähernden Fahrzeug zu und gaben dem Schurken fachmännische Anweisungen, wie er mich festzuhalten habe, währenddessen sich meine Panik in Todesangst steigerte. In Erwartung der Kugel verkrampfte sich jeder Muskel in meinem Körper, und ich konnte überhaupt nicht mehr klar denken.

Doch dann geschah ein Wunder. Der Fahrer warf lediglich einen Blick auf die Menschenansammlung und fuhr weiter. Erst als er direkt an mir vorbeirauschte, bemerkte ich, daß dies kein Wagen der SS, sondern einer der Luftwaffe war.

Nun hatten sich noch mehr Gaffer um uns versammelt. Nach meiner Schätzung waren es mindestens dreißig Polen, die sich königlich amüsierten. Jetzt werden sie es wohl selbst besorgen, dachte ich, als ich merkte, daß aus diesem Haufen kein Mitleid zu erwarten war. Während ich fühlte, wie meine Kräfte langsam nachließen, verwandelten sich die Menschen um mich herum plötzlich in ein Rudel Wölfe, die sich an ihre Beute heranmachten – eine Halluzination, die – wie sich später herausstellte – gar nicht so weit hergeholt war.

Und wieder einmal – wie so oft während dieser schrecklichen Zeit – kam mir ein glücklicher Zufall zu Hilfe. Ohne hundertfache solcher glücklichen Zufälle – jedenfalls glaube ich das – hätte ich nicht überlebt, ja hätte keiner den Holocaust überlebt. Eine Dame aus Chelm, eine Deutsche, war von der johlenden Gruppe angelockt, ihrer Neugierde gefolgt und wollte sehen, was da los war. Sie erkannte mich sofort, denn wie so viele andere Nichtjuden, hatte auch sie zu Vaters Kundenstamm gehört. Sie wandte sich empört an meinen Peiniger und fauchte ihn an: »Schämen Sie sich nicht? Wollen Sie das Blut dieses Jungen auf dem Gewissen haben?« Sie war so nahe an uns herangekommen, daß ich sehen konnte, daß sie ein kleines, goldumrandetes Hakenkreuz auf ihrer weißen Jacke trug. Sie schlug meinem Peiniger mit voller Kraft ins Gesicht. Das

Gesindel war für einen Moment so baff, daß niemand auf mich achtete. Diese Chance nutzte ich und befreite mich aus der Umklammerung, rannte auf die gegenüberliegende Straßenseite und mischte mich ein paar Häuser weiter unter eine Menschenschlange, die um Kinokarten anstand. Ich kaufte mir eine Karte und verschwand schnell in der schützenden Dunkelheit des Zuschauerraums. Hier fühlte ich mich für den Augenblick in Sicherheit – allerdings war sie mir nur gewährt, bis der Film zu Ende wäre. Mein Herz klopfte wie verrückt, und ich rang nach Atem. Ich befürchtete, daß irgendein feinfühliger Kunstgenießer Anstoß an meinem Schnaufen nehmen könnte, aber niemand nahm Notiz davon. Offensichtlich war der Film sehr interessant, nicht jedoch für mich, denn mich interessierte das, was vorne auf der Leinwand vor sich ging, nicht im geringsten. Ich sagte mir, daß es tollkühn wäre, bis zum Ende der Vorstellung sitzen zu bleiben. In dem Moment, wo die Lichter angingen, wäre ich in Gefahr, erkannt zu werden, und man würde mich aus dem Kino zerren, mich erschlagen oder an die SS ausliefern.
Ich wägte ab, wo die Gefahr kleiner wäre, denn auch draußen wartete ja die Hölle auf mich. Aber ich hatte keine Wahl, und so nahm ich denn das Risiko der Straße auf mich, schon deshalb, weil es mich dem einen Ziel näher brachte, das mein ganzes Handeln bestimmte: meine Familie zu finden.
Wieder lenkte ich meine Schritte zu Frau Kowalskas Haus. Diesmal nahm ich den Weg über den Bahnhof, ein Umweg von ungefähr zwei Kilometern. Hoffnung und Resignation wechselten sich ab in meinen Gefühlen – mal sah ich meine Familie am Tisch sitzen und auf mich warten, wenn ich das Haus beträte, mal sah ich sie in tiefster Resignation bereits irgendwo tot oder im Eisenbahnwaggon. Als Frau Kowalska auf mein Klopfen öffnete, bedurfte es keiner Worte. Ihr trauriger Blick sagte mir auch so, daß sie nicht angekommen waren. Sie bereitete mir eine kleine Mahlzeit, die ich in einer Mischung aus Hunger und Furcht herunterwürgte, wobei ich nicht einmal merkte, was ich überhaupt aß. Für die Nacht bereitete meine Gastgeberin mir wieder ein Lager auf dem Fußboden, und – welch Privileg der Jugend – dank meiner Erschöpfung war ich sofort eingeschlafen.

Unter den gegebenen Umständen war Frau Kowalska alles in allem sehr gut zu mir. Sie gewährte mir Schutz und einen Platz zum Schlafen, zum Essen und wo ich mich erfrischen konnte. Im Tal des Todes, durch das wir uns pausenlos bewegten, war ihr Haus während jener dunklen Tage ein Lichtstrahl. Sie vermittelte mir ein Gefühl der relativen Sicherheit; das Gefühl der Heimatlosigkeit und der Verlorenheit konnte sie mir jedoch nicht nehmen. Aber das hätte kein Fremder gekonnt. Das hätte nur – und wenn es auch nur ein einziges gewesen wäre – ein Mitglied meiner Familie zustande gebracht.

Heute war schon der dritte Tag, an dem ich mich aufmachte, um auf der Suche nach meiner Familie durch die Straßen zu streifen. Mein Umherlaufen glich einer Flucht durch den Urwald, in dem hinter jedem Baum oder Strauch ein ausgehungertes Raubtier lauerte. Egal wie vielen Polen ich aus dem Weg ginge – immer würde irgendwo ein anderer auf mich lauern. Aber ich ließ nicht nach in der Spurensuche nach meiner Familie. Ich konnte nicht eher zur Ruhe kommen, bevor ich nicht Gewißheit hatte, was aus meinen Lieben geworden war.

Das Ghetto von Chelm war die Hölle, und je öfter ich durch seine zerstörten Straßen zog, desto ungeheuerlicheren Grausamkeiten begegnete ich. So zum Beispiel erlebte ich, wie ein Ukrainer hinter einer jungen Jüdin von etwa zwanzig herjagte. Es gelang ihr immer wieder, ihm auszukommen, bis man plötzlich einen Gewehrschuß hörte – dann war Totenstille. Als ich mich näher heranwagte, sah ich, daß ihr Körper sich noch bewegte. Nach ein paar Minuten war alles vorbei.

Es knallte ständig aus irgendeiner Straßenecke, manchmal von weiter weg, manchmal in unmittelbarer Nähe. Die SS jagte Juden und schoß schonungslos auf jeden, dessen Bewegung ihnen wie Flucht vorkam. Mir war klar, daß meine Glückssträhne nicht von Dauer sein konnte; irgendwann würde es auch mich erwischen. Wann endlich würden die falschen Papiere eintreffen? Hoffentlich, solange meine Familie noch am Leben war.

Als ich spätabends zu Frau Kowalskas Haus zurückkehrte, wieder einmal erfolglos und resigniert, stand eine unbekannte junge Frau vor der Tür: eine gutaussehende Blondine, die ich auf ungefähr dreißig schätzte. Sie war elegant angezogen und ein lebendiges Beispiel für die Maxime meines Vaters, daß »Kleider Leute machen«. Da ich sie vorher noch nie gesehen hatte, versuchte ich, ihr auszuweichen, und tat so, als ob ich ihre Anwesenheit gar nicht bemerkt hätte, so wie ich das bei jedem Fremden tat. Aber sie wandte sich freundlich an mich: »Dein Name *war* doch Sznajder?« Ihre Betonung lag auf dem *war*.

Ich schaute ihr verblüfft ins Gesicht. Sie kannte mich offensichtlich, aber ich hatte keinen blassen Schimmer, wer sie war. »Richtig«, antwortete ich, »mein Name *ist* Sznajder. Lipman Sznajder.«

Sie lächelte unergründlich. »Dein Name *war* Sznajder«, sagte sie noch einmal. Ihr Gesichtsausdruck war unbeschreiblich freundlich. Ich konnte mir einfach nicht vorstellen, was sie von mir wollte, aber natürlich war jetzt meine Neugierde geweckt. »Komm«, sagte sie und nahm meinen Arm, »gehen wir ins Haus, wo wir ungestört sind. Ich habe dir etwas mitgebracht.«

Wir gingen ins Haus, und ich sah einen Umschlag auf dem Tisch liegen, den die junge Frau – sie hieß Marisza – kurz zuvor für mich dort hinterlegt hatte. Jetzt nahm sie den Umschlag an sich, riß ihn auf und hielt mir freudestrahlend die gefälschten Ausweise für mich und meinen älteren Bruder Moshe unter die Nase. Sie deutete auf die Stelle, wo ich zu unterschreiben hatte, und erklärte mir: »Hier muß deine Unterschrift stehen – Wladislaw Szymczyk.« Dann sagte sie noch: »Sag jedem, daß man dich Wladek nennen soll« – das war die Koseform von Wladislaw –, »und paß vor allem gut auf dich auf. Vergiß niemals deinen neuen Namen, und bring nichts durcheinander. Gott sei mit dir«, sagte sie noch zum Abschied.

Ich wußte mich vor Glück kaum zu fassen. Nun konnte ich mich frei bewegen und brauchte mich nicht mehr vor jedem Polen zu fürchten, der mir über den Weg lief. Ich wußte, mit diesem Dokument hielt ich eine echte Überlebenschance in der Hand.

Ich, Lipman Sznajder, war am 15. März 1927 in Chelm geboren, Wladislaw Szymczyk war – das bestätigte mein neuer Ausweis –

1925 in Warschau geboren, und er wohnte in der Radnastraße 1. Wladislaw Szymczyk – das war meine neue Identität. Ich probierte den Namen immer wieder aus, ließ ihn über die Zunge rollen, ja, ich sang ihn sogar. Ich mochte meinen neuen Namen und auch die Tatsache, daß ich mit einem Federstrich plötzlich zwei Jahre älter geworden war. Als Fünfzehnjähriger hätte ich keine Ausweispapiere erhalten. Aber jetzt war ich ganze Siebzehn. Lipele Sznajder war tot, und Wladislaw Szymczyk war geboren, ein polnischer Katholik, siebzehn Jahre alt, geboren in Warschau. Würde das nur eine kurzfristige Identität sein, oder wäre ich gezwungen, mich für den Rest meines Lebens als Wladek auszugeben?
Jetzt hatte ich eine neue Identität, konnte Arbeit finden und mich um mich selbst kümmern, aber sie konnte mir nicht helfen, meine Familie zu finden. Nur um das zu erreichen, wollte ich auch Chelm nicht verlassen. Irgendwie war ich mir nämlich sicher, daß sie noch in Chelm waren. Ich muß sie finden – ich muß sie finden – dieser eine Gedanke bestimmte meinen gesamten Tagesablauf.
Ich blieb also vorerst noch bei Frau Kowalska, weil ich hoffte, jeden Moment könnte das erlösende Klopfen an der Tür erfolgen, und ich wollte um keinen Preis versäumen zu erleben, wenn sie plötzlich in der Tür stünden.
Die Tage vergingen, und ich hatte weder jemanden gefunden noch hatte jemand an der Tür geklopft. Allmählich wurde meine Freude an den neuen Tatsachen arg durch die Tatsache getrübt, daß ich diese Freude mit niemandem teilen konnte. Jeden Tag, den ich suchend Straßen und Häuser von Chelm durchstöberte, die gleichen Antworten: »Nein, wir haben sie nicht gesehen, nein, wir wissen nicht, wo sie sein könnten.«

Allein auf mich gestellt

Als ich das nächstemal zu Frau Kowalska kam, konnte ich eine Veränderung in ihrem Verhalten feststellen. Ihre Reaktionen, ihr Ton, alles erschien mir anders als vorher: kalt, trocken und gefühl-

los. Bald jedoch erahnte ich, was los war. Da sie meine Eltern für tot hielt und sie somit kein Geld mehr bekäme, sah sie auch keinen Grund mehr, mich weiterhin zu verstecken. Nachdem ich das erkannt hatte, wußte ich, was ich zu tun hatte: »Ich hab meine Eltern ausfindig gemacht«, log ich und hoffte, sie dadurch bewegen zu können, mich noch weiter bei ihr wohnen zu lassen. »Sie verstecken sich.« Ihre Geldgier und vielleicht auch die Angst vor der Reaktion meiner Eltern machten sie unsensibel gegen meine Lüge. »Sie werden bald herkommen«, versprach ich ihr. »Bis dahin lassen sie Sie herzlich grüßen und wünschen Ihnen alles Gute.«
Meine Notlüge hatte eine Veränderung in ihrem Verhalten bewirkt, und am nächsten Morgen brachte sie mir ein kleines Frühstück – eine Scheibe Brot und ein warmes Getränk. »Ich werde mich heute mit meinem Vater treffen«, bemerkte ich und wollte, daß sie glaubte, ich würde ihn heute abend mitbringen. Momentan glaubte sie mir ja auch, aber meine Geschichte konnte nicht lange Bestand haben. Danach machte ich mich wieder auf die Suche nach meiner Familie, aber langsam überkam mich eine bange Ahnung, daß ich vielleicht einer Utopie hinterherjagte und daß ich sie vielleicht nie mehr wiedersehen würde.
Was konnte ich tun? Ich war fünfzehn Jahre alt, ganz unerfahren, denn bis zum Ausbruch der Feindseligkeiten gegen die Juden waren wir von unseren Eltern sehr behütet aufgezogen worden, und nun auf mich selbst gestellt in einer Welt, von der ich nur Feindseligkeiten zu erwarten hatte. An Jahren war ich eigentlich noch ein Kind, aber fest entschlossen, um mein Leben zu kämpfen. Ich war starrköpfig und hatte einen unbändig starken Lebenswillen. Ich lief weiter von einer Stelle zur anderen, als sei ich nur von einem Willen, von einem Ziel getrieben, als stünde ich unter Hypnose: Ich muß meine Familie finden.
Bei meinen Streifzügen durch die Straßen kam ich immer wieder mit den vielen Variationen der Grausamkeit in Berührung – so absurd und sinnlos. So kann ich zum Beispiel jenen Tag in der Reformackastraße nie vergessen: Ein achtzehnjähriger Junge war ohne Motiv auf der Straße erschossen worden. Ich hatte zwar nicht zugesehen, als es passierte, kam aber ungefähr fünf Minuten danach an den

Tatort. Er lag auf dem Rücken, als ob er schlafe. Seine Züge zeigten kein Leben mehr, und seine langen schwarzen Locken, die sein Gesicht zu Lebzeiten umrahmt hatten, waren wie ein Schmuck um sein Gesicht drapiert. Wie viele erschossene, erschlagene oder auf sonst eine Weise ermordete Menschen habe ich auf meinen Streifzügen gesehen – wenn ich sie doch nur vergessen könnte!

Wo immer ich auch hinging, ich sah oder hörte ähnliche Geschichten: An einem Ort waren ein paar Juden erschossen worden, dort war einer auf andere Art ermordet worden. Die Menschen im Ghetto schienen sich so an das Töten gewöhnt zu haben, als ob es zum täglichen Leben gehörte. Zum Glück hörte ich keine derartigen Geschichten über ein Mitglied meiner Familie. Aber konnte man das wirklich Glück nennen? Zwar hatte niemand ihre Leichen gesehen, aber das war noch lange kein Beweis, daß sie wirklich lebten.

Am Abend übermittelte ich Frau Kowalska wieder »herzliche Grüße von meinen Eltern«. »Wenn es ihnen möglich ist, kommen sie heute abend noch vorbei«, ließ ich sie wissen. Ich sagte das inzwischen schon mit einer solchen Routine, daß sie gar keinen Zweifel mehr an meinen Worten hatte. Es kam ihr nicht in den Sinn, daß alles nur Ausreden waren.

Aus ihrer Miene sprach aufrechter Kummer, als sie versuchte, mir zu erklären: »Es tut mir in der Seele leid, aber unser Haus ist nicht groß genug für dich *und* deine Eltern. Ich kann sie nicht aufnehmen.« Ich ließ nicht locker. »Aber sie werden doch nur eine einzige Nacht bleiben«, flehte ich. »Morgen wird die SS ihre Aktionen wahrscheinlich beenden, das hört man jetzt überall.« Ich fügte hinzu: »Nicht nur das, mein Vater bat mich auch, Ihnen auszurichten, daß er sie bezahlen wird, wie er es versprochen hat, sobald er kommt.« Ich konnte Frau Kowalskas Gedanken sehr wohl lesen. Sie wußte, daß wir keine armen Leute waren, und sie selbst war sehr scharf auf Geld. Was ihr am meisten Kummer machte, war, daß sie erst einen Teil der ausgemachten Summe erhalten hatte. Sie wollte Geld, und zwar nicht zu knapp, und egal, wieviel man ihr bereits gegeben hatte, sie wollte endlich mehr sehen. Das war der einzige Beweggrund, weshalb sie mir weiterhin erlaubte zu bleiben.

Nachdem es mir endlich gelungen war, sie davon zu überzeugen, daß meine Eltern nicht länger als eine Nacht bleiben würden, ließ sie sich erweichen. »Na gut«, willigte sie ein. »Falls sie heute noch kommen, werde ich sie auch verstecken. Mach dir keine Sorgen, mein Junge, ich werde schon irgendwie Platz für sie schaffen.«
Dafür werde ich Frau Kowalska immer dankbar sein. Es stimmt schon, daß sie es hauptsächlich des Geldes wegen getan hat, aber dennoch habe ich ihr zu verdanken, daß ich überleben konnte. Vater hatte ein Vermögen für die gefälschten Papiere bezahlt, aber ohne die Vermittlung von Frau Kowalska wären sie nie in meine Hände gelangt. Ich werde nie vergessen, daß sie die einzige war, die sich ernstlich um Hilfe bemüht hat. Sie hatte vor, meine Eltern im Keller zu verstecken, und sie führte mich hinunter, um mir zu zeigen, daß alles für ihre Ankunft bereitet war. »Wann glaubst du, daß sie ungefähr kommen?« fragte sie. Es war früh am Nachmittag, und ich wollte Zeit gewinnen. »So um sieben oder acht, glaube ich, vielleicht auch erst um neun«, gab ich zur Antwort. Dann legte ich mich nieder und schlief übermüdet und erschöpft – wie jeden Abend – schnell ein. Es war schon spätnachts, als sie mich plötzlich aufweckte. »Sie sind nicht gekommen.« Ich war zwar hellwach, tat aber, als sei ich noch im Halbschlaf. »Vielleicht ist ihnen etwas dazwischengekommen. Ich bin sicher, daß sie bald hier sein werden.«
Ich erwartete, daß sie mich jetzt rausschmeißen würde, aber sie hatte Mitleid und Sympathie. Noch eine Nacht in Sicherheit, dachte ich, als ich mich wieder auf den Strohsack zurückfallen ließ und mich mit der Decke zudeckte, die mir Frau Kowalska gegeben hatte. An allem hatte ich Mangel während dieser Zeit, aber nicht an der Fähigkeit des Schlafens. Ich schlief sofort wieder ein wie ein kleines Kind.
»Wie du siehst, sind sie immer noch nicht gekommen«, sagte sie vorwurfsvoll am nächsten Morgen.
»Ich werde sofort zu ihnen gehen«, sagte ich und gab ihr damit die bereits von mir vorbereitete Antwort. »Ich werde nachsehen, was da passiert ist.«
Wieder einmal streifte ich durch die Straßen. Zwar hatte ich Frau

Kowalska versichert, daß ich zu meinen Eltern ginge, aber meine Hoffnung, sie vielleicht heute zu finden, schwand schnell dahin. Sie waren wie vom Erdboden verschwunden. Den ganzen Tag lief ich wieder ziellos durch die Stadt. Was sollte ich nur Frau Kowalska sagen? Ich wußte, daß sie jetzt wirklich Geld sehen wollte. Könnte ich ihr vielleicht weismachen, daß ich mit ihnen gesprochen hätte und daß sie zu ängstlich seien, um sich auf der Straße sehen zu lassen? Die Polizei patrouillierte noch immer in den Straßen, und es war wirklich sehr gefährlich. »Sie müssen nur Geduld haben«, würde ich zu ihr sagen. »Sie kommen bestimmt noch.«

Ich ging in die Richtung ihres Hauses, während ich meine Gedanken ordnete und mir eine neue Geschichte zurechtlegte. Ich war erschöpft, hungrig und sehr niedergeschlagen, besonders auch, weil ich fürchtete, daß Frau Kowalska mir keinen Glauben mehr schenken und mich auffordern würde, ihr Haus zu verlassen.

Gerade, als ich mich mit solchen Gedanken beschäftigte und mal wieder nicht ganz auf der Hut war, lief ich dem polnischen Kriminellen, aus dessen Fängen ich ein paar Tage zuvor nur mit knapper Not entkommen war, direkt in die Arme. Für einen Moment blieb ich wie angewurzelt stehen. Natürlich hatte der Judenjäger mich sofort wiedererkannt. Was tun? Auf ein nochmaliges Wunder konnte ich mich nicht verlassen. Ich machte also auf dem Absatz kehrt und begann um mein Leben zu rennen. Ich glaube nicht, daß ich je in meinem Leben noch einmal zu einer derartigen sportlichen Höchstleistung fähig war. Aber er blieb mir knapp auf den Fersen. Während des Laufens erblickte ich am Straßenrand eine hohe Mauer. Ohne zu überlegen, setzte ich über sie, als sei es eine niedrige Hürde. Meine Todesangst hatte meine Kräfte zu ungeahnten Leistungen angespornt. Jenseits der Mauer fand ich mich in einem Hof wieder und prallte beinahe mit einem Polen zusammen, der draußen gerade auf das bewußte Häuschen gehen wollte. Als er die Türe zum Häuschen öffnete, rief ich ihm in Panik zu: »Da versucht einer, mich umzubringen!« Ich schob ihn ohne zu denken auf die Seite, flitzte selbst hinein, und es gelang mir in einem Bruchteil von Sekunden, die Tür von innen zu verriegeln, bevor mein Verfolger mich erspäht hatte. Suchend blickte er sich nach allen Seiten um, und als er mich

nicht finden konnte, wandte er sich wütend an den Polen, den ich beiseite geschoben hatte, und schrie ihn an: »Haben Sie den Juden gesehen?«
»Ich habe überhaupt niemanden gesehen«, antwortete der Pole, der sich ungefähr zusammenreimen konnte, was sich hier abspielte.
Die Stimme des Kopfjägers überschlug sich fast: »Der Jude ist in Ihre Richtung gelaufen. Er muß sich hier irgendwo versteckt haben. Sie müssen ihn doch gesehen haben!«
Aber der Pole verriet mich nicht. »Nein, ich habe weder einen Juden noch sonst wen gesehen.«
Mein Verfolger stieß eine ganze Litanei saftiger Flüche aus, jene typischen polnischen Flüche, die gar nicht übersetzbar sind – aber so leicht wollte er nicht aufgeben. Er durchsuchte jeden Winkel des Hofes, und erst als er die Hoffnungslosigkeit seines Bemühens einsehen mußte, zog er wieder ab.
Mein polnischer Retter beschützte mich auch jetzt noch. Er hatte mir offenbar nicht übelgenommen, daß ich ihn so einfach auf die Seite geschubst hatte, und sicher zu einem Zeitpunkt, wo er liebend gerne selbst ins Häuschen gegangen wäre. Er ging aus dem Hof raus, hob den Hut auf, den ich während meines ungeheuren Sprints verloren hatte, und vergewisserte sich, daß der Schurke weit genug weg war. Als er wieder in den Hof zurückkam, reichte er mir meinen Hut, riet mir, aber noch ein bißchen abzuwarten, bis ich sicher sein konnte, daß der Kopfjäger nicht zurückkommen würde. Nach ein paar abwartenden Minuten sagte er zu mir: »Er ist weg. Du kannst jetzt weitergehen. Gott segne und beschütze dich.« Wieder einmal hatte ich für einen kurzen Augenblick nach einem Rettungsanker greifen dürfen, ohne den ich nicht überlebt hätte.
Mir blieb nichts anderes übrig, als das Wagnis einzugehen, noch einmal Frau Kowalska aufzusuchen, und noch einmal versuchte ich, sie mit der Geschichte von meinen Eltern, die nicht kommen konnten, hinzuhalten. »Es ist zu gefährlich«, fügte ich hinzu. »Sie haben gehört, daß das Ghetto total eliminiert wird. Das ist jetzt kein Gerücht mehr. Es wurde offiziell bekanntgegeben.«
Aber diesmal nützten mir meine Ausreden nichts mehr. Ihre beiden Söhne blieben unerbittlich dabei, daß ich das Haus verlassen müsse.

»Du mußt doch einsehen«, sagten sie, »daß du hier nicht länger bleiben kannst. Sieh zu, daß du ein anderes Versteck findest. Wenn sie jetzt das Ghetto niedermachen, werden sie auch auf dich stoßen. Und wenn sie dich bei uns finden, werden wir auch bestraft.«
Ich begriff, daß es keinen Sinn hatte, weiter darüber zu diskutieren. Dieses Haus mußte ich verlassen, und auch in Chelm konnte ich nicht mehr bleiben, wo mich jeder als Lipman Sznajder, den Juden, kannte. Ich mußte anderswohin gehen, wo mich niemand kannte. Ich würde noch einmal von vorne beginnen, ein neues Leben beginnen, an einem neuen Ort, als Wladislaw Szymczyk, ein Katholik aus Warschau.
Aber wohin sollte ich gehen? In welche Richtung? Nach Krakau? Nach Lublin? Ich fragte Frau Kowalskas Söhne nach ihrer Meinung. Der ältere sagte mir: »Es gibt ein hübsches, kleines Städtchen, nicht weit von Chelm. Rejowiec. In Rejowiec gibt es eine Zuckerfabrik, und ich habe gehört, daß sie dort Arbeiter suchen. Geh doch mal dorthin und versuch dein Glück.«
Ich hatte schon früher von Rejowiec gehört, durch meinen Vater. Es war mir auch bekannt, daß, so wie man Chelm mit dem Attribut der »Weisheit« in Verbindung brachte, das Städtchen Rejowiec mit einer besonderen Art von »Ruhe« assoziiert wurde. Ja, es gab sogar eine bekannte Redensart: »So still wie in Rejowiec.«
Ich beschloß, mich am darauffolgenden Morgen auf die Reise zu machen, aber ich fürchtete mich, zum Bahnhof zu gehen, um mir eine Fahrkarte zu kaufen, weil ich wußte, daß mein polnischer Fänger noch immer auf der Lauer lag, daß er mich haben wollte und daß ich – falls ich ihm zum drittenmal in die Hände fiel – nicht mehr soviel Glück haben würde. Als ich den Söhnen von Frau Kowalska meine Ängste mitteilte, erbot sich einer, die Fahrkarte für mich zu besorgen. Es war ja auch in ihrem Interesse, daß ich so schnell wie möglich verschwand. Ich bereitete mich für die Reise vor, verstaute sorgfältig meinen neuen Ausweis und übte meinen neuen Namen: Wladislaw Szymczyk. Lipman Sznajder existierte nicht mehr, es gab nur noch einen Wladek Szymczyk.
Frau Kowalska bereitete das Abendessen zu. Sie konnte ihre Erleichterung darüber, mich endlich loszuwerden, nicht verbergen. Mein

Aufenthalt in ihrem Haus bedeutete für sie und ihre Söhne eine große Gefahr. Aber auch meine Abreise konnte ihre Furcht nicht ganz ausräumen. »Versprich mir eines«, flehte sie. »Falls – was Gott verhüten möge – sie dich schnappen, dann verrate ihnen nicht, daß du dich in meinem Haus versteckt hast.«

»Natürlich nicht«, versprach ihr ihr hoch und heilig. Es wäre mir im Traum auch nie in den Sinn gekommen, Frau Kowalska mit hineinzuziehen.

Ich schuldete ihr Dankbarkeit. Um die vier Tage, die ich bei ihr verbringen durfte, so problemlos wie möglich für sie zu gestalten, stellte ich kaum Ansprüche. Es war ihr gelungen, in der grausamen und schrecklichen Welt, in der ich leben mußte, ein warmherziges, menschliches Verhalten zu bewahren. Und das wenige, das sie für mich getan hatte, bedeutete den Unterschied zwischen Leben und Tod. Nicht viele Polen wären zu dem bereit gewesen, was sie getan hatte. Die meisten war nur zu froh, die Juden denunzieren zu können. Ich hatte sogar Geschichten gehört, wonach Polen Juden bei sich zu Hause ein paar Tage versteckt hielten, sie dann jedoch ausraubten und sogar umgebracht hatten, um ihre Tat zu verheimlichen. Frau Kowalska war anders, und auch heute noch kann ich nur mit Hochachtung an sie denken.

Mein Abschied war gekommen, und einer der Söhne sagte mir – sicher wollte er verhindern, daß ich Fehler machen würde und gezwungen wäre, zurückzukommen –, wie ich am besten nach Rejowiec käme. »Nimm den Zug nach Warschau«, erklärte er. »Die erste Aufenthaltsstation ist Zawadufka, und die nächste ist Rejowiec. Es sind genau sechzehn Kilometer von hier.«

Ich nahm meine Papiere an mich und auch die meines Bruders Moshe, zog meinen guten Anzug an, frühstückte und verabschiedete mich von den Kowalskas. Als ich schon in der Tür stand, wiederholte Frau Kowalska ihre Bitte noch einmal: »Verrate uns nicht; sag ihnen nicht, daß wir dich versteckt hatten.« Ich versicherte ihr noch einmal, daß ich das niemals tun würde, und ganz egal, in welche Situation ich geraten wäre, ich hätte mein Wort gehalten.

Ich hatte meine Abreise sorgfältig geplant. Zwei Minuten vor Abfahrt des Zuges würde ich am Bahnhof sein, um kein Risiko durch mein Warten in der Öffentlichkeit einzugehen. Ich rechnete mir die genaue Zeit aus, die ich bis zum Bahnhof brauchte; es waren zwei Kilometer, also würde ich dreißig Minuten vor der fahrplanmäßigen Abfahrt losgehen. Ich hielt mich genau an den Zeitplan. Als ich am Bahnhof ankam, wartete der Zug bereits. Ich stieg ein, das Abfahrtssignal ertönte – meine Reise in ein neues Leben hatte begonnen.

Wladek Szymczyk

Das Leben des Wladek Szymczyk begann am 10. November 1942. Wladek stieg in Rejowiec aus dem Zug. Eine neue Stadt; fremde Menschen; weg von zu Hause; elternlos. Ein fünfzehnjähriger Junge mit falschen Papieren und dem ungebrochenen Willen, zu überleben. Als ich den Bahnhof verließ, sah ich mich erstaunt in der Gegend um: Das sollte Rejowiec sein? Das war doch keine Stadt! Das war gar nichts. Nur ein paar kleine, windschiefe Häuser. Wo war ich? Ich hatte mir immer vorgestellt, daß Rejowiec ein großer Ort sei, aber so weit das Auge reichte, da war nichts – keine Stadt, keine Menschen, keine Fabrik. Ich wandte mich an den ersten Menschen, dem ich begegnete: »Verzeihen Sie bitte, können Sie mir sagen, wo hier die Zuckerfabrik von Rejowiec ist?«
»Siehst du dort hinten den hohen Kamin?« sagte er und zeigte ostwärts. »Da ist Rejowiec, und da findest du auch die Zuckerfabrik, aber das ist noch ungefähr fünf Kilometer von hier.«
»Vielen Dank für die Auskunft«, sagte ich zu dem freundlichen Herrn und machte mich auf den langen Weg in die Stadt Rejowiec. Der weite Weg schreckte mich nicht, und als ich so dahinging, legte ich mir meine neue Lebensgeschichte zurecht, eine, die einfach war, glaubhaft, leicht zu merken und die aufkommende Fragen beantwortete: Wer bist du? Woher kommst du? Wieso bist du nach Rejowiec gekommen – und wie?
Und das war meine Geschichte: Ich bin in Warschau geboren, und wir lebten in der Radnastraße Nummer 1. Eines Tages kam die Polizei und verhaftete meine Eltern, Josef und Maria, weil sie

antifaschistische Aktivisten waren. Auch mich wollten sie festnehmen, aber es gelang mir zu entkommen. Zuerst versteckte ich mich in Chelm bei einer guten Freundin meiner Mutter. Soviel ich weiß – so sollte die Geschichte weitergehen –, wurden meine Eltern umgebracht, weil sie gegen die Nazis Widerstand geleistet hatten, und ich habe Angst, nach Warschau zurückzukehren. In Chelm habe ich gehört, daß sie in der Zuckerfabrik noch Arbeiter suchen, und deshalb bin ich nach Rejowiec gekommen.
Es gab keinen Grund zur Eile. Ich ließ mir Zeit und lernte meinen Text minutiös und detailliert, so daß ich ihn bald in- und auswendig hersagen konnte. Ich durfte keinen Fehler machen und auf keine Frage eine Antwort schuldig bleiben. Der kleinste Ausrutscher konnte meine Sicherheit gefährden. Die Polen sind ein schlaues Volk, und sie beurteilen einen Menschen nach seiner Sprache, seinem Dialekt, seinem Benehmen, wie er ißt, singt und reagiert. Sie sind in der Lage, einen Juden kilometerweit gegen den Wind zu riechen, und ich wußte, daß ich noch raffinierter, noch intelligenter sein mußte als sie, daß ich jede nur erdenkliche List anwenden mußte, um am Leben zu bleiben. Zum hundertstenmal übte ich das Buchstabieren meines neuen Namens, indem ich alle seine Buchstaben auswendig lernte, einen nach dem anderen. Ich malte mir die Radnastraße aus, die keine wesentlichen Besonderheiten aufweisen durfte, in Anbetracht der Tatsache, daß ich überhaupt nie dort gewesen war. Ich machte mir klar, daß sich alles um meine fiktive, polnische Familie und ihre traurige Geschichte drehen mußte.
Nachdem ich schon eine ganze Weile gelaufen war – ich weiß nicht, wie lange, denn ich hatte ja keine Uhr –, kamen Zweifel in mir auf: ging ich überhaupt in die richtige Richtung? Ich wandte mich an einen der wenigen Passanten, die mir auf dem Weg begegneten. Er musterte mich kritisch von Kopf bis Fuß, und ich merkte, daß ich diesem elegant gekleideten Herrn wohl sehr merkwürdig vorkam und er sich wunderte, wieso ich nicht wußte, wo ich mich befand. Schließlich antwortete er: »Geh nur immer geradeaus, dann kommst du direkt hin.« Ich fragte ihn auch nach der Zuckerfabrik, und er nickte: »Geh nur noch ein Stückchen weiter, dann wirst du sie bald sehen.«

Ich setzte meinen Weg mit gemütlichen Schritten fort und wiederholte die ganze Zeit über mein neues Geburtsdatum, meinen neuen Namen, meine neue, alte Adresse, die Namen meiner Eltern und meine Religion. Doch dann dachte ich an meine wirkliche Familie; ich war überzeugt, daß sie alle tot waren. Bei diesem Gedanken überkam mich eine unendliche Traurigkeit, und ich begann zu weinen.

Gegen Mittag erreichte ich endlich die Zuckerfabrik. Sie war von einer zwei Meter hohen Mauer umgeben – vielleicht war sie sogar noch höher. Ich wußte nicht, wo sich der Eingang befand, hatte aber auch nicht die Absicht, danach zu suchen, sondern kletterte auf einen Baum, stieg von dort aus auf die Mauer und sprang nach unten. Dann rappelte ich mich wieder auf und nahm den ersten, besten Weg, der vor mir lag.

Innerhalb des Fabrikareals waren viele Menschen: manche hantierten mit Kohle, andere wuschen Zuckerrüben. Ich fühlte, daß ich beobachtet wurde. Sicher haben die Leute sich gefragt, was der Junge in seinem Sonntagsanzug wollte.

Ich traf auf eine Gruppe Arbeiter, die eng um ein Feuer herumstanden und Zuckerrüben grillten. Da es eiskalt war, ging ich zu dem Feuer hinüber, um mich etwas aufzuwärmen. Einer der Männer drehte sich nach mir um und sagte: »He, Junge, wo kommst du denn her?«

»Ich bin aus Warschau«, sagte ich, »aber jetzt gerade komme ich aus Chelm.«

»Ah, Warschau! Was tut sich denn da so?«

»Ach, da ist's ganz nett«, antwortete ich. »Dort ist alles in Ordnung.«

»Setz dich doch hin«, sagte der Mann und gab mir ein Stück gegrillte Zuckerrübe. Ich wollte es nicht essen, weil ich diese Frucht nicht kannte, aber um den freundlichen Arbeiter nicht zu beleidigen, biß ich dann doch vorsichtig hinein. Sie schmeckte köstlich – süß –, einfach wunderbar. Dies war das erstemal, daß mir ein fremder Pole etwas geschenkt hat.

Schließlich rückte ich mit meiner Frage heraus: »Werden hier noch Arbeiter gebraucht?«

»Sicher«, sagte der Pole, »aber ich kann dir nicht versprechen, daß sie dich nehmen. Du siehst verdammt jung aus. Aber man kann ja nie wissen, vielleicht hast du Glück. Versuch es doch einfach.«
Dieser nette Mann stand als erster wieder auf. »Zurück an die Arbeit«, sagte er und ließ mich mit den anderen um die Feuerstelle sitzend zurück. Sie fragten mich nach dem Leben in Warschau und was dort so vor sich ginge – typische Fragen von Provinzlern, die von einer Großstadt träumen, die sie noch nie gesehen haben.
Eine Weile später kam der freundliche Mann zurück. Sobald er mich sah, fragte er: »Warum gehst du nicht ins Büro und erkundigst dich nach einer Stelle?« Er zeigte mir, wohin ich gehen mußte, und ich machte mich auf den Weg. Ich klopfte, öffnete leise die Tür und nahm meine Mütze ab, so wie Nichtjuden dies tun, und ging zum Schreibtisch des verantwortlichen Büroangestellten: »Ich wollte mich erkundigen, ob Sie irgendeine Arbeit für mich haben?«
Sosehr ich mich auch bemüht hatte, wie ein Arier aufzutreten, irgend etwas an meinem Auftreten muß dem intelligenten Mann doch jüdisch vorgekommen sein, denn er sagte kurz angebunden und ohne den Kopf zu heben: »Für Juden haben wir überhaupt keine Arbeit.«
»Ich bin kein Jude«, entgegnete ich. »Ich bin Pole.«
Er starrte mich an, nahm seine Brille ab und fragte ganz überrascht: »Ach, du bist Pole?«
»Na klar«, sagte ich. »Ich bin Pole.«
»Hast du Papiere?«
»Sicher«, entgegnete ich und händigte ihm meine falschen Dokumente aus.
»Und was führt dich nach Rejowiec?« wollte er weiter wissen. Jetzt war es an der Zeit, meine so sorgfältig eingeübte Geschichte auszuprobieren: »Ich habe eine Freundin meiner Mutter in Chelm besucht«, sagte ich sehr überzeugend, »und dort hat mir jemand gesagt, daß sie hier in der Zuckerfabrik Arbeiter suchen.« Da merkte ich, daß ich anfing zu weinen, weil ich meine Mutter erwähnt hatte.
Der Mann stützte seinen Kopf in beide Hände. Er wußte nicht, was er mit mir anfangen sollte. Offenbar machte meine Geschichte

Eindruck auf ihn, und ihm tat der polnische Waisenjunge leid, der so früh und auf so tragische Weise seine Eltern verloren hatte. Er prüfte meine Papiere sehr sorgfältig, blätterte dann einen Stapel von Dokumenten durch, der auf seinem Schreibtisch lag, setzte seine Brille wieder auf und sagte zu mir: »Die Sache geht in Ordnung. Du kannst hier arbeiten.«

Ich war überglücklich über die Aussicht, arbeiten zu dürfen, ganz egal, wie schwer oder wie schmutzig die Arbeit auch sein würde. Mit einer Arbeit war mein Leben mal wieder gerettet.

Es stellte sich dann heraus, daß man mir eine besonders leichte Arbeit, die noch dazu überhaupt nicht schmutzig war, zugeteilt hatte, und zwar in der Abteilung, in der der weiße Zucker raffiniert wurde und wo ungefähr achtzig Leute beschäftigt waren. Der Büroangestellte nahm mich bei der Hand und führte mich hin. Es war November, und viele Arbeiter mußten draußen in Regen, Schnee und bei rauhem Wind ihre Arbeit verrichten. In meiner Abteilung aber war es warm und behaglich, und ich war überglücklich, mich in der Wärme aufhalten und soviel Zucker essen zu dürfen, wie ich wollte.

Am Eingang stand ein Kontrolleur, denn es durften nur Leute herein, die drinnen arbeiteten oder eine Sondererlaubnis hatten. Da ich für die Schicht von 14.00 bis 22.00 Uhr eingeteilt war, wurde ich dem Meister meiner Abteilung von dem Angestellten mit den Worten vorgestellt: »Ich hab hier einen Waisenjungen aus Warschau. Welche Arbeiten haben Sie für ihn?«

»Man kann nicht von ihm erwarten, daß er irgendwas Schweres macht«, war die Antwort.

Wir gingen in den Keller hinunter, und der Vorarbeiter zeigte mir zwei 500-Liter-Fässer. Er beschrieb mir, wie der Zucker ankommt und was damit gemacht werden muß, und dann fragte er mich, ob ich mir das, was hier meine Aufgabe sein würde, auch zutrauen würde.

»Natürlich«, war meine Antwort.

»Es ist eine leichte Arbeit; du wirst sicher keine Probleme damit haben.« Dann fragte er mich: »Wo wirst du schlafen? Du wirst dir irgendeine Bleibe suchen müssen.«

»Darum werden wir uns kümmern«, erwiderte der Angestellte aus dem Einstellungsbüro.
Nach einer kurzen Einweisung begann ich unter den wachsamen Augen der beiden Männer mit der Arbeit. Schon bald wußte jeder, daß der Neuling eine junge Waise aus Warschau war, und manch einer der Arbeiter drückte mir sogar sein Mitgefühl aus. Sie unterhielten sich mit mir, boten mir etwas zum Essen an und machten mir Mut. Nach ein paar Stunden kam der Büroangestellte wieder zurück und erkundigte sich, wie mir die Arbeit gefiele. »Alles ist bestens, es gefällt mir wirklich sehr gut hier«, bedankte ich mich überschwenglich.
»Ich habe eine Bleibe für dich gefunden«, informierte er mich. »Bei einer Dame, die auch hier in der Fabrik arbeitet, in deiner Schicht, von 14.00 bis 22.00 Uhr. Sie wird dich nach der Arbeit abholen und dich mit zu sich nach Hause nehmen.« So war es jedenfalls vorgesehen ...
Nach einer Weile kam einer der Arbeiter herüber und fragte: »Wie ist es denn so in Warschau?«
Ich legte mich nicht fest: »Wie überall. Gut, schlecht, so lala.« Diese Art von Antwort war die unverfänglichste und konnte mich nicht in Schwierigkeiten bringen, falls einer unter ihnen wäre, der sich in Warschau auskannte.
Mein Kumpel deutete auf eine Reihe ausgemergelter Gestalten, die traurig ihre Arbeit verrichteten, und er verkündete in geringschätzigem Ton: »Siehst du die da drüben? Das sind Juden.« Sein Gesicht drückte Verachtung aus, als er mich fragte: »Gibt es noch welche in Warschau?« Dann fügte er hinzu: »Die hier in Rejowiec werden alle umgebracht. Ich kann sie sowieso nicht leiden«, fuhr er fort. »Ich kann ihren Geruch nicht ausstehen.« Ich erkannte, daß dieser Mann eine große Gefahr für mich werden konnte und daß ich mich nicht zuviel mit ihm unterhalten durfte. Er würde vielleicht merken, daß mein Polnisch manchmal etwas eigenartig war. Nicht, daß ich die Sprache nicht perfekt beherrschte, aber ein unbekannter oder jiddischer Ausdruck hier und da, und seine empfindlichen, antisemitischen Fühler konnten herausfinden, daß ich gar kein Pole war. Ich nahm mir also vor, mit ihm ganz besonders vorsichtig zu sein.

Meine Arbeit in der Fabrik bestand darin, eine Pumpe zu bedienen. Wenn sie nicht in Betrieb war, konnte ich den Keller verlassen und mich in der Anlage umschauen, zog es aber vor, nie lange an einem Ort zu verharren. Ich hatte Angst, Verdacht auf mein Judentum zu erregen, wenn ich zuviel mit den Leuten redete. Andererseits konnte es mich aber auch verraten, wenn ich mich zu sehr abkapselte. Also würde ich ein paar Belanglosigkeiten hier und da austauschen und dann zu meinen Zuckersirupfässern zurückkehren.
Schließlich war es 22.00 Uhr. Mein Tag war sehr lang gewesen, und ich war erschöpft und ausgebrannt, und ich wartete auf die Frau, die kommen und mich mitnehmen sollte. Genau zur vollen Stunde kam sie tatsächlich an, aber nicht, um mich mit nach Hause zu holen. »Ich habe die Schicht mit einer Kollegin getauscht«, erklärte sie mir, »und werde daher bis 6.00 Uhr früh arbeiten. Ich habe es dem Mann im Büro schon gesagt«, fuhr sie fort. Da der Angestellte mich nicht über Nacht zu sich nach Hause mitnehmen konnte, hatte ich keine andere Wahl, als weitere acht Stunden in der Fabrik zu bleiben.
Die Dame, die sich bereit erklärt hatte, mich aufzunehmen, hatte zwei Söhne, die beide in Lublin studierten. Sie war einmal eine der Honoratioren in Rejowiec gewesen, als ihr Mann noch die Zuckerfabrik geleitet hatte. Aber seit seinem Tod hatte sie angefangen zu trinken, und zwar sehr ausgiebig. Dennoch ließ man sie nicht fallen und gab ihr eine Stelle als ungelernte Arbeiterin. Hätte sie nicht eine Sonderbehandlung erfahren, sie wäre mit Sicherheit in der Gosse gelandet.
Um sechs am nächsten Morgen kam sie an, nahm mich mit nach Hause und gab mir ein Kopfkissen und eine Decke. Ich war mal wieder so müde, daß ich sofort in tiefen Schlaf fiel. Daß ich um 14.00 Uhr schon wieder am Arbeitsplatz sein mußte, hatte ich ganz vergessen. Um ein Uhr weckte sie mich auf. »Du mußt dich für die Arbeit fertigmachen«, erinnerte sie mich. Ich war noch immer ganz benommen und habe mich fast verraten, indem ich irgend etwas in Jiddisch murmelte.
Als ich endlich aufstand, hörte ich sie verärgert fragen: »Was hast du da gesagt? Ich habe dich nicht verstanden.«

Sofort begriff ich, daß ich mich in Schwierigkeiten befand, daher dachte ich, es sei wohl das beste, wenn ich mich einfach dumm stellen würde. »Was soll ich gesagt haben?« fragte ich zurück. Mir war klar, daß ich Jiddisch gesprochen hatte, gab aber vor, mich an nichts Gesprochenes zu erinnern. Ich konnte ja nicht wissen, wieviel sie mitbekommen hatte, oder überhaupt etwas. Hätte sie jedoch gemerkt, daß es Jiddisch war, wäre ich verloren gewesen. Aber die Frau war bereits reichlich angetrunken und ihre Sinne zu dieser frühen Stunde schon so benebelt, daß sie sicher nichts verstanden hatte. Das war mein Glück, und ich atmete erleichtert auf. Zum ersten und einzigen Mal in meinem Leben dankte ich Gott dafür, daß es Menschen gibt, die sich betrinken.

Ich war pünktlich in der Fabrik an meiner Pumpe. Die meisten Arbeiter hatten schon von mir gehört, und viele von ihnen wollten etwas über Warschau wissen. Auch hier waren meine Antworten immer wohlüberlegt und allgemein.

Am Nachmittag kam der Büroangestellte und machte mir Komplimente wegen meiner Arbeit. Er verkaufte mir auch Essensmarken für fünf Zloty – das waren sieben Coupons, von denen jeder zu einem Liter Suppe und einer Scheibe Brot berechtigte.

Meine Arbeitskollegen hatten mir schon etwas Suppe und Brot angeboten und danach noch Sauerkraut und ein bißchen Zucker, damit das Brot nicht so trocken schmecken sollte. Ich fühlte, daß sie Mitleid mit mir hatten, aber meine Angst machte es mir schwer, in ihrer Gegenwart zu essen. Ich wußte, daß die Polen sorgfältig auf die Art und Weise achteten, wie ich mein Essen zu mir nahm, und daß sie die Herkunft eines Menschen anhand seiner Eßgewohnheiten feststellen konnten. Und nicht nur das: Im Hause meiner Eltern hatte ich ausschließlich koschere Speisen und bei Frau Kowalska nur Gemüsesuppe, Brot und Butter gegessen. Die Suppe in der Fabrik war absolut nicht koscher. Wie dem auch sei, so, wie die Arbeiter mir zuschauten, war ich überzeugt, daß ich mich verdächtig machte, wenn ich ihre Großzügigkeit abschlüge. Ich kostete die Suppe. Ich fühlte mich sehr unbehaglich, dennoch aß ich sie, ohne ein Wort zu verlieren oder auch nur mit der Wimper zu zucken, so als habe ich mein Leben lang keine anderen Suppe gekannt. Ich schluckte sie so selbstverständlich hinunter, als hätte ich noch nie etwas Besseres gegessen. Dabei hatte ich jedoch das Gefühl, mich übergeben zu müssen, aber ich zwang meinen Gesichtsausdruck zum Anschein höchster Befriedigung. Dieses Täuschungsmanöver konnte ich nicht jeden Tag durchhalten. Aber am nächsten Tag fiel es mir schon viel leichter, ja, ich fing sogar an, den Geschmack zu schätzen.

In meinem Tagesablauf hatte sich schnell eine ganz bestimmte Routine eingestellt. Jeden Abend um zehn kam meine Hauswirtin an meinen Arbeitsplatz, um mich mit nach Hause zu nehmen, und jeden Morgen machte sie eine Tasse Kaffee und eine Scheibe Brot für mich zum Frühstück fertig. Dann gingen wir gemeinsam zur Zuckerfabrik.

Der Wachmann aus Warschau

Eines Tages, als ich gerade auf dem Weg in meine Abteilung war, sprach mich der Wachmann, der in der Nähe des eisernen Tores stand, an, und es war, als ob er mich verhören wollte: »Du da, ich hab gehört, du bist aus Warschau. Ich auch. Sag mal, was ist denn dort jetzt so los? Was gibt's Neues?«

Genau das hatte ich die ganze Zeit befürchtet – eine Unterhaltung mit jemandem, der nach zwei Sätzen bereits herausfinden würde, daß ich rein gar nichts über Warschau wußte. Dennoch antwortete ich selbstbewußt: »Ich hab in der Radnastraße gewohnt. Oh, es tut mir leid, aber jetzt hab ich überhaupt keine Zeit. Meine Schicht fängt gerade an, und ich muß den Kollegen ablösen. Wenn ich Zeit hab, schau ich mal vorbei, dann können wir uns gemütlich über Warschau unterhalten.« Dann machte ich, daß ich schleunigst wegkam.

Mir war bewußt, daß ich jetzt ein Problem hatte. Dieser Wachmann brachte meine ganze Identität in Gefahr – und damit mein Leben. Ich war ja niemals auch nur besuchsweise in Warschau gewesen und hatte keine Ahnung, wie es in dieser Stadt aussah. Falls er anfangen würde, mir genauere Fragen zu stellen, wäre ich aufgeschmissen.

Während ich so im Keller zwischen meinen Fässern saß, dachte ich, daß nun alles aus sei. Ich konnte noch nicht einmal die Fabrik verlassen, weil derselbe Wachmann am Eingangstor stand. Falls er mich erblickte, würde er mich sicherlich wieder ansprechen und wieder anfangen, nach Warschau zu fragen. Ich wäre in allerkürzester Zeit entlarvt. Auch Flucht kam nicht in Frage; ich konnte ja nirgends hin. Renn vor einem Polen davon, und er wird dich jagen! Ich beschloß, meinen Tagesablauf ein bißchen unberechenbarer zu gestalten, den ganzen Tag über zu kommen und zu gehen, den Wachmann höflich zu grüßen, aber niemals Zeit zu haben, mich zu einem Plausch zu ihm zu setzen. Stets hatte ich eine Ausrede: »Ich bin gleich wieder da«, sagte ich, oder: »Ich muß jetzt die Pumpe reparieren, aber sobald ich fertig bin, komme ich rüber. Ich kann dir eine ganze Menge über Warschau erzählen.« Ich tat alles, um zu vermeiden, auch nur einige Augenblicke mit ihm verbringen zu müssen. Es war mir klar, daß ich nicht ewig so weitermachen konnte; früher oder später würde er mich drankriegen. Ich zog sogar in Erwägung, die Zuckerfabrik zu verlassen und wegzulaufen. Aber wohin? Seinetwegen hatte ich keine ruhige Minute mehr. Panik ergriff mich jedesmal, wenn ich meine Abteilung verlassen mußte oder wenn ich dorthin zurückkehrte. Ich hätte ihm ja über den Weg laufen können, denn über eines machte ich mir keine Illusionen: Dieser Wachmann stellte eine echte Bedrohung meiner Existenz dar, eine immense Gefahr.

Es war kurz vor zehn. Meine Ablösung war schon bereit zu übernehmen, aber ich bewegte mich nicht von der Stelle. Ich wußte, daß der Wachmann auf mich wartete und daß die kleinste Unterhaltung über Warschau sehr wohl meine letzte überhaupt sein könnte. Ich sprach mit meiner Ablösung über ein Problem an der Pumpe, wobei ich mir viel Zeit ließ, weil er merken sollte, wie wichtig es war, daß er auf das einwandfreie Funktionieren zu achten hatte. Ich mußte Zeit gewinnen, hoffend, daß der Wächter die Lust verlor und nach Hause ging. Das Manöver glückte. Als ich schließlich eine Weile nach Schichtwechsel meinen Arbeitsplatz verließ, stellte ich mit Erleichterung fest, daß ein neuer Wachmann auf dem Posten stand. Wieder ein Tag gewonnen!

Meine alkoholfreudige Hauswirtin war wegen meiner Verspätung sehr ärgerlich, aber ich erklärte ihr, daß es mit der Pumpe ein Problem gegeben hätte, worüber ich erst noch mit meinem Kollegen aus der Nachtschicht sprechen mußte. Langsam hatte ich mich zu einem perfekten Schauspieler entwickelt, und sie nahm meine Erklärung ohne den geringsten Zweifel hin.

An diesem Tag konnte ich zum erstenmal trotz meiner Müdigkeit nicht einschlafen, denn der Wachmann ging mir nicht aus dem Sinn. Lange lag ich wach und dachte über eine Lösung nach. Wie sollte ich mich verhalten? Wie konnte ich den Fängen seiner penetranten Neugierde entkommen? Schließlich fiel ich doch noch in einen unruhigen Schlaf.

Als ich am Morgen wie zerschlagen aufwachte, waren meine Gedanken sofort wieder bei dem einen Thema: Wie konnte ich ihn abschütteln?

Die schlaflose Nacht, in der ich nur über Möglichkeiten, ihm zu entrinnen, nachgedacht hatte, erwies sich als ein Glück, denn als ich in der Fabrik ankam, wartete er schon auf mich. Er hatte mich schon von weitem erspäht, und auch ich winkte ihm lebhaft zu und grüßte ihn mit übertriebener Freundlichkeit, als seien wir zwei Landsleute, die sich im Exil getroffen haben. Ich machte mir nichts vor: Jetzt würde der Kampf erst richtig beginnen. Ich stellte mich keck vor ihn hin und fragte ihn nach seinem Befinden. Weil er älter war als ich, sprach ich ihn in der dritten Person an. Er sprach zu mir in der ersten Person, wie es seinem Alter zukam.

Ich bombardierte ihn sofort mit Fragen, um eine Situation herbeizuführen, in der er sprechen mußte, ohne daß ich darauf zu antworten hätte. »Warum haben Sie Warschau verlassen?« fing ich an. »Wie gefällt es Ihnen so in Rejowiec?« Dann schaute ich nervös auf die große Fabrikuhr. »O je, sehen Sie nur, wie spät es schon ist; ich muß mich beeilen, denn ich muß den Mann von der Frühschicht ablösen. Wir sollten uns wirklich mal länger unterhalten.« Wieder einmal war ich entronnen, zumindest für ein paar Stunden.

Die Existenz dieses Mannes verfolgte mich jede Minute des Tages und machte mein im großen und ganzen gar nicht so unangenehmes Leben in der Fabrik zu einer einzigen Tortur. Und mit dieser

Situation würde ich nun zweimal täglich zu kämpfen haben – rein in die Fabrik und wieder raus aus der Fabrik –, und ich wußte nicht, wie lange meinem gemarterten Hirn noch glaubhafte Ausreden einfallen würden. Ich mußte ihn eben von meiner Liebenswürdigkeit und meiner Bereitschaft, mit ihm zu reden, überzeugen.

Es kam der Tag, wo ich ihm nicht auskam und eine längere Unterhaltung mit ihm führte, die sich nicht nur in drei, vier unverbindlichen Worten erschöpfte. »Wie lange sind Sie schon in Rejowiec?« fragte ich.

»Über zwei Jahre.«

»Und wie gefällt es Ihnen hier?«

»Es ist wirklich ein ödes Nest«, antwortete er. »Ich mag den Ort nicht; in Warschau ist es viel schöner.«

»Warum gehen Sie dann nicht zurück?«

»Schließlich bin ich ein verheirateter Mann und habe zwei Kinder zu ernähren«, erklärte er. »Ich kann es mir nicht leisten, meine Arbeit einfach hinzuschmeißen.«

»Ja, das ist wirklich schade«, bemerkte ich voller Mitgefühl. »Ich würde ja auch so gerne zurückgehen; es gibt keine schönere Stadt als Warschau.« Damit brach ich das Gespräch schnell ab und kehrte zu der Pumpe im Keller zurück. Ich war richtig stolz auf mich und fühlte mich unendlich erleichtert, weil ich sicher war, daß ich ihn endlich von meiner Bereitschaft überzeugt hatte, mit ihm über unsere gemeinsame Heimatstadt Warschau zu sprechen.

Nachdem die anderen Arbeiter mich im Gespräch mit ihm gesehen hatten, fragten sie mich, was mich denn mit diesem Menschen verbinde. Sie klärten mich auf, daß er den Spitznamen »Polizist« hatte und bei allen sehr unbeliebt war.

»Wir sind beide aus Warschau«, entgegnete ich, »und nur darüber unterhalten wir uns.«

»Nimm dich vor ihm in acht«, wurde ich gewarnt. (Wem sagten sie das?) »Er ist nicht ganz sauber. Er steckt seine Nase in alles, und er hat noch nie einen Finger gerührt, um irgend jemandem zu helfen.«

Diese wohlgemeinten Warnungen stellten absolut keine Beruhigung für mich dar. Ich dachte mir weitere Methoden aus, wie ich Begegnungen mit ihm vermeiden konnte. Ich würde so lange wie möglich an meinem Arbeitsplatz bleiben, und wenn es gar nicht anders ginge, würde ich ein paar Worte mit ihm wechseln, wobei die Initiative dazu von mir ausgehen mußte, um ihn davon zu überzeugen, daß ich ihm nicht etwa aus dem Weg gehen wollte. Ich war beständig auf der Hut, mein Verstand arbeitete unablässig an neuen Gesprächsthemen; ich müßte darauf achten, ihm geradewegs in die Augen zu schauen, eine Taktik, die Glaubwürdigkeit hervorrufen würde, selbst wenn ich ihm die kühnsten Lügen auftischte. Dennoch wäre es ihm einmal beinahe gelungen, meine gespielte Selbstsicherheit ins Wanken zu bringen, als er mich wie beiläufig fragte: »Wo, sagtest du, hast du in Warschau gewohnt?«

»Radnastraße 1«, war die eingeübte Antwort.

Und dann überraschte er mich aus heiterem Himmel mit der Frage: »Welche Straßenbahnen fahren denn an deinem Haus vorbei?« Ich gab die erstbeste Antwort, die mir in den Sinn kam: »Die 8 und die 16.«

»Die 8 vielleicht«, war seine Entgegung, »aber die 16? Die fährt doch in ein ganz anderes Viertel. Es sei denn, das hätten sie geändert.«

»Die Radnastraße ist eine Verlängerung der Marszalkowska«, sagte ich selbstbewußt.

»Ich weiß, ich weiß«, erwiderte er. »Natürlich kenne ich die Marszalkowska; klar. Aber Radnastraße?« Er dachte krampfhaft nach und versuchte sich zu erinnern.

Damit er mein Unwissen nicht entdecken konnte, sprudelte ich plötzlich hervor: »So, das war's; ich muß an meine Pumpe zurück, damit alles reibungslos läuft.« Ich trennte mich eilig von ihm und lief zurück in den Keller.

Jetzt gab es wirklich keinen Zweifel mehr, daß ich diesen Mann zu meiden hatte wie die Pest. Bestimmt hat er zumindest einen Verdacht, konnte ich nur denken. Dieser Mann kann mein Untergang sein. Ich muß aufpassen, daß ich nicht doch noch in seine Fänge gerate, dachte ich weiter.

Als meine Ablösung an diesem Abend kam, verwickelte ich sie wieder in ein längeres Gespräch, damit der Wachmann die Geduld verlieren und nach Hause gehen würde, ohne mit mir gesprochen

zu haben. Es glückte mir auch diesmal, und meine Hauswirtin war mehr als verärgert, weil sie so lange auf mich warten mußte. Ich entschuldigte mich vielmals mit neuen Ausreden.
Als ich zu Hause war, konnte ich einfach nicht einschlafen. Meine Ruhe war endgültig dahin. In meiner Phantasie spielten sich schon die schrecklichsten Szenen ab. So stellte ich mir vor, daß er endgültig die Geduld mit mir verloren hätte, mich packen würde und sagen: »Los, Junge, komm mit.« Er bräuchte mich nur in ein Nebenzimmer zu führen, mir befehlen, die Hosen herunterzulassen, um dann triumphierend auszurufen: »So, jetzt ist dein Spielchen aus. Jetzt erfahren wir endlich die Wahrheit; jetzt werden wir ja sehen, ob du ein Jude bist.«
In kaltem Schweiß gebadet, wachte ich auf. Mein Traum hatte mir eine sehr realistische Bedrohung aufgezeigt. Natürlich, wenn er durch irgendeinen dummen Zufall meine Beschneidung entdecken würde, war alles aus! Ich war auch überzeugt, daß er inzwischen gemerkt hatte, daß ich überhaupt nichts über Warschau wußte und auch, daß ich kein Pole war. Ich hatte keine ruhige Minute mehr, aber ich hatte ja keine Wahl: Ich mußte wieder zur Arbeit. Als ich am Fabriktor ankam, begann schon wieder das Verhör: »Radnastraße; welches Kino gibt es denn dort? Welche Filme hast du in Warschau gesehen?«
Da ich keine Antwort wußte, sagte ich: »Ich interessiere mich nicht für Filme; ich gehe nie ins Kino. Ich spiele lieber Fußball.«
»Was? Du warst noch nie im Kino?« fragte er ungläubig.
»Na ja, es gibt 'ne Menge Kinos in Warschau«, entgegnete ich so unverfänglich wie möglich, »in der Marszalkowska, in der Jeruszalemska.«
»Das weiß ich auch.« Er klang nicht sehr überzeugt von meiner Antwort. »Es gibt in Warschau an jeder Ecke ein Kino.«
»Ich komme zu spät zur Arbeit«, leierte ich mein vertrautes Sprüchlein herunter und verabschiedete mich – leider nicht für lange. Bald darauf war Mittagspause, und als er mich erblickte, rief er mich zu sich herüber und begann schon wieder, mich auszufragen.
Ich redete unaufhörlich, drosch bedeutungslose Phrasen, um ihm keine Gelegenheit zu geben, mir verfängliche Fragen zu stellen.

Ich wußte, daß bald etwas Schreckliches auf mich zukommen würde. Es mußte ja einfach kommen! Als ich an jenem Tag am Tor ankam, rief der Wachmann zu mir herüber: »He, Wladek, komm doch eben mal für 'ne Minute rüber. Ich muß deinen Ausweis anschauen. Ich möchte etwas prüfen.«
»Was ist los?« fuhr ich ihn an. »Was ist denn heute so Besonderes daran?«
Aber er blieb hart. »Gib mir deinen Ausweis! Sofort! Ich muß etwas nachprüfen.«
Ich reichte ihm meinen Ausweis und ging mit zitternden Knien hinunter an meinen Arbeitsplatz. Jetzt konnte es sich nur noch um Minuten handeln. Diesmal gab es kein Entrinnen mehr.
Als meine Unruhe mich fast umbrachte, ging ich hinauf, um meinen Ausweis zurückzuverlangen. Nur zwei Dinge konnten jetzt passieren: Entweder würde er ihn mir zurückgeben, oder er würde sagen: »Los, Junge, sehen wir mal nach, ob du Jude bist.«
Als ich auf den Wachmann zuging, sah ich, daß er meinen Ausweis noch immer in der Hand hielt und daß er von einer Gruppe Arbeiter umgeben war, die ihn alle betrachteten und das Foto mit Adleraugen prüften. Ich machte mich gerade auf das Schlimmste gefaßt, da erschien die Erlösung in Form meines Vorgesetzten, des Meisters. Er sah mit einem Blick, was sich da abspielte, stürzte auf sie zu, riß dem Wachmann meinen Ausweis aus den Händen und schnaubte vor Empörung: »Wer hat Ihnen das Recht dazu gegeben, diesen Ausweis an sich zu nehmen?« Er reichte ihn mir zurück und rief mir dann zu, aber so, daß alle es hören konnten, und er war sehr ärgerlich: »Zeig dem Wachmann niemals deinen Ausweis. Der geht ihn verdammt noch mal nicht das geringste an.«
Ich ging zurück an meine Arbeit, aber meine Gedanken waren in Aufruhr. Wieder einmal gerettet, zumindest für diesmal. Aber was kam nun? Was vermutete der polnische Wachmann, und was würde seine nächste Schikane sein? Ich wußte, daß jeder Versuch meinerseits, mich von ihm fernzuhalten, sein Mißtrauen nur verstärken würde. Ich beschloß, so zu tun, als sei nichts geschehen, und ging sogar während einer meiner Pausen zu ihm hinauf auf einen Plausch.

Die Erinnerung an diesen polnischen Wachmann verfolgte mich viele Jahre lang, und noch heute sehe ich seine Gestalt so klar und deutlich vor mir, als wäre alles erst gestern gewesen.

Er war etwa mittelgroß, hatte ein rundes Gesicht mit Pausbacken und war überhaupt recht wohlbeleibt. Würde er heute noch leben, so wäre er um die siebzig, aber sogar nach den Jahrzehnten, die seitdem vergangen sind, würde ich ihn auf der Stelle wiedererkennen, wenn er mir noch einmal über den Weg liefe.

Während alle anderen Arbeiter glücklich waren, wenn ihre Schicht beendet war und sie nach Hause gehen konnten, suchte ich immer nach Gründen, um mich noch herumtreiben zu können – meiner Ablösung die eine oder andere Sache zu erklären, mein Haar zu kämmen, meine Hose in Ordnung zu bringen, die Schnürsenkel neu zu binden oder mein Hemd ordentlich einzustecken. Ich fand immer noch eine kurze Tätigkeit und hatte dadurch Spielraum, in Frieden nach Hause gehen zu können, denn der Wachmann ging pünktlich auf die Sekunde nach Schichtende.

Am sechsten Arbeitstag war ich nervlich restlos am Ende. Der Gedanke wegzulaufen beschäftigte mich unaufhörlich. Aber wohin? Egal, wohin, Hauptsache, ich würde den Wachmann nicht mehr sehen, denn diese pausenlose Anspannung hielt ich einfach nicht mehr aus.

Und wie so oft in dieser dunklen Zeit kam auch diesmal wieder eine Rettung: Ich wurde der Nachtschicht von 22.00 bis 6.00 Uhr zugeteilt, und am Tag darauf wartete noch eine Neuigkeit auf mich: Der Wachmann aus Warschau, mein peinigender Alptraum, war versetzt worden. »Gott hat ein Wunder geschehen lassen«, flüsterte ich dankbar.

Der Nachfolger des Wachmanns aus Warschau war ein ruhiger Mann aus einem kleinen Dorf in der Nähe von Rejowiec. Ich sprach nie mit ihm und hatte auch nichts mit ihm zu tun, dennoch faßte ich eine große Liebe zu diesem Mann, war er doch – ohne daß er etwas davon wußte – der tägliche, lebendige Beweis dafür, daß die Person, die mich bis in meine tiefsten Träume hinein verfolgt hatte, ihren Schrecken verloren hatte.

Ich stellte mein Können am Arbeitsplatz unter Beweis, das fiel mir leicht, jetzt, wo endlich Ruhe in meinen Tagesablauf eingekehrt war. Und man zeigte mir, daß meine Arbeit geschätzt wurde. Mein Vorgesetzter war ein hochgewachsener, hagerer Mann von etwa dreißig Jahren und sehr umgänglich. Er war immer hilfsbereit und verhehlte seine wohlwollenden Gefühle für mich nicht, so daß ich eines Tages wagte, ihm anzuvertrauen, daß ich unbedingt die Freundin meiner Mutter sprechen möchte, um zu erfahren, ob sie Näheres über deren Schicksal erfahren hätte. Ich bat ihn um einen kurzen Urlaub, um sie in Chelm besuchen zu dürfen. Obwohl ich in der Firma dringend gebraucht wurde, hatte er Verständnis und gab seine Einwilligung. »Ich gebe dir einen Tag frei. Du kannst nach Chelm fahren, aber ich erwarte dich am nächsten Tag wieder an deinem Arbeitsplatz zurück.«

Ich sagte ihm, ich wolle frühmorgens mit dem Zug fahren und am selben Abend wieder zurückkommen. Das hatte ich auch fest vor, aber die Umstände wollten, daß es ganz anders kam.

Als ich in Chelm den Bahnhof verließ, machte ich mich sofort auf den Weg nach dem Haus von Frau Kowalska. Natürlich wollte ich als erstes wissen, ob sie etwas von meiner Familie gehört hatte. Waren die Papiere angekommen, und konnte man sie ihnen aushändigen? Ich bewegte mich so unauffällig wie möglich, ging immer nahe an den Hausmauern entlang, hielt den Kopf gesenkt und den Rücken gebeugt, versteckte mein Gesicht hinter einer Hand und erreichte so unbemerkt ihr Haus.

In Chelm konnte ich niemand anderer als Lipman Sznajder, der Jude, sein, der Sohn der allseits bekannten hiesigen Familie, den man erwischen und quälen durfte.

Ich klopfte zaghaft an der Tür, und Frau Kowalska öffnete sehr langsam und sehr vorsichtig. Als sie mich erkannte, strahlte sie freudig, war nur bedeuten konnte, daß sie gute Nachrichten für mich hatte. Mit unverhohlener Freude berichtete sie mir, daß meine Mutter, meine geliebte Mamuschka, sich unten im Keller versteckt hielt – zusammen mit Esther, meiner älteren Schwester.

Ich wollte hinunterrennen, sie sehen, sie umarmen, aber Frau Kowalska gestattete es noch nicht. Sie war äußerst vorsichtig und weigerte sich, den Kellerzugang zu öffnen, solange es draußen noch hell war, da man sie beobachten könnte. »Wer weiß?« flüsterte sie. Als eine Frau, die Juden Zuflucht gewährte, hatte sie ihre Erfahrungen. »Vielleicht ist dir jemand gefolgt. Wir müssen bis zum Abend warten, bis dahin können wir auch sicher sein, daß dich niemand verfolgt hat.« Ich fühlte mich wie auf Wolken. Ein echtes Wunder! Aber das Schicksal hatte kein ungetrübtes Glück für mich vorgesehen. Als ich so vor Glück im Zimmer auf und ab ging und ungeduldig auf den Augenblick wartete, an dem ich meine Lieben in die Arme schließen konnte, platzte mein kleiner Bruder Shmuel vollkommen außer Atem ins Haus. Meine Freude war grenzenlos, auch ihn zu sehen, aber da merkte ich, daß er heftig weinte. »Was ist passiert?« fragte ich ungeduldig.

Shmuel schluchzte und konnte sich nicht beruhigen. Stück für Stück rückte er mit den Einzelheiten heraus: Die Juden waren zusammengetrieben und in das nahe gelegene SS-Lager verfrachtet worden, wo sie umgebracht werden sollten, und Vater war auch dorthin gebracht worden. »Ich konnte ihnen entwischen«, fügte Shmuel hinzu. »Ich bin nur schnell herübergesaust, um Mutter zu erzählen, was passiert ist. Ich kann nicht hierbleiben, es ist kein Platz mehr.« Mein ganzes Glücksgefühl, von einem Moment zum anderen war es dahin, und nun schossen auch mir die Tränen in die Augen. Ich umarmte Shmuel, wir weinten und zitterten, ohne daß wir etwas dagegen tun konnten. Auch Frau Kowalska vergoß Tränen. Sie versuchte uns zu trösten, aber wir waren untröstlich. Nachdem keine Tränen mehr in mir waren, begann mein Verstand wieder in seiner gewohnten pragmatischen Weise zu funktionieren. »Was ist mit Shmuel?« bettelte ich Frau Kowalska. »Können Sie ihn nicht noch aufnehmen? Er ist doch ganz allein.«

»Es geht nicht, ich habe keinen Platz mehr«, antwortete sie, aber unsere Tränen bewegten sie so, daß sie gegen alle Vernunft entschied: »Also gut, bleibt heute nacht hier, aber morgen müßt ihr beide in aller Frühe aus dem Haus. Es ist besser für euch und besser für mich.«

Ich versprach ihr, daß ich Shmuel gleich am nächsten Morgen mit mir nach Rejowiec nehmen würde.
Wir konnten es kaum erwarten, bis es dunkel wurde, aber dann eilten wir sofort zu Mamuschka hinunter. Der Keller war winzig, bestimmt kleiner als eine Gefängniszelle, es war fast eher nur ein Verschlag. Frau Kowalska hatte ihn zuvor als Kartoffelkeller benutzt. Ich fand meine Mutter und Esther in gebückter Haltung vor. Sie wagten nicht miteinander zu sprechen, aus Angst, sich oder Frau Kowalska zu verraten.
Da wir in dem Keller nicht stehen konnten, setzten wir uns auf die vier Stufen, die hinabführten. Wir klammerten uns aneinander, küßten uns und weinten. Esther saß auf der untersten Stufe und Mutter auf der obersten. Shmuel und ich dazwischen. Wir weinten gleichzeitig vor Freude, vor Traurigkeit und ob unserer Erniedrigung.
Das Haus war schon so überfüllt, daß wir nicht auch noch drinnen schlafen konnten. Frau Kowalska schlug uns ein Nachtlager in der Hütte im Hof vor, die früher als Hühnerverschlag gedient hatte. Da war viel Platz, und wir konnten uns am Boden ausbreiten. Allerdings konnte keiner von uns schlafen. Überall um uns herum huschten Mäuse, und die dünnen Holzwände konnten den Lärm von draußen nicht abhalten. Aber wir waren unheimlich glücklich, wieder zusammenzusein. Wir dösten ein bißchen vor uns hin, öffneten die Augen und versuchten, einander zu sehen, wobei wir in der dunklen Stille nur flüsterten, denn wir hatten Angst, daß die Nacht unsere Stimmen in verbotene Gebiete trüge.
Ich hatte Mutter von meinem Leben als Wladek Szymczyk, einem katholischen Waisenjunge, mit einer Arbeitsstelle in der Zuckerfabrik von Rejowiec erzählt. »In Rejowiec gibt es ein kleines jüdisches Ghetto«, hatte ich ihr weiter berichtet. »Ich werde versuchen, Shmuel zu helfen, weil ich doch Moshes gefälschten Ausweis habe.«
Meine Mamuschka antwortete nichts darauf. Sie wußte ja, was ich über Moshe noch nicht wußte. Sie wußte es, aber sie wollte es nicht wahrhaben, und so sagte sie mir nichts darüber.
Vor dem ersten morgendlichen Sonnenstrahl verabschiedeten Shmuel und ich uns von Mutter und Esther.

Wir eilten zum Bahnhof und stiegen in den Zug; es war noch vor Morgengrauen. Wir saßen nebeneinander im Abteil und wagten nicht, uns miteinander zu unterhalten, weil wir fürchteten, unsere Aussprache könne uns verraten, besonders die von Shmuel, denn mein Polnisch war von dem eines Polen nicht mehr zu unterscheiden. Als der Zug in Rejowiec haltmachte, stiegen wir aus und machten uns auf den Weg in Richtung Zuckerfabrik. Während wir zusammen durch die Landschaft marschierten, berichtete Shmuel mir alles, was ihm zugestoßen war:
»Als der SS-Mann schrie: ›Halt, oder ich schieße!‹, fing ich an, in Richtung Ghetto zu unserem Haus zu laufen. Zuerst versteckten wir uns alle, Vater, Mutter, Esther und ich, in dem Kellerverlies, das Vater vorbereitet hatte. Moshe hatte versucht, aus dem Ghetto zu fliehen, das zu dieser Zeit aber schon vollständig von der SS umzingelt war, die wie wild um sich schoß. Einer von Moshes Freunden, dem die Flucht geglückt war, berichtete uns, daß Moshe erschossen wurde. Das war am Freitag, dem 6. November 1942, zwischen sieben und halb acht Uhr morgens. Nach kurzer Zeit zogen wir vier in das Versteck um, das sich sämtliche Bewohner unseres Hauses teilten. Aber unser Aufenthalt dort war nur sehr kurz, denn die Nazis entdeckten das Versteck, und wir wurden alle auseinandergerissen. Mutter und Esther wurden in ein Frauenlager gebracht und Vater und ich in ein Männerlager. Jeden Tag machten die Nazis ihre Runden bei den Gefangenen, wobei sie diejenigen auswählten, die sie noch zur Arbeit schicken konnten, und diejenigen, die in Lastwagen weggeschafft wurden, um dann umgebracht zu werden. Diese Menschen wurden in die Wälder gefahren. Dort mußten sie sich ausziehen, man durchsuchte sie nach Wertsachen; anschließend wurden sie erschossen.«
Tag für Tag ging das so weiter, und weil Vater die Ungewißheit über Mutters und Esthers Schicksal nicht mehr aushalten konnte, bat er Shmuel, zu Frau Kowalska zu gehen, um herauszufinden, ob sie irgend etwas wußte. Shmuel war blond und sah überhaupt nicht jüdisch aus. Außerdem war er jung und sehr dünn, also konnte er

unter der Mauer des Lagers durchkriechen. Auf die Art konnte er kommen und gehen, wie er wollte, um draußen Neuigkeiten zu erfahren, und somit die anderen Insassen auf dem laufenden halten. Am sechsten oder siebten Tag der Vernichtungsaktion konnte Shmuel herausfinden, daß es Mutter und Esther irgendwie gelungen war, zu fliehen, und daß sie sich im Keller von Frau Kowalska versteckt hielten. Für Frau Kowalska war es sehr gefährlich, Vater auch zu verstecken, denn er sah unverwechselbar jüdisch aus. Trotzdem war sie bereit, gegen eine große Summe, dieses Wagnis einzugehen, und sie willigte ein, daß mein Vater sich zu den beiden Frauen durchschlagen könne.

Er hat dieses Ziel jedoch nie erreicht, denn noch bevor er die Flucht wagen konnte, wurde auch er eines Tages auf den bewußten Lastwagen aufgeladen. Shmuel, der das beobachtet hatte, kroch unter der Mauer durch und rannte vollkommen verängstigt und verstört dorthin, wo wir uns dann wiedergefunden hatten. Natürlich ist auch Vater von dieser Reise – so wie alle anderen, die einmal auf dem Lastwagen waren – nie mehr zurückgekehrt.

Als wir uns Rejowiec näherten, begann Shmuel zu weinen. Er war ja erst vierzehn und voller Angst, verwirrt und deprimiert. Ich versuchte ihm Mut zu machen und sagte: »Lieber, lieber Shmuel, bitte weine nicht! Reiß dich zusammen! Du mußt jetzt stark sein und praktisch denken. Onkel Josl lebt im Ghetto – geh zu ihm. Du brauchst dir keine Sorgen zu machen, denk an das Geld, das in deinem Mantel eingenäht ist. Komm, benimm dich wie ein Mann. Weinen bringt gar nichts; wenn du überleben willst, mußt du kämpfen.« Leider waren meine weisen Ratschläge für keinen von uns ein wirksamer Trost, denn beide brachen wir in hemmungsloses Schluchzen aus.

Etwa einen halben Kilometer vor der Stadtgrenze mußten wir uns trennen. Ich setzte meinen Weg als Pole fort und ging nach Hause zu meiner Wirtin, Shmuel als Jude lenkte seine Schritte zum Ghetto von Rejowiec. Die Trennung fiel unsagbar schwer, da wir fürchten mußten, uns nie mehr wiederzusehen. Ich zeigte ihm noch einmal den genauen Weg zum Ghetto und eilte davon.

Vollkommen erschöpft erreichte ich schließlich das Haus meiner

Wirtin. Diese unvergeßliche, schlaflose Nacht, in der ich so nahe daran war, meine ganze Familie wiederzusehen, hatte ihre Spuren hinterlassen.
»Na, wie wars in Chelm?« fragte meine angetrunkene Gastgeberin. »Hast du gute Nachrichten aus Warschau erfahren?«
Ich dachte mir eine tragische Geschichte für sie aus und erzählte ihr, daß ich erfahren hätte, Josef und Maria seien erschossen worden. Ich spekulierte auf ihr Mitleid, und da sie offenbar an der Wahrheit meiner Geschichte nicht zweifelte, wurde sie sehr traurig. Ich mußte keine Traurigkeit vortäuschen, denn sie war tief in meine Züge eingegraben, allerdings nicht wegen des Todes von »Josef und Maria«, sondern wegen der Trennung von Shmuel.
Auch auf meiner Arbeitsstelle nahm man Notiz von meinem veränderten Verhalten, besonders da sie von dem Wladek, den sie kannten, keine Traurigkeit gewohnt waren. Ich schloß mich von den anderen Kollegen ab, überließ mich meinen beängstigenden Vorstellungen, was mit Mutter und Esther in Chelm geschehen würde, wo ihre Vernichtung vielleicht nur noch eine Frage der Zeit sein könnte.
Nach Beendigung meiner Schicht am ersten Arbeitstag eilte ich heim, um ein wenig zu schlafen, konnte aber keine Ruhe finden, weil ich immer an Shmuel denken mußte. Ich vermißte ihn so sehr, daß ich mich wieder auf den Weg zum Ghetto machte in der Hoffnung, ihm dort irgendwo über den Weg zu laufen. Ich wollte ihn ja nur sehen, ihm in die Augen schauen und mich vergewissern, daß er gut angekommen war und sich wieder beruhigt hatte.
Tatsächlich sah ich ihn plötzlich in einer kleinen Straße auftauchen. Mit Zeichen gab er mir zu verstehen, daß er mir etwas mitzuteilen habe, aber da wir ja nicht einfach beieinander stehenbleiben konnten, um uns zu unterhalten, ging er einfach weiter und ich so unauffällig wie möglich hinter ihm her.
Er begann etwas zu murmeln, so als ob er Selbstgespräche führe, und da ich ihm dicht auf den Fersen war, konnte ich verstehen, wie er sagte, daß Esther und Mutter jetzt mit ihm zusammen in Rejowiecer Ghetto seien. Nachdem er mir diese Nachricht hatte zukommen lassen, ging er um die Ecke und war verschwunden.

Ich muß sie sehen, ich muß sie so bald wie möglich sehen, hämmerte es in meinem Kopf. Aber ich hatte keine Ahnung, wie ich ins Ghetto hineinkommen könnte. Das Risiko war zu groß. Es wimmelte von SS und polnischen Aufsehern. Da sich keine polnischen Zivilisten im Ghetto aufhalten durften – und ich war ja jetzt Pole –, mußte ich mir etwas einfallen lassen, wie ich illegal hineingelangen konnte.
Ich trieb mich scheinbar planlos um das Ghetto herum, achtete aber peinlich genau auf jedes Detail und suchte nach einer Lücke, in die ich vielleicht hineinschlüpfen könnte. Dabei dachte ich mir eine glaubhafte Entschuldigung aus für den Fall, daß ich angehalten würde. Ich war äußerst besorgt. Wieso hatten sie Frau Kowalskas Haus verlassen müssen, wo sie doch einigermaßen in Sicherheit gewesen waren? Hatte die Frau, die mir die gefälschten Papiere besorgt hatte, nicht zugesagt, daß auch die anderen höchstens zehn Tage dauern würden, und Frau Kowalska nicht ihr Wort gegeben, daß sie bis dahin bei ihr bleiben könnten?
Ich konnte nirgendwo ein Loch in dem hohen Holzzaun entdecken, der das ganze Ghetto umschloß, und der einzige legale Eingang war ein schweres Eisentor, in das aber keine Arier hineingelassen wurden – und ich war nun mal offiziell dokumentiert als Arier. Das Ghetto in Rejowiec war – anders wie das in Chelm – von einem hohen Zaun umgeben.
Eines Abends, als ich in der Dämmerung wieder um das Ghetto herumstrich, erblickte ich plötzlich Esther, meine Schwester. Sie stand wohl auf einem Podest, denn ihr Kopf ragte über den hohen Zaun hinaus. Sie muß geahnt haben, daß ich mich draußen herumtrieb in der Hoffnung, mich mit ihnen in Verbindung setzen zu können, und sie wollte mir einen Tip geben, wie ich ins Ghetto hineingelangen könnte. Ich kletterte über den Zaun und sprang auf der anderen Seite wieder herunter. Esther nahm mich in die Arme, wir küßten uns, und sie führte mich in den winzigen Raum, in dem meine Familie untergebracht war.
Nachdem unsere erste Aufregung über das Wiedersehen sich gelegt hatte, erfuhr ich auch, warum sie aus Chelm wegmußten: Nachdem Frau Kowalska erfahren hatte, daß Vater erschossen worden war, bekam sie es mit der Angst zu tun und weigerte sich, Mutter und

Esther weiterhin zu verstecken. So hatten sie beschlossen, nach Rejowiec zu gehen, und sie machten den ganzen Weg zu Fuß.
Im Ghetto von Rejowiec hatte sich ein großer Teil meiner Verwandtschaft zusammengefunden: Onkel Josl mit seinen beiden Söhnen; einer war zwölf, der andere vierzehn Jahre alt; sowie die Witwe von Vaters Bruder mit ihrer dreizehnjährigen Tochter. Da alle zusammensteuerten, konnte Mutter die Miete für das winzige, überfüllte Zimmerchen bezahlen, in dem nur ein einziges Eisenbett stand, das sich Mutter und Esther teilten. Shmuel schlief auf einem Strohsack auf dem Fußboden. Die Erinnerung an die trostlose Atmosphäre, welche dieser Raum ausstrahlte, verfolgte mich viele Jahre, und selbst heute überkommt sie mich immer wieder, und gerade dann, wenn ich in fröhlicher Stimmung bin – dann verdunkelt sich alles in mir.
Esther berichtete mir noch einmal, was mit Moshe geschehen war; aber das wußte ich ja bereits. Nur Mutter weigerte sich, das zu glauben, genauso, wie sie überzeugt war, daß Vater noch lebte und daß er bei der Selektierung zur Arbeit und nicht zur Vernichtung eingeteilt worden war. Sie hatte die Hoffnung nicht aufgegeben und war ganz sicher, daß ihr Mann früher oder später zurückkehren würde, genauso wie er auch von der »Todesprozession« wiedergekommen war.
Ich gab mir alle Mühe, sie zu überzeugen, daß es besser für sie wäre, das Ghetto zu verlassen. Sie sollten begreifen, daß das Ghetto nichts anderes war als ein Wartesaal zum Tod. Aber solange sie ihre falschen Ausweise nicht in Händen hatten, war es unmöglich, sich außerhalb des Ghettos zu bewegen. Mutter hatte sich daher zum Bleiben entschieden. Sie trennte meinen Mantel auf und nahm das eingenähte Geld heraus, das sie unbedingt für das teure Leben im Ghetto benötigte. Sie nahm auch Moshes Papiere an sich in der Hoffnung, daß er eines Tages wieder auftauchen würde.
Aber ich wußte es besser. Ich wußte, daß Vater tot war, ich wußte, daß Moshe tot war, ich wußte, daß Drejza tot war, und ich wußte auch, daß ich jetzt für die Familie verantwortlich war. Mutter war da ganz anderer Ansicht, denn sie sagte nur zu mir: »Lipele, paß nur ja gut auf dich auf, damit dir nichts passiert. Mach dir wegen

uns keine Sorgen. Die Papiere müssen doch jeden Tag kommen, und bis dahin haben wir noch genügend Geld aus deinem Mantel, um uns über Wasser zu halten.«
Ich schlich mich auf dem gleichen Weg wieder aus dem Ghetto hinaus, auf dem ich hereingekommen war, und eilte in mein derzeitiges Zuhause zurück.

Meine katholische Hauswirtin

Tiefe Verzweiflung erfaßte mich, nachdem meine stets betrunkene Hauswirtin mir eröffnet hatte, daß ich innerhalb von zwei Tagen mein Zimmer zu räumen und mir eine andere Bleibe zu suchen hätte. Ich war wie vor den Kopf geschlagen.
In der Fabrik hatte ich mich mit einem jungen polnischen Arbeiter von etwa fünfundzwanzig Jahren mit Namen Josef angefreundet. Er war ein mittelgroßer, dünner Mann, der mit seiner langen, leicht gekrümmten Nase ein bißchen jüdisch aussah. Da er auch wie ein Jude ging, hatte seine Gangart etwas Haschemitisches an sich. Josef arbeitete nur während der Saison in der Zuckerfabrik.
Ich hatte mich schon öfter an Josef um Rat gewandt, und so fragte ich ihn auch jetzt, ob er für mich keine Unterkunft wüßte. Ich brauchte kein Zimmer in einem Gasthaus, nicht einmal einen Raum mit einem eigenen Kleiderschrank, nur ein Bett, in dem ich des Nachts schlafen könnte. Josef versprach, sich um die Sache zu kümmern, und schon am nächsten Tag konnte er mir berichten, daß er eine Frau ausfindig gemacht hatte, die bereit wäre, mich für ein geringes Entgelt aufzunehmen. Allerdings möchte sie mich zuvor kennenlernen.
Ich begab mich zum Haus von Frau Pobozna. Eine ungefähr fünfzigjährige, bebrillte Frau öffnete und ließ mich ein. Sie stellte mir eine Menge Fragen, wollte wissen, ob ich katholisch oder evangelisch und ob ich praktizierender Gläubiger sei. Erst als ich alle Fragen zu ihrer Zufriedenheit beantwortet hatte, willigte sie ein, mich bei ihr wohnen zu lassen.

Mein neues Zuhause bestand aus einer großen Küche und einem geräumigen Schlafzimmer, in dem drei Betten aufgestellt waren – eins für sie, eins für ihren Sohn, der gerade eine Schneiderlehre absolvierte, und eins, das sie jetzt an mich vermietete.
Die Küche hatte sie einer jungen unverheirateten Frau von etwa zweiundzwanzig Jahren mit Namen Zosza überlassen. Zosza hatte zwei Kinder, jedes von einem anderen Vater.
Ich war unglaublich glücklich über die Tatsache, einen Schlafplatz gefunden zu haben. Irgendeiner hätte mir schon genügt, aber dieser hier war mir besonders wertvoll, da das Haus nicht weit entfernt vom Ghetto lag.
Meine Wirtin war eine gutaussehende Frau, freundlich und warmherzig. Selbst wenn sich mich zwang vor dem Schlafengehen zu beten und mir androhte, daß ich kein Frühstück bekäme, wenn ich mein Nachtgebet versäume, geschah das mit Charme und Anmut. Ich gewöhnte mir an, mich vor das Bett hinzukien, mich zu bekreuzigen und laut zu beten. Mein Beten hallte durch das Haus, laut genug, um von meiner Wirtin vernommen zu werden. Noch heute erinnere ich mich an den Anfang dieses polnischen Gebets: *W Imie ojca i Syna i Ducha Swietego. Amen.*
Danach rasselte ich noch irgend etwas Unverständliches herunter, weil ich nicht wußte, wie der Text weiterging, aber das war mir auch egal.
Ich betete gern, denn das war meine einzige Betätigung, die Frau Pobozna erfreute, sie, die so gütig war, mir einen Platz für mein müdes Haupt zu gewähren.
Das Leben mit meiner falschen Identität brachte mir einen ganzen Sack voller Probleme. Jeder hier kannte mich nur als Wladek Szymczyk, aber ich konnte meine wahre Identität als Lipele Sznajder nicht eine Minute lang vergessen. Ich hatte ja nur ein Ziel, nämlich das, mit meiner Familie zusammenzukommen, und aus diesem Grund ging ich jeden Morgen vor der Arbeit vor den hohen Zaun des Ghettos, warf einen verzweifelten Blick hinein, auf einen glücklichen Zufall hoffend, der mir einen Blick auf Mutter, Schwester oder Bruder ermöglichen würde. Natürlich war ich mir der Gefahr bewußt, in die ich mich begab, wenn ich auffiele, wenn ich

zu oft in die gleiche Richtung blickte oder, noch schlimmer, wenn ich beim Überklettern des Zauns erwischt würde. Dies tat ich allerdings nur in der Dunkelheit, wenn die Sehnsucht nach meinen Lieben nicht mehr auszuhalten war und wenn ich absolut sicher sein konnte, daß ich nicht beobachtet wurde.

Mutter tadelte mich wegen meiner nächtlichen Besuche. »Du bringst dich unnötig in Gefahr«, warnte sie mehr als nur einmal, denn auch sie wußte, daß ich keine Gnade zu erwarten hätte, wenn man mich erwischte. Natürlich hatte sie recht, aber ich verdrängte die Befürchtungen einfach. Die Sehnsucht nach meiner Mutter ließ mich alle Ängste und Gefahren vergessen.

Wir blieben jeweils höchstens eine Stunde beisammen, in der wir uns alles von der Seele redeten. Ich sagte ihr, daß ich nach Chelm wollte, um nachzufragen, ob ihre gefälschten Ausweise inzwischen eingetroffen wären. In dieser Beziehung machten wir uns nichts vor: ohne diese gab es keine Hoffnung, denn das Ghetto war nur die Zwischenstation auf der Reise in den sicheren Tod. Nur Mutter in ihrem unerschütterlichen Optimismus protestierte: »Jede Reise ist heute gefährlich«, gab sie zu bedenken. »Außerdem hat Frau Kowalska uns doch versprochen, daß sie uns die Papiere durch ihren Sohn zukommen läßt, sobald diese eingetroffen sind.« Mein Vertrauen in dieses Versprechen war jedoch nicht groß genug, um mich voll darauf zu verlassen.

Eines Nachts, als ich sehr spät von meinem Besuch im Ghetto zurückkehrte, war meine Hauswirtin noch auf, um auf mich zu warten. »Wo hast du dich so lange herumgetrieben?« fuhr sie mich an. »Wie kannst du es wagen, so spät nach Hause zu kommen, ohne mir vorher Bescheid zu sagen? Ich hatte Todesangst, daß dir was passiert wäre.«

Ohne auch nur einen Moment zu überlegen, platzte ich heraus: »Ich war bei Josef, und wir haben ganz vergessen, auf die Uhr zu schauen.«

Mir war klar, daß ich mit dieser Antwort ein großes Risiko einging, denn wenn sie bei Josef nachfragen würde, käme meine Lüge ans Licht. Aber das mußte ich riskieren. Ich vertraute auf die gute Meinung, die sie von mir hatte, und darauf, daß sie mir keine Lüge

zutraute. Aber der Vorfall gab mir dennoch zu denken: Lipele, du mußt auf der Hut sein, noch ein kleiner Fehler, und alles ist aus. Mit diesen nicht sehr beruhigenden Gedanken ging ich zu Bett.
Nachdem ich einen Monat in der Fabrik beschäftigt war, erhielt ich ein offizielles Dokument – dieses Mal ein echtes –, das bestätigte, daß ich, Wladek Szymczyk, mit einem Gehalt von dreißig Zloty monatlich in der Zuckerfabrik angestellt und berechtigt war, im Monat drei Kilo Zucker zu beziehen, über die ich frei verfügen könne – auch verkaufen. Außerdem wurde mir eine Lebensmittelkarte ausgehändigt.
An einem der folgenden Abende kletterte ich wieder über den Ghettozaun, um meiner Mutter diese gute Neuigkeit zu berichten. Stolz präsentierte ich ihr meine neuen Dokumente sowie mein erstes selbstverdientes Monatsgehalt. »Ich bin so polnisch, wie einer nur sein kann«, brüstete ich mich. Obwohl Mutter mir die Freude nicht verderben wollte und mir zuliebe so tat, als teile sie mein Glück, zeigte sie mir schließlich doch ihre Verärgerung, weil ich schon wieder gekommen war. »Die werden dich glatt erschießen, wenn sie dich erwischen«, tadelte sie mich und nahm mir das Versprechen ab, mein Leben nicht mehr unnötig in Gefahr zu bringen. An diesem Abend blieb ich nur ganz kurz, hauptsächlich jedoch, um bei meiner Wirtin keinen erneuten Verdacht zu erregen.
Ich war jetzt für die Nachmittagsschicht eingeteilt worden und hatte daher am Vormittag Zeit, mich um das Ghetto herumzutreiben, immer in der Hoffnung, jemanden aus meiner Familie zu Gesicht zu bekommen.
Abends kniete ich vor meinem Bett und sprach lautstark mein Gebet. Zur Belohnung dafür machte Frau Pobozna mir ein Frühstück, das aus einer Tasse Kaffee sowie einem Stück Brot bestand – das allerdings extra bezahlt werden mußte.
Als ich mich eines Morgens nach dem Frühstück wie gewöhnlich aus dem Haus begab, traf ich Josef unterwegs, der mich aufforderte, mit zu ihm nach Hause zu kommen, um einige seiner Freunde kennenzulernen sowie die Frau, mit der er zusammenlebte. Ihr Mann, der Vater ihrer beiden Kinder, war spurlos verschwunden, und niemand wußte zu sagen, ob die Nazis ihn verschleppt hatten

oder die Russen oder ob er sie ganz einfach hatte sitzenlassen. Sie war mir nur als »die Witwe« bekannt.

Die Witwe war ungefähr fünfunddreißig, recht stabil gebaut und von freundlichem Wesen. Ihre dreizehnjährige Tochter hieß Oleszka, an den Namen des zehnjährigen Sohnes erinnere ich mich nicht mehr. Sie steuerte ihren Teil zum Lebensunterhalt bei, indem sie Josef half, Körbe zu flechten, die sie anschließend verkauften.

Als ich sie an diesem Morgen kennenlernte, wollte sie alles über mich wissen, und ich beantwortete ihre Fragen mit meinen eingeübten Redensarten. Sie hörte mir voller Mitgefühl zu und nahm mich ohne Zögern auf in ihren »Gesellschaftskreis«.

Das Haus von Josef und der Witwe war ein beliebter Treffpunkt für die Jugend von Rejowiec. Jungens zwischen zwölf und achtzehn suchten die beiden auf, erzählten sich Witze, tranken, spielten Karten oder hielten ganz einfach einen Klatsch ab.

Anfangs versuchte ich, ihre Anwesenheit zu meiden, denn ich fürchtete, daß ich das Polnisch dieser jugendlichen Clique nicht richtig beherrschte, eine Angst, die ich in der Fabrik inzwischen nicht mehr hatte. Aber ich konnte mich auch nicht ständig den Einladungen entziehen, ohne Verdacht zu erregen. Das hätte sie erst recht neugierig gemacht, und Interesse an meiner Person war das letzte, an dem mir gelegen war.

Irgendwie fühlte ich mich in Gegenwart von Josefs siebzehn- und achtzehnjährigen Freunden immer etwas unbehaglich. Nicht bei den jüngeren, von denen ging keine Gefahr aus, denn sie waren zu unwissend und stellten keine verfänglichen Fragen; außerdem glaubten sie ohnehin alles, was ich ihnen auftischte. Aber die älteren waren derb und gefühllos. Ihnen traute ich zu, daß sie mir aus heiterem Himmel die Hosen ausziehen würden, um sich zu vergewissern, daß ich kein Jude sei. Deshalb suchte ich immer nach einer Entschuldigung, um mich zu verabschieden, sobald die älteren Freunde auftauchten. Um eine Ausrede war ich nie verlegen. Wenn sie weg waren, stellte ich mich wieder bei Josef und der Witwe ein. Aber ich war nie ganz entspannt, da mich die Angst keinen Augenblick verließ, es könne einer auf den Gedanken kommen, ich sei Jude.

Josef arbeitete mit mir zusammen in derselben Schicht, und wenn er bei mir war, fühlte ich eine große Sicherheit. Er stand mir zur Seite wie ein Schutzengel. Wenn einer in der Hitze der Auseinandersetzungen die Möglichkeit meines Judentums andeutete, zwang Josef ihn sofort, sich zu entschuldigen, da er ihm sonst verbieten würde, sein Haus noch einmal zu betreten.

Allerdings beschränkte sich Josefs Fürsorge nicht nur auf meinen Schutz, nein, er brachte mir auch bei, wie man Zucker aus der Fabrik herausschmuggeln konnte, ohne erwischt zu werden. Alle Arbeiter wurden beim Verlassen der Fabrik peinlichst genau untersucht, damit kein Zucker gestohlen werden konnte. Ich hatte bald erkannt, daß die Wachen uns zwar von oben bis unten abtasteten, die Taschen und Gürtel kontrollierten, aber nie unsere Rücken berührten. Josef hatte den Nachrichtendienst übernommen und zeigte mir an, wann ich es wagen konnte, Zucker herauszuschmuggeln, und er ließ mich auch wissen, wann die Situation am Tor so war, daß man es besser nicht riskieren sollte.

Ich nähte mir einen kleinen Sack, in den ungefähr 200 Gramm Zucker hineingingen und den ich dann am Rücken befestigte. Allerdings stand der Gewinn zu dem Risiko, das ich damit einging, in sehr armseliger Relation.

Da rückte Josef mit einem Plan heraus, bei dem ein wesentlich höherer Profit zu erzielen war: Ein stockfinsteres, enges, uraltes Leitungssystem, durch das die elektrischen Kabel und andere Leitungen liefen, führte im Zickzackkurs zu den Zuckerfässern. So ein schmächtiges Kerlchen wie ich könnte sich durch dieses Labyrinth an den Zucker heranarbeiten.

Dieser Zugang war schon so alt, daß in der Fabrik keiner etwas darüber wußte, aber Josef hatte ihn herausgefunden und berichtete mir davon. Eines Tages winkte er mich zu sich heran und zeigte auf eine verwitterte, schmale Holztür, die stets verschlossen war. »Geh da rein«, befahl er mir, klärte mich auf, wo ich mich befand, und machte die Tür hinter mir wieder zu. »Kriech durch, dann kannst du selber sehen, was es da gibt.«

Mit geschlossenen Augen kroch ich langsam vorwärts. Allerdings hätte ich auch nichts gesehen, wenn ich die Augen offengelassen hätte, denn da drinnen war pechschwarze Nacht. Das Zickzacklabyrinth wollte keine Ende nehmen, und Furcht überkam mich, daß ich mein Ziel nie erreichen würde. Außerdem stieß ich mir bei jeder Biegung den Kopf an, und dann erst merkte ich, daß ich jetzt wieder an einer Zickzacklinie angelangt war. Ich hatte keine Taschenlampe, und selbst wenn ich Streichhölzer oder eine Kerze gehabt hätte, sie hätten nichts geholfen, denn erstens hätte der starke Luftzug alles sofort wieder ausgelöscht, und zweitens hätte ich viel zuviel Angst gehabt, auszurutschen und mit meinem offenen Licht vielleicht die ganze Fabrik in die Luft zu jagen.
Nach etwa zwanzig Minuten, die ich flach auf dem Bauch liegend vorangerobbt war, konnte ich einen Lichtschimmer wahrnehmen, der von einem schmalen Fenster weiter vorn herrührte. Ein Eisengitter lag lose zum Schutz über dem Fensterchen, das zum Hof der Fabrik führte.
Ich kroch den ganzen Weg wieder zurück wie ein Wurm, um Josef zu berichten: »Du hast recht«, sagte ich zu ihm. »Es gibt einen geheimen Ausgang auf den Hof.« Wir beschlossen, die Entdeckung für uns zu behalten, einmal war es viel zu gefährlich, Mitwisser zu haben, zum zweiten würde es auch teuer werden, denn dann müßten wir unseren Gewinn mit zu vielen teilen.
Trotzdem würde es sich nicht vermeiden lassen, wenigstens einen Mitwisser ins Vertrauen zu ziehen, einen, dessen Aufgabe es sein würde, den Zucker über den Hof aus dem Fabrikgelände zu schaffen. Also wandte Josef sich an einen Mann, der ab und zu für die Fabrik Aufträge ausführte, und dieser erklärte sich bereit mitzumachen. Ich gab ihm heimlich den Spitznamen »Kohlenträger«.
Als ich jetzt zum erstenmal mit meiner Zuckerbeute durch den engen Tunnel kroch, war ich vor Angst wie gelähmt. Es war absolut nichts zu sehen – nur Schwärze. Ich kniff die Augen fest zu und robbte mich langsam vor. Ein Umkehren in dieser Mausefalle war ohnehin nicht möglich, da das Labyrinth so eng und niedrig war, daß es keine Drehung zuließ.
Obwohl es in der Röhre weder feucht noch schimmelig war, konnte

ich kaum atmen. Meine größte Angst war, daß etwas auf mich herabfallen und ich hier lebendig begraben würde. Aber ich robbte schicksalsergeben weiter. Falls mir hier drinnen etwas passierte – keiner würde mich je finden. Es käme ja wohl auch niemand auf den Gedanken, daß ein Mensch, der seine fünf Sinne beisammenhat, sich in einen solchen Ort hineinbegeben würde. Und wenn ich hilflos dalag, sollte ich etwa schreien? Wer würde mich denn bei dem Maschinenlärm schon hören? Langsam und unendlich vorsichtig bewegte ich mich weiter vor; durchatmen konnte ich erst wieder, als der erste Lichtstrahl in mein Blickfeld fiel.
Obwohl ich bei jedem Weg die gleichen Ängste ausstand, unternahm ich ihn dreißig- oder vierzigmal, schob Zuckersäcke vor mir her, die zwölf Kilo wogen, manchmal sogar fünfzehn. Einmal schleppte ich sogar einen dreißig Kilo schweren Sack heraus. Ich war zwar mager und klein, aber ich war sehr stark.
Es war keine Habgier, die mich immer wieder in diesen entsetzlichen Tunnel trieb, es war der pure Überlebenswille. Als unverheirateter Arbeiter, ohne Kinder, stand mir nur ein sehr geringer Lohn zu. Die drei Kilo Zucker, die ich legal verkaufen durfte, brachten mir 450 Zloty ein, dazu kam mein Lohn von 30 Zloty, aber von dieser Summe konnte man nicht leben. Ein Brotlaib von zwei Kilo kostete allein 10 Zloty. Wenn man also lediglich einen Laib Brot pro Tag verbrauchte, war man bereits 300 Zloty im Monat los – aber, wie es so schön heißt: »Der Mensch lebt nicht vom Brot allein.« Und das ist in der Tat keine ausreichende Ernährung, auch wenn es zwei Kilo sind. Deshalb habe ich mich in diesem Labyrinth abgequält.
Der Kohlenträger versteckte die Säcke zunächst in seinem Keller. Nachdem wir sie auf dem Schwarzmarkt verkauft hatten, teilten wir den Erlös in drei gleiche Teile – das materielle Überleben war für eine Weile gesichert.
Zosza, die junge ledige Mutter, die die Küche meiner katholischen Hauswirtin gemietet hatte, wurde oft von einem netten jungen Mann besucht, der ihr fester Freund war. Als er hörte, daß ich aus Warschau sei, wollte er mich kennenlernen. Wir mochten uns auf Anhieb und wurden Freunde. Juzek, so hieß er, diente in der JUNAK, einer Art Arbeitsdienst, zu der jeder junge Pole eingezogen

wurde, sobald er achtzehn Jahre alt war. Die Dienstzeit betrug zwei Jahre. Die jungen Männer trugen zwar eine Uniform, hatten aber keine Waffen. Manch eine Familie hätte gerne die Hälfte ihres Vermögens hingelegt, um ihre Söhne von dieser unsinnigen und nutzlosen Verpflichtung freizukaufen, die ihnen nichts brachte außer der Vergeudung von zwei Jahren ihres Lebens, in denen sie zu Aufgaben herangezogen wurden, die absolut nutzlos waren.

Einmal brachte Juzek seinen Freund Kazik mit, einen jungen Mann, der trotz seiner Jugend schon eine Gefängnisstrafe verbüßt hatte. Die beiden waren ganz begierig darauf, Geschichten über unsere Hauptstadt zu hören, und da ich wußte, daß keiner von ihnen Warschau je gesehen hatte, verstieg ich mich zu den höchsten Phantastereien und tischte ihnen auf, was immer mir einfiel. Dafür sollten sie mir aber soviel wie möglich über die JUNAK erzählen, und dafür hatte ich gute Gründe, denn laut meiner falschen Ausweispapiere würde ich im nächsten Jahr achtzehn und damit zur JUNAK einberufen.

Bevor es soweit war, wollte ich alle Fragen beantwortet haben, die mir auf der Seele brannten. Wie stand es zum Beispiel um die ärztliche Untersuchung? Mußte man sich ausziehen? Wenn ja, wie weit? Für einen Juden könnte sich diese Untersuchung als eine tödliche Angelegenheit erweisen. Andererseits wäre ich aber auch in einem Dilemma, wenn ein polnischer Polizist meinen Ausweis kontrollierte und dabei feststellte, daß ich schon achtzehn wäre. Mit Sicherheit würde er mich fragen, wieso ich nicht in der JUNAK sei.

Die Verbindung zu Juzek war sehr wichtig für mich. Er war äußerst gefällig, und die Informationen, die ich von ihm erhielt, waren von unschätzbarem Wert für die Pläne, die ich mir für den Fall meiner Einberufung zurechtlegte.

Eines Tages unterbreitete er mir eine im wahrsten Sinne des Wortes »Schnapsidee«. »Wladek, ich weiß was Tolles, was wir machen können. Du kennst doch die Spirituosenfabrik neben eurer Zuckerfabrik. Hol da ein paar Kilo Kartoffeln raus, und wir können uns richtigen Schnaps brennen.«

Mir war nicht bekannt, daß man aus Kartoffeln Schnaps machen konnte, aber ich wußte, daß Schwarzbrennerei gesetzeswidrig war;

strenge Strafen standen darauf. Da ich aber alles zu tun bereit war, um meine Freunde nicht zu enttäuschen, willigte ich ein. »Na gut«, sagte ich, »ich werde zwanzig Kilo herbeischaffen.«
Ich hatte keine Ahnung, daß ich mich auf etwas eingelassen hatte, das kaum durchführbar war. Um an die Kartoffeln zu kommen, mußte ich mich in die Spirituosenfabrik einschleichen – keine leichte Aufgabe, wenn man bedenkt, daß sie von der SS bewacht wurde. Versprochen ist versprochen, egal wie schwierig die Ausführung auch sein würde, und so suchte ich das Gelände systematisch ab, um einen Weg zu finden, wie ich in die Fabrik hineinkommen konnte. Um ehrlich zu sein, ich konnte Berge von Kartoffeln sehen, aber ich sah auch Massen von SS-Bewachern, und es war ja kein Geheimnis, daß sie den Finger schnell am Abzug hatten. Da es ihnen schon keine schlaflosen Nächte bereitete, wenn sie unschuldige Menschen abknallten, würde ihnen die Eliminierung eines Kartoffeldiebes wahrscheinlich sogar eine Genugtuung verschaffen. Und ich Narr hatte Juzek auch noch versprochen, zwanzig Kilo heranzuschaffen.
Nach stundenlangem Suchen hatte ich ein Loch in der Mauer entdeckt. Ich zwängte mich hindurch, beeilte mich, einen Papiersack mit Kartoffeln zu füllen, und warf ihn über die Mauer in ein Gebüsch. Den Platz merkte ich mir gut, damit ich mein Diebesgut in der Dunkelheit dort abholen konnte.
Ich kletterte zum gleichen Loch wieder hinaus, durch das ich hineingelangt war, und dann gab ich Fersengeld. Nach Sonnenuntergang ging ich wieder zu dem Gebüsch, schnappte mir den Kartoffelsack und brachte ihn zu Juzek. Ich war sehr stolz auf meine erfolgreiche Mission und sagte zu ihm: »Siehst du, wie du dich auf mich verlassen kannst. Ich habe mein Wort gehalten.« Juzek klopfte mir anerkennend auf die Schulter und weihte mich dann in die Geheimnisse der Schnapsbrennerei ein.
»Als erstes mußt du die Kartoffeln acht bis zehn Tage einweichen. Wenn sie sich zersetzt haben, werden sie in einem komplizierten Verfahren gekocht, das dauert einige Stunden. Damit hat sich's.«
Und so ging es wirklich. Nach zehn Tagen schleppten Juzek und Kazik Holz, einen großen Topf und einige andere Utensilien an und

fingen an, den Schnaps in der Küche zu destillieren. Die ganze Aktion fand unter größter Geheimhaltung statt.

Als Anerkennung für meinen Mut und Zeichen meiner Dazugehörigkeit ließen sie mich von den ersten Tropfen des Destillats kosten. Wir waren drei Halbwüchsige, ich war fünfzehn – Schnaps hatte ich in meinem ganzen Leben noch nie probiert –, Juzek war neunzehn und Kazik ein Jahr jünger, und wir waren stolze Besitzer von selbstfabriziertem Schnaps, und wir hatten den größten Spaß unseres Lebens. Der Schnaps war lauwarm und sah aus wie Putzwasser, nachdem der Fußboden damit aufgewischt wurde. Er roch auch ekelhaft, aber ich trank ihn – ein Glas und dann noch eins. Bis zu diesem Moment kann ich mich noch an alles erinnern. Ich hatte ja keine Ahnung, wie es ist, wenn man betrunken ist. Ich hatte immer gedacht, Betrunkene wären lustig, lachten dröhnend über alberne Witze und würden singen. Aber bei mir war das nicht so. Ich hab total die Besinnung verloren.

Am nächsten Tag erzählte Juzek mir: »Gestern abend hast du mir richtig leid getan. Ich hab dich ausgezogen und ins Bett gesteckt. Du hast irgendwas in einer unverständlichen Sprache gebrabbelt.«

»Das geht mir immer so, wenn ich betrunken bin«, beeilte ich mich, ihm zu versichern. »Ich gebe dann immer irgendwelche nichtssagenden Laute von mir.« Das hätte mir noch gefehlt, wenn er gemerkt hätte, daß ich jiddisch sprach.

»Während du diese komischen Laute von dir gabst und in gebrochenem Polnisch gelallt hast, behauptete Kazik, du wärst ein Jude.«

Juzeks Zorn auf Kazik steigerte sich von Minute zu Minute. »Dieser verdammte Kriminelle, dieser Gangster wagt es, dich zu verdächtigen, daß du ein Jude wärst. Wir waren zwar voll, aber das hat mich dann doch so in Rage gebracht, daß ich ihm ein Brett über den Schädel gehauen hab. Ich brüllte ihn an, wie er dazu käme, einen so guten Freund wie dich so zu beleidigen, der obendrein noch eine Waise ist, die niemand beschützen kann.«

Juzek berichtete weiter, daß er ihn fertiggemacht hätte. »Den Kerl will ich nie wieder sehen«, sagte er drohend. Am nächsten Tag war die ganze Geschichte vergessen – Juzek und Kazik blieben Freunde, und alles war so, als wäre nie etwas geschehen.

In der Höhle des Löwen

Eine Woche lang hatte ich meine Mamuschka nicht mehr gesehen, und ich hielt es nicht mehr länger aus. Ich schlich mich also wieder ins Ghetto ein und ließ Mutters Vorwürfe über mich ergehen. Nachdem sie mich ausgeschimpft hatte, wobei sie mich aber gleichzeitig liebevoll an sich gedrückt hielt, berichtete sie mir, daß die Ausweise aus Warschau noch immer nicht angekommen wären und daß der polnische Bäcker, bei dem sie ihre Habseligkeiten untergestellt hatten, alles gestohlen hatte. Zwar hatte er ihr weisgemacht, bei ihm sei eingebrochen worden und auch seine Sachen seien alle gestohlen, aber davon glaubte Mutter kein Wort. Dieser Bäcker hatte nicht anders gehandelt als die meisten Polen damals. Er konnte sich darauf verlassen, daß Mutter den Fall nicht zur Anzeige bringen konnte, und daraus zog er seinen Vorteil. Es handelte sich bei ihm keineswegs um einen Einzelfall.

Meine Sorgen kreisten mehr um die noch immer ausstehenden Papiere. Das Jahr neigte sich seinem Ende zu, und die Fälscher hatten wirklich reichlich Zeit gehabt, ihr Werk zu vollenden, für das sie schon längst teuer bezahlt worden waren. Ich teilte Mutter mein Vorhaben mit: »Ich werde nach Warschau fahren und selbst nachschauen, woran es hapert. Ihr könnt nicht mehr im Ghetto bleiben, denn ihr seid hier nicht mehr sicher.«

Ich erinnerte mich an die Adresse der eleganten Dame, die uns versprochen hatte, sich um die Dokumente zu kümmern. Sie wohnte in Warschau in der Marszalkowskastraße Nummer 6, im ersten Stock, links. Mutter war mal wieder mit meinem Entschluß überhaupt nicht einverstanden, aber ich war jetzt nicht mehr davon abzubringen, die Sache selbst in die Hand zu nehmen, damit sich endlich etwas bewegte, das meine Familie retten konnte.

Am nächsten Tag ging ich zum Meister und bat um Urlaub. »Ich muß unbedingt nach Warschau, weil ich nichts von meiner Familie höre.«

Der einsichtige Meister hatte wieder Verständnis für meine Situation, legte mir aber nahe, noch eine Woche zu bleiben. »Die Fabrik arbeitet nur drei Monate voll, und zwar wenn die Zuckerrüben

geerntet werden. Nächste Woche machen wir zu, und alle Arbeiter werden ausgestellt, außer vielleicht hundert Leuten, die wir für die notwendigen Wartungsarbeiten brauchen; dich wollen wir übrigens auch behalten. Aber nächste Woche kann ich dich ein paar Tage entbehren«, und dann fügte er hinzu: »Du bekommst von uns einen Urlaubsschein, auf dem dir bescheinigt wird, daß du einige Tage offiziellen Urlaub hast, um familiäre Angelegenheiten zu regeln.«
Ich hätte jubeln können; ich würde also nicht entlassen, und der Meister hatte meinen Urlaub für nächste Woche bewilligt. Das Glück war noch immer auf meiner Seite! Was hätte ich nur angefangen, wenn sie mich entlassen hätten und ich nicht mehr in der Lage gewesen wäre, meiner Familie beizustehen?
Mit der Behendigkeit einer Katze schlich ich mich wieder ins Ghetto ein. Mutter verhehlte ihren Unmut nicht, aber ich wollte ihr doch nur die gute Nachricht überbringen. Sie erzählte, daß die SS begonnen hatte, Razzien im Ghetto zu veranstalten, und rücksichtslos auf jeden schoß, der in ihre Schußlinie geriet. »Ich will nicht, daß du dein Leben in Gefahr bringst«, sagte sie energisch, aber ich erkannte, daß sie mir im Innern recht geben mußte, wenigstens in dem, was Warschau betraf. Einer mußte ja hinfahren, und ich war der einzige, der in Frage kam.
Als endlich mein erster Urlaubstag angebrochen war, bestieg ich, ausgestattet mit einem offiziellen Urlaubsschein, den Frühzug nach Warschau. Ich hatte mich für die linke Seite der Sitzreihe entschieden, wo ich die Felder an mir vorbeifliegen sehen konnte, während auf der rechten Seite doch immerhin die Gefahr bestand, daß mich jemand aus Chelm erkennen konnte, wenn der Zug auf irgendeiner Station hielt.
Die Bahn fuhr langsam an. Von Rejowiec nach Warschau waren es dreihundert Kilometer, und ich mußte mit einer Fahrtzeit von elf bis zwölf Stunden rechnen.
Wenn ich heute an diese Reise zurückdenke, erscheint mir die ganze Situation so ungeheuerlich, daß ich manchmal selbst daran zweifle, ob ich das wirklich alles gewagt habe. Noch nicht einmal sechzehn, fuhr ich zum erstenmal in meinem Leben nach Warschau, in diese große unbekannte Stadt, ausgestattet mit falschen Papieren, die

besagten, daß ich in der Radnastraße wohnte, einer Straße, von der ich noch nicht einmal wußte, wo sie lag. Ich hatte mich aufgemacht auf einen Weg in die Höhle des Löwen, ein unerfahrenes Kind, aber mit dem unbeugsamen Willen, meiner Familie zum Überleben zu verhelfen, wobei ich bedingungslos jede Gefahr in Kauf nahm.

In Deblin, einer Station ungefähr einhunderfünfzig Kilometer vor Warschau, wurde eine Razzia durchgeführt, und zwar durch die polnische wie auch durch die deutsche Polizei. Der Zug war von allen Seiten umstellt, so daß sich kein Fahrgast der Kontrolle entziehen konnte. Sie suchten nicht nur nach Juden, auch jeder, der nur ein Stückchen Butter oder ein paar Eier oder sonst etwas an Lebensmitteln gehamstert hatte, wurde als Schwarzhändler festgenommen; und Schwarzhandel wurde streng bestraft.

Ein deutscher Polizist näherte sich meinem Sitz. Mein erster Impuls war, nach einer Fluchtmöglichkeit zu suchen, aber das wäre erstens sinnlos gewesen, und zweitens waren alle Türen ohnehin bewacht. Ich spürte, wie mir der kalte Schweiß ausbrach, als der deutsche Polizist mit seinen zwei polnischen Begleitern auf mich zusteuerte und barsch nach meinen Papieren fragte. Ich versuchte, das Zittern meiner Hand zu unterdrücken, als ich ihm meinen Ausweis reichte, dazu meine Arbeitspapiere mit der Berechtigung, meinen Zucker verkaufen zu dürfen, sowie meinen Urlaubsschein von der Zuckerfabrik.

Die Zeit, die er zur Überprüfung benötigte, kam mir wie eine Ewigkeit vor. Endlich gab er mir die Papiere zurück und sagte: »Alles in Ordnung, du kannst weiterfahren.« Nur mit Mühe konnte ich einen Freudenschrei unterdrücken. Beim erstenmal hatte mein falscher Ausweis eine peinlich genaue Prüfung überstanden und sich als so gut wie echt erwiesen.

Mir gegenüber saß ein Pole, der auch überprüft worden war. Er hatte den Polizisten genau beobachtet, als dieser meine Papiere überprüfte. Ich selbst war viel zu aufgewühlt, um ihn wahrzunehmen, und auch nachdem alles vorbei war, interessierte ich mich kaum für ihn während der zwei oder drei Stunden Fahrtzeit, die noch vor uns lagen. Nachdem der Zug sich wieder in Bewegung gesetzt hatte, wandte er sich an mich: »Wohin fährst du, Junge?«

»Nach Warschau.«
»Und von wo kommst du?«
Jetzt mußte ich meine Geschichte verkehrt herum erzählen. »Aus Rejowiec.« Sonst stammte ich ja immer aus Warschau, und jetzt, wo wir beinahe in Warschau waren, mußte ich plötzlich sagen, daß ich aus Rejowiec bin.
»Ach ja, aus Rejowiec«, lächelte er. »Das kenne ich gut. Ich komme gerade aus Chelm.« Ich war sicher, einen kleinen Schwarzhändler vor mir zu haben.
»Zu wem fährst du denn in Warschau?« forschte er weiter.
»Zu meiner Tante, sie wohnt in der Marszalkowskastraße«, antwortete ich. »Nummer 24«, fügte ich hinzu. Die Nummer 6 wollte ich ihm gegenüber nicht erwähnen. Er hätte ja vielleicht eine Verbindung zwischen der Dame der Nummer 6 und mir herstellen können. »Ist ja schön, daß du deine Tante besuchst. Ich kenne die Gegend. Was macht sie denn so, deine Tante?«
»Sie arbeitet irgendwo, aber ich weiß nicht, als was.« Aus Erfahrung wußte ich, daß man in solchen Situationen so wenig wie möglich ausplaudern darf. Eine unbedachte Bemerkung, der kleinste Verdacht, und mein Leben war in Gefahr.
»Wann fährst du wieder nach Hause zurück?« forschte mein polnischer Reisebegleiter weiter.
»In drei oder vier Tagen, ich mache nur einen kurzen Besuch. Dann muß ich wieder zurück an meine Arbeit in der Zuckerfabrik.«
»Ach, du arbeitest in der Zuckerfabrik? Ich habe gehört, wie du dem Polizisten erzählt hast, daß du Zucker bei dir hast.«
»Ja, sechs Kilo.«
»Ich kenne einen Ladenbesitzer in Warschau, der wird ihn dir gerne abkaufen. Aber wenn wir dort ankommen, wird es Nacht sein, wie willst du da zur Marszalkowskastraße kommen? Um sieben Uhr beginnt die Ausgangssperre für Juden, und zwei Stunden später auch für uns. Danach darfst du dich nicht mehr auf der Straße blicken lassen. Weißt du was, du kannst bis morgen früh bei mir bleiben. Dann gehen wir zusammen zu dem Händler, dem du deinen Zucker verkaufen kannst, und anschließend bringe ich dich in die Marszalkowskastraße.«

Wieder einmal war das Glück auf meiner Seite! Was hätte ich bloß angefangen, nachdem der Zug in Warschau eingelaufen war? Es gab ja keine Fremdenzimmer. Diesen Mann hatte mir der Himmel geschickt!
Die Sonne ließ gerade noch ihre letzten Strahlen sehen, als wir Warschau erreichten. Wir stiegen in eine Straßenbahn, die in die Eleckcina-Straße fuhr, die in einem der Außenbezirke lag und in der mein neuer Freund wohnte. Er hatte für uns beide die Fahrscheine bezahlt.
Als die Straßenbahn am Judenghetto vorbeifuhr, deutete er mit der Hand in dessen Richtung: »Dort sind alle Juden untergebracht. Gibt es noch welche in Rejowiec?«
»Ein paar«, gab ich, möglichst gleichgültig, zurück.
»Hier gibt es sie noch massenhaft«, informierte er mich ohne innere Anteilnahme. »Aber nicht mehr lange. Sie schmeißen alle raus. Alle!«
Darauf gab ich keine Antwort. Unsere Fahrt ging vorbei an einer hohen Mauer bis zur Endstation, und von da hatten wir noch ein paar Minuten zu Fuß zu laufen. Aber zuerst wollten wir den Zucker doch noch heute verkaufen. Der Händler hatte seinen Laden im gleichen Haus, in dem er wohnte. Mein neuer Freund ging allein hinein, und als er nach ein paar Minuten wieder rauskam, lachte er und sagte: »Wladek, das Geschäft ist gelaufen, hier ist dein Geld.« Er drückte mir ein Bündel Zloty in die Hand, und wir marschierten gemeinsam auf sein Haus zu.
Es war das letzte Reihenhaus am Ende der Straße. Er klopfte an die Tür, die gleich von drei weiblichen Wesen geöffnet wurde: von seiner Frau sowie seinen zwei Töchtern, von denen die eine ungefähr fünfzehn, die andere vielleicht zehn Jahre alt war. Sobald die Frau meiner ansichtig wurde, begann sie zu keifen: »Wen schleppst du denn heute wieder an? Du weißt doch, daß wir keinen Platz haben. Großer Gott, wie oft habe ich dir schon gesagt, du sollst keine Fremden von der Straße mitbringen. Wann wirst du endlich auf mich hören?« Sie war außer sich und keifte weiter, bis sie fast keine Luft mehr bekam.
Ihr Mann versuchte sie zu beruhigen und tischte ihr seelenruhig eine

haarsträubende Lüge auf. »Ich kenne den Jungen aus Rejowiec. Ich habe öfter geschäftlich da zu tun, und er erledigt kleine Besorgungen für mich. Wenn ich da bin, schlafe ich ja auch immer in seinem Haus.«

Aber seine Frau ließ sich nicht beruhigen. Sie schimpfte weiter, ohne zwischendurch mal Atem zu holen, und er fuhr fort, ihr weiter was vorzulügen. Es war ein zweistimmiger Sprechkampf. Sie schimpfte und schimpfte, und er redete und redete. Keiner verstand wirklich, was der andere sagte. Ich war neugierig, wem zuerst die Luft ausginge. Das letzte Wort aber behielt die Frau, indem sie noch lauter als bisher schrie: »Schmeiß den Jungen hier raus. Ich will ihn nicht mehr sehen. Nicht in diesem Haus. Raus mit ihm! Sofort!«

Die Ruhe, mit der er ihr begegnete, ließ auf große Selbstbeherrschung schließen: »Und wo soll er jetzt so spät am Abend hin? Du weißt doch, daß gleich Ausgangssperre ist, und er kann sonst nirgendwo schlafen. Wir können ihn nicht einfach rausschmeißen.«

»Also gut«, sagte die Frau. »Ich werde mit den Mädchen im Bett schlafen, und er kann bei dir bleiben.«

Als sie merkte, daß ihr Mann bereit war, auf ihren Vorschlag einzugehen, und gar nicht daran dachte, mich rauszuschmeißen, gab sie endlich Ruhe und machte sich ans Abendessen. Wir setzten uns alle zusammen zu dem sehr bescheidenen Mahl an den Tisch, plauderten ein wenig, aber nur aus purer Höflichkeit, denn ich war so müde, daß ich nur noch ans Bett denken konnte.

Mitten in der Nacht wachte ich mit fürchterlichen Bauchschmerzen auf; als ob mir einer ein scharfes Messer in die Eingeweide gestoßen hätte. Krämpfe, die kaum auszuhalten waren, ließen mich jammern und stöhnen. »Es wird vorbeigehen«, versuchte ich mich selbst zu beruhigen, aber die Schmerzen wurden immer schlimmer. »Ich muß aufs Klo«, kam mir als Rettung in den Sinn. Ich mußte raus, so schnell wie ich nur konnte, sonst wäre die ganze Bescherung im Bett. Ich sprang auf, aber es war stockdunkel im Haus, und ich wußte ja nicht einmal, ob das Klo drinnen oder draußen auf dem Hof war. Die anderen schliefen alle tief und fest, und der Gedanke, daß einer von ihnen aufwachen und mich mitten in der Nacht im Haus umhertapsen sah, war mir unerträglich. Vielleicht würden sie mich

für einen Einbrecher halten und mich verprügeln. Aber alle Ängste halfen nichts. Das Bauchgrimmen war stärker. Ich mußte das Klo finden.
Nachdem ich im Haus nichts ausmachen konnte, begab ich mich hinaus in die eiskalte Nacht und in den Hof. Und da stand ein Häuschen! Als ich die Tür aufmachte, stellte ich mit Erleichterung fest: es war die richtige. In Windeseile hatte ich mich erleichtert.
Als ich wieder im warmen Bett lag, entrang sich mir ein befreiter Seufzer. Das schönste auf der Welt ist so ein Bett. Ich fühlte mich unsagbar wohl und schlief sofort wieder ein.
Die Frau mußte zeitig aufstehen, da sie außer Haus arbeiten ging, während ihr Mann und ich zu Hause blieben. Der Mann bereitete unser Frühstück zu, das aus schwarzem Kaffee und eine Scheibe Brot bestand, und als wir fertig waren, sagt er: »Wladek, komm mit raus, ich zeige dir, wie du in die Marszalkowskastraße fahren mußt.«
Als er mich an die Straßenbahnhaltestelle brachte, machte er mich auf einige Punkte aufmerksam, die ich mir gut merken sollte, damit ich den Rückweg wiederfinden würde. Nachdem er mir noch einmal genau erklärt hatte, wo ich umsteigen mußte, drehte er sich um und ging seiner Wege, nicht ohne mir noch zuzurufen: »Wenn du deinen Besuch gemacht hast, komm wieder hierher zurück; wir werden dann zusammen nach Rejowiec fahren.«

Ohne Geld in Warschau

Ich war stolz auf mich, daß ich die Nummer 6 in der Marszalkowskastraße so problemlos gefunden hatte. Vor der Tür im ersten Stock angelangt, entfernte ich jedes Stäubchen von meinem Anzug, strich mir die Haare glatt nach hinten, atmete noch einmal tief durch, und dann klopfte ich laut und hörbar. Ein adrettes junges Mädchen öffnete die Tür; ich hielt sie für ein Stubenmädchen oder ein Dienstmädchen.
»Ich bin aus Chelm«, sagte ich zu ihr, »kann ich Marisza sprechen?«

Das Mädchen sah mich überrascht an. »Hier gibt es keine Marisza. Ich kenne auch niemanden aus Chelm, und überhaupt, was willst du eigentlich hier?« Mit einem unfreundlichen Blick warf sie mir die Tür vor der Nase zu.
Der unvermutete Knall der zugeschlagenen Tür traf mich wie eine Ohrfeige. Es gab keine Marisza, es gab keine Ausweise, alles war nur eine Lüge gewesen? Mein letzter Versuch, die Familie zu retten, und meine Reise nach Warschau vergeblich? Jetzt war alles aus! Ich wankte benommen die Treppe hinunter und versuchte trotz meiner Niedergeschlagenheit einige klare Gedanken zu fassen.
Ich war erst ein paar Stufen auf dem Weg nach unten, als ich flinke Schritte hinter mir vernahm. Ich drehte mich um und sah, daß das Mädchen, das mich zuvor so brüsk abgewiesen hatte, mir nachgelaufen kam. »Wo, hast du gleich wieder gesagt, kommst du her?«
»Aus Chelm. Das hab ich doch schon gesagt.«
»Also gut«, sagte sie, ein bißchen atemlos. »Komm morgen nachmittag um zwei in das große Kaffeehaus in der Marszalkowskastraße und warte, bis du angesprochen wirst.« Sie machte abrupt kehrt und verschwand so schnell, wie sie gekommen war.
Meine verzweifelte Stimmung war wie weggeblasen. Es hatte geklappt! Ich nahm an, daß Marisza mich hinter dem Vorhang beobachtet hatte, aber wegen ihrer eigenen Sicherheit das Mädchen hinter mir hergeschickt hatte. Glückselig über meine erfolgreiche Mission, schlenderte ich durch die Straßen Warschaus, prägte mir die Namen ein, damit ich mich nicht verirrte und am Abend meinen Weg zurück in die Eleckcinastraße finden konnte.
Mein Gastgeber war bereits zu Hause und sehr erstaunt, daß ich heute schon wieder zurückkam. »Hast du denn deine Tante nicht gefunden?« fragte er.
»Ich war zwar in ihrem Haus, aber sie war nicht da. Die Nachbarn haben mir erzählt, sie lasse sich nicht mehr blicken, weil sie ihnen Geld schuldet. Vielleicht hat sie sich ja nur versteckt; ich geh morgen noch mal hin und suche so lange nach ihr, bis ich sie finde.«
Als seine Frau nach einer Weile ebenfalls nach Hause kam und sah, daß ich schon wieder bei ihnen war, wiederholte sich ganz genau die gleiche Vorstellung vom Abend zuvor: Nein, nein, ich könne

nicht noch einmal die Nacht in ihrem Haus verbringen, zeterte sie. »Für eine einzige Nacht, hast du gesagt«, fauchte sie ihren Mann an, »und jetzt ist er schon wieder hier. Und morgen vielleicht schon wieder, und übermorgen auch wieder ... und so wird's weitergehen, Gott weiß, wie lange!«
Mein polnischer Freund verteidigte sich in der gleichen Weise wie am Tag zuvor, allerdings strich er unsere angebliche Freundschaft aus Rejowiec noch stärker heraus, aber es half alles nichts. Schließlich mußte er Farbe bekennen: »Er hat seine Tante nicht angetroffen, deshalb ist er zu mir zurückgekommen.« Als aber alle seine Friedensbemühungen nichts fruchteten und sie unverdrossen weiterkeifte, riß ihm endlich die Geduld: »Wie kannst du dich nur so aufführen? Wenn ich zu ihm nach Rejowiec komme, empfängt man mich mit offenen Armen, und ich werde auch nächstes Mal wieder bei ihm wohnen. Und wie revanchierst du dich für diese Gastfreundschaft? Du solltest dich wirklich schämen!« Nun gab sie endlich nach und erlaubte mir, noch eine Nacht zu bleiben.
Am nächsten Morgen wiederholte sich alles genauso wie am Morgen zuvor: Zuerst stand die Frau auf und ging zur Arbeit. Mein Freund und ich saßen am Frühstückstisch. Auf einmal sah er mir in die Augen und sagte ganz ohne Vorwarnung: »Stell dir vor, Wladek, ich habe heute nacht geträumt, du wärst ein Jude.«
Ich antwortete sehr verärgert: »Was gehen mich deine dämlichen Träume an!« Ich hatte mich sehr bemüht, ihn merken zu lassen, daß ich seinen »Witz« gar nicht komisch fand, aber ich nahm mir vor, von jetzt an noch besser auf der Hut zu sein.
»Aber Wladek«, sagte er wieder, »ich hab's wirklich geträumt.«
Ich überlegte krampfhaft, ob ich ihm den Traum abnehmen sollte oder er vielleicht durch Zufall gesehen hatte, daß ich beschnitten bin. Nein, nein, das war unmöglich, denn wenn er wirklich Beweise hätte, würde er mich entweder aus dem Haus prügeln oder gar die Polizei holen. Worte, sagte ich mir, nichts als Worte, und das beweist, daß er tatsächlich nur geträumt hat.
Da mir bis zu meiner Verabredung im Kaffeehaus noch reichlich Zeit blieb, nutzte ich diese, um mich in Warschau ein wenig umzuschauen. Mit meiner Lebensmittelkarte konnte ich mir sogar

etwas zum Essen kaufen. Kurz vor zwei Uhr stand ich vor dem Cafe, blieb aber draußen stehen, denn ich fürchtete, daß ein fünfzehnjähriger Junge allein in einem solchen Etablissement Verdacht erregen konnte.
Ein hochgewachsener, elegant gekleideter Mann – brauner Anzug, breitkrempiger Hut – blieb neben mir stehen und sprach mich nach einigem Zögern an: »Bist du aus Chelm?«
»Ja, ja«, gab ich leise zurück.
Ich hatte ihn sofort als meinen Kontaktmann erkannt, dennoch blieb ich sehr reserviert. So wenig wie möglich preisgeben! Ein falsches Wort könnte unangenehme Folgen haben, das hatte ich längst begriffen. Statt dessen übernahm ich das Gespräch, indem ich ihn wie beiläufig fragte: »Und wo sind Sie her?« Er nannte irgendeinen Vorort und fügte dann hinzu: »Ich weiß, daß du auf die Ausweispapiere für deine Familie wartest.«
Nun gab es keinen Zweifel mehr, daß er der Mann war, mit dem ich die Verabredung hatte. Er erklärte mir, daß die Papiere eigentlich schon längst zugestellt sein mußten, versprach mir aber, sich noch einmal gründlich umzuhören.
Für einen Moment blitzte die Vermutung in mir auf, er wäre ein Jude. Aber der Gedanke war absurd. Er fragte mich nach meiner Adresse in Warschau, aber ich war zu vorsichtig, sie ihm zu nennen, und so verabredeten wir uns noch einmal für den nächsten Tag am selben Ort, zur gleichen Zeit. »Wenn die Papiere noch hier sind, bringe ich sie natürlich mit«, versprach er.
Wieder einmal ging ich überglücklich von dannen. Ich war ja so stolz. Ich, der kleine Lipele Sznajder, allein in der großen Stadt Warschau, der dabei war, falsche Papiere für seine Familie zu besorgen! Ich hatte den richtigen Kontakt ausgemacht, und alles verlief genau nach Plan.
Ich fuhr zu meinem polnischen Freund zurück und berichtete ihm freudestrahlend: »Ich habe meine Tante getroffen. Morgen bekomme ich Geld von ihr und fahre dann gleich morgen oder übermorgen zurück nach Rejowiec. Und wenn Sie einmal hinkommen, werde ich Ihnen alles zeigen: wo sie am besten einkaufen können und auch sonst alles.« Ich wollte, daß er mir vertraute, daß er auch wirklich

glaubte, jeder in Rejowiec kenne mich bestens, denn ich wollte unbedingt erreichen, daß ich noch eine Nacht bei ihm bleiben durfte, nur noch diese eine, letzte Nacht.
Als seine Frau nach Hause kam, begann das gleiche Spielchen, wie an den zwei Abenden zuvor, aber es endete auch genauso wie zuvor: ich durfte bleiben.
Am nächsten Morgen begleitete ich ihn zu einem Markt, wo er Schuhe und ein paar Kleidungsstücke erstand, die er in Rejowiec, Chelm oder Lublin mit Gewinn wieder verkaufen wollte. »Mit dem Geld kann ich bei den Bauern dann Lebensmittel kaufen, die mir in Warschau wieder einen netten Gewinn bringen. Auf diese Art sorge ich für unseren Unterhalt«, enthüllte er mit einem verschmitzten Lächeln.
Wir kamen durch eine Nebenstraße, wo ein paar Männer auf dem Gehsteig saßen und spielten. Das Spiel interessierte mich, und ich wollte ihnen ein bißchen zuschauen. Sie hantierten mit mehreren Fingerhüten und einer einzigen Erbse. Mit unglaublicher Geschwindigkeit ließ einer die Erbse unter einem der Fingerhüte verschwinden, und derjenige, der erriet, unter welchem die Erbse verborgen war, hatte gewonnen.
Im ganzen waren es drei Männer, die abwechselnd gewannen oder verloren, und ihr fröhliches Gelächter hallte laut durch die Straße. Das war ein verführerisches Spiel: der, der mitgewettet hatte und dann die Erbse erriet, bekam seinen doppelten Einsatz zurück. Setzte er zehn Zloty ein, bekam er zwanzig für sein richtiges Erraten zurück, und bei fünfzig Zloty Einsatz konnte er gar hundert einstreichen, und so weiter.
Spieler sind eine ganz besondere Rasse, sie können meilenweit gegen den Wind riechen, wenn einer Geld in der Tasche hat. Und natürlich erregte ich ihre Aufmerksamkeit. »He, du, Kerlchen«, rief einer, »komm, setz einen Fünfziger ein; ich weiß immer, unter welchem Fingerhut die Erbse liegt. Den Gewinn teilen wir uns dann.«
Ich tat, was er mir vorgeschlagen hatte, danach noch mal einen Fünfziger, und noch mal einen, bis ich nach einer halben Stunde keinen Zloty mehr in der Tasche hatte. Als sie merkten, daß ich blank war, erlosch ihr Interesse an mir schlagartig. Einer nahm mich

am Arm und führte mich vom Spielort weg. Er tröstete mich mit einer Schlauheit, die mich wohl überzeugen sollte: »Schau, mein Junge, heute hattest du Pech, aber wenn du morgen wieder spielst, kannst du das Doppelte von dem gewinnen, was du heute verloren hast.«

Wenn ich heute darüber nachdenke, ist mir natürlich klar, daß die drei mich reingelegt haben, denn ich habe jede Runde verloren. Sie hatten meine sträfliche Naivität ausgenutzt und mir alles abgenommen, was ich besaß – 1200 Zloty, schon ein kleines Vermögen.

»Oh, diese Hunde«, verfluchte ich sie. Sicher teilten sie sich jetzt mein Geld und lachten sich krumm über meine Dummheit. Ich kam mir vor wie ein begossener Pudel und wußte mir keinen Rat, wie es nun weitergehen sollte. Nicht einmal die Straßenbahn konnte ich bezahlen, um zu meiner Verabredung zu fahren. Und irgendwie mußte ich ja auch wieder zurück nach Rejowiec kommen. Meine Gedanken überschlugen sich, so daß ich mich dazu zwingen mußte, meine Probleme schön der Reihe nach zu ordnen: Also, zuerst brauchte ich mal einen Zloty für die Straßenbahn. Oder sollte ich versuchen schwarzzufahren? Aber das war unheimlich gefährlich. Würde ich bei einer Fahrscheinkontrolle erwischt, müßte ich meinen Ausweis herzeigen, der dann einer peinlich genauen Prüfung unterzogen würde. Aber selbst wenn an dem nichts auszusetzen war, wie könnte ich die Strafe bezahlen? Ich hatte die schlimmsten Befürchtungen, aber ich hatte auch gelernt, damit zu leben. Also, rein in die Bahn. Das Glück war wieder einmal mit mir – ich wurde nicht kontrolliert.

Da ich auch heute wieder sehr zeitig dran war, spazierte ich die Marszalkowskastraße rauf und runter. Bald merkte ich, daß ich schrecklich hungrig war, und wenn man keinen Zloty in der Tasche hat, tut Hunger doppelt weh. Aber Essen war ja nicht meine größte Sorge, viel wichtiger war es, an zwanzig Zloty zu kommen, damit ich nach Rejowiec zurückfahren konnte. Würde mein Kontaktmann sie mir leihen? Aber was, wenn er überhaupt nicht kommt?

Und er kam überhaupt nicht. Nun besaß ich gar nichts mehr, nicht einmal mehr die Hoffnung, meiner Familie helfen zu können. Ich schämte mich sehr und war untröstlich. Auch noch einmal in die

Eleckcinastraße fahren zu können, um meinem polnischen Freund für seine Gastfreundschaft zu bezahlen, mußte ich mir aus dem Kopf schlagen. Dabei hatte ich das so fest vorgehabt. Das bleibt eine unbezahlte Schuld, die noch heute an meinem Gewissen nagt, und ich habe die Hoffnung noch nicht aufgegeben, daß ich eines Tages diese offene Rechnung noch begleichen kann.

Waschen heißt am Leben bleiben

Um sieben Uhr am Abend dieses unseligen Tages schlich ich mich in den Zug nach Rejowiec, der so überfüllt war, daß ich hoffen konnte, mich ohne Fahrkarte durchzuwursteln. Ich wurde mit der Menschenmenge einfach hineingeschoben. Natürlich gab es keinen Sitzplatz, ja selbst ein Stehplatz mußte hart erkämpft werden.

Ich kletterte hinauf in die Gepäckablage, die schon voller Koffer war, vielleicht konnte ich dort irgendwo ein Plätzchen finden, um mich ein bißchen auszustrecken.

»Was glaubst du denn, wo du bist«, hörte ich einen aufgebrachten Fahrgast fragen. »Du hast vielleicht Nerven!« Aber ich war zu erschöpft, um auf das Geschimpfe zu hören, und obendrein hungrig wie ein herrenloser Hund. Ich ließ das ganze Gezeter an meinen Ohren vorbeirauschen; die Fahrt war einige hundert Kilometer lang, und ich mußte einfach etwas Schlaf finden. Nach ein oder zwei Stunden wachte ich jedoch von einem derart nagenden Hungergefühl auf, daß sich meine Eingeweide verkrampften. Mir war schwindlig, und mein Magen knurrte so laut, daß ich dachte, alle müßten es hören.

Vorsichtig langte ich in einen der Körbe, die überall um mich herum deponiert waren. Ich hoffte inständig, auf irgendwas Eßbares zu stoßen, vielleicht ein Stück Brot, irgend etwas, um diesen nach Nahrung schreienden Magen zu beruhigen.

Meine Finger ertasteten lediglich ein Paar Schuhe. Die konnte ich zwar nicht essen, aber wertvoll waren sie trotzdem. Ich hob sie vorsichtig aus dem Korb und zog sie ziemlich nahe zu mir heran.

Wenn der Besitzer sie sieht, wird er denken, sie wären aus dem Korb gefallen, und wenn er den Zug verläßt, ohne sie vermißt zu haben, dann gehören sie mir, und ich werde sie in Rejowiec verkaufen! Ab und zu hielt der Zug, und Passagiere stiegen aus, andere stiegen dafür zu, Gepäckstücke wurden weggetragen, andere an ihrer Stelle deponiert. Endlich wurde auch »mein Korb« heruntergehoben und entschwebte mitsamt seinem Besitzer. Die Schuhe blieben zurück; jetzt gehörten sie mir.

Nach zwölf Stunden Fahrt kamen wir in Rejowiec an. Beglückt atmete ich die vertraute Luft wieder ein.

Es war noch dunkel, als ich mich auf meinen üblichen Weg ins Ghetto begab. Mutter umarmte mich unter Tränen. Ich berichtete ihr von meinen Erlebnissen in Warschau – von dem Polen, bei dem ich gewohnt hatte, und von den Papieren, die schon längst an Frau Kowalska nach Chelm geschickt worden wären. »Ihr müßt so schnell wie möglich hier raus«, ermahnte ich sie wieder einmal.

Die Schuhe hätte ich gefunden, erzählte ich ihr und drückte sie ihr in die Hand. Ich bin sicher, daß sie mir nicht glaubte, aber sie schwieg. Auch, daß man mir mein Geld gestohlen hätte, glaubte sie nicht, aber ich schämte mich zu sehr, ihr die Wahrheit zu sagen; wie ich mein Geld wirklich »verloren« hatte. Ihre Augen waren so liebevoll auf mich gerichtet, daß ich ohnehin dachte, sie könne alles in meinen Gedanken lesen. Bevor ich ging, steckte sie mir noch ein paar Zloty in die Tasche.

Ich sauste nach Hause, machte mich ein bißchen frisch und eilte in die Fabrik. Meine Arbeit begann jetzt am Morgen um acht Uhr, und ich war einer Maschine in der Schlosserei zugeteilt.

Ich war jetzt stolzer Besitzer von Arbeitspapieren, und schon aus diesem Grund wollte ich meine Arbeit auf keinen Fall verlieren.

Ich erzählte jedem in der Fabrik, daß meine Eltern tot wären, und ich spekulierte auf ihr Mitgefühl, indem ich unter Tränen hervorstieß: »Jetzt bin ich ganz allein in der Welt.« Mehr sagte ich dazu nicht mehr.

Von einem Waisenkind wird keine Entschuldigung erwartet, und niemand stellte mir unnötige Fragen. Die Kollegen drängten mir Brot und Suppe auf, die einfach köstlich schmeckte. Auch heute noch, wo ich mir ab und zu leisten kann, in einem exklusiven Restaurant zu speisen, finde ich keine Suppe mehr, die sich mit dem göttlichen Geschmack dieser Suppe messen kann. Ich werde ihm wohl nie wieder begegnen.

Am Abend, als ich nach der Arbeit nach Hause kam, erzählte ich auch meiner Wirtin, daß meine Eltern tot wären. Sie war voller Mitleid und stellte mir ein kleines Abendessen hin.

Bevor ich mich zu Bett begab, kniete ich mich hin und betete laut, wie ich es mir in diesem katholischen Haus angewöhnt hatte. Aber das allein reichte ihr jetzt nicht mehr. »Wenn du weiter hier wohnen bleiben willst, mußt du sonntags mit Kazik (das war ihr Sohn) in die Kirche gehen.«

Ich widersprach nicht. Ich hatte gut gelernt, wie ich mich aus unangenehmen Situationen retten konnte, nämlich indem ich mich auf keine Diskussion einließ. Schließlich hatte ich dann noch immer einen Ausweg gefunden, wenn etwas von mir verlangt wurde, das mir ganz und gar gegen den Strich ging.

Am selben Abend zauberte Frau Pobozna aber noch ein Kaninchen für mich aus dem Hut: »Wladek, wann hast du eigentlich zum letztenmal gebadet?«

Nun hatte ich eine feine Ausrede: »Als ich in Warschau war.« Das hat sie wohl nicht recht geglaubt. »Du riechst wirklich sehr merkwürdig«, sagte sie naserümpfend.

»Ich habe den ganzen Tag schwer gearbeitet«, wollte ich sie besänftigen, «und in der Fabrik gab es nur kaltes Wasser.«

Sie hörte nicht auf. »Du mußt dich öfter waschen, sonst kriegst du Läuse. Morgen wirst du in der Fabrik baden. Du arbeitest den ganzen Tag dort, also hast du ein Recht darauf, einmal in der Woche zu baden. Nutze das doch aus!«

Der kommende Freitag war schrecklich. Meine Gedanken kreisten unaufhörlich um die öffentliche Dusche und wie ich es schaffen sollte, sie zu benutzen, ohne daß mein Judentum offensichtlich wurde.

Ich fragte nach den Duschvorschriften und erfuhr, daß ich eine Erlaubnis vom Bademeister benötigte. Ich suchte ihn auf und fragte ihn so ganz nebenbei, aber sehr freundlich: »Ach, sagen Sie mir doch, wann ist es nicht so voll, ich möchte gerne duschen. Geht es jetzt?«

Die Antwort war negativ. »Nein, jetzt nicht, später, so gegen vier oder fünf.« Er gab mir eine Duschkarte.

Meine grauen Zellen arbeiteten wie verrückt. Ich mußte sicher sein, daß ich unbeobachtet duschen konnte. Also ging ich eine Stunde vor der ausgemachten Zeit zum Bademeister. Ich bot ihm eine Zigarette an und erzählte Geschichten über Warschau, die ihn sehr interessierten. Als ich dann feststellte, daß sich niemand in der Umgebung aufhielt, sagte ich recht unvermittelt: »O Gott, jetzt muß ich mich aber beeilen.«

Da wir inzwischen so etwas wie Freundschaft geschlossen hatten, ließ er mich duschen, kurz bevor all die anderen ankamen. Ich sah sie alle anmarschieren, gerade als ich fertig war. Meine List hatte funktioniert.

Ich pflegte meine Freundschaft mit dem Bademeister, versorgte ihn hin und wieder mit ein paar Zigaretten und versäumte nie, ein kleines Schwätzchen mit ihm zu halten. Auf die Art hatte ich keine Probleme mehr, seine Erlaubnis zum Duschen zu erhalten, wenn die Luft rein war.

Es würde ein ganzes Buch füllen, die komischen und tragischen oder tragikomischen Situationen zu schildern, die sich in Verbindung mit meiner Körperreinhaltung abgespielt haben. Die Badeanlage hatte einen Steinfußboden und war in zwei Kabinen aufgeteilt, die durch eine mannshohe Wand voneinander getrennt waren: in einer waren vier Duschhähne, und die zweite war mit einer großen Badewanne ausgestattet. Die Benutzung war ganz einfach: Man hängte draußen seine Kleider auf, ging unbekleidet in den Waschraum und nach der Dusche wieder raus zu seinen Kleidern. Einfach und unproblematisch! Aber leider nicht für einen Juden, der sich als Arier ausgibt und sich daher nicht in unbekleidetem Zustand sehen lassen darf. Meine Möglichkeiten, meinen Körper sauberzuhalten, hingen total vom Wohlwollen des Bademeisters ab, und selbst eine so lächerliche Sache wie Duschen oder Baden bedeutete in meinem Fall eine Angelegenheit, die über Leben oder Tod entscheiden konnte.

Am nächsten Tag schlich ich mich nach der Arbeit wieder ins

Ghetto; ich wollte unbedingt mit Mutter sprechen. Allerdings konnte ich nur kurz bleiben, denn Frau Pobozna hatte sich inzwischen angewöhnt, mich nach Strich und Faden auszufragen, wenn ich später nach Hause kam.

Von Mutter erfuhr ich, daß sie wegen der bitterkalten Wintertemperaturen noch nicht in der Lage war, nach Chelm zu gehen, um die Papiere bei Frau Kowalska abzuholen, aber sie versicherte mir, daß sie ginge, sobald es ein wenig wärmer geworden sei. Ich machte ihr wiederum einmal klar, daß jeder Tag, den sie länger im Ghetto bliebe, ihre Lebensgefahr vergrößere. Wir verabschiedeten uns liebevoll, wobei Mutter nicht versäumte, mich wieder darauf hinzuweisen, daß ich vorsichtig sein und meine Besuche einstellen solle.

Beruflich entwickelte sich alles zum besten; man wies mir in der Fabrik eine neue Tätigkeit zu, bei der sich die Möglichkeit bot, ab und zu etwas mitgehen zu lassen, denn auch das war damals eine Überlebensfrage.

Die neue Arbeit war unkompliziert: Die Waggons, welche den Zucker aus dem Werk transportierten, waren bis zum Rand gefüllt. Ich hatte einen Bolzen in ein dafür vorgesehenes Loch zu stecken und diesen dann mit einem Hammer festzuschlagen. Damit war der Waggon so gut wie versiegelt, um eine unerlaubte Zuckerentnahme zu verhindern. Kam der Zucker an seinem Bestimmungsplatz an, wurde der Bolzen durchgesägt, und der Zucker konnte ausgeladen werden. Die Bolzen waren knapp, und ich hatte den Auftrag, überall danach zu suchen. Wenn ich so meine Runden machte, konnte ich leicht eine kleine Menge Zucker einstecken. Dazu hatte ich mir eine einfache, aber sehr wirkungsvolle Methode ausgedacht: Ich zog zwei Paar Hosen an, wobei ich die untere fest an den Knöcheln zuband. In der oberen machte ich ein Loch in die Tasche und steckte ab und zu eine Handvoll gestohlenen Zucker hinein, der dann nach unten durchfiel und sich in den Hosenbeinen sammelte oder in die Schuhe oder Strümpfe weiterrutschte. So schmuggelte ich jeden Tag eine kleine Menge aus der Fabrik; manchmal betrug meine Beute fast zwei Kilo, meistens jedoch ungefähr ein Pfund. Auf diese Weise konnte ich mir einen kleinen Fonds zulegen für die Zeit, in der in der Fabrik nicht produziert wurde.

Der Zucker mußte verkauft sein, bevor ich zu Hause bei meiner Wirtin ankam, denn sie hätte mich bestimmt rausgeschmissen, wenn sie geahnt hätte, daß ich Zucker stehle. Meine illegalen Einnahmen versteckte ich in einer kleinen Truhe aus rotem Holz, die ich mir gekauft hatte. Das Geld bedeckte ich mit Zeitungen, und darüber legte ich meine Kleidungsstücke. Das goldene Ei wuchs und gedieh.

In meiner Schicht arbeiteten auch einige Juden, die man zur Zwangsarbeit in die Zuckerfabrik abkommandiert hatte. Unter ihnen befand sich auch mein Onkel Josl. Er hat nicht dichtgehalten und erzählte einigen der Juden, daß ich sein Neffe war. Allerdings hat mich niemals einer verraten. Wenn ich an ihnen vorbeigehen mußte, schlugen sie die Augen nieder und taten, als sähen sie mich nicht, um ja nicht durch unbedachte Blicke den Verdacht zu erregen, daß zwischen uns eine Verbindung bestand. Diese demütig niedergeschlagenen Augen werde ich niemals vergessen können. Es war ihr Versuch, eine sehr zerbrechliche und kostbare Vase zu behüten. Obwohl sie wußten, daß ihr eigenes Schicksal besiegelt war, hatten sie beschlossen, meine Person zu beschützen, so gut es in ihrer geringen Macht stand, damit ich davonkäme und eines Tages der Öffentlichkeit vielleicht über ihr tragisches Schicksal berichten könnte.

Freitag! Badetag! Angsttag! Ich war die Vorsicht in Person. Natürlich wäre es am einfachsten gewesen, nicht zu baden, und ich versuchte auch, den Turnus wenigstens auf jeden zweiten Freitag zu verschieben. Dem Bademeister steckte ich weiterhin Zigaretten und Zucker zu, und da er nun so etwas wie mein Freund war, konnte ich seiner Hilfe einigermaßen sicher sein, allerdings durfte er meine Taktik nicht durchschauen. Ich plante jedes Detail, Schritt für Schritt, um zum richtigen Zeitpunkt in den Baderaum zu gelangen. Am Freitag schlich ich wie die Katze um den heißen Brei in der Nähe des Bademeisters herum und wartete auf meine Gelegenheit.

»Ich geh jetzt zum Duschen«, verkündete ich lakonisch.

Seine Antwort: »Es ist noch zu früh.«

»Das weiß ich, aber ich bin in Eile.«

Er wieder: »Aber das Wasser ist noch nicht richtig warm.«

Ich murmelte etwas vor mich hin: »Soso, ja, ja, ich muß aber jetzt rein, ich hab keine Zeit mehr. Außerdem mag ich das Wasser ohnehin nicht so heiß.«
Ich drückte ihm eine Zigarette in die Hand und schlüpfte an ihm vorbei zur Dusche. Mit unglaublicher Geschwindigkeit erledigte ich meine Körperreinigung und schaute, daß ich wegkam. Wieder mal war ich recht stolz auf meine Pfiffigkeit, hatte ich es doch schon zum zweitenmal geschafft, mich zu waschen, ohne daß mich einer nackt zu sehen bakam.
Baden oder Duschen war damals für mich wie ein Balanceakt auf einem dünnen Seil über offenem Feuer. Die damit verbundenen Gefahren waren unvorstellbar. Mir war klar, daß ich früher oder später – und früher war wohl wahrscheinlicher – entdeckt würde. Sauberkeit unter Lebensgefahr!

Ohne Mutter verlasse ich das Ghetto nicht

Nach drei Tagen konnte ich die Ungewißheit nicht mehr ertragen, ich mußte wissen, ob die Papiere angekommen waren. Obwohl ich beim letzten Besuch meiner Mutter fest versprochen hatte, mich nicht mehr ins Ghetto zu schleichen, beschloß ich, einen neuen Versuch zu wagen. Meiner katholischen Wirtin machte ich weis: »Heute wird's später, ich muß noch einem Kollegen helfen.«
Nach Schichtende machte ich mich auf den Weg zum Ghetto. Mutter berichtete, daß sie in Chelm gewesen war und daß sie die Papiere in Händen hatte. Das beruhigte mich einigermaßen, hielt mich aber nicht davon ab, sie anzuflehen, das Ghetto nun endlich zu verlassen. Warum wollte sie denn nicht wahrhaben, daß jeder Tag länger im Ghetto ihren Tod bedeuten konnte?
»Zu überstürzter Eile ist doch kein Grund«, war Mutters Erwiderung. »Wir können uns noch etwas Zeit lassen.«
»Aber wieso denn?« wollte ich wissen.
»Ich habe gehört, daß ein paar Juden in Chelm arbeiten, und ich glaube, daß Vater bei ihnen ist. Ich kann doch nicht weg, ohne ihn

noch einmal zu sehen.« Es war zum Verzweifeln. Mutter war unbelehrbar.

»Mamuschka, ihr dürft keine Zeit mehr verlieren. Geht noch heute! Spätestens morgen! Fordert das Schicksal nicht heraus!« Konnte ich sie denn gar nicht überzeugen?

Offensichtlich nicht, denn wieder entgegnete sie nur mit ihren altbekannten Argumenten: »In Chelm sind Juden zur Arbeit abkommandiert, und ich weiß, daß Vater darunter ist. Und überhaupt, wo sollen wir denn hingehen? Und wenn wir nicht mehr hier sind, wie könnte Vater uns dann wiederfinden?«

Mein Ton wurde drängender: »Du hast noch Geld, deine Kraft ist noch nicht verbraucht, und du siehst noch sehr gut aus. Geht hier raus, solange es noch geht. Ihr habt Papiere, und mit denen könntet ihr ein neues Leben beginnen, irgendwo anders.« Aber ich sprach gegen eine Wand.

Sie hatte mich genau verstanden, aber mein Flehen ließ sie unbeeindruckt. Ich wußte nicht mehr, was ich noch sagen konnte, um sie zu überzeugen, daß sie einfach nicht mehr länger warten durften. Das Gefühl der Machtlosigkeit verursachte mir Magenschmerzen. Wie konnte ich ihr denn nur begreiflich machen, daß es sinnlos war, auf Vater zu warten?

Sie fand immer neue Gegenargumente auf mein Drängen: Einmal war es wieder ein Gerücht, das ihr zu Ohren gekommen war, nämlich daß man Vater gesehen hätte. »Wir müssen hier auf ihn warten, bis er kommt«, sagte sie mit Bestimmtheit, »dann können wir gehen, denn dann können wir mit ihm ausmachen, wie wir in Verbindung bleiben werden.« Es war inzwischen schon Januar geworden und bitter kalt, und nun mußte auch die Kälte als Gegenargument herhalten. »Wir müssen noch ein bißchen warten, bis es draußen ein wenig wärmer wird.«

Ich war damals fünfzehneinhalb, und das ist vielleicht der Grund, weshalb ich gescheitert bin. Wäre ich älter oder gar erwachsen gewesen, bestimmt wäre alles anders gekommen. Ich hätte sie viel energischer angepackt und sie zur Vernunft gezwungen und damit sicher ihr Leben gerettet. Aber ist das wirklich so? Wenn ich mir die damalige Situation vor Augen halte, kommen mir doch wieder

Zweifel, und dann glaube ich, daß Mutter bereits zum damaligen Zeitpunkt einfach aufgegeben hatte. Und wer aus der Familie hätte das Ghetto ohne sie verlassen? Bestimmt nicht Esther. Hier lag die wahre Tragödie: Sie wußten alle, was sie erwartete, aber keiner hatte mehr die innere Kraft, etwas dagegen zu tun.

Ich verließ die drei auf meinem gewohnten Weg und eilte nach Hause. Aber meine Gedanken ließen mich nicht zur Ruhe kommen. Wenn ich wenigstens Shmuel retten könnte!

Ich ging zu dem Angestellten, der mich seinerzeit eingestellt hatte, und erzählte ihm, daß ich es bei meiner Wirtin nicht mehr aushalten könne. »Sie nützt mich aus«, beschwerte ich mich, »und ständig hat sie irgendwelche Aufgaben, die ich für sie erledigen muß.« Könnte er mir nicht ein kleines Zimmer überlassen von denen, die ihm zur Verfügung standen? Wenn er einwilligte, konnte ich Shmuel bei mir im Zimmer unterbringen. »Mein lieber Junge«, sagte er in einem Ton, der alle meine Hoffnungen dahinfahren ließ, »hast du überhaupt eine Ahnung, was es heißt, in deinem Alter für sich allein zu sorgen? Wer soll deine Sachen waschen oder für dich kochen oder saubermachen? Vergiß das ganz schnell! Du mußt bei einer Familie wohnen, oder du wirst bald von Läusen aufgefressen werden.«

Meine Unruhe wuchs von Stunde zu Stunde, und nach vier Tagen hielt ich es einfach nicht mehr aus und schlich mich wieder ins Ghetto. Die Atmosphäre in dem kleinen Zimmerchen war bedrückend. Mutter saß auf der linken Bettkante, Esther auf der rechten. Ihre Augen waren eingesunken und leblos. Shmuel sah um kein Haar hoffnungsvoller drein. Ihr Eifer, mich trotz ihrer offensichtlichen Lethargie zu überzeugen, daß sie das Ghetto bald verlassen würden, war rührend. »Bald«, sagte Mutter, »nicht jetzt gleich. Wir müssen nur noch ein bißchen warten. Reg dich nicht auf, es gibt keinen Grund dazu.«

Mir fiel nichts anderes mehr ein, als zu drohen: »Wenn ihr nicht geht, dann komme ich eben ganz zu euch ins Ghetto. Wenn euch schon nichts am Leben liegt, dann werden wir eben alle zusammen sterben.«

»Das wirst du nicht tun«, erwiderte Mutter müde. »Außerdem bleiben die Deutschen ja nicht ewig hier.«

Bei diesem Besuch erfuhr ich, daß Esther die Bekanntschaft eines jungen Elektrikers gemacht hatte, der die Erlaubnis hatte, im Ghetto zu arbeiten. Er hatte sich in Esther verliebt. Ich habe allerdings nie erfahren, ob sie seine Gefühle erwiderte. Außerdem – was versteht man mit fünfzehn schon von der Liebe zwischen Mann und Frau. Bei mir war das Wort Liebe nur verbunden mit meinen Gefühlen für Mutter, Vater, Geschwister, Großeltern, einfach mit vielen Menschen, aber noch nicht mit der Liebe, die ausschließlich auf eine Person fixiert ist.

Esther stellte mich ihrem neuen Freund vor. Er hatte sich bereit erklärt, Shmuel als seinen Gehilfen zu nehmen und ihm für seine Arbeit ein Taschengeld zu zahlen. Die Situation erschien somit im Moment ganz erträglich, aber ich traute dem Frieden nicht. Ich ließ nicht nach, Mutter und Esther zu beschwören, ihre neuen Papiere zu nutzen, um irgendwo anders ein neues Leben aufzubauen.

Mutter versprach, dafür zu sorgen, daß Esther geht. Sie sollte dann die Situation draußen auskundschaften und Mutter Bescheid zukommen lassen. Aber Esther weigerte sich, Mutter auch nur für kurze Zeit allein im Ghetto zurückzulassen. »Ich gehe nur, wenn Mutter auch mitkommt«, sagte sie in einem Ton, der keine Widerrede duldete. »Wir werden zusammen draußen etwas finden und Shmuel dann nachkommen lassen.«

Die beiden konnten zu keiner Einigung kommen. Mutter bedrängte Esther, die Flucht zu wagen. Esther hatte überhaupt keine äußeren Merkmale, die auf ihr Judentum schließen ließen, und bei einer Frau kann man das ohnehin nicht nachweisen. Mit ihrer gefälschten Identität hätte sie leicht in einer anderen Stadt ein neues Leben anfangen können. Aber Esther blieb bei ihrer Entscheidung: ohne Mutter würde sie nicht gehen. Sie würden beide bleiben; und somit auch Shmuel. Was konnte ich denn noch tun, um sie zu überzeugen?

Ich verließ das Ghetto und begab mich zu Josef, den ich seit meiner Rückkehr aus Warschau nicht mehr besucht hatte. Er war mein Freund, und er sollte nicht denken, daß ich ihm aus irgendwelchen Gründen auswich. Seine Freude, mich zu sehen, war echt. Er wollte wissen, was meine Reise nach Warschau gebracht hätte, und ich wiederholte meine Geschichte, daß meine Eltern tot wären. Nach-

dem noch ein paar andere Freunde eingetroffen waren, blieb ich anstandshalber noch ein paar Minuten, und sobald es mir schicklich erschien, brach ich auf und eilte heim zu meiner katholischen Wirtin.
Schneller als befürchtet war schon wieder Freitag – und das hieß Badetag – mit all seinen Ängsten, Befürchtungen und Tricks. Ich drückte dem Bademeister wieder ein paar Zigaretten in die Hand, murmelte ein paar glaubwürdige – vielleicht auch nicht glaubwürdige – Ausreden, und er ließ mich wieder frühzeitig rein. Nur, diesmal riskierte ich eine neue Masche, auf deren Funktionieren ich sehr stolz war.
Wie ich schon erwähnte, hatte ich mich mit dem Bademeister ein wenig angefreundet und ging ihm, wo immer ich konnte, mit kleinen Hilfeleistungen zur Hand, legte zum Beispiel Kohlen nach, brachte Holz oder frische Handtücher und ähnliche kleine Handreichungen. Ich baute auf unser freundschaftliches Verhältnis und riskierte es, ihn zu rufen, um ihn zu bitten, meinen Rücken zu schrubben. Er fand nichts dabei, mir diesen Freundschaftsdienst zu erweisen, und ich hatte nichts Eiligeres zu tun, als diese Geschichte in der ganzen Firma auszuposaunen. Gab es einen besseren Beweis dafür, daß ich nichts zu verstecken hatte? Als ich es Frau Pobozna erzählte, fügte ich noch stolz hinzu, daß er mir auch die Haare gewaschen hätte – ein weiterer Beweis, daß ich nur ein reinrassiger Pole sein konnte.
Trotz dieser Herausforderung, die ich mir selbst gestellt hatte, wurde ich nicht leichtsinnig, sondern blieb stets auf der Hut. Als ich eines Sonntags zu Josef ging, hatte er bereits Besuch: zwei junge Burschen von vierzehn oder fünfzehn, ich glaube, es waren sogar Zwillinge. Mitten in unserer Unterhaltung platzte der eine plötzlich mit der Bemerkung heraus: »Mein Vater glaubt, du wärst ein Jude.«
Mein Herzschlag setzte für einen Moment aus, doch mein Verstand arbeitete fieberhaft an einer Antwort. Hätte ich geschwiegen, wäre das sicher als Zustimmung angesehen worden. Diese Provokation durfte ich nicht hinnehmen. Wütend ging ich mit den Fäusten auf den Beleidiger los und schlug so heftig zu, daß er einen Zahn verlor. So mußte jemand reagieren, dem man gerade die größte Beleidigung

überhaupt zugefügt hatte. Sein Bruder kam ihm zu Hilfe, und wir drei prügelten uns durch die Küche hindurch, bis wir draußen im Schnee landeten, wo der Kampf weiterging. Wir rutschten auf dem Eis aus, lagen am Boden, rappelten uns wieder auf und gingen erneut aufeinander los. Ich hatte meinen guten Namen zu verteidigen, mit dem ja auch gleichzeitig meine ganze Existenz verbunden war. Ich kämpfte wie ein Löwe, drosch auf sie ein, bis sie heulend davonliefen. Der eine blutete aus der Nase, der andere aus dem Mund. Ich schrie ihnen hinterher: »Ich bring euch um, wenn ihr mich noch mal so beleidigt.«

Josef billigte mein Verhalten. »Du hattest recht; die haben's verdient. Laß dich von keinem beleidigen und dich schon gar nicht einen Juden heißen. Niemals.« Dann fügte er noch hinzu: »Die Kerle lasse ich nicht mehr in mein Haus. Sie sollen wissen, wer meinen Freund Wladek beleidigt, beleidigt auch mich.« Seine Freundin flickte meine Jacke, die während des Kampfes arg ramponiert worden war, und sie gab mir etwas zu trinken. Langsam beruhigte ich mich. Ich war tatsächlich in einer fürchterlichen Rage gewesen, aber es war nicht die Schlägerei, die mich so aus der Fassung gebracht hatte, es war die Furcht, daß die Wahrheit ans Licht käme.

Beim nächsten Besuch im Ghetto fand ich meine Mutter etwas lebhafter vor. »Wir waren in Chelm«, erzählte sie mir. »Wir waren beim Bäcker und auch bei Frau Kowalska. Ein Mann aus Chelm hat uns gesagt, daß Vater noch lebt und daß er irgendwo in den Wäldern in einem deutschen Arbeitslager ist.« Das war doch wieder nur ein Gerücht, aber Mutter klammerte sich an die Geschichte und hielt sie für die reine Wahrheit, und was sie dann zu mir sagte, kann ich auch nie mehr im Leben vergessen. Ich höre ihre Worte immer noch: »Lipele, weißt du, dein Vater Shloimle liebt mich von ganzem Herzen, und ich liebe ihn auch sehr. Wenn er noch lebt, kommt er bestimmt hierher, um mich zu suchen. Und was soll er dann tun, wenn ich nicht mehr hier bin? Wir müssen hier im Ghetto bleiben und auf ihn warten. Vater hat keine falschen Papiere, er kann nirgendshin flüchten. Er braucht mich.« Und dann, als ob sie mich damit trösten könnte: »Sobald er zurückkommt, werden wir hier rausgehen.«

Ich wußte nur zu gut, daß sie sich was vormachte, ich wußte, daß ihre Hoffnungen auf Sand gebaut waren und daß Vater tot war. Tot, wie Moshe und Drejza. Ich wußte, daß nur noch wir vier übrig waren und daß die drei mit jedem weiteren Tag im Ghetto dem Tod näher kamen.
Ich glaube, ich hatte sie schon tausendmal angefleht, und ich flehte auch jetzt wieder: »Mamuschka, ihr müßt hier raus. Verlaßt das Ghetto. Ihr findet einen Ort – ihr habt doch Papiere, die so gut wie echte sind.«
Ich fühlte, daß Mutter mir im Innern recht gab, aber sie konnte nicht anders: »Bald, Lipele, bald. Nur noch ein paar Tage, vielleicht eine Woche. Ganz bestimmt kommt Vater bis dahin her. Dann gehen wir.«
Sie wollte mir das Versprechen abnehmen, nicht mehr zu kommen, und wiederholte ihre Mahnung, daß ich mit diesen Besuchen ständig mein Leben aufs Spiel setze. Damals begann ich etwas zu ahnen, was mir viel später zur Gewißheit wurde: Mutter wollte nicht mehr. Sie wollte nicht mehr, und sie konnte nicht mehr. Sie war des Kampfes müde geworden. Solange Vater noch lebte, lebte auch ihr Überlebenswille, und ihr Kampfgeist war ungebrochen. Aber jetzt wollte sie nur noch ihre Kinder in Sicherheit wissen. Sie hatte aufgegeben. Sie wollte sich auch nicht mehr gegen mein unaufhörliches Drängen zur Wehr setzen, denn ich gab nicht auf. Mein ganzes Sinnen und Trachten damals war nur auf das eine Ziel gerichtet: die drei aus dem Ghetto heraus und in Sicherheit zu bringen. Ich setzte meine ganze Überzeugungskraft gegen ihre Lethargie ein: »Ich werde euch nicht verlassen, und mit dem Gedanken, daß jeder Tag, den ihr noch im Ghetto verbringt, euer letzter sein könnte, kann ich mich nicht abfinden. Ich komme wieder und wieder ... auch wenn ich dafür mit dem Leben bezahlen muß.« Ich redete und redete, redete mir die Seele aus dem Leib, aber Mutter blieb ungerührt. Ich glaube, sie wußte da schon, daß sie alle verloren waren. Aber warum tat sie nichts dagegen? Das konnte ich mit meinem jungen, starken und ungebrochenen Lebenswillen einfach nicht begreifen.

Eine Aufenthaltserlaubnis

Eines Tages wurde eine Kompanie der deutschen Wehrmacht von Warschau nach Rejowiec versetzt. Sie wurden im Schulgebäude einquartiert, und sie hatten keinerlei Dienst zu verrichten. Für die Jugend der Stadt stellten sie eine kleine Sensation dar, und Josefs junge Freunde bildeten darin keine Ausnahme. Viele der jungen Polen verbrachten den ganzen Tag bei den Soldaten, halfen ihnen beim Holzsammeln, beim Wasserpumpen und was sonst an Gefälligkeiten anfiel. Die Soldaten waren freundlich zu den Jugendlichen, gaben ihnen Schokolade und andere Süßigkeiten, den Jungens auch Zigaretten. Natürlich war ich mit dabei, wenn einer meiner Freunde vorschlug: »Komm, Wladek, gehen wir zu den Deutschen.« Schließlich konnte ich mich ja nicht ausschließen. Wir putzten ihre Schuhe und führten kleine Handreichungen aus. Sie sprachen uns auf deutsch an, und wir antworteten ihnen auf polnisch. Ein Junge sagte zu mir: »Wladek, du verstehst doch Deutsch, du bist doch ein Jude.« Ich schnauzte ihn an, daß er beinahe umfiel: »Was redest du da? Wieso sagst du so was?«

Da sagte er, schon etwas unsicherer geworden: »Na ja, die Leute sagen halt, du wärst ein Jude, und jeder weiß doch, daß alle Juden deutsch sprechen können.«

Er hatte seine Rede noch nicht ganz beendet, als schon meine Reaktion kam. Ich ging auf ihn los, landete zunächst einen Schwinger auf seinem Körper, und dann bekam er eine mitten ins Gesicht. Er versuchte sich zu wehren, aber ich schlug so wild um mich, daß er keine Chance zur Gegenwehr bekam. Um uns herum standen deutsche Soldaten und feuerten uns an. Offenbar hielten sie das für einen Boxkampf, der ihnen gut gefiel. Ein Teil von ihnen war auf meiner Seite, ein anderer hielt zu meinem Gegner. Ich spürte schon, wie mein linkes Auge anschwoll und Blut aus meiner Nase lief, als die Soldaten uns gegen meinen Willen trennten. Der polnische Junge war so fertig, daß er bereit war aufzugeben, ich war zwar nicht minder kampfunfähig, aber meine Wut war nicht gebändigt. Das schlimme war, daß ich eigentlich überhaupt kein Raufbold war, sondern gerne in Ruhe und Frieden mit den Menschen lebte. Aber

der Unterschied zwischen uns beiden war der, daß er halt einfach raufte, ohne einen besonderen Grund, während bei mir ja jedesmal die Todesangst meine heftige Reaktion auslöste.
Nachdem die Soldaten uns auseinandergetrieben hatten und der Kampf endgültig zu Ende war, entschuldigte der Junge sich bei mir und versicherte mir, daß er mich keineswegs beleidigen hatte wollen.
Ab diesem Tag war er mein guter Freund – fast ein so guter wie Josef.
Die Geschichte von unserem Boxkampf machte die Runde in Rejowiec, und es schien, daß sich die Meinungen in zwei Lager spalteten. Hier war die eine Gruppe, die meinte, ich sei ein Jude, müsse ein Jude sein, denn ich sei eines Tages aus dem Nichts aufgetaucht, und ich dürfte nicht in Rejowiec bleiben. Dort die andere Gruppe, die sagten, man müsse Mitleid mit dem armen polnischen Waisenjungen haben, der ganz allein auf der Welt stehe. Sie vertraten den Standpunkt, daß man mir beizustehen habe und daß ich außerdem überhaupt kein Jude sein könnte.
Unter denen, die mich des Judentums verdächtigten, waren ein paar klatschsüchtige Nachbarn meiner Wirtin. Sie hetzten sie auf: »Wladek ist jetzt schon einen ganzen Monat in Rejowiec, und er hat noch immer keine Aufenthaltserlaubnis beantragt. Das beweist doch, daß mit seinen Papieren was nicht stimmt.« Sie machten ihr klar, daß sie eigentlich einen Gesetzesbrecher bei sich beherberge, wenn sie nicht dafür sorgen würde, daß ich endlich meine polizeiliche Anmeldung erledigte.
Frau Pobozna geriet in Panik und zitierte mich zu einem ernsthaften Gespräch zu sich: »Wladek, ich muß etwas sehr Wichtiges mit dir besprechen.«
»Was gibt's denn?« wollte ich wissen. Hatte sie etwas herausgefunden? Was könnte es denn so Wichtiges zwischen uns zu besprechen geben?
»Du mußt dich endlich bei der Polizei anmelden, sonst kannst du nicht mehr hier wohnen bleiben. Du mußt dich sonst nach was anderem umsehen.« Obwohl es nicht ausgesprochen wurde, waren wir uns beide darüber klar, daß sie diesen Druck nur deshalb auf

mich ausübte, weil sie dem Klatsch ihrer Nachbarn entgegentreten wollte. Damit es nicht gar so hart klingen sollte, gab sie mir drei Tage Zeit, um die Sache in Ordnung zu bringen. Falls es mir nicht gelänge, eine Aufenthaltsgenehmigung zu bekommen, war mein Verweilen in Rejowiec nicht mehr länger möglich. In einer Kleinstadt, wo jeder jeden kannte, würde sich auf die Dauer nicht verheimlichen lassen, daß ich bei der Polizei überhaupt nicht gemeldet war.

Ich bemühte mich, die Angelegenheit herunterzuspielen, indem ich erwiderte: »Warum haben Sie mir das nicht eher gesagt? Ich war gerade in Warschau. Da hätte ich doch meine Abmeldebescheinigung mitbringen können. Sie wissen ganz genau, daß ich mich ohne die hier auch nicht anmelden kann.«

Aber ich wußte ganz genau, daß sie hart bleiben würde. Mein Vater hatte einmal gesagt: »Gefälschte Ausweise sind sehr, sehr teuer, sie kosten ungefähr soviel wie eine ganze Wohnung, und eine gefälschte Aufenthaltsgenehmigung kostet noch einmal die Hälfte davon.« Mir blieb noch eine Gnadenfrist von drei Tagen, viel zuwenig, um das Geld für die Aufenthaltsgenehmigung aufzutreiben.

Am ersten Tag lief ich wie betäubt umher, aber die Zeit rannte mir davon. Jetzt war schon der zweite Tag, und ich wartete darauf, daß der Himmel über mir zusammenbrechen würde. Es war doch alles so schön gewesen – Arbeit, Freunde und Bekannte, Vertrauen und Sicherheit, einen Platz zum Wohnen. Jetzt müßte alles wieder von vorne beginnen, ich müßte wieder allen Leuten die Geschichte von Wladek, dem armen Waisenknaben aus Warschau, auftischen, und das wahrscheinlich alle vier Wochen an einem anderen Ort. War ich denn eine Maus, die vor der Katze davonlief?

In der Fabrik ging ich zum Sekretär und erzählte ihm vom Ultimatum meiner Wirtin.

»Warum fährst du denn nicht nach Warschau und holst dir deine Abmeldung?« wollte er wissen.

»Ich war ja gerade dort, aber ich traue mich nicht wieder hin. Sie wissen doch, daß die meine Eltern erschossen haben, und vielleicht suchen sie mich jetzt auch.«

Ich fragte ihn schüchtern, ob er mir nicht zu einer befristeten

Aufenthaltserlaubnis verhelfen könne. Den Tränen, die mir dabei über die Wangen flossen, konnte er offenbar nicht widerstehen.
»Also gut«, sagte er. »Ich will sehen, was sich machen läßt. Komm morgen wieder, und dann werden wir weitersehen.«
Frau Pobozna erzählte ich am Abend: »Ich fahre nach Warschau und hole meine Abmeldung.« Mir war bekannt, daß ich mich nach den polnischen Gesetzen nicht länger als vier Wochen an einem Ort aufhalten durfte, ohne mich polizeilich anzumelden. Vielleicht konnte der Sekretär eine Verlängerung der Frist für einen Monat oder zwei oder drei erreichen. Bis dahin würde ich auch das Geld aufgetrieben haben, ganz egal wie: vielleicht würde ich heiraten, lügen, betteln, stehlen, rauben, Versprechungen machen, ja, ich würde alles tun, um die Bescheinigung zu erhalten, die mein Weiterleben sicherte.
Merkwürdig, wie so ein unscheinbares Blatt Papier zum Mittelpunkt des ganzen Lebens werden kann. Plötzlich war ich wieder zum heimatlosen Fremdling geworden, der nirgends hingehört; isoliert und geächtet. Ich konnte sie buchstäblich hinter mir herwispern hören: »Er ist nicht angemeldet, er hat keine Aufenthaltserlaubnis. Er darf nicht in Rejowiec bleiben.« Selbst mein guter Freund Josef dachte so. Vor zwei Tagen noch hatte ich mich in Sicherheit gewähnt, und morgen, der Tag, für den der Sekretär mir seine Hilfe versprochen hatte, war noch so weit, weit weg.
Mit zitternden Knien stand ich am dritten Tag vor der Bürotür des Sekretärs. Im Geiste hörte ich schon seine Worte: »Ich kann leider nichts für dich tun, mein Junge. Du mußt entweder deine Abmeldung aus Warschau vorweisen, oder du kannst keinen Tag länger hierbleiben.«
Ich klopfte schüchtern an; öffnete zögernd und ängstlich die Tür. Er schaute mir geradewegs ins Gesicht, und ich konnte nur noch denken: Jetzt ist alles aus! Mein Herz schlug wie wild, und bestimmt war ich leichenblaß. Dann hörte ich ihn sagen: »Wir können eine befristete Aufenthaltsgenehmigung für dich erreichen – für drei Monate.«
Es dauerte einen Moment, bis mein Verstand die Bedeutung seiner Worte aufgenommen hatte. Ich konnte es aber noch nicht glauben.

»Geh mit diesem Schreiben zum Bürgermeister«, fuhr er fort, »er wird versuchen, ob er sonst noch etwas für dich tun kann.«
Er reichte mir einen verschlossenen grünen Umschlag – grün, die Farbe der Hoffnung! – und lächelte mir zu, ein freundliches, unverbindliches Lächeln, sonst nichts. Aber für mich war es Hoffnung, Vertrauen, ja mein ganzes Leben.
Ich umklammerte den Umschlag so fest, als hielte ich die Aufhebung meines Todesurteils in Händen, und sauste damit zum Bürgermeister. Der öffnete den Umschlag, und nachdem er den Brief gelesen hatte, bat er mich, ein Weilchen zu warten, und ging damit in seine Schreibstube. Die Zeit verging kaum, da ich alle zwei Minuten auf die große Uhr mit dem Sekundenzeiger schaute, und meine Gefühle schwankten unablässig zwischen Hoffnung und Verzweiflung. Wenn er doch endlich zurückkäme, damit diese schreckliche Ungewißheit ein Ende nähme.
Ich glaube, es war nicht mehr als eine halbe Stunde vergangen, die mir jedoch unendlich lang erschien, als sich die Tür wieder öffnete und der Bürgermeister zu mir herauskam. Er legte mir die Hand auf die Schulter, und – täuschte ich mich auch nicht? – in seinen Augen konnte ich eine Freundlichkeit erkennen, die nur mit einer positiven Antwort zusammenhängen konnte. »Hier«, sagte er und reichte mir ein Schriftstück, »hast du deine Daueraufenthaltsgenehmigung für Rejowiec.«
»Dauer ...?« Das konnte doch nicht wahr sein! Mein Gehör spielte mir einen Streich! Er machte sich über mich lustig! Unmöglich! Ich hatte bestenfalls mit einer befristeten Genehmigung für ein paar Wochen gerechnet. Ich wollte einen Jubelschrei ausstoßen, im Zimmer auf und ab tanzen, an die Decke springen, aber ich zwang mich, ganz ruhig zu bleiben. So deutlich durfte ich meine Erleichterung ja wohl nicht zeigen. Ich bedankte mich artig beim Bürgermeister, machte einen halbwegs geglückten Diener und rannte mit meiner Genehmigung heim zu Frau Pobozna. Ich hielt ihr das wertvolle Dokument voller Stolz unter die Nase, und sie ergriff es, studierte es gründlich und ging anschließend damit zu ihren Nachbarn, um ihnen zu beweisen, daß ihr Mieter kein Gesetzesbrecher war. Nachdem sie es mir wieder zurückgebracht hatte, trieb es mich

zu Josef; auch er mußte es unbedingt sehen, mußte sich jetzt gleich noch überzeugen, daß ich tatsächlich einer der Ihren war.
Plötzlich war das Gefühl nicht mehr da, daß die Leute hinter mir herredeten oder daß man mir aus dem Weg ging. Ich fühlte mich wieder voll und ganz wie Wladek, der polnische Waisenknabe. Am nächsten Abend schlich ich mich wieder ins Ghetto und berichtete Mamuschka von dem Wunder, das mir widerfahren war. Sie drückte mich an sich, strich mir übers Haar und sagte leise, fast flüsternd, so daß ich Mühe hatte, ihre Worte zu verstehen: »Möge Gott dich weiterhin beschützen, mein lieber Junge, möge Gott dir weiterhin beistehen!«
Ich konnte es nicht lassen: Wieder fing ich an, sie zu beschwören, daß sie mit Esther das Ghetto verlassen solle, aber Mutter reagierte wie immer. Ich glaube, zu diesem Zeitpunkt hatte sie ihren Überlebenswillen schon ganz verloren – obwohl sie das mir gegenüber nie zugab. Hätte sie es getan, ich glaube, ich hätte alles aufgegeben und wäre bei ihr geblieben, wäre lieber mit ihr zusammen untergegangen, als sie im Stich zu lassen.
Nachdem ich wieder bei mir im Hause war, das sich ganz in der Nähe des Ghettos befand, hörte man plötzlich Schüsse, die ohne Zweifel aus dem Ghetto kamen. »Hörst du, Wladek«, sagte meine Wirtin, »im Ghetto wird wieder geschossen; ich glaube, jetzt werden die Juden alle getötet.« Die Schüsse peitschten fort und fort, bis gegen zehn Uhr Ruhe einkehrte – Grabesruhe. Bei jedem Schuß zuckte ich zusammen, als sei er für mich selbst bestimmt.
Vor dem Zubettgehen betete ich laut die Worte des katholischen Gebetes, während ich im Innern ein ganz anderes Gebet formulierte: »Bitte, lieber Gott, bitte, bitte, nicht meine Mutter, bitte, Gott, nicht meine geliebte Mamuschka, nicht meine Schwester, nicht Shmuel.«
In dieser Nacht konnte ich kein Auge zutun. Ich sah immer nur Mamuschka, Esther und Shmuel, und ich sah, wie sie unter Gewehrsalven zusammensanken, ich betete und weinte, weinte und betete, bis endlich der Morgen graute und ich das Bett verlassen konnte.
Am nächsten Morgen machte ich mich auf den Weg zur Arbeit, in der verzweifelten Hoffnung, etwas darüber zu erfahren, was sich am Vorabend im Ghetto abgespielt hatte. Ich durfte ja nicht gera-

dewegs dorthin eilen, es war ja hellichter Tag. Auch wagte ich nicht, die Juden, die in der Fabrik arbeiteten, zu fragen, ob sie etwas von meiner Familie wußten.

Die Zeit verging im Schneckentempo, und bis zum Abend hatten mich Angst und Ungewißheit beinahe verrückt gemacht. Endlich war es finster, und ich konnte es wagen, mich ins Ghetto zu schleichen. Gott sei Dank, sie lebten. Es war ihnen nichts passiert. Mutter erzählte mir dann, daß am Abend zuvor ungefähr fünfzig oder sechzig Juden erschossen worden waren. Mein erneutes Flehen, sie möchten das Ghetto verlassen, wurde von Mutter mit den sattsam bekannten Ausreden beantwortet: »Nächste Woche! Mach dir keine Sorgen, Lipele! Nächste Woche werden wir's versuchen.«

Im Ghetto von Rejowiec lebte noch eine Tante, die Frau von Vaters Bruder Moshe, eine geborene Lichtenstein, mit ihrer dreizehnjährigen Tochter. Sie hatten vorher in Pokrufka gelebt, einem kleinen Ort, drei oder vier Kilometer außerhalb Chelms, wo sie vor dem Krieg eine kleine Getreidemühle besessen hatten. Sie war eine bildschöne junge Frau, groß und schlank, und mit ihren langen blonden Haaren konnte man sie leicht für eine Arierin halten. Da das Leben im Ghetto unheimlich teuer, außerhalb aber relativ billig war, schlich sich Tante ab und zu aus dem Ghetto, sei es um ein paar Stunden zu arbeiten, um dadurch etwas Geld zu verdienen, oder um ein paar Lebensmittel zu kaufen, hauptsächlich aber Mehl, das sie von Bekannten aus Pokrufka bekam. Sie verkaufte es mit einem bescheidenen Gewinn weiter, und dabei war ihr bester Kunde ein Ukrainer, der ein Lebensmittelgeschäft in Rejowiec besaß.

Dieser Mann war mir wohlbekannt. Er war mit einer Frau verheiratet, der 1939, kurz vor Kriegsausbruch, eine Hand amputiert worden war. Im Laufe einer Unterhaltung erzählte er mir, daß er auch schon einmal in Warschau gewesen war. Ich kaufte regelmäßig bei ihm ein, und wir unterhielten uns dann immer kurz über Warschau. In diesem Mann konnte ich absolut keine Bedrohung sehen. Da er selbst fremd und mit den Verhältnissen in Rejowiec nicht so vertraut war wie ein Einheimischer, bestand auch nicht die geringste Gefahr, von ihm als Jude identifiziert zu werden. Eines Tages weigerte dieser Ukrainer sich, meiner Tante das Mehl zu

bezahlen, das sie ihm gebracht hatte. Um sich also vor der Bezahlung zu drücken, informierte er ganz einfach die SS, daß sie eine Jüdin war. Diese schoß sie mitten auf dem Marktplatz nieder, einfach so. Sie war gleich tot. Ihre Tochter, um die sich nun niemand mehr kümmern konnte, ist kurze Zeit später im Ghetto verhungert. Dieser Mann ist mir danach noch oft über den Weg gelaufen. Ich habe nichts zu ihm gesagt. Aber ich hoffte, daß der Tag kommen möge, an dem ich meine Tante und meine Cousine rächen konnte. Es stimmt schon, daß er sie nicht selbst getötet hat, aber an seiner Verantwortung für ihren Tod gibt es überhaupt keinen Zweifel – und alles nur, damit er ein bißchen Mehl nicht zu bezahlen brauchte.
Einmal saß ich wieder bei Josef, als sich etwas ereignete, bei dem ich mich um ein Haar verraten hätte: Wir saßen alle zusammen um den Tisch herum, lachten, erzählten Witze, tranken auch eine Kleinigkeit, als es klopfte und der Freund meiner Schwester, der junge Elektriker, hereinkam, und hinter ihm Shmuel, mein kleiner Bruder.
Für einen Moment war ich erstarrt vor Schreck. Hier saß ich, der angebliche Arier, und mein Bruder, der Jude, stand direkt vor mir. Wir blickten uns an, aber keiner gab auch nur die Spur eines Erkennungszeichens von sich. Instinktiv taten wir beide so, als hätten wir uns noch nie gesehen. Mit gesenktem Kopf konnte ich die Traurigkeit in Shmuels Augen erkennen und wie liebend gerne er mit mir gesprochen hätte. Ein Außenstehender jedoch hätte nichts Verdächtiges an unserem Benehmen bemerken können. Es gelang uns, einander so total zu ignorieren, als stünde eine unsichtbare Wand zwischen uns.
Shmuel und der Elektriker hatten ungefähr eine halbe Stunde in Josefs Haus zu tun, dann gingen sie wieder zurück ins Ghetto. Ich blieb deprimiert und niedergeschlagen sitzen und spielte noch eine Weile mit den Polen Karten. Aber meine Gedanken begleiteten Shmuel auf seinem Weg ins Ghetto, und ich stellte mir vor, wie er der Familie berichten würde, daß er mich gesehen und wie er mich vorgefunden hatte – lachend, trinkend, Karten spielend und Witze reißend – ganz genau wie ein Goj. Aber was hätte ich denn anderes tun können?

Wir wollen wissen, ob du ein Jude bist

Seit meiner Ankunft in Rejowiec waren drei Monate vergangen, drei Monate, in denen ich als Wladek Szymczyk gelebt hatte – aber die Befürchtung, daß jemand herausfinden könnte, daß ich nicht der war, für den ich mich ausgab, verließ mich nicht. Ich mußte ständig auf der Hut sein, ständig beweisen, daß ich Pole und katholisch getauft war.

Eines schönen Sonntagmorgens im Januar mieteten wir uns – ein paar junge Polen und ich – einen Pferdewagen. Zwei junge Mädchen waren auch dabei, und es war eine lustige Fahrt. Wir lachten, sangen und tranken, und für eine Weile hatte ich tatsächlich ganz vergessen, daß ich Jude war. Aber dieses Hochgefühl dauerte nicht lange, denn als wir auf dem Rückweg an der Ghettomauer vorbeifuhren, senkten sich schwarze Schatten über meine Unbeschwertheit. Ich mußte daran denken, daß hinter diesen Mauern Mörder auf meine geliebte Mutter, Esther und Shmuel warteten, die zweifellos irgendwann zuschlagen würden. Meine Fröhlichkeit war wie weggeblasen, statt dessen stellten sich Schuldgefühle ein: Wie kam ich dazu, eine lustige Fahrt aufs Land mit meinen Altersgenossen zu unternehmen, während meine Familie dort drinnen mit ihrem baldigen Ende rechnen mußte? Ich wollte schlafen, sonst nichts, nur schlafen, um für eine Weile alles zu vergessen.

Zu Hause angekommen, wollte ich sofort ins Bett. Aber Frau Pobozna hatte Besuch, und sie erwartete von mir, daß ich mich zu ihnen setzte. Ihr Gast war ein Mann von untersetzter Gestalt mit einem schwammigen Gesicht und ziemlich unsympathisch. Meine Wirtin stellte ihn als ihren Freund vor, und nachdem wir einige Worte gewechselt hatten, war mir klar, daß er ein ausgesprochen dummer, ungebildeter und ordinärer Mensch war, ohne jedes Benehmen. Sein Unterhaltungsrepertoire erschöpfte sich in vulgären Witzen, hauptsächlich abschätzige über Juden. Verständlich, daß ich ihn nicht ausstehen konnte und seine Witze sich mir auf den Magen schlugen. Kazik, dem Sohn meiner Wirtin, ging es genauso. Ich hörte anstandshalber noch eine Weile zu, bis ich es nicht mehr ertragen konnte, entschuldigte mich mit meiner großen Müdigkeit

und ging zu Bett, nicht ohne vorher mein hörbares Abendgebet zu verrichten.
Am nächsten Morgen war er nicht mehr da, aber der unangenehme Nachgeschmack seiner Anwesenheit lag noch tagelang in der Luft. Die häßlichen Judenwitze dieses Mannes hatten mir wieder klar vor Augen geführt, daß ich nicht nachlassen durfte in meinen Bemühungen, die Familie zu retten. Als ich wieder im Ghetto war, bekniete ich Mutter, doch endlich den Schritt nach draußen zu wagen. Aber ihre Antwort war die gleiche: müde Resignation, die ich mir nun schon so oft hatte anhören müssen. Aber dieses Mal gab ich mich nicht mit ihren Vertröstungen zufrieden, ich wurde sehr ungeduldig und sagte rückhaltlos, was ich dachte. Es ging nicht anders, ich mußte so mit ihr reden, vielleicht würden diese ungeschminkten Worte ihr endlich die Augen öffnen. »Liebste Mutter, Vater kommt nicht mehr zurück! Es ist zwecklos, auf ihn zu warten, denn er ist tot! Ihr müßt hier raus, hörst du, ihr müßt! Der Tod ist das einzige, auf was du hier noch warten kannst. Geht weg! Geht, ohne nur noch einen Tag zu vergeuden.« Ich erkannte, daß Mutter meinen Worten zwar genau zugehört hatte, aber sie machten keinen Eindruck auf sie, und ihre Antwort erfolgte müde und monoton: »Nächste Woche, Lipele, nächste Woche gehen wir hier weg, wenn das Wetter besser und es nicht mehr so kalt ist. Du kannst dich drauf verlassen.« Wieder ein Mißerfolg! Ich hätte laut weinen können vor Enttäuschung. Mein Gott, gib, daß es mir endlich gelingt, meine Mutter zu überzeugen, daß sie nicht länger warten darf!
Als ich mich außerhalb des Ghettos befand, sah ich, wie meine Schwester Esther mir durch einen Spalt im Zaun noch nachschaute und mir verstohlen zum Abschied zuwinkte. Ein junger Pole, der das beobachtet hatte, grinste mich verständnisvoll an und sagte: »Hast wohl deine jüdische Schwester besucht?« Nun gab es zu der Zeit für einen Polen keine schlimmere Kränkung, als ihm zu sagen, er habe eine jüdische Schwester. Ich mußte also sofort reagieren wie ein schwerbeleidigter Pole. »Du dreckiger Hundesohn«, schrie ich ihn an und stürzte mich auf ihn. Ich war außer mir, ich glaube, ich wäre auch zu einem Mord fähig gewesen, verteidigte ich doch nicht eigentlich meine Ehre, sondern wieder einmal mein Leben. Als der

Pole merkte, daß meine Wut nicht mehr zu bremsen war, entschuldigte er sich schnell: »Ich hab doch bloß Spaß gemacht.« Das beruhigte mich einigermaßen, aber ich durfte dennoch nicht zu leicht versöhnt sein. »Ich war nur im Ghetto, um von einem Juden etwas zu kaufen, falls dich das überhaupt etwas angeht«, antwortete ich ihm, noch immer sehr aufgebracht.

Er entschuldigte sich abermals und versuchte weiterhin, mich zu versöhnen. »Ich kaufe ja selber ab und zu mal von Juden, denn bei denen kriegst du manchmal noch Sachen, die es bei uns nicht mehr zu kaufen gibt.«

Dieser triviale Vorfall bestärkte mich wieder in der Gewißheit, daß ich keinen Augenblick leichtsinnig werden und vor allem niemals den Antisemitismus der Polen außer acht lassen durfte. Auch sollte ich vielleicht doch auf Mutters Warnungen hören und meine Besuche im Ghetto einschränken. Zwar hatte ich meinen polnischen Ausweis, aber brenzligen Situationen sollte ich dennoch ausweichen, wo immer es möglich war.

Ein paar Tage danach kam ich schon wieder in eine Situation, aus der ich nur durch Glück, Kaltblütigkeit und messerscharfe Logik herauskommen konnte.

Es war ein schöner Sonntagmorgen im Winter, und ich spazierte ein bißchen über die Hauptstraße, als vier oder fünf der Burschen auf mich zukamen, die ich von Besuchen bei Josef kannte.

»Wie geht's, Wladek?« rief einer mir zu.

»Alles in Ordnung«, rief ich zurück.

»Willst du nicht mit uns kommen?« Ohne mich lange bitten zu lassen, schloß ich mich ihnen an, und wir tollten ein bißchen durch die Straße. Als es zu kalt wurde, schlug einer vor, wir sollen zu ihm nach Hause gehen. Er wohnte in einem sehr schönen, großen alten Haus, das geschmackvoll eingerichtet und sehr gepflegt war. Im Wohnzimmer stand ein antiker, großer Eßtisch, und als wir uns darauf zubewegten, packte mich der junge Hausbewohner, zog mich auf den Tisch, und alle hielten mich fest. »Jetzt wollen wir mal sehen, ob du katholisch oder ein Jude bist.«

Ich schrie wie am Spieß, wandte mich wie eine Schlange, jaulte und brüllte wie ein gefangener Stier, aber vergeblich. Sie hielten mich wie in einem Schraubstock, und mein verzweifeltes Bemühen, loszukommen, stachelte sie nur noch weiter an. Da verlegte ich mich aufs Bitten: »Laßt mich aus, und ich zeig's euch freiwillig.« Aber ich stieß auf taube Ohren. Sie wollten ihren Beweis und zogen weiter an meinen Hosen. Sie waren schon bei den Unterhosen angelangt. Ich schrie und wälzte mich, aber ich konnte mich wehren, soviel ich wollte, sie ließen nicht von mir ab. Sie hatten sich jetzt richtig verbissen. Mit letzter Kraft keuchte ich: »Wenn ihr mich loslaßt, zeig ich's euch, aber nur dann!« Sie waren wie im Rausch. Es half alles nichts. Sie wollten mich entblößt sehen. Gott, steh mir bei! Hilf mir, zeig mir einen Ausweg! In meiner Verzweiflung sandte ich ein Stoßgebet nach dem anderen zum Himmel. Sie fummelten jetzt schon an meiner zweiten Unterhose, die ich wegen der Kälte anhatte.

Erst als sie nur noch einen Ruck vor ihrem Ziel entfernt waren, nahte Rettung in Gestalt der Hausfrau. Als sie sah, wie ich strampelnd auf ihrem schönen Tisch lag, fing sie fürchterlich an zu schimpfen: »Was treibt ihr denn da? Seid ihr alle verrückt geworden? Ihr ruiniert mir ja meinen teuren Tisch!«

Also, das war's! Ihr schöner Tisch könnte was abkriegen! Natürlich konnte sie nicht ahnen, daß ich auf ihrem schönen Tisch um mein Leben kämpfte.

Sie warf uns alle raus, aber ich durfte die Sache nicht auf sich beruhen lassen. Ihr Verdacht war geweckt, und ich mußte einen Weg finden, ihn zu zerstreuen.

Endlich kam mir eine Idee: Ich schnappte mir den jüngsten und kleinsten meiner Peiniger, ließ ihn nicht mehr los und zog ihn am Arm mit mir fort, bis wir hinter ein paar Tannen verschwunden waren, und dann rief ich so laut, daß die anderen es auch deutlich hören konnten: »So, jetzt werd ich dir zeigen, daß ich kein Jude bin. Sieh, ich zieh sie runter, dann kannst du dich überzeugen.« Und damit ließ ich für eine Sekunde meine Hose runter, aber das war viel zu kurz, als daß er irgendwas hätte erkennen können, besonders, da er von der Situation total überrascht war.

Er kicherte verlegen und stammelte eine Entschuldigung: »Wir wollten uns doch bloß einen Spaß mit dir machen.«

In dem Moment entlud sich meine ganze Anspannung, und ich heulte laut los: »Wie konntet ihr mich so behandeln? Warum habt ihr mich so gedemütigt?« Sie dachten, ich weinte, weil sie mich so gekränkt hatten, in Wirklichkeit aber resultierten meine Tränen aus der unendlichen Erleichterung, ihrer Umklammerung – und somit mal wieder einer lebensbedrohlichen Situation – entronnen zu sein. »Aber wir haben doch nur gescherzt, wir wollten dich ein bißchen tratzen; wir wissen doch, daß du kein Jude bist!« So und mit ähnlichen Redensarten versuchten sie jetzt, mich zu beruhigen.

Sie zogen mich mit sich in ein kleines Restaurant und wollten, daß ich ein Bier mit ihnen trank. »Komm, hier ein Bier zur Versöhnung«, schmeichelten sie, aber mir war nicht nach Trinken zumute. Ich fühlte mich so elend, daß ich überhaupt keinen eigenen Willen mehr hatte. Natürlich, ich durfte ihr Angebot nicht ablehnen, durfte kein Einzelgänger sein, wenn ich weiterhin als einer der Ihren gelten sollte. Also trank ich ein kleines Bier, zwang mich noch zu ein paar harmlosen Frotzeleien; dann ging ich nach Hause.

Am nächsten Tag sorgte ich dafür, daß die Geschichte publik wurde. Ich erzählte Josef, daß die Bande mich ausziehen wollte, um zu sehen, ob ich Jude sei. »Aber ich hab's ihnen gezeigt, freiwillig habe ich ihnen den Beweis geliefert, daß ich keiner bin.« Der Kleine aus der Gruppe bestätigte meinen Bericht: »Ja, ja, das stimmt! Er hat's mir gezeigt!«

Ende gut – alles gut! dachte ich und war erleichtert, aus dieser brenzligen Situation wieder mit heiler Haut davongekommen zu sein.

In der Fabrik kannte man mich als den Jungen, der immer auf der Suche nach Schrauben und Bolzen für die Zuckerwaggons war. In einem der Lager kannte ich einen Arbeiter, dem ich ab und zu ein bißchen Zucker zusteckte. Er hatte ein paar Zuckersäcke aus Baumwolle, aus denen man Hosen nähen konnte, ähnlich wie heute die Jeans.

Da ich zu ihm großzügig gewesen bin, schenkte er mir zwei Baumwollsäcke. Mit meinen alten Hosen war wirklich kein Staat mehr zu machen, und die Säcke würden prima neue Hosen geben. Ich trug sie nach Hause und gab sie Kazik, dem Schneiderlehrling. Ich

Mein Urgroßvater Abisz Szticziver mit seiner Frau Sarah während eines Kuraufenthaltes 1933 in Krynicy.

Mein Onkel Binjumin Mejer mit seiner Frau Matla, aufgenommen 1930 in Chelm.

Meine Familie
von links nach rechts: Meir und Orlina Sides, Ronen und Diana,
meine Frau Malka und ich mit unseren Enkelkindern
Emanuelle und Alexander.

Linke Seite

Meine Eltern und Geschwister
in der Mitte meine Mutter Bracha (geb.Mejer) und mein Vater Shlomo,
oben von links nach rechts: Esther, Moshe und Drejza,
unten Shmuel und ich.

Meine Tante Sarah Finckelstein (Finckelstone), geb. Sznajder, aufgenommen 1936 in Chelm.

Mein Onkel, der Rabbiner Beresh Finckelstein (Finckelstone), aufgenommen 1964 in London.

bat ihn, sie zu seinem Meister zu bringen, der solle mir daraus einen neuen Anzug machen.
Nach Wochen übergab Kazik mir endlich das fertige Produkt. Ich hatte mir schon blaue Farbe gekauft, denn ich wollte ja keine weißen Hosen, die trugen zu der Zeit nur Bäcker oder Maler. Als Färber hätte ich wohl keine Meisterprüfung bestanden; das Produkt meiner Bemühungen war kein Grund, um stolz darauf zu sein. Ich hatte ein viel zu kleines Gefäß benutzt, in das sich die Hosen nicht richtig eintauchen ließen, so mußte ich sie ständig hin- und herdrehen, und was dabei herauskam, war ein Blau, durchsetzt von fast weißen, hellblauen und dunkelblauen Streifen und Flecken, für die damalige Zeit unmöglich – und circa vierzig Jahre seiner Zeit voraus. Nach heutiger Mode wäre das ein hochaktuelles teures Topmodell gewesen. Aber damals war ich sehr unglücklich über das Resultat, denn zu der Zeit galten noch andere Standards für modische Kleidung.
Freitag stand wieder vor der Tür und damit mein Kreislauf von Ausflüchten, Listen und Tücken, aber ich kam ungesehen in und aus dem Waschraum.
Als ich nach dem Bad zu Frau Pobozna nach Hause kam, fand ich sie in Hochstimmung vor. »Jetzt riechst du aber gut, das ist vielleicht ein Unterschied!« strahlte sie. »Oh, übrigens, Wladek«, fuhr sie fort, »ich heirate wieder, und du mußt dir leider eine neue Bleibe suchen.«
Diese unerwartete Nachricht traf mich wie ein Keulenschlag. Aber ich bewahrte die Fassung und machte ihr gleich den Vorschlag: »Vielleicht kann ich mit Ihnen in Ihr neues Heim ziehen?«
»Wenn's nach mir ginge, gerne«, antwortete sie, »aber mein zukünftiger Mann hat zwei Töchter aus erster Ehe, und da ist einfach kein Platz mehr.«
Ich eilte bekümmert zu Josef, und er versprach, sich umzuhören. Aber schließlich war es doch meine katholische Wirtin, die mir ein neues Quartier bei einer Bekannten, die ganz allein in ihrem Haus lebte, beschaffte. Das Haus lag ungefähr dreihundert Meter vom Ghetto entfernt.
Ich stellte mich meiner neuen Hauswirtin vor, die mich von oben bis unten musterte, sich von meinen guten Manieren und meiner

sauberen Kleidung überzeugte und schließlich das sagte, worauf ich schon ungeduldig gewartet hatte: »Also gut, du kannst einen Schlafplatz bei mir kriegen.«
Sie zeigte mir das Schlafzimmer, das ungefähr fünfzehn Quadratmeter hatte und in dem zwei Betten aufgestellt waren. Auf der rechten Seite würde sie schlafen, und das an der linken Wand würde mein Bett sein.
Ich war überglücklich, so problemlos ein neues Zuhause gefunden zu haben. Meine neue Wirtin war überaus reinlich. Sie behandelte mich wie ihren eigenen Sohn und verwöhnte mich nach Strich und Faden. Sie kümmerte sich um meine Wäsche, machte mein Bett, wobei auch die Bettwäsche regelmäßig gewechselt wurde, und hielt überhaupt unser gemeinsames Schlafzimmer in einem tadellosen Zustand. Ein weiterer Vorteil, den ich dankbar registrierte, war die Tatsache, daß sie nicht so fromm war und mir dabei meine Abendgebete erspart blieben.
Ich bekam jetzt jeden Tag anständiges Essen; außerdem brachte sie mir bei, wie man Piroschki zubereitet, ein Gericht aus Käse und Kartoffeln, gewürzt mit Minze und Pfeffer. An meiner Vorliebe für diese köstliche Speise hat sich bis heute nichts geändert, und wenn ich meiner Familie und mir eine besondere Freude machen will, stelle ich mich heute noch an den Herd und mache Piroschki, das ist dann jedesmal ein kleines Festessen. Es ist so ähnlich wie Kreplach oder Ravioli, und bei Kennern gelte ich als Meisterkoch für Piroschki. Ich muß allerdings zugeben, daß es mir in all den Jahren bei aller Mühe nicht gelungen ist, diesen ganz besonders köstlichen Geschmack hinzukriegen, wie ihn meine Hauswirtin damals gezaubert hat. Während der Mangeljahre des Krieges konnten wir in einem Mahl für Götter schwelgen, und das waren ihre Piroschki. Auch wenn man mir Kaviar serviert – mit dem Gericht meiner Wirtin von damals ist nichts vergleichbar. Ich erinnere mich, wie ich mir nach dem Essen die Finger abschleckte und immerzu hätte weiteressen können – bis ich geplatzt wäre.
Aber keine Rose ohne Dornen! Dieser Dorn in meinem neuen Paradies war eine enge Freundin meiner Wirtin, die sehr oft zu Besuch kam und manchmal sogar über Nacht blieb. Das Verhältnis

der beiden war ausgesprochen liebevoll, und wenn sie beisammen waren, hallte das Haus wider von fröhlichem Gekichere, Gelächter und Geklatsche.

Aber ich fühlte instinktiv, daß diese Frau eine Abneigung gegen mich hegte; sie war ungeduldig und abweisend, dennoch brauchte ich eine Weile, bis ich herausfand, daß sie meine Wirtin gegen mich aufhetzte. »Schmeiß ihn raus«, hörte ich sie einige Male sagen, »ich komme sonst nicht mehr zu dir.« Manchmal zankten sie sich regelrecht meinetwegen, und ihr Gezeter drang dann bis nach draußen, so daß selbst die Nachbarn es mitbekamen. »Ich will ihn hier nicht mehr sehen«, schrie die eine, und: »Er ist doch nur eine arme Waise, für die niemand sorgt. Hast du denn nicht einen Funken Mitgefühl?« gab die andere, nicht minder lautstark, zurück. Sie stritten so heftig, daß die Freundin sich tatsächlich einige Tage nicht mehr sehen ließ. Als sie dann endlich wiederkam, war eine große Versöhnung fällig. Sie lachten und kicherten wie zwei Schulmädchen. Zum Glück hatte meine Wirtin eine aufrichtige Zuneigung zu mir gefaßt, so daß die Freundin mit ihren Drohungen nichts an ihren freundlichen Gefühlen für mich ändern konnte.

Die beiden zu beobachten, wenn sie sich nach einem heftigen Streit wieder versöhnten, war ein Schauspiel, das mich in Erstaunen versetzte. Sie strahlten um die Wette, und aus ihren Mienen sprach große Zärtlichkeit, und sie versicherten sich gegenseitig ihrer treuen Liebe. Es war eine ganz besondere Art Freundschaft, eine, von der ich zu dieser Zeit keinen blassen Schimmer hatte – bis Josef mich aufklärte: »Die beiden sind ein Pärchen.«

Ich schaute ihn ziemlich verständnislos an, und da mußte er etwas ausführlicher werden. Damals hörte ich das Wort »lesbisch« zum erstenmal.

Einmal, als ich einen arbeitsfreien Tag hatte, war ich ganz allein im Haus, als die Freundin meiner Wirtin unerwartet hereinplatzte. Sie benahm sich äußerst merkwürdig. Ihre Augen funkelten zornig, und sie lief wie wild im Haus umher, eine Duftfahne von Alkohol hinter sich herziehend. Sie murmelte unverständliches Zeug – ganz bestimmt keine Freundlichkeiten –, lief zum Kleiderschrank, riß die Tür auf und begann ohne Vorwarnung meine ganzen Habseligkeiten, eine nach der anderen, zum Fenster hinauszuschmeißen. Dabei schrie sie wütend: »Mach, daß du hier rauskommst, und laß dich ja nicht mehr blicken. Ich will deine häßliche Visage nie mehr hier sehen.« Dann schlug sie das Fenster zu und ließ sich aufs Bett meiner Wirtin fallen. Ich stand sprachlos im Raum, der Schock hatte mir die Stimme verschlagen. Mein Impuls war, mich auf sie zu stürzen und auf sie einzuschlagen. Aber dann sagte mir eine innere Stimme: »Du kannst doch keine Frau schlagen, und schon gar keine, die betrunken ist.«

Ich ging nach draußen und sammelte meine Sachen wieder ein, während ich mir den Kopf darüber zerbrach, was denn nun zu tun sei. Über eine Tatsache war ich mir nämlich ganz sicher: Ich wollte hier nicht weg. Also beschloß ich, eine Anzeige bei der polnischen Polizei zu machen. Das war zwar in meiner Situation ziemlich verwegen, aber die einzig mögliche Reaktion.

»In meinem Zimmer ist eine betrunkene Frau«, begann ich meine Beschwerde. »Sie hat meine ganzen Sachen zum Fenster rausgeschmissen und mir gesagt, ich soll verschwinden.«

Es gab nur ein paar Polizisten auf der Station, und sie alle kannten mich als einen vernünftigen Jungen, der in der Zuckerfabrik arbeitete und niemals Stunk machte.

»Überprüf das mal«, sagte der Chef zu einem der Polizisten, der mich am Arm nahm und sich mit mir auf den Weg zum Haus meiner Wirtin machte. Als wir am Ghetto vorbeikamen, sah ich, wie uns ein paar hohläugige Juden beobachteten: – Lipele Sznajder, von einem polnischen Polizisten am Arm geführt! Später habe ich erfahren, daß sich diese Nachricht wie ein Buschfeuer im Ghetto ausbreitete, sie waren überzeugt, daß man meine wahre Identität entdeckt hatte.

Als ich mit dem Polizisten ins Haus trat, sah er auf einen Blick, daß die Frau stockbesoffen war. Er zerrte sie vom Bett hoch, stellte sich mit seiner ganzen Amtswürde breitbeinig vor ihr auf und fuchtelte mit drohend erhobenem Zeigefinger vor ihrer Nase herum: »Sie haben hier in diesem Haus gar nichts zu melden, und schon gar kein Recht, den Jungen rauszuschmeißen. Schließlich bezahlt er seine Miete. Aber Sie, schauen Sie, daß Sie schleunigst von hier ver-

schwinden, aber schnell, sonst nehm ich Sie mit und lasse Sie über Nacht einsperren!«
Sie stotterte noch irgend etwas, packte ihre Tasche und wankte aus dem Haus.
Ich hatte mich noch nicht ganz von der Aufregung erholt, als meine nette Wirtin nach Hause kam. Ich berichtete ihr, was sich hier abgespielt hatte, und sie war furchtbar erschrocken. »O Wladek«, sagte sie ganz unglücklich, »ich muß mich für sie entschuldigen. Weißt du, wenn sie zuviel getrunken hat, benimmt sie sich unmöglich und macht solche Sachen. Es tut mir furchtbar leid, aber ich verspreche dir, das wird nicht mehr vorkommen.«
Jetzt war ich wieder ganz beruhigt und ging am nächsten Morgen fröhlich zur Arbeit. Ich hatte ja keine Ahnung, daß meine vermeintliche Festnahme eine solche Aufregung im Ghetto verursacht hatte. Ich hatte mir überhaupt nichts dabei gedacht, als ich mit dem Polizisten zusammen am Ghetto vorbeispazierte. Wie konnte ich ahnen, daß um meinetwillen ein solcher Kummer im Ghetto herrschte? Viele hielten mich schon für verloren. Ganz besonders meine Mutter war nicht davon abzubringen, daß man mich gefaßt hätte. Gerade sie, die sich seit Wochen an die Illusion klammerte, daß Vater noch lebte und zurückkäme, war felsenfest davon überzeugt, daß es mir nicht gelingen würde, der polnischen Polizei zu entkommen. Es war ja allgemein bekannt, wie grausam sie zu den Juden war. Leider gab es niemanden, der sie darüber hätte aufklären können, daß alles nur ein Mißverständnis war, ein dummer Zufall. Ihr Sohn hatte lediglich bei der Polizei eine betrunkene polnische Frau angezeigt.
Irgendwie gab es eine mystische Verbundenheit zwischen Ghetto und der Außenwelt, die man nicht erklären kann. Auf geheimnisvolle Weise erlangten die Ghettobewohner Kenntnis von allem, was sich draußen ereignete. Auch als ich am Arm des Polizisten am Ghetto vorbeiging, wurde mein Weg verfolgt, so weit die Augen der Juden reichten. Einige kannten mich ja aus der Fabrik und wußten, daß ich unter falschem Namen lebte.
Sobald ich wieder am Arbeitsplatz war, wurde die Buschtrommel wieder in Gang gesetzt, und innerhalb kürzester Zeit hatte sich die

Nachricht verbreitet: Lipele Sznajder lebt, er ist gesund, und es ist ihm nichts passiert. Solange ich unbehelligt außerhalb lebte, war ich ihre einzige Hoffnung – nicht auf ihre Rettung; sie wußten längst, daß sie verloren waren –, daß ich übrigbleiben und eines fernen Tages über ihr schreckliches Leben und Sterben berichten könnte. Erst ein paar Tage später habe ich erfahren, was sie durchgemacht hatten, nachdem ich mit dem Polizisten gesehen worden war. Ich war im Schutze der Dunkelheit wieder mal ins Ghetto geschlichen und sah mich plötzlich umringt von ausgehungerten Gestalten, die mich weinend betasteten, streichelten und küßten, weinend vor Glück über meine Unversehrtheit. Sie drängten mich, zu berichten, wie ich entkommen sei, und als ich langsam begriff, in welchem Irrglauben sie sich befanden, konnte ich nicht mehr aufhören zu lachen. Ich klärte sie auf, und meine Mutter schaute mit unverhohlenem Stolz auf mich – nicht mit dem Stolz einer Mutter auf ihr Kind, sondern wie eine erwachsene Frau, die voller Bewunderung auf einen erwachsenen Mann blickt. Ich hatte gehandelt wie ein Mann!

Ein Arztbesuch

Was tut ein Mensch, wenn ihm was fehlt? Er geht zum Arzt, klar! Aber was tut ein Jude, wenn ihm was fehlt? Irgendwann wird auch er einen Arzt aufsuchen müssen. Eines Tages befiel mich ein unerträgliches Jucken an den Händen, und der Meister, der beobachtet hatte, wie ich mich ständig kratzte, ließ mich in sein Büro kommen. »Ich glaube, du hast einen ansteckenden Ausschlag«, sagte er. »Geh zum Doktor, der verschreibt dir eine Salbe, und dann heilt alles ganz schnell wieder ab.«
Der Meister war ein gutherziger Mann. Er war groß und breitschultrig – und liebte nichts auf der Welt so sehr wie Kohlsuppe. Er verkaufte alle seine Essensmarken, aber niemals die, die er für Kohlsuppe einlösen konnte. Wir verstanden uns prima, ich wußte, daß er mich mochte, schon deshalb, weil ich als Arbeiter meine Qualitäten hatte. Ich war fleißig, schnell, aufmerksam, gewissen-

haft und vertrauenswürdig. Er besaß noch ein kleines Restaurant, das von seiner Frau und seinen beiden Töchtern geführt wurde. Die Frau kannte ich aus der Zeit vor dem Krieg, sie hatte manchmal bei meinem Vater eingekauft. Ich erschrak ganz fürchterlich, als ich zum erstenmal das Lokal betrat und die bekannte Frau erblickte. Sie aber erkannte mich nicht. Sie hatte immer sehr viel zu tun und kam nie zum Bedienen an den Tisch. Das taten ihre beiden Töchter, die mich stets höflich bedienten – und ich war ein häufiger Gast.

Ich ging zum Betriebsarzt. Die Ambulanz befand sich gleich neben dem Firmentor, und man konnte das Rote Kreuz schon von weitem sehen. Ich erzählte dem Doktor von dem Jucken, und er betrachtete sorgfältig meine beiden Hände. Nachdem er sie ein paarmal hin- und hergedreht hatte, sagte er lakonisch: »Zieh dich aus, ganz!«

Die Worte trafen mich wie ein Keulenschlag; mir wurde abwechselnd heiß und kalt. Ich suchte nach der Tür, nach dem Fenster, irgendeine Öffnung, durch die ich fliehen konnte. Aber ich durfte nicht einfach weglaufen, also versuchte ich Zeit zu gewinnen.

Ich raffte meinen ganzen Mut zusammen und fragte ihn: »Was haben denn meine Hände mit meinen Hosen zu tun?«

Aber der Doktor war ziemlich ungeduldig und hatte offenbar keine Lust, sich auf lange Diskussionen einzulassen. Und so sagte er nur ganz nebenbei: »Jetzt zieh schon deine Hosen aus.«

Meine Kehle war ausgetrocknet. Ich konnte doch meine Hosen nicht ausziehen! Ich mußte schauen, daß ich hier wieder rauskam.

Er sah mich an und wurde ärgerlich, als er bemerkte, daß ich seiner Anordnung noch immer nicht nachgekommen war. »Wie soll ich denn deinen Bauch untersuchen, wenn du die Hosen anläßt?«

Jetzt hatte ich endlich kapiert. Er wollte meinen ganzen Körper untersuchen, um zu sehen, wie weit der Ausschlag sich ausgebreitet hatte. Ich ließ also meine Hosen bis unter den Nabel herunter und hielt sie dort fest. Aber er zog sie einfach ganz hinab, komplett mit der Unterhose, so daß ich ganz entblößt vor ihm stand. Ganz schnell hielt ich die Hand vor meine Genitalien. Weil er aber so nichts sehen konnte, schob der Doktor meine Hand zur Seite, aber sofort hatte ich die andere Hand auf der verräterischen Stelle. Der Doktor wurde leicht ungeduldig: »Sei doch nicht so schamhaft. Ich muß dich doch gründlich untersuchen.« Der Kampf ging eine Weile hin und her. Er schob die eine Hand weg, ich legte die andere sofort wieder drauf. Endlich sagte er: »Du kannst dich wieder anziehen.« Gott sei Dank, das war gutgegangen. Er gab mir eine Salbe und schrieb mich für drei Tage krank.

Lieber gemeinsam sterben als allein leben

Ich nützte meine Krankenbescheinigung aus und besuchte meinen Freund Josef, der neben seiner Arbeit noch Körbe flocht. Eine Reihe der Jungen, die ihn besuchen kamen, halfen ihm bei dieser Arbeit. Fünf bis sechs saßen fast immer bei ihm um den Tisch herum, und von Zeit zu Zeit steckte er uns ein paar Zloty in die Tasche, damit wir uns etwas zum Essen oder zum Trinken kaufen konnten. Diesmal zeigte er uns ein paar Lebensmittelkarten und schlug vor, daß wir nach Chelm fahren und uns dort was Gutes kaufen, denn in Rejowiec gäbe es ja nichts Gescheites mehr. Das fehlte mir gerade noch – nach Chelm fahren, wo mich jeder als Lipman Sznajder, den Juden, kannte. Trotz dieser Bedenken heuchelte ich Begeisterung: »Tolle Idee, sicher komme ich mit. Wir werden uns ein paar feine Sachen kaufen.« Aber im geheimen arbeitete ich schon an einem Plan, wie ich mich von der Mitfahrt drücken konnte.

Wir wählten einen Dienstag, denn dienstags fand immer ein großer Markt in Chelm statt. Der Tag rückte näher und näher, und mir war noch immer keine glaubhafte Ausrede eingefallen. Schließlich schnitt ich mir in meiner Verzweiflung in den Fuß, daß er ordentlich blutete. Ich eilte zum Betriebsarzt, der mich gleich als seinen schamhaften Patienten wiedererkannte. »Ach, du armer Kerl, dich erwischt's aber dauernd«, sagte er mitleidsvoll. »Aber das hier ist nicht schlimm, in ein paar Tagen ist alles wieder zugeheilt.« Er schrieb mich noch einmal für zwei Tage krank.

Vor Josef spielte ich die Rolle des tief Enttäuschten mit Bravour. Ich weinte fast, als ich ihm meinen verpflasterten Fuß und die Krankenbescheinigung unter die Nase hielt. Es tat mir ja so schrecklich leid, daß ich nicht mitfahren konnte, ja, in meiner Theatervorstellung verstieg ich mich sogar zu dem Vorschlag, sie möchten ihre Fahrt nach Chelm doch verschieben, bis ich wieder in Ordnung wäre. Diese Frechheit konnte ich mir leisten, weil ich wußte, daß ihre Ersatzleute schon eingeteilt waren und daß sie ihren Urlaub gar nicht verschieben konnten. So ließ ich dankbar ihre Tröstungen über mich ergehen und bat sie, mir aus Chelm was Schönes mitzubringen. Das war mal wieder gutgegangen!

Sie kehrten mit leeren Händen zurück. »Es gab nichts Besonderes in Chelm«, sagte Josef, »nur das, was wir hier auch kriegen können, und hier ist es sogar billiger. Das nächstemal fahren wir nach Lublin.«

Vor Lublin brauchte ich mich nicht zu fürchten, da kannte mich niemand. Eher hatte ich schon Bedenken wegen Josef, denn der sah wirklich jüdisch aus.

Am Abend schlüpfte ich ins Ghetto, um Mutter über unsere geplante Fahrt nach Lublin zu informieren.

Wir hatten Ende Februar, und das Morden von Juden war schon zur alltäglichen Routine geworden. Alle wußten es! Ich setzte meine Bemühungen fort, sie zum Verlassen des Ghettos zu bewegen. »Seid ihr denn blind; ihr seht doch, was Tag für Tag um euch herum passiert; wie lange wollt ihr denn noch tatenlos zuschauen? Ihr dürft keine Stunde länger mehr bleiben!«

Aber sie blieben unbeeindruckt. Mutter würde weiterhin auf Vater warten, und Esther ging nicht ohne Mutter. Dabei waren beide nur noch ein Schatten ihrer selbst. Ganz besonders Mutter bewegte sich wie eine Marionette, mechanisch, ohne inneren Antrieb. »Esther soll vorausgehen«, sagte sie. »Ich komme nach, wenn Vater wiederkommt.« Aber Esther weigerte sich nach wie vor, sich von Mutter zu trennen. Lieber wollte sie mit ihr zusammen sterben, ganz egal, was passierte!

Wie kann ich je den Blick meiner Mutter vergessen? Wie jemals ihr immer noch schönes, aber jetzt verhärmtes und todtrauriges Gesicht? Wenn ich heute irgendwo das Wort »Mater dolorosa« höre oder lese, dann sehe ich das Gesicht meiner Mutter aus jenen Tagen im Ghetto vor mir. Sie wollte mir meinen Mut nicht nehmen, deshalb schwieg sie. Sie wollte mit jeder Faser ihres Willens, die ihr noch verblieben war, daß ich davonkommen sollte. Und so blieb sie stumm auf meine Vorhaltungen. Sicher ahnte sie, daß ich mich auch geweigert hätte, das Ghetto wieder zu verlassen, wenn mir zu diesem Zeitpunkt schon klar gewesen wäre, daß sie längst resigniert hatte, und das wollte sie um jeden Preis verhindern. Sie blieb in ihrem Ghettokämmerlein wie ein zum Tode Verurteilter in seiner Zelle, aber sie konzentrierte ihre ganze Willenskraft auf mein Überleben. Ich lebte schon außerhalb, mein Schicksal sollte ein besseres sein, und deshalb widersprach sie meinem Drängen nicht; sie saß da und schwieg.

Aber sie war sehr aufgebracht, als ich ihr von der geplanten Reise nach Lublin erzählte. Ich versuchte, sie zu beruhigen: »Wir fahren frühmorgens und kommen am selben Abend wieder zurück.« Aber sie hatte Angst – Angst um mich. »Reisen ist heutzutage viel zu gefährlich«, warnte sie mich. »Wer weiß, in welche Situationen du gerätst! Bleib an einem Ort, bis der Krieg vorbei ist, danach kannst du soviel reisen, wie du willst.«

Ich konnte ihren Worten nichts entgegensetzen; sie hatte ja recht, aber ich war ein junger Mensch, der auch mal etwas erleben wollte, außerdem hatte ich Josef versprochen, daß ich mitkäme. Ich konnte jetzt keinen Rückzieher machen. Ich ließ mir einen Tag Urlaub geben, und Josef und ich fuhren zusammen nach Lublin. Als wir die Hauptstraße dieser schönen Stadt entlangschlenderten, bemerkte ich, daß wir unablässig von mißtrauischen Blicken verfolgt wurden, allerdings galten sie diesmal nicht mir, sondern Josef. Josef, dem Polen, der aussah wie ein Jude. Trotzdem fühlte *ich* mich bedroht, *nicht* Josef.

Hier sollte ich vielleicht erklären, weshalb ich mich so unbehaglich fühlte: In manchem waren die Polen schlimmer als die Deutschen. Die Deutschen waren pedantisch und gehorsam. Wenn sie einen Befehl erhielten, wurde er aufs genaueste befolgt. Lautete der Befehl zu schießen, dann wurde geschossen. Lautete der Befehl, bis zwölf Uhr auf Menschen zu schießen, so würde Punkt zwölf der letzte Schuß fallen, keine Sekunde länger. So war ihre Mentalität.

Anders die Polen; ihnen machte es Spaß, Juden umzubringen. Sie stöberten sie auf, jagten sie und hatten ihr Vergnügen daran, sie zu quälen – und jetzt konnte ich erkennen, wie sie hinter Josef her waren. Er allerdings bemerkte davon nichts. Natürlich, ihm konnte ja auch nichts passieren. Er war ein katholischer Pole, und das konnte er jederzeit beweisen: Er brauchte nur die Hosen fallen zu lassen. Mir dagegen drohte wirkliche Gefahr. Wenn sie ihn in die Hände bekämen, würde auch ich nicht ungeschoren davonkommen. Deshalb konnte ich unserem Ausflug nach Lublin nichts abgewinnen, und ich war sehr erleichtert, als wir ohne Zwischenfälle den Bahnhof für unsere Rückreise nach Rejowiec erreichten.

Eine Reise ist nicht ungefährlich

Die Reise nach Lublin hatte sich kaum gelohnt. Wir saßen am Fenster im halbleeren Zug nach Rejowiec, als ich unter den Passagieren zwei Jungen aus Chelm entdeckte, die ich von früher kannte. Sie warfen uns einen kurzen Blick zu und eilten durch den Zug, und ich konnte nur ahnen, was jetzt in ihrem Kopf vorging. Bestimmt suchten sie einen Polizisten, um ihm zu sagen, daß zwei Juden im Abteil wären.

Als wir in Rejowiec hielten, packte ich Josef am Arm und zog ihn mit mir, so schnell ich nur konnte. Josef japste nach Luft und fragte mich, ob ich verrückt geworden wäre. Aber ich konnte ihm doch nichts erklären! Ich wußte nur, daß wir aus dem Bahnhofsbereich mußten. Ich blickte gehetzt um mich und sah, wie sich der Zug langsam wieder in Bewegung setzte. Niemand außer Josef und mir war ausgestiegen. Kein Pfeifen und kein Rufen hinter uns! Wir waren in Sicherheit. Jetzt konnte ich Josef wieder loslassen, und den Rest unseres Weges setzten wir in gemütlicher Gangart fort.

Während dieser gefährlichen Situation mußte ich an die Warnungen meiner Mutter denken. Wie recht sie doch hatte! Auf einer Reise lauerten tatsächlich Gefahren an jeder Ecke! Den Stoff, den ich in Lublin gekauft hatte, schenkte ich meiner lesbischen Wirtin. Ich brauchte ihn ohnehin nicht. Er hätte mich nur ständig an meine

Dummheit erinnert: Wegen ein bißchen Abwechslung hatte ich mein Leben aufs Spiel gesetzt.

Der Meister wies mir eine neue Arbeit zu. Ich sollte dem Hufschmied zur Hand gehen. Der Sohn des stellvertretenden Meisters, ein Ukrainer, arbeitete ebenfalls dort. Der Hufschmied war ein großer, kräftiger Mann, der oft und gerne der Flasche zusprach. Mit besonderer Sorgfalt pflegte er seinen dicken, aufgezwirbelten Schnurrbart, der ihm eher das Aussehen eines Gewichthebers oder eines Rausschmeißers verlieh. Seine Aufgabe war es, das Eisen zu formen, während der junge Ukrainer und ich uns um das Feuer zu kümmern hatten. Nach getaner Arbeit sahen wir aus wie die zwei Schornsteinfeger. Als besonderes Privileg drückte uns der stellvertretende Meister daher ein Stück Seife in die Hand, damit sollten wir uns jeden Abend gründlich waschen – also baden. Für seinen Sohn war das ein reines Vergnügen – für mich ein neues, kaum lösbares Problem. Schwarz, wie ich war, konnte ich mich dem Bad nicht entziehen. Aber wir mußten ja zu zweit gehen! Wie konnte ich da mein Judentum vor meinem neuen Kollegen verbergen? Ging ich zusammen mit ihm nackt in den Waschraum, konnte ich mich gleich freiwillig für die Gaskammer melden. Es gab keinen Deut daran zu rütteln, daß ich baden mußte, aber wieso war so etwas Triviales für mich gleich immer mit Todesgefahr verbunden?

Wir marschierten gemeinsam zum Bademeister, der nur einen Blick auf uns warf und dann brummte: »Wenn hier einer baden muß, dann seid ihr das! Marsch, rein mit euch!«

Mir zitterten die Knie, aber ich wußte, daß ich aus dem Spiel nicht aussteigen konnte. Ich entledigte mich in Windeseile meiner Kleidung und sprang mit einem gewaltigen Satz in die Wanne. Hier drinnen war ich für den Augenblick in Sicherheit.

Der junge Ukrainer folgte mir nach, und wir begannen uns einzuseifen; die Haare gegenseitig. Ich glänzte jetzt vor Sauberkeit, aber wie sollte ich, ohne entdeckt zu werden, wieder rauskommen? Plötzlich hatte ich es! Ich fing an, fürchterlich herumzualbern, bespritzte ihn mit Wasser, bis er fast nichts mehr sehen konnte, und dann hüpfte ich blitzschnell aus der Wanne, wickelte ein Handtuch um mich, mit dem ich mich vorher flüchtig abgetrocknet hatte, und nichts wie rein in die Unterhosen! Wieder mal alles gutgegangen! Natürlich sorgte ich wieder dafür, daß alle von dem Badevergnügen erfuhren: wie ich mit dem Sohn des stellvertretenden Meisters zusammen gebadet hatte, wie wir uns gegenseitig eingeseift und abgewaschen hatten. Ich schmückte die Geschichte gehörig aus und erzählte sie jedem, ob er sie hören wollte oder nicht. Auch meine Hauswirtin wurde nicht verschont, und am Abend langweilte ich Josef noch einmal mit der in allen Details ausgewalzten Geschichte. Jeder sollte wissen, daß Wladislaw Szymczyk im nackten Zustand absolut nichts zu verbergen hatte. Selbst wenn es noch Zweifler gegeben hätte, jetzt mußten sie doch überzeugt sein!

Eines Tages traf ich bei einem Spaziergang durch Rejowiec auf einen der Jugendlichen, die ich bei Josef kennengelernt hatte. Auch er war früher Saisonarbeiter in der Zuckerfabrik gewesen, aber jetzt war er berüchtigt wegen seiner Rauflust und Gewalttätigkeit. Er hatte sogar schon im Gefängnis gesessen, und jeder ging ihm nach Möglichkeit aus dem Weg, denn alle fürchteten ihn. Außerdem war er ein Dieb, ein Räuber, ein Judenschinder, ein Informant und Verräter; kurzum, er hatte alle Eigenschaften eines schweren Jungen.

Jetzt kam dieser charmante Mensch auf mich zu, grinste mich an, legte die Hand auf meine Schulter, aber so, daß ich davon fast zu Boden ging, und fragte in übertrieben freundlichem Ton: »Wladek, du hast doch bei Josef Kartenspielen gelernt! Wie wär's, wenn wir zwei heute ein Spielchen machten?«

»Es tut mir leid«, antwortete ich, »aber ich habe nicht einen Zloty bei mir.«

Der Kerl wußte, daß ich schon mal Zucker aus der Fabrik geschmuggelt hatte, und konnte sich denken, daß ich nicht völlig blank war. Er ließ nicht locker: »Ach, komm«, sagte er, »wir holen ein bißchen Geld, dann gehen wir zu mir und machen ein Spielchen.«

Der Mensch duldete keine Widerrede. Bei sich zu Hause angekommen, brachte er gleich ein Spiel Karten an und warf es auf den Tisch. Jetzt konnte ich nicht mehr aus, und meine dreißig Zloty, die ich mir geholt hatte, waren verloren. Ich hatte keine Chance. Nein, eine Chance hatte ich nicht – aber Glück! Ich gewann und gewann!

Wir spielten Siebzehnundvier, und ganz egal, was ich auch tat, ich verlor einfach kein Spiel. Es war egal, wer Karten gab oder wie viele Karten ich aufnahm, ich hatte immer zwanzig oder einundzwanzig Augen. Ja, ich hatte Glück, aber dieses Glück würde sich bestimmt bald als mein Unglück herausstellen. Ich sah schon, wie er abwechselnd rot und blaß wurde. Seine Halsmuskeln traten hervor, sein Blick wurde starr, und ich konnte erkennen, wie ab und zu nervöse Zuckungen über sein Gesicht liefen. Seine Bewegungen wurden fahrig, und eine innere Stimme flüsterte mir zu: Wladek, ich glaube, es ist besser für dich, wenn du ab sofort anfängst zu verlieren; es könnte sonst was sehr Unangenehmes passieren! Wir hatten vielleicht eine Stunde gespielt, als ich anfing, neue Karten zu verlangen, selbst wenn ich schon zwanzig oder einundzwanzig Augen hatte. Auf diese Art verlor ich ein Spiel nach dem anderen, bis er fast alles wieder zurückgewonnen hatte. Als wir wieder auf dem gleichen Stand wie zu Beginn waren, sagte ich zu ihm: »Jetzt reicht's. Ich muß gehen. Ich hab leider keine Zeit mehr.« Er schien's zufrieden, und ich war's auch. Ich war noch einmal mit heiler Haut davongekommen, aber ich konnte mit Sicherheit darauf bauen, daß er mich wieder abfangen und mir erneut ein Spiel aufzwingen würde.
Dazu kam es aber nicht mehr, denn zwei Wochen nach dieser unseligen Begegnung wurde er mitten auf dem Marktplatz von der SS niedergeschossen, nachdem er wieder einmal eine Gewalttat verübt hatte. Ich ging in sein Haus, um seine Witwe zu trösten, und als ich sah, wie sie gramgebeugt über dem Leichnam weinte und schluchzte, konnte ich nicht anders: Ich empfand tatsächlich eine gewisse Erleichterung, denn durch seinen gewaltsamen Tod war die Gefahr eines ebenso gewaltsamen Todes von mir genommen.

Wladek beschwert sich beim Direktor

Eines Tages informierte mich mein Meister, daß er die Einwilligung zu meiner Versetzung hatte geben müssen; und zwar würde eine neue Halle gebaut, in der Zuckerrüben getrocknet und verarbeitet werden sollten. Güterzüge fuhren bis zum Schienenende und brachten Maschinen, riesige Zahnräder, Stahlschienen für den innerbetrieblichen Transportweg und viele andere Bauteile, die ausgeladen und auf dem Rücken oder in den Armen zu ihrem Bestimmungsort gebracht werden mußten. Hilfsmittel dafür gab es nicht. Die neue Arbeit machte mir absolut keinen Spaß; sie war körperlich anstrengend bis zur Erschöpfung, und wir waren jeder Witterung ausgesetzt: Regen, Wind, Sturm, immer draußen, ohne Möglichkeit, sich einmal unters Dach zu stellen.

Als verantwortlichen Projektleiter hatte man eigens einen Ingenieur aus Deutschland kommen lassen, dessen Anweisungen wir unmittelbar unterstanden.

Mich erschöpfte diese ungewohnte Arbeit bis zum Umfallen; immerhin war ich ja noch ein Kind, was aber meine polnischen Kollegen nicht wußten. Erst als die älteren und kräftigeren unter ihnen befürchteten, ich könne wirklich zusammenbrechen, erlaubten sie mir, daß ich die leichteren Teile auslud und zu ihrem Bestimmungsort brachte.

Da ich aber auch diese Arbeit nur mit größter Anstrengung bewältigen konnte, suchte ich den verantwortlichen Meister für den Hallenbau auf und bat ihn, sich doch für mich zu verwenden, daß ich wieder zu meinem alten Arbeitsplatz zurückkehren könne. Er versprach, mit meinem alten Meister zu reden und für mich zu tun, was in seiner Macht stand.

Aber als die Wochen vergingen und ich sah, mit welcher Langsamkeit der Bau der neuen Halle vor sich ging, wurde mir klar, daß sein Versprechen nichts bedeutete.

Ich fand mich wohl oder übel mit meinem Schicksal ab und strengte mich sogar besonders an; vielleicht würde sich mein Fleiß auszahlen, und der neue Meister hätte ein Einsehen.

Es gehörte auch zu meinen Aufgaben, alte und rostige Schrauben zu reinigen und einzuölen. Bei dieser Arbeit war ich mit vier oder fünf Polen zusammen. Unsere bloßen Hände steckten in Benzin und Schmieröl, und das alles draußen im Freien bei bitterer Kälte. Wir säuberten entweder Schrauben oder transportierten Maschinen und Teile von einem Platz zum anderen.

Einmal, als ich wieder ein besonders schweres Stück schleppte und mich damit reichlich abmühte, rief mir einer der Polen nach: »He, du, du arbeitest ja wie ein Jude; ich möchte wetten, daß du auch einer bist. Beweg dich mal ein bißchen schneller! Nur Juden arbeiten so langsam!«

Meine grauen Zellen signalisierten: Gefahr! Aber ein Blick auf seine Gestalt machte mir klar, daß ich es mit ihm nicht aufnehmen konnte. Er war groß und stark wie ein Bär, breitschultrig und durchtrainiert – ein richtiger Grobian. In meinen jugendlichen Augen kam er mir fast unwirklich vor – wie ein Gorilla oder mindestens doch wie ein Preisboxer. Eine unbedachte Bewegung meinerseits könnte ihn zu Attacken reizen, denen ich nichts entgegenzusetzen hätte. Mit einem Schlag würde er mich außer Gefecht setzen. Trotzdem, diese provozierende Bemerkung durfte ich mir nicht gefallen lassen; das hätte Verdacht erweckt.

Ich konnte sehen, wie mich alle anstarrten und voller Neugier auf meine Reaktion warteten. Ich nahm mir vor, mich an höherer Stelle über ihn zu beschweren. Ich wußte, wenn ich jetzt die Sache auf sich beruhen ließe, wäre die nächste Bemerkung des Gorillas ungefähr so: »Los, komm her, Wladek, laß deine Hosen runter. Wir wollen sehen, was du wirklich bist.« Und meine Phantasie zeigte mir bereits die sich dann abspielenden Horrorszenen: Sie würden mich auf einen Tisch zerren und mir die Hosen runterziehen und wahrscheinlich in ein Triumphgeheul ausbrechen: »Er ist ein Jude. Schlagt ihn tot!«

Mit diesen Bildern vor Augen, ließ ich meine schwere Last zu Boden fallen und rief dem gaffenden Publikum zu, während ich mich schon auf den Weg machte: »Das laß ich mir nicht gefallen. Jetzt geh ich zum Direktor und werde mich beschweren. Solche Beleidigungen brauche ich nicht hinzunehmen.« Als ich das gesagt hatte, sah ich, wie der Direktor gerade sein Büro verließ und in unsere Richtung kam.

Nun darf man nicht denken, daß die Bezeichnung »Direktor«, so wie sie heute verwendet wird, das gleiche Gewicht hätte wie damals. Zu jener Zeit sprach man dieses Wort mit der gleichen Ehrfurcht aus wie heute vielleicht das eines Staatsoberhauptes. Er war für den normalen Sterblichen unerreichbar, und wenn man einen Termin bei ihm haben wollte, mußte man einen formellen Antrag, mit Angabe der Gründe, einreichen. Der Antrag wurde fast immer negativ beschieden, und auf jeden Fall dauerte es lange, bis man überhaupt einen Bescheid erhielt.

Und hier kam dieser Mann direkt auf mich zu, als ob ich ihn gerufen hätte. Mit jugendlicher Unbekümmertheit und der Gewißheit, daß mein Leben mal wieder an einem seidenen Faden hing, nahm ich meine Mütze ab und sprach ihn einfach an: »Verzeihung, Herr Direktor, man hat mich auf unglaubliche Weise beleidigt. Der Kollege da drüben«, und dabei deutete ich mit anklagendem Finger auf den Gorilla hinter mir, »hat mich einen Juden geheißen und außerdem noch gesagt, daß ich wie ein Jude arbeiten würde.«

Hatte man schon je von einer solchen Kühnheit gehört? Das war ungefähr so, als hätte sich ein Sklave erhobenen Hauptes dem König genähert, um ein Privileg zu erheischen. Natürlich war es riskant, um es milde auszudrücken, aber ich sah darin meine einzige Chance. Wenn ich heute daran zurückdenke, kann ich mich nur über meine Dreistigkeit, über meinen Mut und meine Frechheit wundern. Ich, der kleine Lipele Sznajder, wandte sich an den allmächtigen Fabrikdirektor, noch dazu mit einer Beschwerde!

Die anderen Arbeiter standen da wie angewurzelt. Sie hatten gesehen, wie ich geradewegs auf den Direktor zuging und mit anklagendem Finger auf einen der Ihren gewiesen hatte. Sie hatten erlebt, wie der Direktor stehenblieb und sich Zeit genommen hatte, mir zuzuhören. Sie sahen, wie er jetzt in ihre Richtung blickte, und ihnen war klar, daß jetzt ein ganz gewaltiges Donnerwetter erfolgen würde.

Als ich mich wieder zu ihnen gesellte, geschah das mit großem Selbstbewußtsein. Ich sprach kein Wort, wartete aber gespannt auf ihre Reaktion. »Was war denn los, Wladek? Was hast du denn mit dem Direktor gesprochen?« wollten sie wissen. Aufgeregt standen sie um mich herum. Ich zeigte auf den Grobian. »Er hat mich beleidigt«, gab ich zurück. »Er hat mich verspottet und gesagt, daß ich wie ein Jude arbeite, ja sogar, daß ich ein Jude wäre. Wie kommt er dazu? Nur weil er groß und stark ist und ich ein kleiner schwacher

Junge? Und wenn er mich einen Juden schimpft, kann er nicht erwarten, daß ich das so einfach hinnehme.«
Jetzt hielten sie plötzlich alle zu mir. »Das ist wahr, er hatte kein Recht, dich so zu beleidigen, das Stück Scheiße. Was bildet er sich eigentlich ein? Ist ja kein Kunststück, sich ein halbes Kind für seine Attacken auszuwählen, der alte Angeber.«
Dann murmelten sie etwas untereinander, und ich konnte ungefähr verstehen, was sie sagten, nämlich: »Mit dem Grobian wollen wir nicht mehr zusammenarbeiten, der sich nicht geniert, auf einen polnischen Waisenjungen loszugehen, nur weil er weiß, er ist schwach und hat niemanden, der ihn verteidigt.«
Ich war zum Platzen stolz auf das, was ich gewagt hatte. Wäre ich stark gewesen, hätte ich mich auf den Gorilla gestürzt und ihn verdroschen, aber ich war viel zu schwach, um es mit so einem Kraftprotz körperlich aufzunehmen. Ich mußte notfalls mein Leben mit List und Tücke verteidigen.
Jedenfalls wurde der Grobian am nächsten Tag versetzt. Ich weiß nicht, in welche Abteilung, aber ich glaube, ziemlich weit weg, denn ich bin ihm seitdem nie mehr begegnet.
Am Abend dieses ereignisreichen Tages ging ich noch zu Josef. Einige der älteren Freunde waren bei ihm, mit denen ich den Umgang möglichst vermied. Die Unterhaltung drehte sich hauptsächlich um die JUNAK, den polnischen Arbeitsdienst für junge Männer. Sie wollten von mir wissen, wann ich eingezogen würde, und da schon März war, konnte ich mir ausrechnen, daß ich im Herbst an der Reihe wäre. Der Gedanke, daß mit der Einberufung eine ärztliche Untersuchung verbunden war, ging mir ordentlich an die Nieren. Wieder stieg eine Horrorvision vor mir auf, nämlich wie wir alle nackt in einer Reihe stehen und der Arzt an uns vorbeimarschiert, unseren körperlichen Zustand begutachtet, den Puls fühlt, Blutdruck mißt, Schmerzempfindlichkeit testet und uns nach früheren Krankheiten ausfragt. Dann bin ich an der Reihe. Er wird nichts Krankhaftes finden – aber etwas viel Schlimmeres. »Tritt vor!« höre ich seine schneidende Stimme. »Du bist ein Jude!« Dann kommt die Polizei und führt mich ab. Danach wird man nichts mehr von mir hören: Das war Lipmann Sznajder. Friede seiner Asche!

Ich hatte den JUNAK-Aspiranten gar nicht mehr zugehört, so tief war ich in meinen Phantasien versunken. Ich blieb noch ein paar Minuten, lange genug, um mich nicht verdächtig zu machen, und dann verabschiedete ich mich. Ich wollte meine Mutter sehen. Dieser Besuch hätte beinahe ein schlimmes Ende gefunden. Ich war gerade erst ein paar Schritte im Ghetto, als sich mir ein Jude in den Weg stellte und wissen wollte: »Was hast du hier zu suchen? Du weißt doch, daß Polen hier nichts verloren haben! Mach, daß du schleunigst hier rauskommst!«

Er kannte mich vom Sehen aus der Fabrik und hielt mich für einen Polen, und er wußte, daß nur solche Polen ins Ghetto kommen, die nichts Gutes im Schilde führen. Zum Glück kam Esther dazwischen und stand mir bei: »Er ist in Ordnung! Laß ihn in Ruhe! Er ist ein guter Freund von uns, der uns ab und zu etwas bringt.« Esther bat ihn, den Vorfall für sich zu behalten, was er ihr auch versprach.

Als er mich ein paar Tage später in der Fabrik wiedersah, gab er nicht das geringste Zeichen des Erkennens von sich. Er schüttelte nur leicht den Kopf, murmelte ein paar unverständliche Worte in seinen Bart und ging seiner Wege.

Als ich meine Mutter wiedersah, erschrak ich sehr über ihr Aussehen. Der Kummer hatte tiefe Furchen in ihr Gesicht gegraben, und ihre Augen waren tief eingesunken mit dunklen Ringen darunter. Aus ihrem Benehmen schloß ich, daß sie sich endgültig mit ihrem Schicksal abgefunden hatte, auch mit dem Tod von Moshe und Drejza, und selbst mit der Tatsache, daß Vater nicht mehr zurückkam. Tiefe Verzweiflung hatte sie erfaßt, bar jeder Hoffnung auf Gott, auf die Welt oder auf die Menschen. Es war unverkennbar, daß ihr Lebenswille erloschen war. Aber ich war noch keineswegs bereit aufzugeben: »Wann wirst du endlich gehen, liebste, allerliebste Mamuschka?« flehte ich. »Du mußt gehen, bitte warte keinen Tag länger. Geht jetzt! Noch könnt ihr euer Leben retten!«

Aber sie erwiderte mit der Monotonie einer gebrochenen Schallplatte, die immer wieder die gleiche Stelle wiederholt: »Ja, ja, Lipele, natürlich. Nächste Woche, warte bis nächste Woche. Dann werden wir gehen.«

Ich versuchte ihr angst zu machen: »Hörst du denn nicht, daß Tag

und Nacht im Ghetto geschossen wird? Eure Lage ist doch noch nicht hoffnungslos, denn ihr habt die Papiere, die so gut wie echte sind. Ich hab's mit meinen schon ausprobiert, sie sind überhaupt nicht beanstandet worden. Um Shmuel kann ich mich kümmern. Aber Esther und du, ihr müßt handeln.«
Doch es war sinnlos. »Nächste Woche, Lipele, hab Geduld bis nächste Woche.«
Es war sinnlos und es war hoffnungslos. Ich verließ sie und lief nach Hause. Aber ich schwor mir: »Nie! Ich werde nie aufgeben!«

Geisel im Wassertank

Eines Abends besuchte ich Kazik, den Schneiderlehrling. Sein betrunkener Meister hatte eine Freundin, und die wandte sich an diesem Abend an mich und fragte, ob ich ihr einen Gefallen tun würde.
»Gern, warum nicht?« fragte ich zurück. Ich erklärte mich zunächst immer bereit, wenn ich um eine Gefälligkeit gebeten wurde. Danach wägte ich sorgfältig ab, und wenn die Sache für mich zu gefährlich war, konnte ich mir immer noch eine unverfängliche Ausrede zurechtlegen. Sie erklärte mir, daß der Schneider turnusgemäß an der Reihe war, seinen Dienst als »Geisel« im Wasserwerk im Rejowiec zu übernehmen, und sie würde mich bezahlen, wenn ich an seiner Stelle ginge.
Die »Geiseltaktik« war von den Deutschen eingeführt worden. Jeden Abend mußten zehn Bürger von Rejowiec im Wasserwerk antreten, um die Nacht darin zu verbringen. Sie waren in der Tat Geiseln, denn die polnischen Partisanen wußten, daß diese zehn Leute getötet würden, falls sie einen Sabotageakt auf das Wasserwerk ausführten. Das war die Methode der Deutschen, die Wasserversorgung von Rejowiec zu sichern.
Die Freundin des Schneidermeisters sagte mir auch, daß die Deutschen damit einverstanden wären, wenn die Eingeteilten sich Stellvertreter suchten, solange es nur immer zehn Leute waren. »Der

Schneider ist einmal im Monat dran«, erklärte sie, »und wenn du für ihn übernimmst, kriegst du für ihn jedesmal zehn Zloty.«
Ich war einverstanden, ging zur Polizei und meldete mich als Ersatz für den Schneider. Sie nahmen es erfreut zur Kenntnis: »Das ist gut«, sagten sie, »denn der Schneider ist dauernd besoffen und merkt ohnehin nicht, was vorgeht. Du bist nüchtern und wachsam.« Sie kommandierten mich zum Wassertank ab, der neben dem Bahnhof stand, in der Nähe der großen Wasserpumpe. Es war nicht unangenehm dort, wir konnten uns ausruhen, sogar schlafen. Allerdings durften wir unseren Platz nicht verlassen. Das wäre auch gar nicht möglich gewesen, denn wir wurden die Nacht über eingesperrt; erst am nächsten Morgen um acht Uhr wurde die Eingangstür wieder geöffnet.
Im großen und ganzen handelte es sich bei den »Geiseln« um intelligente Leute, die zum Teil sogar aus der Elite von Rejowiec stammten. Ich scheute mich, mich mit ihnen zu unterhalten, da ich fürchtete, daß sie meine Unwissenheit über Rejowiec und über vieles andere entdecken und mich als Nichtpolen identifizieren könnten. Um meine Schweigsamkeit zu erklären, stellte ich mich müde und sagte, daß ich nach einem harten Arbeitstag schlafen müsse, außerdem würde es morgen wieder ein schwerer Tag werden. Nach dieser Entschuldigung zog ich mich in eine Ecke zurück und schlief bis zum Morgen; in der Gewißheit, daß es im Schlaf keinen Unterschied zwischen Polen und Juden gab.
Nach meinem ersten Einsatz als Ersatz-»Geisel« bot sich die Gelegenheit, daraus ein Geschäft zu machen. Als ich dem Meister in der Fabrik berichtete, daß ich die Schicht des Schneiders übernommen hatte, schlug er mir vor, auch für ihn als Ersatzmann einzuspringen; er würde mir das gleiche bezahlen wie der Schneider. Ich stimmte sofort zu, war sogar stolz, daß der Meister mir soviel Vertrauen schenkte.
Bald sprach sich herum, daß ich als Ersatz zur Verfügung stand, man nannte mich sogar »Die Geisel von Rejowiec«. Ich vertrat den Schneider und den Meister jetzt ständig, dazu kam noch ein weiterer Pole, der jeden Monat einmal an der Reihe war, und so verdiente ich mir ein nettes Zubrot.

Während meiner Geiselnächte hatte ich einige Male den gleichen Traum: Die Partisanen greifen den Wassertank an, befreien die eingeschlossenen Geiseln und nehmen mich in ihre Mitte, mich, den kleinen Juden Lipele Sznajder, damit ich mit ihnen gegen die Deutschen kämpfte. Dann befreie ich alle Juden aus dem Ghetto von Rejowiec – zuallererst meine Familie – und beobachte aus der Ferne, wie die Partisanen Rejowiec anzünden und die Stadt in Flammen aufgeht – mitsamt ihren antisemitischen Bewohnern, als Strafe für die unmenschlichen Leiden, die sie den armen, hilflosen Juden zugefügt haben.

Shmuels Schicksal

Schon eine ganze Woche war ich nicht mehr im Ghetto gewesen, und die Sehnsucht nach meinen Lieben trieb mich gegen alle Vernunft wieder über die Mauer. Ich fand die beiden – Mutter und Esther – wie üblich auf dem Bett sitzend, aber mit einem Gesichtsausdruck, in dem soviel Leid und Schmerz lag, daß ich bei ihrem Anblick erschrak. Ihre tief eingesunkenen Augen starrten unverwandt in eine Ecke, tiefe Kummerfalten hatten sich in ihre Züge eingegraben. Ich sah, daß keine Tränen in ihren Augen waren; sie hatten keine mehr. Die beiden Frauen wirkten ausgebrannt und gelähmt.

Ich war ja gewöhnt an ihre bedrückte Stimmung und an die trostlose Atmosphäre, aber heute war es irgendwie anders – beängstigend und verwirrend. Esthers Augen waren blutrot, wahrscheinlich vom stundenlangen Weinen, ihre Lippen zitterten vor Angst, die sie unterdrücken wollte. Offenbar war ihr Gaumen so ausgetrocknet, daß sie nicht sprechen konnte. Dann aber sah ich, wie sie ihre letzte Kraft zusammennahm und mir etwas sagen wollte. Sie blickte mir aus ausdruckslosen Augen gerade ins Gesicht und flüsterte heiser in meine Richtung: »Shmuel! Gestern morgen hat die SS Shmuel erschossen. Gestern morgen.« Sie wiederholte sich, als ob sie selbst nicht glauben konnte, was sie mir gerade anvertraut hatte.

Als ich das hörte, dachte ich im ersten Moment: Was erzählt sie denn da? Das kann doch nicht wahr sein! Doch nicht Shmuel, mein kleiner Bruder Shmuel! Aber dann fuhr ein Messer direkt in mein Herz, ein erbarmungsloser, tiefer Stich, ich konnte den Schmerz nicht aushalten. Aber ich stand da wie gelähmt, ich glaubte, in ein tiefes Nichts zu fallen. Ich weiß nicht, wie lange ich in diesem Nichts verharrte, aber als die Spannung sich löste, begann ich zu weinen, hemmungslos, fassungslos, mein Körper bäumte sich unter dem unkontrollierbaren Tränensturz.

Mutter und Esther sahen mir zu, emotionslos, als lebten sie gar nicht. Sie schauten auf mich, aber sie sprachen kein Wort. Nur ihre Augenlider zuckten ab und zu. Ich beweinte mein eigenes Leben, meinen eigenen Tod. War denn Shmuel nicht mein Leben gewesen? Das Leben, das jetzt für immer von mir gegangen war? Ich sollte meinen kleinen Bruder nie mehr wiedersehen? Ich weinte mir das Herz aus dem Leib.

Esther berichtete mir stockend, was geschehen war, langsam und mit langen Pausen, während denen sie nicht weitersprechen konnte: Am Morgen davor wurde Shmuel im Ghetto von einem SS-Posten angehalten und nach seinen Papieren gefragt. Shmuel trug eine gefälschte polnische Geburtsurkunde bei sich, aber er besaß keine polnische Arbeitserlaubnis für das Ghetto. Shmuel hatte keine Ausrede parat, und auf die schnelle fiel ihm wohl auch keine glaubwürdige ein. Der SS-Mann brachte ihn auf die polnische Polizeiwache zur Überprüfung. Was danach geschehen ist, hat Esther nicht erfahren. Aber ich konnte mir gut vorstellen, wie es dann weiterging, und diese Vorstellungen werden mich bis an mein Lebensende nicht mehr loslassen. Ich sehe meinen kleinen, etwas naiven und gutgläubigen Bruder, wie er von Panik erfaßt nach einem Fluchtweg suchte, den es aber nicht gab in der von polnischen und deutschen Sicherheitskräften wimmelnden Polizeistation. Ich stelle mir vor, wie sie den zitternden, vor Angst schlotternden Shmuel anherrschten, seine Hosen fallen zu lassen, und wie Shmuel dem Befehl ganz sicher nicht nachgekommen ist, und wie dann die polnischen Polizisten ihn packten, festhielten und ihn gewaltsam entblößten. Ich sehe seine Hilflosigkeit und seine Unfähigkeit, sie abzuwehren. Wie mögen sie triumphiert haben, als sie den nackten

Beweis vor sich stehen hatten, daß ihnen mal wieder ein Judenbengel ins Netz gegangen war, der sich als Pole ausgeben wollte. Dann höre ich, wie ein Pole ihn anschreit: »Zieh dich an und verschwinde schleunigst, du dreckiger Jude!«

Was danach passierte, ist keine Phantasie mehr, sondern nur noch Fakten, wie sie von Zeugen beobachtet wurden: Als Shmuel die Polizeistation verlassen hatte, begann er, so schnell er nur konnte, in Richtung Ghetto zu rennen, wo er sich vermeintlich in Sicherheit wähnte. Der SS-Mann zog eine Pistole, zielte auf den verzweifelt um sein Leben laufenden Shmuel und streckte ihn mit einem Schuß in den Rücken nieder. Dann steckte er die Pistole seelenruhig wieder ein und ging hochbefriedigt seiner Wege.

Unser kleiner Bruder war auf der Stelle tot. Mutter war nicht fähig, ihn anzuschauen, aber Esther sah ihn in seinem Blut liegen. »Er lag ausgestreckt auf dem Boden, sein Gesicht so friedlich und so schön wie das eines Engels«, flüsterte sie. Das war am Mittwoch, dem 10. März 1943, morgens zwischen neun und halb zehn.

Ich war unfähig, einen klaren Gedanken zu fassen. Mutter erwachte aus ihrer Erstarrung und versuchte, mich aufzurichten: »Du mußt weiterleben, Lipele!« Und dann, mehr zu sich selbst. »Es tut so weh! Einen kleinen Sohn zu verlieren tut so weh! Wie kann Gott das zulassen?« In dem Moment zerbrach etwas in meinem Innern, und ich war nicht mehr derselbe Lipman Sznajder.

Das Weinen schüttelte mich, ohne daß ich die geringste Kontrolle über die Zuckungen hatte. Aber langsam begann ich wieder logisch zu denken, und ich redete auf Mutter ein: »Jetzt, wo nur noch ihr zwei übrig seid, muß dir doch klar sein, daß ihr sofort hier raus müßt. Oder wollt ihr zuwarten, bis sie auch euch töten? Geht raus, und wir werden einen Überlebensweg finden. Tu es für mich, liebste Mamuschka! Ihr seid alles, was ich noch habe. Ich kann doch nicht ganz allein zurückbleiben. Vater ist tot, Drejza und Moshe sind tot, und jetzt unser kleiner Shmuel. Du hast kein Recht, hier im Ghetto auf deinen Tod zu warten. Denk doch daran, daß ihr mich damit ganz allein meinem Schicksal überlaßt.«

Mein Tränenfluß war nicht einzudämmen, und ich zitterte vor Erregung, Angst und Verzweiflung, aber Mutter stand da wie eine griechische Tragödiengestalt. Diesmal tröstete sie mich nicht einmal mit ihrem stereotypen »nächste Woche«. Ihr Blick war so unberührt und so bar jeder Möglichkeit einer Tröstung, als sie sagte: »Lipele, mein lieber Sohn, du mußt mir glauben, ich kann nicht mehr! Ich weiß, daß für mich alles vorbei ist. Ich habe keine Kraft mehr. Es kümmert mich nicht mehr, was aus mir wird.«

Diesmal erkannte ich die unabdingbare Wahrheit: Von jetzt an würde ich ganz allein sein. Das Schicksal einer Waise: Ich würde niemanden mehr haben, an dessen Schulter ich Trost finden könnte. Ich wandte mich noch einmal an Esther und versuchte sie zu bewegen, Mutter unter ihre Fittiche zu nehmen und mit ihr diese Hölle zu verlassen, aber auch meine Schwester hatte jede Hoffnung, jeden Lebensmut verloren. Sie hatten beide resigniert und warteten auf die Erfüllung ihres Schicksals, das sie von aller Qual und Pein erlösen würde. Sie sahen diesem schrecklichen Augenblick nicht mehr mit Angst entgegen, sondern sahen darin die Vollendung ihres Lebens, das Wiedersehen mit all denen, die sie schon hatten hergeben müssen. Ich konnte die beiden bewundernswerten und geliebten Frauen nicht mehr retten. Ich raufte mir die Haare, zerriß mein Hemd, aber ich wußte jetzt, daß ich keine Macht mehr hatte. Das Todesurteil war gesprochen – und es würde keinen Aufschub geben. Aber abfinden konnte ich mich immer noch nicht, und mein Innerstes rebellierte vehement: »Gott, verdamme diese Welt, Gott, verdamme diese Menschen! Warum haben sie meinen kleinen Bruder getötet?« Auf einmal merkte ich, wie sich alles um mich herum drehte, und ich verlor das Bewußtsein.

Warum mußte ich aus dieser gnädigen Ohnmacht wieder aufwachen? Aufwachen in ein schwarzes und hoffnungsloses Leben? Während einer Ohnmacht ist auch der Jude von Frieden umgeben. Aber jetzt würde die Qual wieder weitergehen: Wird denn ein Jude nur geboren, um gequält, geschlagen, erschossen, erschlagen und gedemütigt zu werden? Und nur, weil er als Jude zur Welt kam! Das war die Welt, in die das Ende meiner Ohnmacht mich wieder hineinstieß. »Ist es, weil wir zu einem anderen Gott beten?«

Mutter bat mich, das Ghetto jetzt zu verlassen. Sie vertraute auf meinen Überlebenswillen und hielt mich für stark genug, mich allein

durchzuschlagen, und wenn ihr überhaupt noch an irgend etwas lag, dann war es das: daß ihr letzter Sohn lebend davonkäme.
Ich kehrte in mein provisorisches Zuhause zurück, fühlte mich in Stücke gerissen, und mir war klar, selbst wenn es mir im Laufe von Jahren gelänge, die Stücke wieder zusammenzusetzen, es würden immer Sprünge zurückbleiben. Meine seelische Unversehrtheit war für immer dahin.
Als meine Wirtin meine rotgeweinten Augen und mein verstörtes Wesen bemerkte, fing sie an Fragen zu stellen. »Ach, es ist nichts, nur eine Erkältung«, beruhigte ich sie. »Ich fühle mich nicht gut, ich glaube, ich habe Fieber. Wahrscheinlich brüte ich was aus.«
»Ja, ja, das schreckliche Wetter«, meinte sie verständnisvoll. »Ich denke, du solltest dich ins Bett legen und morgen auch noch liegenbleiben.«
»Das geht nicht«, erklärte ich ihr. »Wenn ich morgen nicht zur Arbeit komme, muß ich eine Bescheinigung vom Arzt vorlegen.«
Das sah sie ein, bestand aber darauf, daß ich mich sofort ins Bett legte. Sie machte mir noch eine Tasse Tee und eine belegte Schnitte und kommandierte mich nach dem einfachen Mahl ins Bett. Aber ich konnte keinen Schlaf finden, meine Gedanken waren bei Shmuel. Shmuel, mein kleiner Bruder, den ich so unglaublich liebhatte! Ich bekam das Bild nicht aus meinem Kopf, wie er verwirrt und verängstigt der Brutalität der Polizei ausgesetzt war. Wieder stellte ich mir seine letzten qualvollen Minuten vor, wie er versucht hatte wegzulaufen und dennoch vor Angst wie von Sinnen war – und dann hörte ich den Schuß, der ihn in den Rücken traf. Ich sah ihn auf dem Boden liegen – wie ein Engel, hatte Esther gesagt. Hätte ich ihn doch nur noch einmal so sehen können, vielleicht könnte ich seinen Tod dann eher begreifen.
Ich weiß nicht mehr, wie ich den folgenden Tag überstanden habe. Ich mußte wie gewohnt zur Arbeit antreten und so tun, als sei überhaupt nichts geschehen. Ich durfte kein Anzeichen von Traurigkeit erkennen lassen. Ich wußte, welch schlimme Folgen es für mich haben könnte, wenn man versuchen würde herauszufinden, warum ich so traurig war. Und wie gerne wäre ich zu einer starken Schulter gelaufen, an der ich meinen Kummer hätte ausweinen

können! Meine Gedanken kamen den ganzen Tag nicht von Shmuel los. Was war er doch für ein liebes Kerlchen gewesen! Nie hat er jemanden gekränkt und schon gar niemandem weh getan. Shmuel konnte nie richtig böse werden. Warum mußte es ihn erwischen? Gerade Shmuel? Natürlich fand ich keine Antwort, würde auch nie eine finden. Ich werde nie dieses makabre Rätsel lösen können – warum die Nazis meinen Bruder niedergeschossen haben, diesen liebenswerten kleinen Kerl. Vielleicht war er einfach nur ein Opfer der deutschen Methodik geworden, mit der sie alle Juden vernichten wollten – Frauen, Kinder – Greise – das machte keinen Unterschied. Es waren ja nur Juden!
Mord an Juden war das Ziel der deutschen Kriegführung geworden. Säuglinge, schwangere Frauen – das spielte jetzt alles keine Rolle mehr. Niemand stellte Fragen, niemand dachte sich etwas dabei. Wenn du einen Juden siehst – erschlag ihn, erschieß ihn, mach ihn fertig! Je mehr, desto besser! Juden als Zielscheibe für Schießübungen! Und was den Nazis recht war, war den anderen billig – Polen, Ukrainern, jedem Kriminellen.
Aber dann wurde mehr System in das wahllose Morden gebracht. Man fing sie ein, brachte sie in Lager, wo sie besser und effizienter der Massenvernichtung zugeführt werden konnten. Leichter, ohne Widerstand ging man jetzt daran, ein ganzes Volk auszurotten. Verantwortlich war man niemandem gegenüber – es waren ja nur Juden!
Das »System« aber bestand doch wiederum aus einzelnen Menschen, die im Zivilleben Väter, Söhne, liebevolle Ehemänner waren, deren Eltern, Kinder und Frauen zu Hause mächtig stolz auf ihre schmucken SS-Angehörigen waren. Ich habe mich später oft gefragt, ob wenigstens der eine oder andere von ihnen daheim erzählt hat, wie ihr tapferer Krieg gegen einen übermächtigen Feind in Wirklichkeit aussah. Ich kann es mir nicht vorstellen, denn hätte nur einer der Väter, Mütter, Söhne, Töchter, Frauen den armseligen »übermächtigen« Feind gesehen, gegen den so heldenhaft gekämpft werden mußte, ich glaube nicht, daß sie noch so stolz gewesen wären. Schon eher hätte man stolz sein können auf einen Sonntagsjäger, der zu seinem Vergnügen eine Menge Hasen erledigte,

denn die hatten wenigstens noch eine Chance, der Kugel zu entkommen.
Wer es nicht mitgemacht hat, kann sich nicht vorstellen, welch ein Leben die damals führen mußten, denen es gelungen ist zu überleben, die nicht aufgeben wollten. Der sinnlose Tod meines Bruders ließ mich erkennen, daß ich jetzt noch mehr auf der Hut sein mußte, nicht der kleinste Fehler durfte mir mehr unterlaufen, keine unnötige Unterhaltung mehr, nicht mehr so vertrauensselig; alles berechnen; in jedem Fremden einen potentiellen Mörder sehen; keinen Schritt mehr tun, ohne ihn vorher sorgfältig zu planen und zu überlegen; Antworten zurechtlegen auf alle möglichen und unmöglichen Fragen. Ja keinen Verdacht erwecken, ja nicht auffallen! An jedem Fehler hängt ein Preisschild – und der Preis würde Tod lauten. Es gab ein paar Polen in der Fabrik, die immer auf der Suche nach Randale waren, und denen ging ich aus dem Weg, wo immer es möglich war. Am besten wäre es, wenn die meine Existenz überhaupt nicht wahrnähmen. Das war genauso eine Horde, die ihren Spaß bis zum Äußersten mit mir treiben würden, bekämen sie mich einmal in ihre Hände. Für sie waren die Worte ein Spaß, die schon so viele Juden ans Messer geliefert hatten, nämlich: »Laß die Hosen runter, wir wollen sehen, ob du ein Jude bist!« Die Tatsache der Beschneidung war für die männlichen Juden die größte Gefahr überhaupt, es war ein Stigma, unveränderlich. Den gelben Stern konnte man abtrennen, alle jüdischen Merkmale an sich konnte man ausmerzen, aber hier war ein untrügliches Kennzeichen, ein Beweis, an dem es nichts zu rütteln gab. Und die Polen machten sich einen Riesenspaß daraus, jeden Mann, den sie verdächtigten, Jude zu sein, zu zwingen, diesen Beweis zu erbringen. War er positiv, dann war sein Schicksal besiegelt; war er negativ, dann ließ man ihn laufen und für alle Zeit in Ruhe. Aus diesem Grund mied ich auch, wann immer das möglich war, eine Ansammlung von mehr als zwei älteren Jugendlichen oder Männern, denn meine Angst vor diesen Worten begleitete mich Tag und Nacht während der Zeit, in der ich mich als Pole ausgab. Oft schreckte ich schweißgebadet aus meinen Träumen auf, weil ein schrecklicher Traum mir diese gefürchtete Situation lebensnah vor Augen führte.

Natürlich zweifelte nicht jeder Pole an meiner arischen Abstammung und fragte die gefürchtetste aller Fragen, aber daß mir das bis zur letzten Konsequenz erspart blieb, lag mehr an meinem selbstbewußten Auftreten, das ich mir zugelegt hatte, als an der Gutgläubigkeit der Polen. Ich sah jedem Polen geradewegs ins Gesicht, ohne auch nur mit der Wimper zu zucken, so daß ihnen gar kein Zweifel an meiner arischen Abstammung kommen konnte. Denn ein Jude hätte wohl immer seine Ängstlichkeit und seine Demut gezeigt. Ich dagegen hatte mir die Maxime eines Löwenbändigers zu eigen gemacht: Zeigst du dem Raubtier, daß du Angst hast, so wird es dich anfallen, zeigst du keine Angst, sondern trittst ihm mit großem Selbstbewußtsein entgegen, so wird es dich in Ruhe lassen.
Ich hatte einen sechsten Sinn für Orte oder Personen entwickelt, von denen Gefahr drohen konnte. So hielt ich mich zum Beispiel auch von Polen fern, denen ich mehr Intelligenz zutraute als dem durchschnittlichen Polen. Denn denen konnte ich nicht so leicht etwas vormachen, und sie hatten einen sechsten Sinn für verstecktes Judentum.
Trotz der großen Gefahr, die an allen Ecken und Enden lauerte, gelang es mir dank meiner alles berücksichtigenden Vorsicht, mein normales, bürgerliches Leben aufrechtzuerhalten. Ich ging jeden Morgen zur Arbeit und kehrte abends heim zu meiner freundlichen und fürsorglichen Wirtin.
Meine Gedanken jedoch kreisten Tag und Nacht um meinen verlorenen kleinen Bruder. Warum mußte er sterben? Egal, wo ich war, egal, was ich tat: Shmuel war immer in mir. Ich sprach mit ihm, als stünde er neben mir. Wir waren wieder Kinder in Chelm und spielten zusammen.
Auch mit seinem Mörder sprach ich in Gedanken: »Was für ein Mensch bist du? Hast du auch Kinder zu Hause? Hast du auch schon mal einen geliebten Bruder verloren?« Aber er gab mir keine Antwort, und es gelang mir auch nicht, mir eine Gestalt auszudenken, ich konnte ihn mir nicht vorstellen. Sein Gesicht blieb eine konturenlose weiße Masse.
Wenn ich merkte, daß ich die Tränen nicht mehr zurückhalten konnte, lief ich, so schnell ich konnte, zur Toilette und ließ ihnen

freien Lauf, wo mich keiner sehen und mir keine Fragen stellen konnte. Ich weinte so lange, bis ich keine Tränen mehr hatte – so wie es Mutter und Esther gegangen war.

Juden graben ihr Grab

Die Zeit nach Shmuels Tod war die unglücklichste, seit ich von meiner Familie getrennt war. Die Tage schleppten sich dahin, und das Leben erschien mir erbärmlich und sinnlos. Nicht nur, daß die Trauer über meinen geliebten kleinen Bruder nicht weichen wollte, auch wegen Mutter und Esther mußte etwas geschehen. Aber was? Esther war nicht zu bewegen, das Ghetto alleine zu verlassen, und Mutter war viel zu ausgebrannt, um sich zu irgend etwas aufzuraffen. Und obwohl mir ziemlich klar war, daß ich wohl kaum mehr etwas ausrichten würde, konnte ich mich nicht einfach von ihrem Schicksal lösen. Wann immer es ging, schlich ich mich ins Ghetto, um wenigstens ein paar Minuten in ihrer Nähe zu sein. Man sagt, daß die Zeit Wunden heilt, aber die Wunde in meiner Seele, die Shmuels Tod verursacht hatte, wollte nicht heilen. Nicht einmal eine leichte Besserung wollte sich einstellen.

Doch ich durfte mir keinen Kummer anmerken lassen. Zu Hause zwang ich mich dazu, mein Essen herunterzuwürgen, denn ich hatte den sechsten Sinn der Polen längst erkannt, der sofort erwacht, wenn sie glauben, etwas sei nicht ganz in Ordnung. Ich konnte mir nicht leisten, daß meine Wirtin irgendeinen Verdacht schöpfte. Daher entschuldigte ich mich damit, daß meine Erkältung noch immer nicht ausgeheilt sei und daß ich Atembeschwerden hätte, weshalb ich so oft und so tief seufzte. Meine Wirtin glaubte mir, und ich konnte mich, ohne ihr Mißtrauen zu wecken, gleich nach dem Abendessen ins Bett zurückziehen. Wenn ich dann endlich im Bett lag, kamen die schmerzlichen Gedanken aus allen Ecken auf mich zugekrochen und hielten mich fest umklammert. Ich dachte an den kleinen Shmuel und weinte bis in die Morgenstunden in mein Kissen.

Eines Morgens auf dem Weg zur Arbeit blickte ich direkt in den Höllenschlund der Vernichtungsmaschinerie. Entlang der Straße, die am Ghetto verbeiführte, sah ich, wie eine Gruppe von Juden dabei war, eine riesige Grube auszuheben. Um den Arbeitstrupp herum hatte sich eine Kette von SS-Leuten gebildet, die streng darüber wachten, daß die Arbeit schnell und ordentlich ausgeführt wurde. Ich blieb in einiger Entfernung stehen, weil es mich interessierte, wieso hier gegenüber vom Ghetto größere Baumaßnahmen vorgenommen wurden.

Da fing ich einige Gesprächsfetzen vorübergehender Polen auf: »Das gibt ein Massengrab für die Juden, die im Ghetto umgebracht werden. Jetzt werden sie alle erledigt. Sie werden in die Grube geworfen, die sie mit ihren eigenen Händen graben müssen. Und sie wissen's nicht mal.«

Mir blieb das Herz stehen ob dieser Worte, die da soeben an mein Ohr gedrungen waren. Und die Polen bejubelten diese Tatsache auch noch mit einer Schadenfreude, die mir kalte Schauer den Rücken hinunterjagten. Sie verspotteten die Juden, warfen leere Zigarettenschachteln und Kippen in die Grube und riefen dann: »Hebt sie auf, haltet die Grube sauber, ihr miesen Juden.« Ich kann ihr Vergnügen am Leid der Juden bis heute noch nicht begreifen; auch nicht ihren blinden, grundlosen Haß. Was hat sie nur dazu gebracht, sich den Juden gegenüber so zu benehmen?

Die Juden bewegten sich wie Schatten. Da sie ausgehungert und verzweifelt waren, fehlte ihren Bewegungen jede Kraft, und die Arbeit ging nur mühsam und langsam voran. Es gab keine Familie im Ghetto, die dem Moloch Judenvernichtung noch kein Opfer gebracht hätte. Den Willen zu irgendeinem Widerstand hatten sie längst verloren. Ihr Anblick zerriß mir das Herz, wie sie da mechanisch schaufelten, halb verhungert, verschmutzt, mit leblosen Gesichtern und toten Augen. Es bedurfte keines besonderen Scharfsinns mehr, einen Juden zu erkennen; es waren die Gestalten, bei deren Anblick es jedem Menschen, in dem noch ein Funke von Mitleid wohnte, das Herz vor Mitleid verkrampfte. Und dennoch bildeten die Polen einen Zuschauerkreis, und sie genossen das Schauspiel. Das Leid dieser Menschen berührte sie überhaupt nicht.

Sie johlten und lachten, als ob sie einer besonders grotesken Zirkusnummer beiwohnten.
Die Nachricht vom Grubenbau verbreitete sich in Windeseile. Sie bildeten das Hauptgesprächsthema in Rejowiec. Wie eine Sensation wurde die Nachricht aufgenommen: »Habt ihr schon gehört, daß gegenüber vom Ghetto ein Massengrab ausgehoben wird, in das die Juden reingeworfen werden sollen? Sie müssen es selbst graben, bevor sie erschossen werden.«
Beim Anblick der elenden Schattengestalten überkam mich der mächtige Wille, ins Ghetto zu meinen Lieben zu gelangen, obwohl es heller Tag war. Ich mußte Mutter und Esther berichten, was draußen vor sich ging. Vielleicht könnte diese Tatsache sie bewegen, endlich die Freiheit zu suchen. Ich schlich mich hinein und glaubte, angesichts des Grauens draußen hätten meine Worte jetzt mehr Überzeugungskraft: »Jetzt oder nie mehr«, bedrängte ich sie. »Macht doch endlich die Augen auf und seht, was um euch herum passiert!« Aber Mutter tadelte mich lediglich dafür, daß ich mein Leben aufs Spiel gesetzt hätte, weil ich am hellichten Tag ins Ghetto gekommen war. Sie drängte mich, das Ghetto wieder zu verlassen, und nahm mir das Versprechen ab, niemals ein solches Risiko einzugehen. Ganz egal, welche Argumente ich auch vorbrachte, ich redete an eine Wand. »Ja, ja, ich hab das Gerücht von dem Massengrab gehört«, war alles, was sie zu dieser Schreckensnachricht zu sagen hatte, »aber die bauen doch nur eine Müllgrube. Sie werden sie mit Abfall vollschütten und danach wieder zudecken.«
»Nein«, widersprach ich heftig. »Mutter, hier irrst du dich ganz gewaltig. Das wird keine Müllgrube, sondern ein Massengrab für Juden. Es ist für die Ghettobewohner bestimmt. Schleicht euch raus, liebste Mamuschka! Nimm Esther mit, und lauft, lauft irgendwohin, aber raus aus dem Ghetto. Tut es für mich, Mamuschka, ich brauche eine lebendige Mutter. Ich will keinen Grabstein!«
Nichts! Keine Antwort auf meine Worte, nur ihre nochmalige Aufforderung, schnell wieder in den Polensektor zu gehen, wo ich sicher wäre. In ein paar Tagen würden sie aus dem Ghetto rausgehen. Jetzt sprach sie tatsächlich schon von Tagen und nicht mehr von Wochen, wie bisher. Ich aber wußte, die Worte bedeuteten

nichts, nur eine Vertröstung für mich. Aber ich ließ mich nicht mehr vertrösten, ich wußte, das Ende stand bereits an der Türschwelle.
Ich blieb noch ungefähr eine halbe Stunde, und dann ging ich, weil Mutter mich ständig drängte. Auf meinem Weg hinaus liefen mir die Tränen unkontrolliert übers Gesicht. Ich weinte, weil ich jetzt auch die letzten Lieben verloren hatte. Ich mußte tatenlos mit ansehen, wie die beiden auf den Tod warteten und keinen Finger für ihre Rettung rührten. Uns sie hätten gerettet werden können! Sie besaßen exzellente Papiere, und sie hatten noch Geld. Gar nicht zu reden von unseren Mänteln mit dem eingenähten Geld, die wir bei Frau Kowalska deponiert hatten, sowie Esthers teurem Pelzmantel, für den sie auch noch eine schöne Summe erzielt hätten, wenn sie ihn verkauften. Mein Herz war so schwer von Mitleid mit ihnen, aber ich glaube, noch schwerer von Mitleid mit mir selbst. Ich hatte den Vater verloren, drei Geschwister waren tot, und ich konnte den Gedanken nicht ertragen, jetzt auch die letzten zwei, die von meiner großen Familie übrig waren, noch zu verlieren.
Ich mußte immerzu an das Massengrab denken und an seine Bestimmung. Jeden Tag ging ich einige Male daran vorbei, um mich vom Fortgang der Arbeiten zu überzeugen. Wurde noch gegraben, war ich einigermaßen beruhigt, aber ich fürchtete mich vor dem Tag, an dem es fertiggestellt sein würde. Das monströse Loch in der Erde, dunkel, tief und böse, warf einen großen Schatten auf mein Leben, erweckte aber auch neue Energien in mir, denn die Notwendigkeit, die beiden aus dem Ghetto rauszukriegen, war noch nie so dringend gewesen. Ganz egal, wie passiv sie sich verhielten, ich mußte sie rausbringen.
Ich muß sie rausbringen! Ich muß sie rausbringen! Dieser Satz hämmerte pausenlos in meinem Kopf und ließ keinen Raum für irgendwelche anderen Gedanken. Immer wieder: Ich muß sie rausbringen! Aber wie? Wir hatten jetzt keine Verbindung mehr zueinander. Zwar sah ich die Juden aus dem Ghetto Tag für Tag in der Fabrik, aber sie schlugen die Augen nieder, wenn sie meiner ansichtig wurden. Ich wußte, daß sie Mutter und Esther berichten würden, daß sie mich gesehen hatten und daß ich wohlauf war. Sie waren meine Nabelschnur, die mich mit dem Ghetto verband,

seitdem ich selbst nicht mehr hinging. Und sie sahen in mir ihre Hoffnung; ich mußte so lange am Leben bleiben, bis ich eines Tages berichten konnte, welch elendem Schicksal sie ausgeliefert waren. Und ich würde berichten! Und ich habe berichtet! Ich habe ihren unglaublichen Todeskampf aufgeschrieben, damit die, die Gott sei Dank in eine bessere Zeit hineingeboren wurden, erfahren, was Menschen ihren Mitmenschen antun können.

Eines Abends, der genauso verlief wie jeder andere auch, saß ich bei meiner Wirtin. Wir tranken noch eine Tasse Kaffee und unterhielten uns, als plötzlich Schüsse zu hören waren, die aus dem Ghetto zu kommen schienen. Es war ungefähr acht Uhr, als wir die ersten gehört hatten, die schreckliche Ahnungen in mir hervorriefen. Was sollte ich tun? Ich biß mir auf die Lippen, um nicht laut loszuschreien, und ich starrte hinaus in die Dunkelheit, einfach ins Leere, nicht in Richtung Ghetto, ich durfte ja nicht zeigen, wie aufgewühlt die Schießerei mich hatte. Die Schüsse fielen weiter, mal waren es ganze Salven hintereinander, dann wieder einzelne Schüsse. Jeder davon traf mich mitten ins Herz.

Meine lesbische Wirtin hatte die Schüsse natürlich auch gehört. Zunächst lauschte sie intensiv, wie um sich zu vergewissern, und dann rief sie mir so laut zu, als sei ich taub: »Hörst du die Schüsse, Wladek? Jetzt passiert's. Jetzt bringen sie die Juden um.« Sie grinste erfreut zu mir herüber und bleckte dabei die Zähne. Ein Ausdruck von Befriedigung lag in ihren Zügen, als sie fortfuhr: »Endlich! Hoffentlich erledigen sie diesmal alle, damit wir endlich Ruhe und Frieden haben. Dann sind wir diese verdammten Juden ein für allemal los.«

Eine einfache polnische Frau, ungebildet, arm, mit nur wenig, was sie ihr eigen nennen konnte! Niemand hatte ihr je etwas Böses angetan, und schon gar kein Jude! Warum verachtete sie uns so? Wo waren die Wurzeln dieser tiefen Abneigung? Wie war es möglich, daß man einen so starken Haß empfinden konnte gegen Menschen, die man überhaupt nicht kannte? – »Endlich! Hoffentlich erledigen sie diesmal alle, damit wir endlich Ruhe und Frieden haben«, hatte sie gesagt. Was würde sie mit der Ausrottung der Juden gewinnen? Wieso hatten die Juden ihr die Ruhe und den

Frieden geraubt? Sie hatte ganz ernsthaft und aus ehrlichem Herzen gesprochen. Ihre Worte brannten wie Feuer auf meiner Seele, aber ich durfte nichts erwidern. Ich hörte die Schüsse, und mein Herz war bei Mutter und Schwester und all den armen Juden, während mein Körper hier bei meiner lesbischen Wirtin saß, wo ich mir gehässige Bemerkungen über Juden anhören mußte und selber den Mund nicht aufmachen durfte.

Ich konnte ihre Gegenwart nicht mehr ertragen und ging zu Bett. An Schlaf war nicht zu denken. Ich stellte mir Mutter und Esther vor, wie sie auf ihrem Bett sitzen und zum abertausendstenmal besprechen, ob sie das Ghetto verlassen sollen, während draußen schon das Todeskommando sein Werk begonnen hatte. Aber vielleicht konnten sie auch gar nichts mehr besprechen, vielleicht war schon alles vorbei, ihre Argumente bereits von einer Kugel oder auch von zwei zum Schweigen gebracht worden? Vielleicht rufen sie um Hilfe; vielleicht rufen sie nach mir? Meine Gedanken überschlugen sich, und ich wünschte mir das Ende der Nacht herbei.

Am nächsten Tag war ich zu keiner vernünftigen Arbeit fähig, meine Hände führten Tätigkeiten aus, aber ich merkte nicht, was ich tat. Ich fragte mich: Hat es überhaupt noch einen Sinn, ins Ghetto zu gehen? Würde ich vielleicht nur Tote vorfinden? Aber ich betete darum, daß ich mich irrte. Endlich wurde es Abend, und nach der Verdunkelung hielt ich es nicht mehr aus und schlich mich wieder ins Ghetto. Ich mußte mir Gewißheit verschaffen. So schnell ich konnte, eilte ich ins Zimmer meiner Familie – auf das Schlimmste gefaßt. Aber da saßen beide auf ihrem Bett, wie immer lebendig, aber wie versteinert, ihrer Sprache beraubt.

»Was war los gestern nacht?« fragte ich aufgeregt. »Ich habe Schüsse gehört, es müssen Tausende gewesen sein, die ganze Nacht hindurch.«

»Sie haben Jagd auf die Juden gemacht«, sagte Esther, fast ohne innere Anteilnahme. »Viele konnten sich verstecken; viele wurden erschossen.«

»Wo haben sie sie begraben?« fragte ich. »Die Grube ist leer.«

»Sie haben die Leichen überhaupt nicht begraben«, antworteten beide gleichzeitig.

»Und nach alldem kann ich euch immer noch nicht dazu bringen zu fliehen?« Ich schrie sie an. »Ihr könnt als Polen durchgehen – ohne Schwierigkeiten. Denkt doch auch an mich!«
»Mir geht es nicht gut«, sagte Mutter, aber es klang nicht sehr überzeugend. »Ich habe Fieber. Wir gehen, sobald ich wieder gesund bin.«
Sie muß in meinen Augen gelesen haben, in welch tiefe Verzweiflung ihre neuerliche Vertröstung mich stürzte, denn auf einmal legte sie mir ihre Hände auf die Schultern, blickte mich müde an und sagte: »Du hast ja recht, Lipele. Auf was soll ich noch warten? Vater kommt nie mehr zurück, außer dir und Esther sind alle meine Kinder tot. Auf was soll ich noch warten? Wir gehen raus, so schnell wie möglich.«
Ich hörte ihre Worte, aber ich erkannte aus ihrem Blick, daß sich nichts geändert hatte. Sie wollte mich lediglich beruhigen. Sie hatte keine Kraft mehr, um zu fliehen, und sie hatte mit ihrem Leben abgeschlossen. Sie redete Esther zu, die Flucht zu versuchen. »Du bist jung, du bist stark und hübsch, und das Leben hat dir noch etwas zu bieten«, sagte sie zu Esther, während sie für sich nichts mehr erwartete.
Ich erkannte es, wollte es aber immer noch nicht akzeptieren. Hatte ich doch in meinem Leben die Erfahrung gemacht, daß man immer einen Weg findet, wenn man eine Sache wirklich will. Aber sie wollte nicht. Sie wollte hier im Ghetto auf ihr Ende warten.
Esther konnte von niemandem überredet werden, und weil sie sich kategorisch weigerte, Mutter in ihren letzten Stunden im Stich zu lassen, fällte sie ihr eigenes Todesurteil.
»Komm nicht mehr her«, bat Mutter eindringlich. »Die Gefahr ist zu groß, und du mußt jetzt an dich denken. Sie hören nicht auf zu schießen, das geht so Tag und Nacht, ohne Unterbrechung. Bitte, Lipele, bitte, komm nicht mehr her. Wir werden uns ja bald irgendwo draußen wiedersehen.«
Jetzt wandte ich mich zum erstenmal an Esther allein, und ich wiederholte Mutters Argumente. Ich hatte die Hoffnung noch nicht ganz aufgegeben, wenigstens sie zu überreden: »Esther, Mutter hat recht, du bist jung, du bist stark, du bist gescheit, und du bist noch

nicht arm, du hast alles, was du brauchst: Papiere, Geld und sogar noch deinen Pelzmantel. Raff dich auf; geh raus, versuch du doch wenigstens, dein Leben zu retten!« Esther erwiderte ganz ruhig: »Natürlich, Lipele, natürlich will ich mein Leben retten, und ich gehe, sobald Mutter bereit ist mitzukommen. Aber ohne sie gehe ich hier nicht weg.«

Das war die Tragödie der beiden. Esther hatte ihren Lebenswillen nicht verloren, aber sie konnte die Nabelschnur nicht durchtrennen, die Verbindung zwischen Mutter und Kind, die in der Natur das Kind nährt; hier aber brachte sie nur den Tod. Esther war nicht fähig, Mutter ihrem Schicksal zu überlassen.

Lauf dem Tod nicht geradewegs in die Arme

Ich verließ die beiden mit der Drohung und dem Versprechen, in zwei Tagen wieder zu kommen. Sie wollten mir den Schwur abnehmen, es nicht zu tun, aber ich sagte zornig: »Nur, wenn ihr hier rausgeht, komme ich nicht wieder.«

»Wir gehen ja, ganz bestimmt, in ein paar Tagen«, versprachen sie. Ich wußte, daß die Worte nichts besagten und daß sie selbst nicht mehr daran glaubten.

Es war an der Zeit, mich mal wieder bei Josef sehen zu lassen. Ich wollte vermeiden, daß er zu intensive Fragen stellte wegen meiner längeren Abwesenheit. Also mußte ich in den sauren Apfel beißen, obwohl ich mich lieber mit meinem Kummer in ein stilles Kämmerlein verkrochen hätte. Spaß machte es mir in der Tat keinen, mir die trivialen Gespräche seiner Genossen anzuhören, ihre Witze, über die ich absolut nicht lachen konnte. Aber: »Lache, Bajazzo!« Ich spielte den lustigen, sorglosen Polen, den tollen Kerl aus Warschau, der ein bißchen auf die Provinzler von Rejowiec herabschaute.

Als erstes berichtete ich Josef, daß mein guter Kumpel, der Bademeister, mir den Rücken in der Badewanne geschrubbt hatte. (War das nicht ein untrügliches Zeichen dafür, daß ich absolut nichts zu verbergen hatte?) Ich wußte, daß unter seinen Freunden eine gewisse Ambivalenz herrschte, was Wladek Szymczyk betraf. Ein paar hatten Zweifel an meiner hundertprozentig polnischen Abstammung, aber Josef ließ eine Diskussion über dieses Thema gar nicht zu. Er und der loyale Teil der Freunde würgten sofort jedes zweifelnde Wort ab. Aber das ungute Gefühl, daß ich in ihrer Gegenwart entwickelte, konnte ich nie ganz abstreifen. Bis jetzt war zwar immer alles gutgegangen, aber die Statistik der Juden, denen es gelang, als Polen unterzutauchen, sprach nicht zu meinen Gunsten. Die meisten wurden irgendwann entdeckt. Sogar Frauen, denen das Stigma des Judentums nicht eingeritzt ist, scheiterten an der Wachsamkeit der Arier und verrieten sich durch irgendwelche trivialen Kleinigkeiten.

Mir war es jetzt schon so lange geglückt, als Pole unter Polen zu leben, dank meiner exzellent gefälschten Papiere und dank meiner unerschöpflichen Phantasie, die mir immer wieder neue glaubhafte Erklärungen oder Ausreden eingab. Sich auf das Glück allein zu verlassen reichte nicht.

Ich war ganz in diese Gedanken versunken, als einer der jungen Leute mich plötzlich unvermittelt fragte: »Wladek, hast du deinen Einberufungsbefehl für die JUNAK schon bekommen?«

»Noch nicht. Aber ich erwarte ihn jeden Tag. Ich denke, daß ich bis September dran bin. Wir werden uns dann alle in der JUNAK treffen und unseren Dienst gemeinsam machen.« Ich sagte das sehr überzeugend. In Wirklichkeit wußte ich, daß mir bis dahin etwas einfallen mußte, um den Dienst bei der JUNAK zu vermeiden. Die ärztliche Untersuchung wäre mein Todesurteil.

Am nächsten Morgen kam ich wieder an der Grube vorbei. Ich starrte in das schwarze Loch und kämpfte mit Tränen der Wut und der Verzweiflung, als ich daran dachte, daß es darauf wartete, meine Mutter und Esther aufzunehmen. Der Drahtseilakt zwischen der Szylla des Ghettos und der Charybdis der tiefen Grube wurde immer unerträglicher. Noch keimte ja ein Funke Hoffnung in mir, daß es mir doch noch gelänge, sie zu retten, obwohl diese Hoffnung von Tag zu Tag schrumpfte.

In der Fabrik bat mich mein Meister, der immer ausgesprochen wohlwollend, ja sogar väterlich zu mir war, um einen Gefallen. »Wladek, ich hab meine Lesebrille zu Hause vergessen, kannst du mal eben schnell rüberlaufen und sie holen?«

»Aber gern«, beeilte ich mich, zu versichern. Aber im Innern zitterte ich vor diesem Auftrag, denn jetzt mußte ich seiner Frau direkt gegenüberstehen, die ich von früher kannte, als sie Kundin bei meinem Vater war. Ich war ihr damals des öfteren über den Weg gelaufen, aber bis jetzt hatte sie mich im Lokal, in dem ich abends oft saß, noch nie wahrgenommen. Aber jetzt, wo ich direkt vor ihr stehen würde, konnte ich nur hoffen, daß sie ein schlechtes Erinnerungsvermögen hatte. Mit diesen Bedenken betrat ich mit schlotternden Knien das Lokal.

Ich brachte die Bitte des Meisters vor und konnte erkennen, wie sie versuchte, meine Erscheinung einzuordnen. Was würde ich tun, wenn sie jetzt plötzlich ausriefe: »Ach ja, natürlich, jetzt hab ich's, du bist ja der Sohn vom Sznajder, dem jüdischen Essigfabrikanten aus Chelm!« Für diesen Fall hatte ich mir schon eine Antwort zurechtgelegt. Ich würde sagen: »Sie müssen sich irren, sicher verwechseln Sie mich mit jemand anderem. Sznajder aus Chelm? Nie gehört! In bin Wladislaw Szymczyk aus Warschau. Aus der Radnastraße eins. Ich war noch nie in Chelm.« Aber sie sagte kein Wort. Ich konnte nur sehen, wie sie angestrengt nachdachte und dann zu dem Ergebnis kam, daß sie sich tatsächlich geirrt und mich noch nie gesehen hatte.

Mir war jedenfalls sehr unbehaglich zumute, und ich wartete mit klopfendem Herzen auf ihre Rückkehr, nachdem sie nach oben in die Wohnung gegangen war, um die Brille zu holen. Aber was machte sie so lange da oben? Stand sie vielleicht da und dachte angestrengt darüber nach, ob sie mich nicht doch kannte? Und wenn sie sich erinnerte, wie würde sie reagieren?

Es können eigentlich nicht mehr als fünf Minuten vergangen sein, bis sie die Treppe wieder herunterkam und die Brille schwenkte. Aber mir waren die paar Minuten wie eine Ewigkeit vorgekommen, und ich glaubte schon zu sehen, wie sie zu der Frage ansetzte, woher sie mich kenne, als ein paar Gäste das Lokal betraten und lauthals und energisch nach Bier verlangten. Da sie aussahen, als wären sie

nicht mehr nüchtern und wollten Radau machen, reichte sie mir schnell die Brille und widmete sich ihren Gästen.
Ich eilte aus dem Lokal, so schnell ich nur konnte. Jetzt überwältigte mich die Angst erst richtig. Vielleicht hatte sie mich doch erkannt, und wie würde der Meister reagieren, wenn sie ihm heute abend berichtete: »Der Junge, der heute morgen deine Brille abgeholt hat, das ist kein Pole. Ich kenne ihn aus Chelm. Das ist der Sohn von Sznajder, dem jüdischen Essigfabrikanten.« Ich fand keine Antwort auf meine bohrenden Fragen. Ich mußte mich auf mein Glück verlassen.
Ich brachte dem Meister die Brille und ging zurück an meine Arbeit. Aber ich konnte mich auf nichts konzentrieren. Meine Gedanken kreisten ohne Unterlaß um die Frage: Was ist, wenn es ihr doch noch einfällt?
Der Arbeitstag ging zu Ende, ohne daß sich irgend etwas ereignete. Aber selbst das konnte mir meine Ruhe nicht zurückgeben. Die Angst verschaffte mir wieder eine schlaflose Nacht, in der meine Phantasie mir grauenhafte Bilder vorgaukelte, in denen auch die große schwarze Grube eine Rolle spielte.
Am nächsten Morgen nahm ich all meinen Mut zusammen und ging geradewegs hinein in die Höhle des Löwen. Ich konnte die Ungewißheit nicht mehr ertragen. Ich näherte mich dem Meister mit einer belanglosen Frage und wartete gespannt auf seine Reaktion. Würde der mir jetzt sagen, daß seine Frau mich noch einmal sehen wollte, oder würde er selbst mir vielleicht die folgenschweren Worte an den Kopf werfen: »Wladek?« würde er vielleicht mit beißendem Hohn sagen. »Nicht Wladek und auch nicht Szymczyk. Sznajder heißt du, und du bist aus Chelm. Ein Jude bist du, ein verdammter Jude.«
Aber nein. Nicht ein unfreundliches Wort, mein Meister behandelte mich wie immer. Hatte der Besuch bei seiner Frau also keine Konsequenzen? Mir fiel ein Pflasterstein vom Herzen. Wieder einmal gerettet!
Jedenfalls beschloß ich an dem Tag, meine häufigen Besuche im Lokal einzustellen, und ich habe es auch getan. Schließlich mußte ich ja nicht das Erinnerungsvermögen der Frau Meisterin herausfordern.

Einige Tage danach, ich war gerade von meinem heimlichen Besuch aus dem Ghetto zurückgekehrt und saß mit meiner Wirtin bei unserer abendlichen Tasse Kaffee, waren plötzlich wieder Schüsse aus dem Ghetto zu hören.
Ich horchte auf – irgend etwas an diesen Schüssen berührte mich stärker als alles andere vorher. Plötzlich schoß es mir durch den Kopf – ich kann es heute noch nicht erklären, woher ich die Gewißheit nahm –, daß dies das Ende war. Eine innere Stimme sagte mir deutlich, daß die mir noch verbliebenen zwei liebsten Menschen auf der Welt diesmal nicht verschont geblieben waren. Vielleicht hatte ihr letzter Gedanke mir gegolten, und vielleicht war er so stark gewesen, daß er mich erreichte.
Wie nicht anders zu erwarten, begrüßte meine Wirtin die Schüsse mit Genugtuung. »Hörst du, Wladek, jetzt erledigen sie den Rest, einen nach dem anderen.«
Nein, nein, das darf nicht wahr sein! schrie es in mir, und ich fühlte, wie sich innerlich alles in mir aufbäumte. Nein, Gott, laß das nicht zu! Verschlinge alles, verschlinge die ganze böse Menschheit.« Aber äußerlich blieb ich gelassen. Nicht einmal in dieser Situation durfte ich mir meine Erregung anmerken lassen.
Die Schüsse hallten weiterhin durch die Nacht – ohne Unterlaß. Ich kämpfte gegen den Impuls an, zu ihnen zu eilen, ihr Schicksal zu teilen, ich wollte nicht allein gelassen zurückbleiben. Aber dann hörte ich meine Mutter, wie sie mich immer angefleht hatte, auf mich aufzupassen – ich müsse am Leben bleiben. Ihre Ängste um mich sollten nicht vergeblich gewesen sein. Ich würde alles tun, damit ihre letzte Hoffnung sich erfüllte.

Die letzte Nacht

Mittwoch, der 24. März 1943. Ein Datum, das so tief in meinem Herzen gegraben ist, daß nur der Tod es auslöschen kann. Am Morgen durfte ich mir immer noch keine Gewißheit verschaffen, ich mußte ja zur Arbeit gehen.

In der Mittagspause ging ich, wie alle anderen auch, gewohnheitsmäßig zur Kantine. Als ich in der Schlange um meine Suppe anstand, näherten sich mir zwei Juden, die wußten, daß ich Sznajder war. Ich merkte, daß sie mir etwas sagen wollten, ich sah ihre unglücklichen Gesichter, aber sie durften mich, einen Polen, ja nicht ansprechen. Als sie ganz in meiner Nähe waren, fingen sie an, sich ganz beiläufig miteinander zu unterhalten, leise zwar, wie es Juden zukam, aber dennoch laut genug, daß ich es hören konnte: »Weißt du, daß sie heute nacht Frau Sznajder und ihre Tochter umgebracht haben?«

Ich hatte es gehört! Die schrecklichen Worte waren ausgesprochen worden! Es war kein schlimmer Traum! Es war Wirklichkeit! Ich stand wie angewurzelt auf meinem Platz, die Worte waren wie eine Eisenfaust in mein Herz und meinen Magen gefahren. Sie hörte nicht auf zuzuschlagen. Rücksichtslos und immer stärker. Meine Umgebung war plötzlich in dichten Nebel getaucht, meine Beine waren aus Wachs, und die Kantinengeräusche drangen an mein Ohr, als sei ich ins Wasser untergetaucht. Kurz bevor ich merkte, daß ich gleich ohnmächtig auf dem Boden aufschlagen würde, gelang es mir noch, den Weg in die Toilette zu schaffen.

Ich setzte mich auf den Fußboden und versuchte zu atmen. Aber ich wurde von einem so heftigen Weinen geschüttelt, daß ich keine Luft bekommen konnte. Ich wußte nicht mehr, wo ich mich befand, denn die Wände des engen Toilettenraumes schwankten um mich hin und her.

Auf einmal drangen von draußen weit entfernt klingende, ärgerliche Stimmen und ein ebenso weit entferntes Klopfen an mein Ohr: »Was ist denn los da drin? Wer ist da drinnen? Wie lange bleibt der denn noch da sitzen? Mach endlich die Tür auf!«

Ich versuchte, meine Stimme unter Kontrolle zu bekommen, und antwortete: »Tut mir leid, aber ich hab Durchfall. Ich komm gleich raus.«

Das drängende Klopfen hörte nicht auf, und die ärgerlichen Rufe setzten sich fort, aber dann hörte ich die mitfühlende Stimme eines Kollegen sagen: »Das kann ich mir gut vorstellen, bei dem Fraß, den sie einem hier vorsetzen, ist das ja kein Wunder. Ich hatte auch schon mal 'ne Lebensmittelvergiftung. Ich weiß, was man von diesem Schweinefraß für Magenkrämpfe kriegen kann.«

Ich mußte mich beruhigen, ich konnte ja nicht ewig hier drin bleiben. Mit den hohlen Händen schüttete ich so lange kaltes Wasser in mein Gesicht, bis ich sicher war, die Spuren der Tränen weggewischt zu haben, und ich versuchte meine Gesichtszüge soweit unter Kontrolle zu bringen, daß keiner der ungeduldig wartenden Polen irgendwelche Anzeichen von Verwirrung an mir feststellen konnte.

Ich ging an meine Arbeit, bei der ich natürlich nichts zuwege brachte. Ich sah die toten Gesichter von Mutter und Esther vor mir, mit denen ich doch gestern abend noch gesprochen hatte. Nein, sie durften nicht tot sein! Ich redete mir ein, alles war nur Einbildung, daß ich gar nichts Derartiges gehört hatte. Aber dann klangen die Worte der Juden wieder ganz deutlich an mein Ohr. Nein, es war keine Einbildung gewesen, und die zwei Juden hatten die Geschichte ganz bestimmt nicht erfunden. Aber vielleicht hatten sie sich geirrt? Vielleicht war eine andere Frau mit ihrer Tochter erschossen worden? Aber all das glaubte ich nicht wirklich. Es war so, wie die zwei Juden es mir durch ihre geheime Botschaft übermittelt hatten.

Langsam drang es in mein Hirn, daß ich jetzt ganz allein auf der Welt war. Warum sollte ich da noch weiterleben? Für wen denn? Ich hatte keine Familie mehr. »Jetzt ist es mir egal, wenn sie mich erwischen«, sagte ich zu mir selbst. »Erschießen, erhängen, mich vergasen – ist doch alles egal. Ich kann nicht mehr! Ich wollte am Leben bleiben, ja, aber nur wegen Mutter und Esther. Sonst hatte ich doch niemanden mehr. Für was soll ich jetzt noch leben? Alles vorbei!« Aber dann wollte ich wissen, wie es eigentlich passiert war. Ich mußte es wissen! »Ich muß noch einmal ins Ghetto«, sagte ich mir. »Ich muß sie mit meinen eigenen Augen sehen. Sonst kann ich's nicht glauben.«

Nach Beendigung meiner Schicht machte ich mich geradewegs auf zum Ghetto. Wie ein Held kam ich mir jetzt nicht mehr vor, und als ich in die Nähe des Ghettos kam, merkte ich, daß ich vor lauter Tränen kaum noch etwas sehen konnte. Plötzlich legte mir jemand die Hand auf die Schulter und zog mich sanft hinein. Es war Esthers

Freund, der junge Elektriker, der nicht wollte, daß ich draußen von irgend jemandem in meinem aufgewühlten Zustand gesehen wurde. Als er merkte, daß ich durch nichts zu beruhigen war und mein Körper weiterhin von unkontrollierbarem Schluchzen geschüttelt wurde, zog er mich am Hemd zu sich heran, beutelte mich hin und her und schlug mir einige Male ins Gesicht. »Reiß dich zusammen, Junge, komm zu dir«, flüsterte er mir zu.

Aber weder der körperliche Schmerz seiner flachen Hand noch mein seelischer konnten mich zur Besinnung bringen. »Ich möchte tot sein«, jammerte ich.

Er zog mich noch energischer zu sich heran und flüsterte mir eindringlich ins Ohr: »Du mußt versuchen durchzukommen, ihnen zuliebe. Es war ihr letzter Wunsch. Du mußt durchkommen, damit du eines Tages berichten kannst, was hier geschehen ist.«

Schließlich, als ich ansprechbar war, erzählte er mir von den Ereignissen des Abends vom 23. März 1943, des unrühmlichen Tages, an dem meine geliebte Mamuschka und meine nicht minder geliebte Schwester von den Nazis ermordet wurden.

Angefangen hatte es schon am 10. März, als die SS damit begann, ein genaues Personenverzeichnis von allen Ghettobewohnern aufzustellen, unterteilt nach brauchbarem Menschenmaterial, das noch zur Arbeit einsetzbar war, und nach nutzlosem. Die ersteren wurden separat in drei oder vier Gebäude eingepfercht, sie durften nicht belästigt werden und waren in Sicherheit. Mutter und Esther hatten seit diesem Tag schon Bescheid gewußt, denn ab da durfte kein Kontakt mit der anderen Gruppe mehr stattfinden. »Wenn sie dir in diesen Tagen noch sagten, daß sie bald gehen würden, so wußten sie, daß sie nicht ehrlich waren«, sagte der Elektriker. »Esther wäre schon bereit gewesen zu fliehen, aber sie brachte es nicht übers Herz, deine Mutter ihrem Schicksal zu überlassen. Sie haben deshalb manchmal sehr heftige Diskussionen geführt, ja, manchmal haben sie sogar ganze Tage lang nicht miteinander gesprochen. Ich habe Esther bekniet, wenigstens ihr eigenes Leben zu retten, aber sie blieb standhaft: Sie wollte ihre Mutter in der Todesgefahr nicht allein lassen.«

Vom 10. März an, dem Tag, an dem Shmuel erschossen wurde,

haben die Nazis mit dem Erschießen nicht mehr aufgehört. Jede Nacht, mit der Präzision eines Uhrwerks, methodisch, kaltblütig, ohne jede Gnade. Jeder kannte die Bedeutung der Grube. Es war nur noch eine Frage des Datums, das im dunkeln blieb.

Am 23. März war es dann soweit. Der Elektriker, der es erfahren hatte, informierte Mutter und Esther, daß der Zeitpunkt gekommen war. »Heute nacht wird das Ghetto umstellt, und jeder, der keine Arbeitserlaubnis von der SS hat, wird erschossen.« Er versuchte noch einmal, Esther zur Flucht zu bewegen, sie könnten als Mann und Frau leben, denn er hatte ja eine Arbeitserlaubnis. Esther wäre damit auch einverstanden gewesen, wenn sie ihre Mutter hätten mitnehmen können. »Ich flehte sie an«, fuhr er fort, »aber es war zwecklos. Ich sagte ihr, daß wir alle drei erschossen würden, wenn wir mit eurer Mutter erwischt würden. Aber meine Argumente konnten sie nicht umstimmen. Ich sagte ihr, wie sehr ich sie liebe, aber alles half nichts. Sie blieb in dem Zimmer, zusammen mit ihrer Mutter, und sie trennten sich nicht – nicht im Leben und nicht im Tod.

Am späten Abend stürmte die SS das Ghetto. Einer kam in ihr Zimmer, wo deine Mutter in vollkommener Apathie auf dem Bett lag. Sie hatte ihren Frieden mit dem Tod gemacht, als begrüße sie ihren Erlöser. Sie schaute dem Eindringling gleichgültig ins Gesicht, ohne Furcht vor seiner auf sie zielenden Pistole, obwohl sie alles klar und deutlich sehen konnte. Er feuerte ab, kalt, ohne jede Emotion. Deine Mutter war auf der Stelle tot.

In diesem Moment erwachte Esther aus ihrer Erstarrung. Wie ein verwundeter Panther stürzte sie sich auf den SS-Mörder, schlug auf ihn ein und zerkratzte sein Gesicht. Er versuchte, sie abzuwehren, aber gegen ihre grenzenlose Rage war er machtlos. Blutstriemen liefen über sein Gesicht, und er war außer sich vor Empörung. Wie konnte die freche Jüdin es wagen, ihn anzugreifen? Endlich gelang es ihm, sie mit einem gewaltigen Kraftakt von sich zu schleudern, und während sie gegen die Wand taumelte, zielte er auf sie und schoß. Er verwundete sie schwer. Aber es war auch gar nicht seine Absicht gewesen, sie zu töten – noch nicht. Er wollte sie leiden sehen.

Er kommandierte einige Juden herbei und befahl ihnen, Esther zu bewachen. ›Ich komme morgen früh zurück, bis dahin seid ihr mir für ihre Sicherheit verantwortlich!‹ schrie er die eingeschüchterten Juden an. Dann machte er sich davon, um sein zerkratztes Gesicht zu behandeln.
Die Juden blieben die ganze Nacht bei ihr und taten für sie, was sie konnten, aber sie hatten weder ein Medikament noch Verbandsmaterial. Der Mörder wollte, daß Esther ihre Schmerzen bis zum Morgen aushalten mußte, bis er, erfrischt und ausgeschlafen, zurückkam, um ihr heimzuzahlen, daß sie es gewagt hatte, die Hand gegen ihn zu erheben.«
Was mag in diesen letzten Stunden in Esther vorgegangen sein? Ich sah sie vor mir, wie sie, gepeinigt von großen Schmerzen, die ganze Nacht neben dem toten Körper ihrer Mutter lag. Sie wußte, daß ihr das Schlimmste noch bevorstand und daß sie dem nicht entkommen konnte. Hat sie überhaupt noch an mich gedacht, an ihren kleinen Bruder Lipele? Hat sie sich Vorwürfe gemacht, daß sie mich nun doch als Waise allein zurücklassen mußte? Hat sie mich deshalb um Vergebung gebeten? Hatte sie die Hoffnung, daß ich eines Tages ihren Tod und den Rest der Familie räche? Fragen über Fragen, auf die ich nie eine Antwort erhalten werde.
Noch heute quält mich das Bild meiner unschuldigen Schwester in ihrem Blut, tödlich verletzt, neben der Leiche ihrer Mutter. Ich sehe sie in ihrem jämmerlichen Kämmerlein, ohne jegliche Linderung ihrer Schmerzen. Wie sie mit Angst dem Morgen entgegensah, an dem ihr Peiniger zurückkehren und sein Werk vollenden würde!
»Und als der Morgen anbrach, wurde damit begonnen, die Leichen fortzuschaffen. Sie wurden alle aufgeladen und zur Grube gekarrt. Auch die bewegungsunfähige Esther wurde auf einer Bahre hingebracht. Man stellte sie am Rand der Grube ab, und dann wurde ihr befohlen, sich umzusehen. Da stand ihr Peiniger und schaute gleichmütig auf sie herab. Dann gab er seinen Befehl und blickte ihr dabei in die Augen. Sie aber hielt diesem Blick stand, bei vollem Bewußtsein, schwerverletzt, aber lebend. Sie wurde von der Bahre gekippt und rein in die Grube, auf all die Leichen – einen lebendigen Menschen! Der Mörder rieb sich die Hände und schien hoch

befriedigt. Er hatte seine Genugtuung. Das sollte sich jeder Jude hinter die Ohren schreiben, der seine Hand gegen einen deutschen SS-Offizier zu erheben wagte. Und als sie ausgestreckt auf den Bergen von Leichen lag, begannen die Nazis damit, die Grube mit Erde zuzuschaufeln.«

Nachdem Esthers Freund mir die Schreckensereignisse bis zum bitteren Ende geschildert hatte, hielt er eine Weile inne, denn er konnte nicht mehr weitersprechen. Erst jetzt wurde mir richtig bewußt, daß ja auch er seinen liebsten Menschen auf brutalste Art verloren hatte. Während der schlimmen Ghettozeit hatte Esther ihm alles bedeutet, für das es sich lohnt zu kämpfen. Er starrte eine Weile ins Leere, und ich störte seine Gedanken nicht. Dann sprach er leise und eindringlich weiter: »Eines darfst du niemals vergessen, nämlich daß deine Mutter und Esther bis zu ihrer letzten Stunde um deine Rettung gebetet haben. Du solltest weiterleben; aber du solltest auch eines Tages der Welt von dem unbeschreiblichen Grauen berichten, das sie durchlebt haben, und von der Hölle, die ihr Leben war, bevor ein noch grausamerer Tod ihrem Leiden ein Ende machte.«

Ich merkte mir seine Worte gut. Ja, es war ihr Vermächtnis, das würde ich erfüllen.

Aber nicht nur das. Solange ich lebe, werde ich das von Kratzspuren vernarbte Gesicht eines ehemaligen SS-Offiziers suchen, der 1943 bei der Eliminierung der Ghettobewohner eine führende Rolle gespielt hat. Ihm möchte ich eines Tages gegenüberstehen, ich, der lebendige Beweis, daß ihm ein einziger Sproß der Familie Sznajder entgangen ist, und ich hoffe, daß er noch lebt, so daß ich ihn der weltlichen Gerechtigkeit überantworten kann.

Er war damals noch ein junger Mann; vielleicht hat er seine Taten längst aus dem Gedächtnis verdrängt, vielleicht denkt er überhaupt nicht mehr an das junge Mädchen, das er lebendig in die Grube zu den Ermordeten geworfen hat. Aber das Kainsmal muß sich in sein Gesicht eingegraben haben; vielleicht schaukelt er heute sogar seine Enkelkinder liebevoll auf den Knien, pflegt sorgsam die Rosen in seinem Garten, streichelt zärtlich seine Katze, durchwandert die Wälder und bittet Gott um Gesundheit und Wohlergehen für seine

Kinder und Enkel. Ich träume von dem Tag, an dem er erfährt, daß ein Bruder der jungen Jüdin noch lebt, und an dem er gezwungen wird, seine sorgsam gehütete grausame Vergangenheit Stück für Stück aufzudecken.

Dem jungen Elektriker, der Esther so sehr liebte, verdanke ich, daß ich damals die Kraft zum Weiterleben wiederfand, nachdem mich tiefste Verzweiflung erfaßt hatte. Er richtete mich auf mit liebevollen, einfühlsamen, aber auch energischen Worten und machte mir klar, daß ich mein Leben jetzt nicht wegwerfen durfte, nach allem, was ich schon ausgestanden hatte. Er erinnerte mich an das Vermächtnis und stand mir bei, als ich glaubte, keinen Grund zum Leben mehr zu haben, sondern nur noch den Wunsch, dorthin zu gehen, wo alle meine Lieben jetzt waren.

Wir verabschiedeten uns; er ging zurück in das Arbeitshaus, aus dem er sich mit List entfernt hatte, um mich abzufangen, und ich ging nach Hause. Meine Wirtin, die Juden nicht ausstehen konnte, mich aber so gern hatte, sah mir sofort an, daß etwas mit mir nicht stimmte. »Was ist passiert?« wollte sie wissen. »Warum kommst du so spät?«

Ich war weder in der Stimmung noch in der Lage, ihr zu antworten – sollte sie doch merken, daß ich Kummer hatte, mir war's egal –, ich konnte mich jetzt nicht verstellen. Ich warf mich auf mein Bett und vergrub mein Gesicht im Kopfkissen und weinte es naß.

Am folgenden Morgen mußte ich zur Arbeit und so tun, als sei nichts geschehen. Ich ging von zu Hause fort, und mein Weg führte mich an der Hölle vorbei. Zu meiner Rechten das verlassene, ausgestorbene Ghetto, zu meiner Linken die zugeschaufelte Grube, die jetzt ganz harmlos aussah und in der meine Mutter und meine Schwester begraben lagen, und so viele andere, die ich gut gekannt hatte.

Ich weiß nicht, wie ich in die Fabrik gelangt bin, um meine belanglosen Tätigkeiten auszuführen: Bolzen und Schrauben suchen, die Zuckerwaggons verschließen. Ich sah keine Bolzen und sah keine Schrauben; ich bewegte mich mechanisch wie eine aufgezogene Puppe.

Am Abend dann der gleiche Weg nach Hause, vorbei an der Hölle

der Erinnerungen; ich schaute ins leblose Ghetto, dann hinüber zur Grube, wo all meine Hoffnung, meine Liebe, mein Leben wie Abfall hineingekippt wurden, etwas Erde draufgeschüttet, und schon war die unvorstellbare Grausamkeit des Geschehens zugedeckt und vergessen – aber nur für die, die sie begangen hatten.
Meine Wirtin war besorgt um meines veränderten Wesens, es konnte ihr nicht verborgen bleiben, daß ich irgendein traumatisches Erlebnis hinter mir hatte. Sie ermunterte mich, ihr meinen Kummer anzuvertrauen: »Was ist denn passiert, Wladek? Vielleicht willst du einen Spaziergang mit mir machen? Das würde dir sicher guttun. Dann kannst du mir auch erzählen, was dich so bedrückt.«
Wie hätte ich ausgerechnet ihr meine Verzweiflung klarmachen können? Oft genug hatte sie ihren Judenhaß erkennen lassen. Und ihr sollte ich erzählen, daß meine Mutter kaltblütig erschossen und meine Schwester noch lebend in die Grube geworfen wurde? Und das nur, weil ihr Verbrechen darin bestand, Juden zu sein? Wie konnte ich ihr anvertrauen, daß die Nazis meine gesamte Familie ausgerottet haben? Ausgerechnet ihr? »Nein, nein, mir fehlt nichts«, sagte ich ohne Überzeugung.
Ich trank gewohnheitsmäßig noch die abendliche Tasse Kaffee mit ihr, tunkte lustlos ein Stück Brot in die schwarze Brühe, wünschte ihr eine gute Nacht und schlich in mein Bett.
Ich wollte schlafen! Der Schlaf sollte mich umarmen und meine dunklen Gedanken für eine Weile in den warmen Mantel der Vergessenheit hüllen. Aber er kam nicht! Vielleicht wäre alles leichter zu ertragen gewesen, hätte ich wenigstens mit einem Menschen, dem ich vertrauen konnte, reden können; meinen ganzen aufgestauten Kummer herausweinen können an einer Schulter, die mir Trost und Zuspruch geben konnte. Aber ich mußte allein mit dem Ungeheuerlichen fertig werden. Denn einen Menschen, dem ich so rückhaltlos hätte vertrauen können, gab es in meiner Umgebung nicht.
Der nächste Tag war genauso schlimm. Ich verrichtete meine Arbeit wie ein Roboter. Nur in den Gesichtern der beiden Juden, die mir die Hiobsbotschaft hatten zukommen lassen, konnte ich Mitleid und Sympathie erkennen. Als Arbeitsjuden waren sie von dem

Massaker noch verschont geblieben. Sie blickten aber schnell wieder zu Boden, aus Angst, daß unsere geheimsten Gedanken entdeckt werden könnten; die Botschaft ihres Mitleids hatte ich jedoch verstanden, und ich war ihnen dankbar dafür. Sie hatten mir zu verstehen gegeben, daß es Menschen gab, die um meinen Kummer wußten, die ihn mit mir teilten und die mich gerne beschützt und verteidigt hätten – aber sie waren ja noch viel hilfloser und schwächer als ich.

Langsam machten sich Anzeichen bemerkbar, daß das Kriegsglück der Deutschen sich zu wenden begann. Sie hatten große Verluste und mußten beim Vormarsch der Roten Armee Stück für Stück ihres eroberten Raumes hergeben. Noch aber herrschte ihr Terror über unserem Gebiet, und die alle beschäftigende Frage war: Würde es ihnen gelingen, alle Juden auszurotten, bevor sie besiegt wurden, oder bekämen noch einige von uns die Chance, davonzukommen und ihrer Vernichtungsmaschinerie zu entgehen? An diese Hoffnung klammerte ich mich.

Vorerst aber mußte ich noch jeden Tag in die Zuckerfabrik, zweimal am Tag vorbei an dem Massengrab. Dieses Grab stellt einen weiteren Posten im Katalog meiner Horrorerlebnisse dar, die tief in mein Inneres eingegraben sind. Ich würde den Platz sofort wiederfinden, auch wenn sich die Umgebung inzwischen völlig verändert hat. Eines Tages werde ich hinfahren, um an diesem heiligen Ort ein Gebet für die Seelen der geliebten Menschen zu sprechen, die in dieser Erde Erlösung von ihrem unvorstellbaren Leiden gefunden haben.

Neugeboren durch ein Stück Seife und warmes Wasser

Im Lauf der Jahre ließ die Qual nach, das Leben ging weiter, und die Zeit legte über manche der grausamen Einzelheiten einen gnädigen Schleier des Vergessens. Aber damals wühlte der Schmerz in meinem Innern, als hätte man mir ein scharfes Messer ins Herz gestoßen. Dabei durfte ich aber meine täglichen Pflichten nicht

vernachlässigen. Und Gott sei Dank nahm der tägliche Lebenskampf einen Teil meiner Gedanken in Anspruch.
Die Zuckerrübenernte war verarbeitet, und bald würden die sieben mageren Jahre – die Zeit ohne Zuckerproduktion – über uns hereinbrechen. Ich mußte mich nach einer neuen Einkunftsquelle umsehen – und ich fand eine.
Ich hatte schon einige Male beobachtet, daß der Meister seine abendliche Suppenration nicht anrührte. An manchen Tagen löffelte er sie bis zum letzten Tropfen aus – an manchen Tagen beachtete er sie gar nicht. Bis ich auf des Rätsels Lösung stieß: Der Meister liebte nur Kohlsuppe; alles andere ließ ihn kalt. Für Kohlsuppe hätte er wahrscheinlich sein Leben hingegeben. An Tagen, wo es keine Kohlsuppe gab, verkaufte er mir für eine winzige Summe – ich weiß nicht mehr genau, für wieviel – seine Essensmarke, und so hatte ich noch einmal eine kräftige Abendmahlzeit. Gab es aber Kohlsuppe, die ich ihm aus der Kantine holen und an seinen Arbeitsplatz bringen mußte, foppte er mich mit der Bemerkung: »Armer Wladek, da geht deine Lebenskraft dahin!«
Er war ein feiner Kerl, mein Meister, gutmütig und ausgeglichen. Allerdings konnte er – wie die meisten Polen – keine Juden leiden, da er aber keine Ahnung von meiner Abstammung hatte, störte diese Abneigung unsere Beziehung in keinster Weise. Dank seiner Großzügigkeit brauchte ich keinen Hunger zu leiden. Wäre er eigentlich auch so fürsorglich gewesen, wenn er gewußt hätte, daß ich Lipman Sznajder war? Das wage ich zu bezweifeln.
Leider bestand auch meine lesbische Hausfrau auf meinem wöchentlichen Bad, und als es mir einmal über Wochen hin gelungen war, mich vor dieser peinigenden Prozedur zu drücken, sprach sie mich sehr ungnädig darauf an: »Wladek, ich glaube, du hast schon lange nicht mehr gebadet. Weißt du eigentlich, daß du fürchterlich stinkst?« Diesen Ton kannte ich schon an ihr, und er machte mir klar, daß ich jetzt nicht mehr auskommen konnte, jetzt mußte ich ein Bad nehmen, wenn ich nicht riskieren wollte, daß sie mir meinen Schlafplatz aufkündigte.
Also suchte ich am darauffolgenden Freitag meinen alten Kumpel, den Bademeister, auf, drückte ihm ein paar Zigaretten in die Hand,

rauchte sogar eine mit ihm, obwohl mir das absolut kein Vergnügen bereitete. Ich wartete auf den günstigsten Moment, sagte mein gewohntes Sprüchlein – »schreckliche Eile – keine Zeit« – und war drinnen im Duschraum, wo ich mich in halsbrecherischer Geschwindigkeit einseifte und den Schaum abspülte. Dann trieb ich den Leichtsinn auf die Spitze, indem ich den Bademeister rief und erneut bat, meinen Rücken zu waschen. Ihm machte es nichts aus, und gutmütig seifte er mir den Rücken ein, und als er fertig war, gab er mir noch einen kameradschaftlichen Klaps auf mein Hinterteil. Hätte ein Jude es gewagt, sich in diesem Zustand einem Arier zu präsentieren?

Im Innern machte ich mich lustig über diesen gutgläubigen Polen, der so leicht zu täuschen war. Ich bin schon ein toller Kerl! sagte ich mir und wuchs um mindestens fünf Zentimeter. Ich, ein kleiner Jude, der dem Blutbad im Ghetto von Rejowiec entgangen ist, lasse mich frech von einem Polen bedienen und mache einen Narren aus ihm.

Dieser kleine Erfolg, mit dem ich absichtlich das Schicksal herausgefordert hatte, gab mir für einige Minuten ein unglaubliches, trügerisches Selbstbewußtsein. Als ich den Baderaum verließ, frisch und sauber, fühlte ich mich in jeder Hinsicht wie neugeboren.

Mit dem Einkommen aus der Zuckerfabrik konnte ich nicht leben. Deshalb war ich ständig auf der Suche nach zusätzlichen Einnahmequellen, eine Tätigkeit, die meinen Erfindungsreichtum pausenlos herausforderte. So hatte ich mein Augenmerk auf den Lagerraum gerichtet, in dem die leeren Zuckersäcke aufgestapelt waren, die aus erstklassigem Material gefertigt waren – ungefähr der gleiche Stoff, aus dem heute Jeans gemacht werden. Der Lagerverwalter kannte mich und wußte, daß ich auf der Suche nach Schrauben und Bolzen alle Räume durchstreifte. Ich ging wie absichtslos in das Lager, schaute mich ein bißchen um, und wenn ich mich unbeobachtet wußte, schnappte ich mir einen leeren Sack, steckte ihn unter meine Jacke, sprach noch ein paar belanglose Worte mit dem Verwalter und schlenderte dann langsam – als hätte ich das beste Gewissen der Welt – dem Ausgang zu. Draußen verhökerte ich meine Beute dann so schnell wie möglich. Dieser Handel sicherte mir ein zusätzliches Einkommen von zweihundert Zloty. Diese Summe konnte man leicht für einen Sack verlangen, denn die Säcke waren wirklich aus hochwertigem Material. Mit dem Erlös konnte ich mir einen Notgroschen auf die Seite legen und sogar meinen Lebensstandard etwas höherschrauben.

Oberflächlich betrachtet schien alles in bester Ordnung. Ich war jetzt bekannt in Rejowiec wie ein bunter Hund: der kleine Waisenjunge aus Warschau, immer freundlich, gute Manieren und immer hilfsbereit. Man betrachtete mich als einen der Ihren. Trotz meines kecken Auftretens jedoch verlor ich nie meine Angst vor einer plötzlichen Entdeckung, zu Recht, wie sich bald herausstellte. Die schwarze Wolke stand schon am Himmel, und das Damoklesschwert hing drohend über mir.

Einer der polnischen Arbeiter wollte, daß ich seinen Meißel schliff. Wie immer war ich sofort bereit, ihm den Gefallen zu tun, weil ich mich gerne lieb Kind machte. Das hätte ich besser seinlassen! Wie jeder Anfänger weiß, setzt man bei dieser Tätigkeit eine Schutzbrille auf. Ich wußte das auch, denn ich hatte die Schutzmaßnahme auch stets beachtet, aber entweder lag dieses Mal keine Brille parat und ich wollte keine Zeit mit Suchen verlieren, vielleicht war es aber auch purer Leichtsinn gewesen, so genau kann ich mich nicht mehr erinnern. Jedenfalls hatte ich kaum mit meiner Tätigkeit begonnen, als auch schon ein Splitter in mein rechtes Auge flog. Ich fühlte einen brennenden Schmerz, der nicht nach einigen Sekunden verging. Trotzdem arbeitete ich weiter, denn ich dachte, es würde gleich wieder besser werden und der Splitter ginge von selber wieder raus, so wie eine Fliege, die einem ins Auge fliegt, oft von selber wieder verschwindet. Aber das Auge schwoll rasch an, und nach ein paar Stunden – ich war inzwischen zu Hause – konnte ich es überhaupt nicht mehr offenhalten. Der Schmerz war unerträglich geworden, und ich verbrachte die ganze Nacht jammernd in und außerhalb meines Bettes.

Am nächsten Morgen zeigte ich dem Meister mein Auge. Er machte ein besorgtes Gesicht und sagte: »Das sieht ziemlich böse aus, mein Junge! Wie oft hab ich dir eigentlich schon gesagt, daß du eine Schutzbrille aufsetzen sollst, wenn du Metall schleifst? Tut es sehr

weh? Das hast du davon, weil du die Sicherheitsvorschriften nicht einhältst! Geh sofort zum Doktor!«
Der Doktor erkannte mich sofort wieder. »Oh, da haben wir ja unseren Pechvogel Wladek schon wieder. Was fehlt dir denn heute?« Er untersuchte mein verletztes Auge und eröffnete mir dann: »Tja, da kann ich nichts machen. Da muß ein Augenspezialist ran. Ich gebe dir eine Überweisung für einen Spezialisten in Chelm.«
Chelm! Das hatte mir gerade noch gefehlt!

Meine Reise nach Chelm

Chelm! Chelm! Die Worte des Doktors dröhnten unablässig in meinem Kopf. Ich durfte mich doch nicht in Chelm sehen lassen, da kannte mich doch fast jeder als Lipele Sznajder, den Juden! Ich wäre bis ans Ende der Welt gegangen, an irgendeinen beliebigen Ort in Polen, aber doch nicht nach Chelm, wo es keine Juden mehr gab. Sie waren alle vertrieben oder umgebracht worden. Nein, das ginge einfach nicht! Wenn ich die Weisungen des Doktors befolgte, konnte ich mir gleich einen Strick kaufen und mich aufhängen. In Chelm konnte ich nicht als Wladek Szymczyk auftreten; jeder dort wußte, wer mein Vater war. Meine Kehle war wie zugeschnürt, und ich konnte nur den Kopf schütteln. Aber der Doktor blieb unerbittlich. »Es gibt nur eine Rettung für dein Auge, und das ist der Spezialist in Chelm. Ich geb dir die Überweisung gleich mit.«
Ich versuchte es noch einmal: »Gibt es nicht auch einen in Lublin? Ich habe da eine Tante, und die könnte ich bei der Gelegenheit besuchen.« Er schüttelte energisch den Kopf und sagte: »Nein, nein, du Unglücksrabe. Du mußt nach Chelm. Erstens ist das näher, und zweitens ist der Augenarzt dort der beste. Nur der kann dein Auge retten. In Lublin kenne ich keinen Spezialisten.«
Der Betriebsarzt setzte sich an seinen Schreibtisch und stellte die Überweisung aus. In mir schrillten alle Glocken: Alarm! Wie konnte ich aus dieser Situation rauskommen? »Kennst du dich in Chelm aus?« wollte er wissen.

»Nein, ich war noch nie dort«, log ich dreist. »Aber in Lublin kenne ich mich gut aus. Dort wohnt meine Tante. Es wäre viel einfacher für mich, zu einem Doktor in Lublin zu gehen.«
»Ganz ausgeschlossen«, sagte er ungeduldig. »Du gehst zum Doktor nach Chelm. Hier, ich hab dir die Adresse aufgeschrieben: Chrubieszowskastraße 280. Das ist ein bißchen außerhalb der Stadt, ganz in der Nähe vom Städtischen Krankenhaus. Er heißt Doktor Okolesza.«
Doktor Okolesza! Auch das noch! Den kannte ich gut. Als ich fünf oder sechs war, hatte ich eine schlimme Augenentzündung, und meine Mutter brachte mich zu ihm. Wenn ich jetzt bei ihm auftauchte, nachdem alle Juden deportiert oder umgebracht waren, konnte ich mir gleich eine Kugel in den Kopf schießen.
Ich saß zwar in der Falle, aber mein Verstand arbeitete fieberhaft. Würde er mich wiedererkennen? Zehn Jahre waren seit der Infektion vergangen, und damals war ich ein kleiner Junge. Er behandelte Hunderte von Kindern im Jahr. Er wird sich sicher nicht erinnern, daß ich der verängstigte kleine Kerl von damals bin! Daran klammerte ich meine ganze Hoffnung. Ich versuchte zwar immer noch, mit allen möglichen Ausreden dem Arztbesuch in Chelm zu entkommen, aber die Warnung des Doktors ließ an Deutlichkeit nichts zu wünschen übrig. »Wenn du nicht schnellstens behandelt wirst, kann das Auge blind werden.«
Ich zeigte die Überweisung dem Meister, der mich zum Fuhrpark schickte, damit ich mich erkundigte, wann ein Fuhrwerk nach Chelm fuhr. Der Fuhrmann sollte mich dann in Chelm rauslassen und nach der Behandlung wieder mit zurücknehmen.
Am folgenden Morgen würden wir losfahren, und die vierundzwanzig Stunden bis dahin waren die reinste Hölle. Wie käme ich unerkannt von dem Platz, wo der Fuhrmann mich absetzte, zum Doktor? Wie käme ich durch die Straßen von Chelm, ohne von einem alten Bekannten gesehen zu werden? Ein paar Monate zuvor wäre das alles noch nicht ein solches Problem gewesen, denn da hatte es noch Juden in Chelm gegeben. Aber nun würde das Auftauchen eines Juden doch jedem Polen sofort verdächtig vorkommen.

Kurz vor Morgengrauen fiel ich in einen leichten, unruhigen Schlaf, aus dem meine Wirtin mich bald wieder weckte. Er war Zeit, nach Chelm zu fahren. Mein inständiges Flehen um ein Wunder und daß das Auge von selbst besser würde, war nicht erhört worden. Die Schmerzen waren – ganz im Gegenteil – kaum mehr auszuhalten.
Der Fuhrmann, der mich in Chelm absetzen sollte, war mir völlig unbekannt. Während er mich auf dem holprigen Karren durch die Landschaft schüttelte, bohrten zwei Fragen unablässig in meinem Kopf: Wie käme ich in die Chrubieszowskastraße 280, ohne von einem Polen gesehen zu werden, und wie würde Doktor Okolesza reagieren, falls er mich als Sohn der Jüdin Sznajder wiedererkannte?
Nach einer Weile wandte sich der Fuhrmann, der neben mir auf einem Holzbock saß, an mich und fragte: »Kennst du Chelm überhaupt?«
»Nein«, antwortete ich, was er mir ohne weiteres abnahm. Dabei kannte ich die Chrubieszowskastraße bestimmt besser als er – es war die längste Straße in Chelm. Sie zog sich quer durch die ganze Stadt, von Norden nach Süden, wobei sie sich an einem bestimmten Punkt gabelte und fortan Lubelska-Chrubieszowska-Straße hieß, weil die eine Gabelung nach Chrubieszow und die andere nach Lublin führte.
Die Fahrt von Rejowiec nach Chelm dauerte zwei Stunden, und die nutzte ich, um mir eine Strategie auszudenken, wie ich aus der Stadtmitte zum Haus des Doktors gelangen konnte, ohne jemandem in die Arme zu laufen, dem ich früher bekannt war.
Wir würden gegen zehn ankommen, in der Hauptverkehrszeit, in der die Straßen voll waren mit Menschen, die ihren Geschäften nachgingen oder die einfach ein bißchen Sonne genießen wollten, die um diese Zeit schon angenehme Wärme gab. Ich mußte so vorsichtig sein, als liefe ich über ein Minenfeld, auf dem jeder Schritt die Katastrophe auslösen kann.
Der Fuhrmann ließ mich am Rathaus aussteigen, von wo aus es nicht mehr allzu weit zum Städtischen Krankenhaus war.
Ich konnte mir nicht erlauben, die Chrubieszowskastraße entlangzugehen, und die Lubelskastraße kam ebenfalls nicht in Frage. Beide waren viel zu belebt. Ich mußte mir meinen Weg durch die kleinen

Nebenstraßen suchen, wo ich mich eng an die Hausmauern gedrückt, so klein wie möglich machte, indem ich den Kopf einzog und tief nach unten blickte. So und mit meinem breitkrempigen Hut, das schmerzende Auge mit der Hand bedeckt, hoffte ich, unerkannt an mein Ziel zu gelangen.
Der Weg führte mich durch die Kopernikastraße, wo mein Vater früher auf Nummer zwei sein Geschäft gehabt hatte – vor so langer, langer Zeit, als das Leben noch friedlich und unbeschwert verlief. Mein Herz klopfte so laut, daß ich dachte, jeder, der sich in meiner Nähe befand, mußte es hören, und mein inneres Ohr gaukelte mir schon wieder Stimmen vor, die aufgeregt schrien: »Da geht der Sohn vom Sznajder!«
Aufgewühlt und überwältigt riß ich mich vom Anblick des erinnerungsbeladenen Hauses los und marschierte weiter auf das Städtische Krankenhaus zu. Ich hatte einen Fußmarsch von einer knappen Stunde zu bewältigen, in der ich zwischen Angst- und Nostalgiegefühlen hin und her gerissen war. Ich beweinte das verlorene Chelm. Als ich an der Synagoge vorbeikam, erinnerte ich mich an all die Freitage, an denen unser Vater uns zum Gebet mitgenommen hatte, und wie unsere Mutter uns bei der Rückkehr mit strahlendem Gesicht empfing. Jetzt war hier alles öde und verlassen, und doch hingen an jedem Gebäude Erinnerungen an ein anderes Chelm, in dem eine blühende jüdische Gemeinde in Frieden und relativem Wohlstand gelebt hatte, ein Chelm, von dem ich geglaubt hatte, es sei der schönste und größte Ort auf Erden – nichts davon war übriggeblieben. Es war alles ausgestorben, und man spürte nur die Gegenwart des Todesengels.
Ich ging weiter, die Augen starr auf den Boden gerichtet und inständig wünschend, ich wäre unsichtbar. Würde Doktor Okoleszka mich erkennen, würde er in die Worte ausbrechen, vor denen ich mich mehr fürchtete als vor dem Verlust meines Augenlichts? »Ach schau, da ist ja der kleine Sznajder, der Sohn von Frau Sznajder?« Ich bückte mich tiefer und tiefer, als ob ich einen winzigen Gegenstand auf dem Boden suchte. Die eine Hand hielt ich immer noch vor mein zugeschwollenes Auge, mit der anderen hielt ich die Krempe meines Hutes fest, so daß mein Gesicht

vollständig bedeckt war. Mein Herz klopfte weiterhin laut und vernehmlich – im Rhythmus der Angst.
So erreichte ich allmählich die Pocztowastraße, auch sie ein Hort der Erinnerungen. Hier hatte Abisz Szticziver, mein Urgroßvater, einen Wohnblock um einen großen, mit Bäumen und Sträuchern bewachsenen Innenhof gebaut. Zur errechneten Zeit kam ich bei der Nummer 280 in der Chrubieszowskastraße an. Die erste Etappe meiner Reise hatte ich hinter mich gebracht. Aber mir graute vor dem, was jetzt kommen würde. Noch während meine Gedanken Purzelbäume schlugen und Strategien entwickelten, wie ich der Gefahr des Erkennens entgehen könnte, erblickte ich vor dem Haus des Doktors ein abgestelltes schweres Motorrad mit unverwechselbaren Insignien – denen der SS.
Was will der denn hier? dachte ich und geriet in Panik. Weglaufen war zwecklos. Also atmete ich tief durch, nahm meinen ganzen Mut zusammen und betrat die Praxis. Im ersten Raum war ein junger Mann – offenbar ein Assistent des Doktors. Ich reichte ihm meinen Überweisungsschein vom Betriebsarzt. Er betrachtete ihn sorgfältig, bedeutete mir, hier zu warten, und verschwand durch eine zweite Tür.
Mit meinem gesunden Auge konnte ich immer noch auf das geparkte Motorrad sehen, und ich zitterte bei dem Gedanken, daß der Besitzer hereinkommen könnte. Dazu kam die bange Frage: Würde der Augenarzt nach so vielen Jahren erkennen, daß der Wladislaw Szymczyk, der ihn wegen seines verletzten Auges konsultierte, in Wirklichkeit der kleine Sohn von Frau Sznajder war? Aber Gott war mit mir, ich war zwar momentan auf einem Auge blind, aber der Doktor war es auf beiden!
Tatsächlich war der Besitzer des Motorrades ein SS-Offizier, der beim Doktor zur Behandlung war. Es war derselbe Mann, der neben mir gestanden hatte, als der Ukrainer mir bei der »Selektion« einen Tritt ins Hinterteil versetzt hatte. Ich erkannte ihn zweifelsfrei wieder, und schon begann die Todesangst, mir die Kehle zuzuschnüren. Er aber warf mir nur einen flüchtigen Blick zu, während ich erwartet hatte, daß er auf mich zukäme und mich anbrüllen würde: »Du bist doch ein Jude!«

Aber nichts dergleichen geschah. Er drehte sich nach der Tür um, ohne noch einen Funken Interesse an mir zu bekunden, und verließ die Praxis. Ich beobachtete, wie er sich auf sein Motorrad setzte, aber dann stockte mein Atem: Er fuhr nicht los, wie ich erwartet und gehofft hatte, sondern blieb nachdenklich auf seiner Maschine sitzen. Meine Befürchtungen nahmen hysterische Formen an. Wieso fuhr er nicht einfach los? War ihm doch noch eingefallen, wo er mich schon einmal gesehen hatte? Schon fühlte ich im Geiste seine schwere Hand auf meiner Schulter.

Das Motorrad rührte sich noch immer nicht von der Stelle. Ich hatte den Mann nicht eine Sekunde aus den Augen gelassen und erstarrte vollends zur Salzsäule, als ich jetzt sehen mußte, wie er von seinem Fahrzeug abstieg und seine Schritte wieder zur Praxis lenkte. Jetzt ist es passiert! dachte ich in hilfloser Panik, jetzt hat er sich meiner erinnert! Wohin kann ich flüchten? Die Treppen rauf, bis in den Speicher? Aber da säße ich dann ja hoffnungslos in der Falle. Nachdem ich ohnehin zu keiner Bewegung fähig war, erwartete ich atemlos und nahezu besinnungslos mein Schicksal.

Die Tür zu Doktor Okoleszas Ordinationsraum öffnete sich, eine junge Sprechstundenhilfe kam heraus und reichte dem SS-Offizier ein Fläschchen. Er nahm es an sich, machte auf dem Absatz kehrt und eilte hinunter zu seinem Motorrad. Er setzte es ohne Zögern in Gang und fuhr los.

Er hatte mich nicht erkannt, und meine Todesängste waren umsonst gewesen. Ich fühlte, wie die Anspannung in meinem Körper nachließ und ich wieder durchatmen konnte.

Die hübsche Sprechstundenhilfe rief meinen Namen auf und winkte mich heran. Gerade hatte ich mich von einem Schrecken erholt, als mich erneut Panikstimmung ergriff. Jetzt war endlich der Moment der Wahrheit gekommen! Wird er mich erkennen? Mit wackeligen Knien betrat ich den Behandlungsraum, und ich stand vor Doktor Okolesza.

»Soso, du hast einen Metallsplitter im Auge?« Er nahm eine Speziallampe und beleuchtete mein Problem. »Ah, da ist er ja! Wenn er hereingekommen ist, werden wir ihn auch wieder herausbekommen!« Offenbar hatte er große Erfahrung mit derartigen Verletzungen, denn er nahm jetzt zielbewußt eine Art Magnet aus seiner Instrumentenschublade, hielt mein Auge mit der einen Hand auf und manövrierte mit der anderen und mit Hilfe des Magneten den Splitter heraus. So einfach war das! Die Schmerzen ließen auf der Stelle nach, und nachdem er mir einige Tropfen einer Flüssigkeit hineingetropft hatte, legte er mir einen Verband an, setzte eine schwarze Augenklappe darüber und sagte: »Den mußt du jetzt drei Tage lang auf dem Auge lassen.«

Ich war überglücklich. Mein Auge war gerettet – und meine falsche Identität auch. Am liebsten hätte ich ihn umarmt, und in einem Anflug von sträflichem Leichtsinn kam mir der Gedanke, ob ich mich ihm nicht enthüllen sollte: »Herr Doktor, kennen Sie mich denn nicht mehr?« hätte ich am liebsten gerufen. »Ich bin Lipman Sznajder! Sie haben mich doch schon behandelt, als ich noch ein kleiner Junge war. Sie kannten doch meine Mutter. Sie hat stets respektvoll und gut über Sie gesprochen und Sie sehr bewundert. Aber jetzt ist sie tot. Sie haben sie erschossen, und ich bin der einzige, der von der ganzen Familie noch übriggeblieben ist.«

O Gott, welch hirnverbrannte Idee! So etwas durfte ich nie und nimmer wagen! Glaubte ich denn tatsächlich, der Doktor würde ein paar mitfühlende Worte für mich finden? Lipman, reiß dich zusammen! befahl ich meinem Impuls und brachte ihn zum Schweigen. Dieser Mann ist wahrscheinlich genauso ein Antisemit wie fast alle Polen. Komm zurück auf die Erde und danke Gott, daß er dich nicht erkannt hat!

Ich bedankte mich beim Doktor mit der gebotenen Herzlichkeit und war draußen. Obwohl mir jetzt wieder ein Spießrutenlaufen bevorstand, fühlte ich mich doch wesentlich leichter und unbeschwerter. Die Schmerzen waren fast weg, und mein Auge war so gründlich einbandagiert, daß mein halbes Gesicht verdeckt war. Trotzdem drückte ich mich wie mein eigener Schatten immer schön an den Hausmauern entlang und vermied es, einem Passanten ins Gesicht zu schauen. Mein Gesicht sollte ja schließlich auch keiner sehen.

Zuerst wollte ich im Sauseschritt zum Rathaus zurück, so schnell wie möglich aus der Gegend hier weg, und dann auf das Fuhrwerk warten. Aber dann sagte mir die Vernunft, daß Laufen nur auffallen

würde, also schlenderte ich gemächlichen Schrittes, aber gesenkten Hauptes an den Hausmauern entlang.
Ich mußte wieder an all den Stätten vorbei, in denen schwer und dunkel meine Erinnerungen hingen – alles so vertraut und doch so fremd. Meine Kindheit rollte wie ein Film vor meinen Augen ab, während ich vorsichtig wie eine Katze, voller Mißtrauen gegen jedermann und ängstlich auf mögliche Gefahren achtend, die an jeder Ecke lauern konnten, meinen Weg fortsetzte, war ich doch gewärtig, daß sich jeden Augenblick eine Hand auf meine Schulter legen, eine ehemaliger Nachbar mich vielleicht anreden oder jemand, der mich von sonstwoher kannte, plötzlich ausrufen würde: »Schau, da geht Lipman Sznajder. Schau, wie groß er geworden ist. Er hat doch hier gewohnt, als er noch ein kleines Kind war!«
Der Weg zum Treffpunkt war lang und zog sich durch mein nachdenkliches Schlendern noch mehr in die Länge. Ich wäre gerne am Botanischen Garten vorbeigegangen, aber der Gedanke an die vielen Polen, die zu dieser Stunde jetzt dort vorbeiflanierten, ließ mich diesen Plan als viel zu gefährlich wiederaufgeben. Dann wollte ich über die Felder gehen, aber nein, in einer so einsamen Umgebung wäre ich ja jedem Polen hilflos ausgeliefert, der sein Mütchen an einem Juden kühlen möchte.
Meine Vernunft riet mir, durch die Lubelskastraße zu gehen. Mit Vorsicht bei jedem Schritt und Wachsamkeit plante ich meinen Weg und spielte im Geiste alle Situationen durch, von denen ich eventuell überrascht werden konnte.
Ohne äußeren Anlaß erfaßte mich plötzlich eine unerklärliche Panik: Ich war überzeugt, daß ich nie heil an mein Ziel gelangen würde. Ganz bestimmt würde mich jemand erkennen. Schlesinger würde auf einmal vor mir stehen, der SS-Offizier, für den der Mord an einem Juden nicht mehr Bedeutung hatte als das Wegscheuchen einer Fliege. Ich weiß nicht mehr, wie lange mich diese Horrorvisionen noch quälten, ich weiß nur noch, daß ich mich fühlte wie ein gejagtes Wild.
Erst als ich merkte, daß ich bereits an der Kreuzung Rejowiec-Lublin angekommen war, fühlte ich mich etwas freier, denn jetzt konnte ich wieder Hoffnung schöpfen, lebendig von meinem Besuch

aus Chelm zurückzukehren. Hier konnte ich beruhigt abwarten. Die Gefahr, daß mich hier jemand erkennen würde, war sehr gering. Es war kurz nach Mittag, und die Sonne stand hoch am Himmel. Es war heiß, und ich wollte mich ein wenig ausruhen. Daher legte ich mich unter einen schattenspendenden Baum auf die Erde und wartete auf den Fuhrmann, der mich zurück nach Rejowiec bringen würde – zurück ins Leben.

Der Weg zurück nach Rejowiec erschien mir viel kürzer als unsere Hinfahrt. Mein Herz war leicht, und ich war nicht mehr so schweigsam wie auf dem Hinweg nach Chelm, sondern unterhielt mich angeregt mit dem Fuhrmann. Ich sprudelte meine Glückseligkeit nur so heraus, war voll des Lobes über den Doktor in Chelm, sagte ihm, wie dankbar ich war, daß die Schmerzen im Auge nachgelassen hatten. Während ich mich lebhaft mit ihm unterhielt, gingen mir allerei Gedanken durch den Kopf, die ich aber für mich behielt:

Wieviel Glück braucht ein Mensch, um am Leben zu bleiben? Ich war mitten in der Höhle des Löwen gewesen, ich bin durch das Tal der Schatten und des Todes gegangen, und nichts ist mir passiert, obwohl mich jeder Schritt ins Verderben hätte stürzen können – ich habe alles gut überstanden! Kein falscher Schritt, keine Begegnung mit Personen, die mich identifizieren konnten! Wäre ich aus irgendeinem lächerlichen Grund angepöbelt worden, ich wäre sofort entdeckt und eingesperrt worden. Man hätte mich umgebracht, und kein Hahn hätte nach mir gekräht. Aber ich hatte glücklich alle Gefahren umschifft, war in Sicherheit und auf dem Weg nach Hause. Ich fand, das Leben war doch schön.

Ich nutzte meine drei Tage Krankenurlaub, um ein wenig einzukaufen. Ich ging in den Lebensmittelladen in der Hauptstraße, um einen Wecken Brot und ein paar andere Kleinigkeiten zu besorgen. Als der ukrainische Ladenbesitzer mich erblickte, rief er mir etwas zu, was ich zunächst gar nicht glauben konnte: »Wladek, du bist doch aus Warschau? Was tust du dann noch hier? Auf nach Warschau! Weißt du nicht, daß dort ein Aufstand gegen die Deutschen stattfindet?«

Diese Neuigkeit machte mich zunächst sprachlos, aber dann stotterte ich: »Was? Wieso? Wer kämpft? Wo ist der Aufstand?«

Da berichtete er mir von dem Aufstand im Warschauer Ghetto, und wie die Juden sich gegen die Deutschen wehrten. »Aber das kann nicht lange dauern«, wollte er mich beruhigen – er hatte meinen offenen Mund wohl falsch gedeutet –, »das halten die Juden nicht lange durch. Die Deutschen werden sie schnell erledigt haben.«
Nach drei Tagen entfernte der Betriebsarzt meinen Verband, untersuchte das Auge und sagte: »Da hast du aber großes Glück gehabt, mein Junge, dein Auge ist wieder ganz in Ordnung.« Dann kniff er mich kumpelhaft in die Wange und warnte mich freundlich: »Du solltest in Zukunft die Sicherheitsvorschriften besser beachten. Aber ich glaube, das muß ich gar nicht extra betonen. Aus der Geschichte hast du bestimmt deine Lehre gezogen.«

Servus, Lipman!

Ich war richtig glücklich. Ich ging wieder in die Arbeit, konnte meinen gewohnten Beschäftigungen nachgehen, und die Episode mit meinem Auge und all ihren gefährlichen Begleitumständen war bald vergessen. Es war Sonntag, und ich wußte noch nicht so recht, was ich unternehmen könnte, als einer der Jungen, die ich von Josef her kannte, mit einem Vorschlag zu mir kam: »Gehen wir doch mal ins Ghetto«, sagte er, »die haben die Juden doch alle rausgeschafft, wir finden bestimmt noch Wertsachen in den leeren Räumen. Ich hab gehört, die hätten sogar noch Silber und Gold gehabt.«
Da ich liebend gerne den Ort meiner geheimen nächtlichen Besuche einmal so gesehen hätte, wie er jetzt aussah, willigte ich ein, und ich sagte zu ihm: »Wenn du meinst! Von mir aus, gehen wir halt. Ich hab nichts dagegen.«
Wir betraten das menschenleere, verödete Ghetto und liefen von einem Gebäude ins nächste, von einem Zimmer ins andere, der Junge auf der Suche nach Wertsachen, ich auf der Suche nach Erinnerungen, denn ich wußte es besser: Die Juden, die hier ihre letzten Tage verbrachten, hatten keine Wertsachen mehr besessen – sie hatten überhaupt nichts mehr gehabt.

Er suchte und suchte, während ich dem Geist meiner Lieben nachspürte: meiner geliebten Mamuschka, Esther, meiner schönen Schwester, und Shmuel. O lieber, kleiner Shmuel, den ich so gern hatte und den ich vor allem Leid beschützen wollte. Ich spürte, daß sie bei mir waren, und meine Schritte gingen ganz automatisch dorthin, wo sie oft des Nachts heimlich hingegangen waren – jetzt wohl ein letztes Mal –, in das kleine Zimmerchen, wo die drei ihre letzten Lebenstage verbracht hatten.
Der Fußboden war voll von eingetrocknetem Blut. Mich fror, als ich mich in dem Geisterzimmer umschaute, aber meine Blicke wanderten immer wieder zu den Blutflecken. Ich konnte mich davon nicht lösen und stand wohl eine ganze Weile da wie in Trance, bis der junge Pole kam und mich am Ärmel weiterzog.
»Also hier hast du dich versteckt«, sagte er vorwurfsvoll. »Ich hab dich im ganzen Ghetto gesucht. Ich glaube, du bist taub. Hast du denn nicht gehört, daß ich dauernd nach dir gerufen habe?«
Da sah auch er das Blut und wie ich meinen Blick nicht davon wenden konnte. Ich merkte, wie ihm leicht unbehaglich zumute wurde, als er mich fragte: »Wladek, sag, was tust du eigentlich hier?«
Ich antwortete leise: »Ich wollte nur mal sehen, wie die Juden hier gelebt haben.«
»Ach, komm«, sagte er, schon wieder ganz unternehmungslustig. »Vergiß doch die Juden. Laß uns lieber nach Goldbarren suchen, die sie bestimmt hier irgendwo versteckt haben.«
»Geh du nur«, sagte ich geistesabwesend. »Ich will noch ein bißchen hier weitersuchen.«
Ich konnte mich von dem Ort nicht losreißen, wo ich viele verbotene Stunden verbracht hatte und wo Esther und Mutter gelebt hatten und gestorben waren. Ich stand einfach nur da, blickte auf das Blut am Boden und überließ mich meinen traurigen Gedanken. Mutter, Esther, geliebte Esther, schrie es in mir. Warum? Warum? Warum habt ihr mich allein gelassen? Ich erlebte noch einmal, wie Esther dem Mörder ihrer Mutter das Gesicht zerkratzte, ich sah es wie in einem Film. Ich stand da und erlebte wie in der Realität die letzten Stunden meiner Lieben, allein im Raum, allein mit dem Eisenbett,

allein mit dem blutbefleckten Fußboden. Ich weiß nicht, ob ich eine Stunde dastand oder nur eine halbe, oder viel länger, das Gefühl für die Zeit war ausgeschaltet.
Mein Freund hatte keinerlei Wertsachen gefunden und war ärgerlich über die vergeudete Zeit. Ich heuchelte Enttäuschung, war aber in Wirklichkeit dankbar für die Gelegenheit, auf diese Art noch einmal ganz intensiv Abschied von den geliebten Menschen zu nehmen, denn allein hätte ich nie gewagt, noch einmal ins Ghetto zu gehen.
Die tägliche Routine der Arbeit verdrängte zeitweilig meinen Schmerz, aber nur so lange, wie ich mich auf die Arbeit konzentrieren mußte. Sobald meine Gedanken freien Lauf hatten, nistete sich die Traurigkeit mit ihren alles verdunkelnden Schatten wieder in meinem Gemüt ein.
Die Fabrik hatte neue Maschinen bestellt, und als sie eintrafen, kamen sie nicht komplett, sondern in lauter Einzelteilen, die an dem Platz, wo die Maschine hingehörte, zusammenmontiert werden mußten.
Aber leider war ich mal wieder »Hans im Glück«, denn ausgerechnet mir fiel beim Abladen der Teile eine Eisenstange auf den Fuß. Der schwoll mächtig an, und es tat höllisch weh. Also humpelte ich mal wieder zum Betriebsarzt. Er schlug in gespieltem Entsetzen die Hände über dem Kopf zusammen und rief aus: »Wladek, du Unglücksrabe! Wann lernst du denn endlich aufzupassen?«
Er untersuchte den Fuß und meinte, daß es nichts Tragisches wäre. Er bandagierte ihn und gab mir Instruktionen, wie ich mich zu verhalten hätte. Außerdem schrieb er mir eine Krankenbescheinigung für vier Tage. Danach humpelte ich nach Hause, die Entfernung betrug ja nur ein paar hundert Meter. Mir ging das Wort des Doktors nicht aus dem Kopf: »Unglücksrabe«. Ich glaube wirklich, diesmal hatte er damit den Nagel auf den Kopf getroffen.
Bevor ich das Haus erreicht hatte, sah ich drei junge Gestalten auf mich zukommen. Es waren die beiden Söhne meiner ersten Hauswirtin, die immer betrunken war – gegen eine Begegnung mit den beiden hatte ich nichts einzuwenden. Aber der Dritte, den sie in die Mitte genommen hatten, ließ alle Alarmglocken in mir schrillen:

Den kannte ich, und er kannte mich – aus Chelm. Er war ungefähr in meinem Alter, ein kleiner blonder Kerl mit einem runden Gesicht. Bevor ich überhaupt reagieren konnte, hörte ich es wie einen Donnerhall an mein Ohr dringen: »Servus, Lipman!«

Für einen Moment hoffte ich, mich verhört zu haben, aber dann erkannte ich, daß die beiden anderen es auch gehört hatten: »Servus, Lipman!« Das war das Ende! Auf einmal war ich Lipman, der Jude, und zwar hier in Rejowiec – nicht Wladek Szymczyk, der Waisenjunge aus Warschau. Ich könnte mein Judentum nicht länger verheimlichen, und ich konnte auch keine Ausrede erfinden. Ich mußte handeln – und das schnell. Der Junge aus Chelm hatte mich identifiziert – »Servus Lipman!« dröhnte es in meinen Ohren. Ich mußte fliehen, mußte schleunigst abhauen, um meine Haut zu retten.

Der Schmerz in meinem Fuß hatte nicht nachgelassen, und ich humpelte, so schnell es ging, ins Haus. Jetzt mußte ich meine gesamte Energie nur auf ein Ziel konzentrieren – ich mußte aus dieser Situation mit heiler Haut herauskommen.

Aber egal, in welche Richtung meine Gedanken sich auch bewegten, sie führten immer in eine Sackgasse. Es gab nur eine einzige Lösung, und die hieß Flucht. Weglaufen, so schnell ich konnte und so weit ich konnte.

Die Zeit verrann, und jede ungenutzte Minute konnte die Entscheidung zwischen Leben und Tod bedeuten. »Servus, Lipman«, hatte er gerufen, und ich war sicher, daß er früher oder später zur Polizei ginge. Ich hörte schon den ungefähren Wortlaut seiner Anzeige: »Da läuft ein Jude frei in den Straßen von Rejowiec herum: Lipman Sznajder. Ich kenne ihn aus Chelm.«

Und die Polizisten würden keinen Augenblick zögern, sie würden sich sofort auf die Jagd nach meiner Person begeben. Dafür sind sie ja schließlich da. Sie würden irgendwo im Hinterhalt auf mich lauern, mich packen und fortschaffen.

Ich ging ins Haus hinein – in das Haus, das ich jetzt wohl für immer verlassen mußte, und ich schnürte mein Bündel, in das ich meine gesamte Habe steckte. Ich eilte, so schnell ich konnte, zum Bahnhof, aber wohin wollte ich eigentlich fahren? Ganz egal, wohin, nur raus aus Rejowiec. Also mußte ich den ersten Zug nehmen, der hielt.

Wenn der Junge mich anzeigte, mußte ich schon über alle Berge sein. Bis zum Bahnhof waren es fünf Kilometer. Da ich schnell ging, wurden die Schmerzen im Fuß ärger. Aber jetzt tat mir eigentlich schon alles weh – nicht nur der Fuß. Ich bekam fürchterliches Herzstechen, das mein Fortkommen zusätzlich behinderte – und Kopfweh noch obendrein.
Ich mußte alles, was ich so mühsam aufgebaut hatte, hinter mir lassen: meine Arbeit in der Zuckerfabrik, Josef und seine Gesellen, meine gutmütige – wenn auch stark antisemitische – Wirtin, mein freitägliches Bad, einfach alles. Ich blickte noch einige Male zurück: Leb wohl, du mein Rejowiec, wo ich für acht volle Monate Zuflucht und Sicherheit gefunden habe.
Herz und Verstand begannen sich bereits auf etwas Neues einzurichten. Die neue Zuflucht hatte noch keinen Namen, kein Gesicht, rein gar nichts, aber der Gedanke erfüllte mich mit Erleichterung: Ich würde einen Ort finden. Wo immer der Zug mich hinbrächte, mit jedem Kilometer würde sich die Gefahr verkleinern. Krakau, Lublin, Lemberg? Das spielte keine Rolle. Sicher war nur eines: Ich hatte bereits alle Brücken hinter mir verbrannt. Als ich am Bahnhof ankam, mußte ich erfahren, daß ich noch lange nicht aus der Gefahrenzone war. Der nächste Zug ging erst in zwei Stunden, und der fuhr nach Warschau und nach Krakau. Eine Stunde später ging noch einer, aber der fuhr nach Lvow. Das bedeutete, zwei oder drei Stunden untätig zu warten und zu hoffen, daß die Polizei mich noch nicht suchte. Mir blieb keine andere Wahl, als zu warten.
Währenddessen dachte ich mir unentwegt Möglichkeiten aus, die mich jetzt weiterbringen würden – und plötzlich kam mir eine ganz verwegene Idee: Es gab einen Ausweg, und ich mußte nicht stundenlang hoffend und harrend im Bahnhof warten. Ich mußte es probieren!
In entgegengesetzter Richtung gab es in nicht allzu weiter Entfernung eine Zementfabrik. Dort würde ich mein Glück versuchen. Ich würde hingehen und nach Arbeit fragen – einfach so! Das war wirklich der rettende Gedanke! Der Ort war nicht so furchtbar weit weg von Rejowiec, dennoch weit genug, daß mich niemand kannte. Natürlich mußte ich mich in Rejowiec polizeilich abmelden, wenn

ich für den neuen Aufenthaltsort eine Genehmigung brauchte – ein Gedanke, der mich ein wenig beunruhigte. Aber wer weiß, ob ich überhaupt vier Wochen bleiben würde.
Und was würde ich sagen, wenn sie mich fragten, warum ich in der Zuckerfabrik aufgehört habe? Auch dafür legte ich mir schon eine glaubwürdige Erklärung zurecht. Ich würde sagen, daß meine Hauswirtin mir gekündigt hatte, weil sie das Bett für ihre eigene Familie brauchte, und da man in Rejowiec keinen Schlafplatz finden könne, hätte ich mir gedacht, versuch's mal anderswo, in einem Ort, wo das Unterkunftsproblem nicht so akut ist.
Wenn ich dann die Stelle mal hatte, würden die schon mit mir zufrieden sein; wenn sie merkten, wie fleißig und gewissenhaft ich war. In der Zuckerfabrik war doch auch alles gutgegangen. Warum sollte es also da anders sein?
Für damalige Verhältnisse waren fünf Kilometer schon eine ganz beträchtliche Entfernung, und ich konnte mich darauf verlassen, daß man mich so weit weg kaum aufstöbern würde. »Jawohl«, sagte ich mir, »ich werd's versuchen!«
Trotzdem blieb ich im Bahnhof sitzen und wartete weiterhin auf den Zug. Ich konnte mich einfach nicht entschließen. Im Kopf wirkte mein Plan zwar ganz einfach und vernünftig, aber im Herzen saßen Angst und Unsicherheit vor dem Neuen, dem Unbekannten. Auf in die Fabrik, oder warten auf den Zug? Wladek, entscheide dich! Klang die Ausrede, die ich mir für die Leute von der Zementfabrik ausgedacht hatte, auch glaubhaft genug? Sie mußte hieb- und stichfest sein und durfte keinen Zweifel an ihrer Wahrheit aufkommen lassen. Ich überlegte hin und her, wägte sorgfältig alle Eventualitäten ab, und dann entschied ich mich für die Zementfabrik.
Ich suchte das Personalbüro auf und stellte mich vor: »Ich heiße Wladislaw Szymczyk, und ich komme gerade aus Rejowiec. Ich habe dort in der Zuckerfabrik gearbeitet. Geboren bin ich aber in Warschau, Radnastraße Nummer 1 – und ich bin eine Waise, ich habe keine Verwandten, meine Eltern sind tot.«
Ich hielt meinen Monolog mit dem erforderlichen Pathos – nicht zu dick aufgetragen, aber auch nicht mit zuwenig Tragik in der Stimme. Ich schaute verstohlen auf die Wirkung meiner Worte, die ich

im Gesicht meines Gegenübers ablesen konnte, und dann fuhr ich fort: »Meine Hauswirtin in Rejowiec hat mir gekündigt, und deshalb bin ich hergekommen, um nach Arbeit zu suchen.«
Mein Ansprechpartner schaute mich lange und prüfend an. Ich war gute fünfzehn, ein blasses Kerlchen, und sah bestimmt nicht sehr stark aus. In der Zementfabrik gab es nur eine Art von Arbeit, nämlich Säcke, die einen Zentner Zement enthielten, auf dem Rücken zu schleppen. Was würde man mir anbieten?
Ich konnte genau sehen, wie der Chef und sein Stellvertreter mich musterten und dabei meine Körperstärke abschätzten. Ich bemühte mich, eine Spur von Mitleid in ihren Gesichtern zu entdecken, die eine positive Antwort erhoffen ließ, aber ihre Augen blieben kalt und undurchdringlich, ihre Mienen ausdruckslos wie die von Pokerspielern. Sie beredeten sich untereinander, aber ich konnte kein Wort von dem, was sie sprachen, verstehen.
Noch bevor sie mich ihre Entscheidung wissen ließen, wußte ich, wie sie lauten würde. Ich konnte alles an ihrem Gesichtsausdruck ablesen.
Der Stellvertreter richtete das Wort an mich: »Mein lieber Junge«, sagte er, »du bist für die Arbeit bei uns nicht gebaut. Wir brauchen starke Männer mit Muskeln, und was du brauchst, ist eine leichtere Beschäftigung, aber dic haben wir leider nicht anzubieten. Nach spätestens drei Wochen Arbeit in der Zementfabrik würdest du zusammenklappen – vielleicht sogar noch eher. Du würdest es ganz bestimmt nicht schaffen.«
Nach einer kleinen Pause fügte der Chef hinzu: »Junge, glaub mir, es ist besser, wenn du wieder in die Zuckerfabrik gehst. Dort ist die Arbeit leichter und für dich geeignet. Die Arbeit hier würde dich umbringen. Überleg doch mal, den ganzen Tag zentnerschwere Zementsäcke auf dem Buckel rumschleppen! Es tut mir leid, Junge, wirklich, es tut mir sehr leid.«
Ich bezweifelte ihre Worte nicht; sie hatten ja recht. Nur, eine Sache wußten sie nicht: Hier in der Zementfabrik wäre die Arbeit zwar höllisch anstrengend, aber sie würde mich nicht töten! Und ganz sicher war die Arbeit in der Zuckerfabrik leichter, aber da wartete leider der Tod in Gestalt eines Jungen aus Chelm auf mich, der jetzt

sicher schon bei der Polizei war, um zu verraten, daß ich Lipman Sznajder, ein Jude, war.
Mein Versuch war fehlgeschlagen, und ich wußte, daß Bitten nichts nützen würde. Hier gab ein keine Antwort für mich. Also zurück zum Bahnhof und den nächsten Zug nehmen, der mich so weit wie möglich von Rejowiec forttragen würde.
Am Bahnhof mußte ich warten, und wieder waren meine Nerven zum Zerreißen gespannt. Ich ließ die Ereignisse des ganzen Tages in Gedanken noch einmal vor mir ablaufen, und plötzlich sah ich die Dinge in einem neuen Licht:
Die Söhne meiner ehemaligen Wirtin studierten in Lublin, vielleicht waren sie auf ein paar Tage zu Besuch bei ihrer Mutter in Rejowiec gewesen und waren gerade auf dem Rückweg nach Lublin, als wir uns über den Weg liefen? Auch als ich bei ihrer Mutter wohnte, waren sie schon einige Male auf Besuch bei ihr gewesen. Und wenn sie auf dem Rückweg waren, war es ja wohl klar, daß ihr Freund aus Chelm ebenfalls mit zurückfuhr. Also bestand doch immerhin die Möglichkeit, daß sie gar keine Zeit mehr hatten, mich anzuzeigen. War nicht, kurz bevor ich zum Bahnhof gekeucht kam, gerade ein Zug abgefahren? Vielleicht hatten sie den genommen? Mein Gott, vielleicht konnte ich zurück nach Rejowiec, und es bestand nicht die geringste Gefahr für Leib und Leben; hatte vielleicht nie bestanden? Ich konnte mein gewohntes Leben vielleicht weiterführen, ohne Angst vor Verhaftung und Tod. Vielleicht hatte er gar nicht »Servus, Lipman!« gerufen? Vielleicht hatte ich mich wirklich verhört? Er könnte ja auch etwas gerufen haben, das so ähnlich klang.
Vor Aufregung konnte ich kaum noch klar denken. Ich zwang mich dazu, jetzt endlich noch einmal nüchtern alles durchzugehen, ohne Wunschträume, und dann mußte ich mir doch eingestehen, ich hatte mir das nicht eingebildet. »Servus, Lipman!« war kaum mit irgend etwas ähnlich Klingendem zu verwechseln. Es war klar und deutlich zu hören gewesen.
Ich mußte mich jetzt endlich entscheiden – den Zug oder zurück nach Rejowiec. Das Risiko in der vertrauten Stadt einzugehen oder die Gefahren im Unbekannten zu suchen.

Nach langem Hin und Her kam mir die rettende Lösung: Ich hatte ja immer noch drei Tage von meinen vier Krankenurlaubstagen. Ich würde nach Hause gehen und die ganzen Tage im Bett bleiben! Bis dahin war sicher Gras über die Sache gewachsen.
Natürlich war es ein großes Risiko, aber bestimmt nicht gefährlicher als die Reise ins Ungewisse, wo die ganze Geschichte wieder von vorne beginnen und ich jedem meinen erfundenen Lebenslauf erneut auftischen müßte.
In Rejowiec gab es nur ein oder zwei Leute aus Warschau, und wer weiß, an wen ich an einem anderen Ort alles geraten konnte? Ich wußte, daß meine Kenntnisse über Warschau einer genaueren Prüfung nur sehr kurze Zeit standhalten würden.
»Es gibt im Leben keine hundertprozentige Sicherheit«, sagte ich mir. »Ich werde mein Glück da probieren, wo ich eine reelle Chance habe, davonzukommen.«
Ich nahm mein Bündel, verließ den Bahnhof und marschierte geradewegs auf das Haus meiner Wirtin zu. Ich hatte keine Eile, ich wurde von keiner Menschenseele erwartet, höchstens vom Engel des Todes. Vielleicht; vielleicht auch nicht.
Mein Fuß brannte wie Feuer, und fünf Kilometer mit argen Schmerzen sind keine Kleinigkeit, aber ich biß die Zähne zusammen und schaffte es bis zum Haus. Es gelang mir, ungesehen hineinzukommen – meine Wirtin war wohl ausgegangen –, und ich legte mich ganz schnell ins Bett, zog mir die Decke über den Kopf, als könnte ich mich so verstecken. Welche Wohltat für meinen Fuß! Bald ließ der Schmerz nach, aber die Angst vor Polizei, Verhaftung und ihren Folgen ließ mich die ganze Nacht nicht los. Beständig lauschte ich, ob nicht das drohende Klopfen an der Tür zu vernehmen war, das nichts Gutes verheißen würde. Zwischendurch verfiel ich in einen leichten, unruhigen Schlaf, aber immer nur für ein paar Minuten. Im Traum hatte wieder jemand »Servus, Lipman!« gerufen, und die Angst danach vertrieb meinen Schlaf für den Rest der Nacht.
Am Morgen, als meine Hausfrau ärgerlich vor meinem Bett stand, um mich aufzuwecken, lag ich starr und stumm wie eine Statue. »Steh endlich auf, du Faulpelz, oder willst du den ganzen Tag im Bett vertrödeln?«

Ich antwortete gähnend: »Ich bin krankgeschrieben, und ich muß im Bett bleiben.«
Das tat ich denn auch, aber bei jedem Geräusch auf der Straße, jeder Stimme, die an mein Ohr drang, hätte ich mich am liebsten im Kleiderschrank versteckt, aber das hätte bei tatsächlicher Gefahr wirklich nichts genutzt.
Morgens wartete ich sehnsüchtig auf den Einbruch der Nacht, denn inzwischen wußte ich, daß sie nachts nicht kommen würden. So konnte ich wenigstens nachts ein bißchen zur Ruhe kommen. Würde es denn niemals eine Zeit geben, in der ich mein Leben ruhig und ohne ständig von Todesangst bedroht zu sein, leben könnte? Ehrlich gesagt, es war nicht nur die Todesangst in dieser Situation, auch der Gedanke vor der demütigenden Behandlung schreckte mich. Man würde mich durch die Straßen von Rejowiec führen wie einen Schwerverbrecher, mit Handschellen und ohne Würde, und all die Polen um mich herum, die mich verspotten und ihre Schadenfreude über den frechen Judenbengel, den man endlich erwischt hatte, offen zeigen würden, diesen impertinenten, frechen Kerl aus Chelm: »Eine solche Unverschämtheit! Der hat vielleicht Nerven, der Jude! Dachte wohl, er könnte sich hier bei uns verstecken! Aber was kann man von einem Juden schon erwarten? Nur ein Jude kann sich so feige verstellen!«
Wie ich sie alle kannte und schon gehört hatte, diese höhnischen Bemerkungen! Ich sah sie schon mit den Fingern auf mich deuten, Hohn und Spott über mich ausschütten, über den kleinen Judenbengel, der glaubte, die Polen und die Deutschen an der Nase herumführen zu können! Ich hielt mir die Ohren zu, um die inneren Stimmen zum Schweigen zu bringen. »Aber ich will doch niemanden an der Nase herumführen«, weinte ich in mein Kissen, »ich will doch nur leben!«
Auch am nächsten Tag wich die Angst nicht von mir, daß sie kämen, um mich zu holen. Jetzt erst konnte ich mich richtig in die Lage von Mutter und Esther versetzen, die auch nur auf ihren Betten gesessen und hilflos auf ihr Schicksal gewartet hatten.
Der Tag darauf blieb ebenfalls ruhig, und ich begann langsam zu hoffen, daß vielleicht gar nichts passieren würde. Wäre die Polizei

informiert worden, sie hätten mich doch längst abgeholt! Die ließen doch keinen Juden ungeschoren davonkommen! Die Tatsache, daß ich noch immer unbelästigt im Bett liegen konnte, bedeutete doch nur eines: Die drei mußten aus Rejowiec weggefahren sein, ohne noch Gelegenheit gefunden zu haben, mich anzuzeigen. Oder sie hatten den Vorfall einfach vergessen, oder hatte »Servus, Lipman!« nur in meiner Phantasie stattgefunden?
Dann war mein Krankenurlaub abgelaufen, und ich wagte mich in die Zuckerfabrik (eine andere Wahl hatte ich ja auch gar nicht). Wenn sie mich zu Hause nicht abgeholt hatten, warteten sie vielleicht am Fabriktor auf mich. Mit zitternden Knien betrat ich das Gelände. Nichts! Kein Mensch kümmerte sich um mich. Langsam begann ich mich zu entspannen, und als ich am Abend nach Hause kam, wollte ich es genau wissen. Ich nahm meinen ganzen Mut zusammen und fragte meine Wirtin beiläufig: »Hat jemand nach mir gefragt?« Ich bemühte mich sehr, meiner Stimme einen festen Klang zu geben.
Als ich ihre Antwort hörte, plumpste ein Pflasterstein von meinem Herzen: »Nein, wieso? Niemand hat nach dir gefragt.«

Ein Brief aus dem Konzentrationslager

Je mehr Zeit verstrich, ohne daß sich etwas tat, desto sicherer fühlte ich mich wieder, und es kam der Tag, wo ich den Vorfall so gut wie vergessen hatte. Ich fühlte mich wieder sicher, was aber nicht hieß, daß ich in meiner Vorsicht nachließ.
Leider hielt die Unbeschwertheit nicht lange vor, denn das Schicksal hielt eine unangenehme Überraschung für mich bereit: Meine Hauswirtin eröffnete mir eines Abends, als ich von der Arbeit nach Hause kam, lakonisch: »Es tut mir leid, Wladek, aber du kannst nicht mehr bei mir bleiben. Du mußt dir was anderes suchen!«
Sie gewährte mir eine Gnadenfrist von zwei Wochen, aber dann müßte ich ausgezogen sein. Einen Grund für ihren plötzlichen Sinneswandel gab sie mir nicht an, aber ich konnte mir schon

denken, daß ihre Freundin so lange gebohrt hatte, bis sie der Zankerei müde war und nachgab.
Ich wußte mir keinen anderen Rat, als schleunigst zu Josef zu laufen und ihn zu bitten, mir bei der Suche nach einer neuen Unterkunft zu helfen. Ich hatte mal wieder ein Riesenglück, denn Josef wußte gleich etwas. Er ging mit mir zu Frau Klemkowa, einer freundlichen Polin von etwa fünfunddreißig. Ihr siebzehnjähriger Sohn arbeitete in Deutschland, ob freiwillig oder zwangsverpflichtet, wußte Josef auch nicht.
Die Wohnung von Frau Klemkowa bestand aus zwei Räumen, einer diente als Küche und war an eine ältere Frau untervermietet, und in dem zweiten Raum, der ungefähr achtzehn Quadratmeter maß, waren zwei Betten aufgestellt, von denen sie eines an mich vermieten wollte. Ihr Bett stand direkt am Fenster, während meines neben den Ofen, auf die andere Zimmerseite, gerückt wurde.
Frau Klemkowa hielt das Haus des Polizeichefs von Rejowiec in Ordnung. Sie war ein warmherziges, gutmütiges und ehrliches Geschöpf, das keine Scheu hatte, ihre Sympathie auch offen zu zeigen. Wir einigten uns schnell und ohne langes Feilschen über die Bedingungen, und ich durfte sofort einziehen. Josef half mir, meine paar Habseligkeiten in mein neues Heim zu schaffen. Es hatte sich alles schneller und besser zum Guten gewendet, als ich das je zu hoffen gewagt hätte.
In dem Haus befanden sich noch zwei weitere Wohnungen. In einer wohnte ein alter Schuhmacher mit seiner Frau, die beide krank waren und keine Freude mehr am Leben hatten. In der anderen hauste eine ledige Frau mit ihren sechs Kindern, von denen jedes einen anderen Vater hatte. Ihr jüngstes, ein Neugeborenes, war übrigens das Enkelkind von Frau Klemkowa; ihr Sohn war der Erzeuger.
Wie jedesmal, wenn ich eine neue Bleibe gefunden hatte, mußte ich auch bei Frau Klemkowa die Geschichte von Wladek Szymczyk, der Waise aus Warschau, als erstes zum besten geben. Ich erfand immer neue Details, um sie auszuschmücken, denn erstens sollte sie für meine Zuhörer interessant sein und damit auch Mitleid für mich erwecken, und zweitens dachte ich, daß sie glaubwürdiger wäre,

wenn ich viele Einzelheiten einflechten würde. Natürlich durften sich die einzelnen Episoden nicht widersprechen, denn bei den schlauen Polen war ein Verdacht schnell erwacht; sie hätten mich sofort festgenagelt, und dann hätte eines zum anderen geführt. Wären erst einmal Zweifel an meiner Geschichte entstanden, wäre es nur ein kurzer Weg, bis sie auch an meinem reinrassigen Polentum zweifelten. Und sicher hätte da jeder Spaß aufgehört.
Die ersten Tag bei Frau Klemkowa waren reibungslos und verliefen in schönster Harmonie, und ich fing schon wieder an, mich in relativer Sicherheit zu wiegen, als sich in der Zuckerfabrik die nächste Katastrophe ankündigte:
Eines Tages sprach mich ein Kollege auf dem Gelände an: »Wladek, der Portier bat mich, dir auszurichten, daß er einen Brief für dich hat. Du kannst ihn bei ihm abholen.«
»Was? Für mich? Ein Brief?«
»Ja! Der Portier hält ihn für dich bereit.«
Ich traute meinen Ohren nicht. Wie konnte das möglich sein, daß ich, Lipman Sznajder, der Jude, der als Pole Wladislaw Szymczyk aus Warschau in Rejowiec lebte, einen Brief bekam? Das konnte doch nur ein Irrtum sein! Ich konnte mir überhaupt nicht vorstellen, wer mir einen Brief geschrieben hätte. Aber wer immer es auch getan hatte, es konnte nichts Gutes drinstehen. Ich ließ mir meine Befürchtungen nicht anmerken und rief ihm zu: »Danke, ich werd ihn abholen.«
Die Nachricht hatte mich unglaublich beunruhigt. War er von den drei »Servus, Lipman«-Freunden? War er von der Polizei, die mich zu einem Verhör aufforderte? Ich nahm mir vor, ihn gar nicht erst abzuholen. Dann konnte ich mich immer damit rausreden, daß ich keinen Brief bekommen hätte. Vielleicht wollte sich der junge Arbeiter ja auch nur einen Spaß mit mir machen. Ähnliche Schabernacks spielten sich die Arbeiter öfter.
Am nächsten Morgen ging ich wie gewöhnlich zur Fabrik, aber statt meine reguläre Arbeit zu verrichten, trieb ich mich ständig am Tor herum, ich wollte unbeobachtet einen Blick in den Poststapel werfen und mir den für mich bestimmten Brief schnappen – wenn es ihn überhaupt gab. Ich entdeckte in mir die Qualitäten eines Meister-

diebs. In Sekundenschnelle hatte ich einen Moment erwischt, in dem die Aufmerksamkeit des Portiers abgelenkt war, und schon hatte ich den Brief in meiner Jackentasche verschwinden lassen.
Welch ein Glück, daß ich ihn abgefangen hatte! Hätte ich ihn nicht abgeholt, hätten sie ihn nach ein paar Tagen geöffnet, um den Absender festzustellen, und dann hätten sie gesehen, daß er aus einem Konzentrationslager kam. Und was hatte Wladislaw Szymczyk mit einem Konzentrationslager zu schaffen?
Der Inhalt war sehr traurig, aber mir wurde mein Hemdkragen zu eng, als ich mir über die Konsequenzen klar wurde, die er hätte haben können. Er stellte die bisher größte Bedrohung meiner falschen Identität dar. Mein Onkel Josl, ein Bruder meines Vaters, hatte ihn geschrieben.
Es war ein herzzerreißender Brief – ein Hilfeschrei aus dem Konzentrationslager von Skarzysko-Kamiena. Mein Onkel schrieb, daß er am Verhungern sei, und er flehte mich an, ihm ein bißchen Geld zu schicken, womit er sich etwas zum Essen kaufen könne.
Ich zitterte am ganzen Körper, als ich an die Folgen dachte, die dieser Brief für mich hätte haben können. Aber natürlich hatte ich großes Mitleid mit Onkel Josl. Ich war zwar noch nie am Verhungern gewesen, aber was Hunger war, das hatte ich auch schon erfahren. Außerdem hatte ich im Ghetto Menschen gesehen, die am Verhungern waren. Ich hatte Verständnis für Onkel Josl und wollte ihm helfen. Ich ging in den nächsten Ort und schickte vom dortigen Postamt einen Brief mit zweihundert Zloty an die Adresse, die Onkel Josl mir mitgeteilt hatte. Es war die Privatanschrift eines polnischen KZ-Aufsehers. Auf der Post von Rejowiec hätte ich nie gewagt, einen Brief an einen Ort zu schicken, von dem man wußte, daß es dort ein Konzentrationslager für Juden gab.
Ich schickte ihm zwar das Geld, zürnte ihm aber insgeheim dafür, wie sträflich leichtsinnig er mit seinem Brief meine falsche Identität aufs Spiel gesetzt hatte. Er hätte mich nicht einer solch tödlichen Gefahr aussetzen dürfen, selbst wenn er am Verhungern war. Ich habe nie erfahren, ob das Geld überhaupt in seine Hände gelangt ist, aber eines habe ich erfahren: Onkel Josl hat seinen Aufenthalt im Konzentrationslager nicht überlebt.

Gehört er zu uns, oder ist er ein Jude?

Bei nächster Gelegenheit fragte mein Kollege, ob der Portier mir den Brief ausgehändigt hätte. Er wollte wissen, von wem er war und was drinstand. Heutzutage kann man sich gar nicht mehr vorstellen, wie jemand so neugierig sein konnte, aber damals war es ganz normal, daß man offen seine Anteilnahme zeigte, ja, es wäre fast unhöflich gewesen, nicht danach zu fragen, wenn einem etwas Ungewöhnliches passierte. Und ein Brief war damals etwas Außergewöhnliches.

»Ach, er kommt aus Warschau«, log ich. »Ein Freund hat mir geschrieben, daß seine Eltern tot sind.« Hätte mir etwas Besseres einfallen sollen? Ich mußte sein Mitgefühl erwecken – ein erprobtes und wirksames Rezept, um den Leuten Sand in die Augen zu streuen – ich habe es sehr oft benutzt.

Der Sommer des Jahres 1943 brachte eine Menge Überraschungen. Eines wunderschönen, sonnigen und warmen Tages hatte Josef eine Idee, die für diesen herrlichen Tag ganz natürlich war: »Gehen wir schwimmen!«

Alle waren begeistert und sofort zum Handeln bereit, während der Gedanke mir mal wieder alle Haare zu Berge stehen ließ. Aber natürlich durfte ich mich dem allgemeinen Enthusiasmus nicht ausschließen. Wir waren zu sechst oder zu siebt und hatten einen kleinen See ins Auge gefaßt, der ein paar Kilometer von Rejowiec entfernt lag.

Eigentlich glaubte ich nicht, daß sie wirklich zum Schwimmen gehen wollten, sondern in mir keimte der Verdacht, daß sie jetzt endlich wissen wollten, ob ich Jude bin oder nicht. Ich hatte nämlich erfahren, daß bei Josef oft heiße Debatten darüber geführt wurden, und jetzt hatten sie sich diesen Badeausflug ausgedacht, um die Sachlage ein für allemal zu klären. Niemand besaß zu der Zeit eine Badehose, und wenn junge Männer sich tatsächlich mal im Wasser tummelten, dann taten sie das nackt. Also mußte ich mir etwas einfallen lassen, das mir die Teilnahme an dem Vergnügen ersparte, denn ginge ich mit, wäre es sofort um mich geschehen, die bräuchten nicht einmal die Polizei zu holen, die könnten mich einfach so

ersäufen, so wie man damals junge Katzen ersäufte, ohne sich etwas dabei zu denken.
Ich konnte es gar nicht mehr zählen, wie oft ich mich schon vom Schwimmen drücken mußte, und sie hatten mir meine Ausreden immer abgenommen. Aber langsam spürte ich die mißtrauischen Blicke hinter mir immer eindringlicher werden, und irgendwann wäre der Tag gekommen, wo selbst Josefs gutgläubigste Freunde gerochen hätten, daß mit mir etwas faul war. War es heute soweit?
Als ich merkte, daß es diesmal kein Entkommen gab, schlug ich mir mit der Innenhand gegen die Stirn und sagte, als sei mir das gerade erst eingefallen, mit gespielter Enttäuschung: »Ach, ich hab ja ganz vergessen, daß Frau Klemkowa auf mich wartet, ich hab ihr doch versprochen, ihr heute beim Anstreichen zu helfen. Wie ärgerlich! Aber wie wär's mit morgen? Da hab ich frei und auch nichts vor.«
Der nächste Tag war ein Feiertag, da würden sie mir doch glauben, daß ich das Vergnügen auf morgen verschieben wollte, wo ich nicht arbeiten mußte.
Aber diesmal war es Josef, der sich nicht so einfach abspeisen, ließ: »Morgen geht's nicht«, sagte er bestimmt.
Und ich wieder: »Morgen! Heute geht's nicht.«
Wir argumentierten noch eine Weile hin und her, und es endete damit, daß die anderen auch die Lust verloren – also heute nicht! Aber ich wußte genau, diese Rettung galt nur für heute. Die Meute hatte Blut geleckt, und sie wollten die nackte Wahrheit sehen. Sie wollten mich ausgezogen am See haben – welch harmlosere Erklärung konnte es geben, als mit Kameraden zum Schwimmen zu gehen, die alle – husch, husch – ihre Kleider auszögen und dastanden, wie Gott sie geschaffen hat. Dann würde man ja sehen, ob sie einen Juden unter sich hatten.
Das Ausziehen vor Zeugen war in der Tat eines meiner größten Probleme, das in der gesamten Zeit meines Untertauchens wie ein Damoklesschwert über mir hing; allein der Gedanke, daß ein Pole den eindeutigen Beweis meines Judentums entdeckte, jagte mir Schauer über den Rücken. Wieder einmal mußte ich mir einen Plan zurechtlegen, wie ich dieser tödlichen Gefahr entgehen konnte, denn einer Tatsache war ich mir hundertprozentig sicher: Freund-

schaft hin, Freundschaft her, wenn es darum ginge, einen Juden in ihrer Umgebung aufzuspüren, hatte ich keine Gnade zu erwarten.
Als ich mich am nächsten Tag bei Josef einstellte, waren alle anderen bereits da, gespannt auf meine Ausrede wartend, aber ich nahm ihnen sofort den Wind aus den Segeln, indem ich freudestrahlend hereinplatzte und verkündete: »Los, gehen wir, wir wollen keine Zeit verlieren, es ist so ein wunderschöner Tag.«
Josef schien ärgerlich: »Du weißt doch, daß ich heute nicht mitgehen kann. Ich habe zu tun.«
Ich spielte den Beleidigten und ließ meiner Enttäuschung freien Lauf: »Das ist unfair. Haben wir gestern nicht alle vereinbart, daß wir heute gehen? Und jetzt machst du einen Rückzieher!«
Josef blieb bei seiner Absage. »Ich habe keine Zeit, ich habe meiner Mutter versprochen, ihr zu helfen, und ich kann sie doch jetzt nicht hängenlassen.«
Ich hatte mir fest vorgenommen, der ewigen Gerüchteküche heute ein für allemal ein Ende zu setzen. Ich kannte die Diskussionen hinter meinem Rücken nur zu gut: »Ich wette, Wladek ist ein Jude! Ich wette, Wladek ist beschnitten! Es ist doch merkwürdig, daß er immer eine Ausrede hat, wenn wir zum Baden gehen wollen.«
Heute würde ich nicht kneifen. Ich maulte noch eine Weile mit Josef, zeigte ihm deutlich, wie enttäuscht ich von ihm war, und beschloß dann, mit den anderen, ohne Josef, zu gehen.
Als wir an dem heißen Tag an dem kleinen See angelangt waren, fingen die Kameraden an, sich langsam ihrer Kleidung zu entledigen. Ich aber war so wild darauf, ins kühle Naß zu gelangen, daß ich mich gar nicht schnell genug ausziehen konnte. Ungefähr einen Meter vom Seeufer entfernt stellte ich mich mit dem Rücken zu den anderen, ließ meine Kleider hopplahopp zu Boden fallen und stürzte mich mit einem Jubelschrei ins Wasser, stolz darauf, wie klug ich die erste Klippe umschifft hatte und daß es keinem gelungen war, einen Blick auf mein bestes Stück zu erhaschen. Die anderen folgten langsam und vorsichtig – sie hatten ja auch nichts zu verstecken –, und bald hatten wir das köstlichste Badevergnügen, das man sich nur vorstellen kann. Wir hatten den See ganz für uns allein; weit und breit war kein Mensch zu sehen, und wir konnten nach

Herzenslust schreien und toben. Ich schrie und tobte wohl am wildesten, obwohl ich ständig daran dachte, wie ich mich ungesehen wieder ans Ufer bringen konnte. Es gab nur eine Methode – und plötzlich, so unvermutet und schnell, wie ich hineingesprungen war, drehte ich den anderen meine Rückenansicht zu und sauste zu dem Platz, wo meine Kleider lagen. Das Wasser lief zwar noch in kleinen Bächlein an meinem Körper herunter, aber dessenungeachtet zog ich erst mal schnell wie der Blitz meine Unterhose an und dann – schon gar nicht mehr so hastig – den Rest meiner sommerlichen Kleidung. Zwei oder drei kamen unmittelbar hinter mir her, aber schon zu spät! Es war nichts mehr zu sehen. Für heute war die Gefahr vorüber.

Nachdem wir alle wieder angezogen waren, unsere nassen Haare mit den Fingern zu einer ordentlichen Frisur zurechtgezupft hatten und wie die neugeborenen Babys aussahen, machten wir uns alle geschlossen wieder auf den Weg zu Josef.

Wir waren noch nicht einmal im Haus drin, als ich schon loslegte: »Mensch, Josef, du hast heute was versäumt. Du kannst dir gar nicht vorstellen, wie schön es im See war.«

Seine Freundin gesellte sich zu uns und fragte ungläubig: »Was, ihr wart tatsächlich beim Schwimmen? Und nackt?«

»Ja, natürlich nackt«, sagte ich stolz, und die anderen nickten bestätigend.

Ich hörte nicht auf, von dem wunderschönen Erlebnis zu schwärmen. Josef und seine Freundin sollten merken, daß es für mich nichts Selbstverständlicheres gab, als mit einer Gruppe von Freunden nackt zu baden. »Wißt ihr, das Wasser war so schön, so kühl, so, sauber, einfach kristallklar«, sagte ich und beobachtete die Wirkung meiner Worte. Ich hatte das Wort »kristallklar« mit Absicht gewählt, denn das weiß ja jedes Kind, daß man durch kristallklares Wasser alles sehen kann.

Mir hatte das Schwimmen wirklich Spaß gemacht, und jetzt, wo das Eis gebrochen war, beschloß ich, öfter mitzugehen, aber nur dann, wenn die Umstände für mich günstig waren, das Wasser zum Beispiel eben nicht so kristallklar war. Für heute hatte ich ihnen jedenfalls gezeigt, daß ich nicht kniff, und in Zukunft würde es keine

Diskussionen und Verdächtigungen mehr geben, wenn ich mal keine Lust hatte, mitzugehen.
Ich hatte vorher nicht gewußt, welches Vergnügen mir das Planschen im kühlen See machte, die paar Schwimmbewegungen hatte ich so schnell gelernt wie ein Fisch. Ich ging sogar ohne die anderen, ganz allein zum See. Wie befreit genoß ich das herrliche Wasser, spritzte herum, sang lauthals polnische Lieder und fühlte mich so wohl, daß ich mir überhaupt nichts Schöneres vorstellen konnte. Niemand hörte mich, niemand sah mich, und mein bestes Stück mußte ich auch nicht dauernd verbergen.

Eine Ohrfeige, die eine Wohltat war

Wenn ich auch schon lange mit der Verantwortung eines Erwachsenen auf dem Buckel leben mußte, so war ich den Jahren nach doch fast noch ein Kind und hatte manchmal das Verlangen, mich als ein solches zu benehmen. So dachte ich mir zum Beispiel gar nichts dabei, als ich eines Tages am frühen Nachmittag einfach über die Fabrikmauer kletterte, um nicht beim Pförtner vorbeigehen zu müssen. Meine Arbeit war getan, es war sehr heiß, und ich dachte an nichts anderes, als zum See zu eilen und mich in den Luxus eines erfrischenden Bades im kühlen See zu stürzen. Ich hatte dieses herrliches Vergnügen für mich entdeckt und konnte mir nichts Schöneres auf der Welt vorstellen, als bei schönem Wetter von morgens bis abends im See herumzuplanschen.
Ich hatte mir noch nicht einmal die Mühe gemacht, mich beim Meister abzumelden; der Gedanke, daß mich jemand verpetzen könnte, kam mir gar nicht. Aber ausgerechnet »Gottvater selbst« hatte mich beobachtet, wie ich während der Arbeitszeit über die Mauer geklettert war. Der deutsche Ingenieur, der die Oberaufsicht über den Bau der neuen Halle hatte, hatte meinen Sprung beobachtet.
Wütend zitierte er den Meister zu sich und wollte von ihm wissen, wieso ich das Fabrikgelände verlassen hatte. Der Meister begann

auf mich zu schimpfen und mich zu verfluchen. »Der Kerl ist einfach abgehauen, ohne meine Erlaubnis einzuholen«, verteidigte er sich vor den Vorwürfen des Ingenieurs. »Ich werde ihn fristlos entlassen.«

Ich hatte keine Ahnung von dem Donnerwetter, das sich über meinem Kopf zusammenbraute, und daß ich das Opfer der Spannungen zwischen dem Meister und dem Ingenieur sein sollte. So schnell ich konnte, eilte ich zum See, sorglos und ohne mir auch nur die geringsten Gedanken darüber zu machen, daß ich etwas Unerlaubtes tat. Ich sprang ins Wasser, schwamm meine Runden, sang lauthals dazu und fühlte mich wie der Fisch im Wasser. Es war ein wunderschöner Nachmittag, und ich wünschte mir, er würde nie zu Ende gehen. Als das Wasser dann doch stark abkühlte, zog ich mich an, ging glücklich und erfrischt nach Hause und hatte das beste Gewissen der Welt.

Am nächsten Morgen trat ich meine Arbeit in der Fabrik an, ohne mir nur das geringste zu denken, aber meine Hochstimmung dauerte nur kurze Zeit. Sie bekam schnell einen Dämpfer, als der Meister mich rufen ließ und mir in unverblümten Worten mitteilte, daß ich ganz schön in der Tinte säße. Sein Ton war absolut nicht mehr väterlich, und er konnte nicht verbergen, daß er eine Stinkwut auf mich hatte. »Der deutsche Ingenieur hat gestern nachmittag gesehen, wie du über die Mauer geklettert und zum See gelaufen bist. Er besteht darauf, daß ich dich rausschmeiße. Es tut mir leid, aber ich kann leider nichts dagegen tun. Wie konntest du aber auch nur so verantwortungslos handeln? Nimm deine Arbeitspapiere mit, und melde dich beim deutschen Ingenieur.«

Als ich das hörte, wurde mir mein Hemdkragen zu eng. Ich fürchtete zu ersticken und öffnete den oberen Knopf des Hemdes, bevor ich hier vielleicht noch in Ohnmacht fallen würde.

Warum wurde ich denn wegen einem leichtsinnigen Nachmittag so hart bestraft? Wenn ich rausgeschmissen würde, bedeutete das mein Ende. Von was sollte ich denn leben, wo sollte ich wohnen? Zur Zeit kannte ich als Alternative zur Arbeitslosigkeit nur Stehlen oder Verhungern. Beide Aussichten waren nicht sehr verlockend. Und eine dritte gab es nicht; zumindest wäre mir keine eingefallen.

Mit Knien, die sich anfühlten, als seien sie aus Wackelpudding gemacht, meldete ich mich mit meinen Papieren bei dem deutschen Ingenieur. Ich stand vor ihm wie ein armer Sünder, der auf sein Todesurteil wartet; und genau so sah er mich auch an: streng, furchterregend und mit zornesfunkelnden Augen, mit denen er mich automatisch dazu zwang, die meinen auf den Boden zu senken. Nun sag's schon endlich, damit wir's hinter uns haben, flehte meine innere Stimme. Aber der Deutsche wollte mich offenbar auf kleiner Flamme rösten, denn er sagte zunächst gar nichts, sondern musterte mich mit gnadenlosem Blick von oben bis unten, so als nähme er bereits Maß für meinen Sarg.

Ich hatte gelernt, im Gesichtsausdruck von Menschen zu lesen, ob sie mir mit Wohlwollen, gleichgültig oder haßerfüllt gegenüberstanden, und mit einem verstohlenen Blick in seine Augen erkannte ich, daß sein Ausdruck sich plötzlich leicht verändert hatte, die furchterregende Strenge war einer gewissen Milde gewichen, und ich schöpfte auf der Stelle Hoffnung, daß die Strafe vielleicht doch nicht gar so drastisch ausfallen würde. Kann sein, daß ich ihn an eine ähnliche Sünde aus seiner Jugendzeit erinnerte, kann sein, daß meine Zerknirschtheit ihn irgendwie amüsierte, jedenfalls merkte ich, daß ich mit heiler Haut aus dieser Situation herauskommen würde.

Sein Ton war zwar alles andere als mild, als er mich andonnerte: »Was hast du dir eigentlich dabei gedacht? Für deine Frechheit verdienst du eine Strafe, an die du dein Leben lang denken wirst«, aber ich dachte mir, komme, was wolle, die Hauptsache ist, er wird mich nicht rausschmeißen.

Ich hielt ihm zwar nicht die Linke hin, nachdem er mir mit voller Kraft auf die rechte eine Ohrfeige gab, denn der Schlag auf die Linke erfolgte sogleich. Ich hatte also rechts und links eine saftige Abreibung erhalten, bei der mein Kopf von einer Seite auf die andere flog, aber ich wußte, daß damit die Bestrafung erledigt war. Ich war so glücklich, daß ich nicht entlassen wurde, daß ich gar nicht merkte, ob mir die Ohrfeigen eigentlich weh getan hatten oder nicht.

Ich weinte nicht und sprach kein Wort. Ich stand nur da, rührte mich nicht und wartete, was nun weiter geschehen würde. Er ließ

mich stehen und rief nach dem Meister. Ich versuchte krampfhaft etwas von ihrer Unterhaltung zu verstehen, die über mein weiteres Schicksal entschied, konnte aber nur soviel mitbekommen, das ungefähr so klang: »Jungens sind eben Jungens; die sind mal so, und sicher waren wir auch nicht viel anders, als wir jung waren.« Der Tenor jedenfalls war versöhnlich.
Die Angst vor dem Verlust meiner Arbeitsstelle, die mir soviel Sicherheit gab, wie ich unter den gegebenen Umständen nur verlangen konnte, war mir so in die Glieder gefahren, daß ich daraus eine Lehre für mein ganzes Leben gezogen habe. Ich habe niemals durch Leichtsinn oder Gleichgültigkeit eine Arbeit oder eine Aufgabe aufs Spiel gesetzt und habe die mir aufgetragenen oder von mir übernommenen Verpflichtungen immer gewissenhaft ausgeführt und nie einen Chef oder einen Kunden im Stich gelassen.
Soviel über die Wirkung von zwei saftigen Ohrfeigen im richtigen Moment.

Wie umgehe ich die JUNAK?

Je näher mein Einberufungstermin zur JUNAK heranrückte, desto nervöser wurde ich. Nach meinen falschen Geburtsangaben würde ich im Herbst achtzehn, und ich wußte, daß jeder, der keine Einberufung erhielt, verpflichtet war, sich selbst um die Klärung dieses Umstandes zu kümmern.
Nur einer Sache war ich ganz sicher, nämlich der, daß ich den Dienst in der JUNAK auf jeden Fall umgehen mußte. Der Vorgang wäre mit einer ärztlichen Untersuchung verbunden, und das wäre mein Tod, so sicher wie das Amen in der Kirche.
Es gab zwei Alternativen, entweder ich meldete mich zur Organisation Todt, einer Pioniereinheit aus Zivilisten für die deutsche Wehrmacht, die Straßen und Brücken baute, oder ich konnte als Wachmann auf dem Luftwaffenstützpunkt Deblin, der zwischen Warschau und Lublin lag, beschäftigt werden. Wer sich bei der Organisation Todt meldete, konnte wählen, ob er an die russische Front oder nach Italien abgestellt werden wollte, und er war vom

Dienst in der JUNAK befreit. Das gleiche galt für die Bewacher es Flugplatzes Deblin.
Ich konnte mich nicht entscheiden und holte mir Rat bei den anderen Jungen. Kazik hatte gerade seine Zeit bei der JUNAK beendet und brannte jetzt darauf, etwas zu erleben. Er wollte den Duft der großen weiten Welt um seine Nase wehen lassen, kurzum, für ihn gab es nur eine Sache, er wollte auf den Flugplatz nach Deblin.
Er redete mit Engelszungen auf mich ein, es ihm gleichzutun, und seine Argumente leuchteten mir ein. Außerdem, dachte ich, wäre es ein unschätzbarer Vorteil, jemanden zur Seite zu haben, der mir notfalls beistehen und meine Geschichte bestätigen könnte. Ich wäre nicht allein und ganz auf mich selbst gestellt in einer völlig fremden Umgebung mit lauter fremden Jungen. Da würde ich mich mit Kazik an der Seite schon sehr viel wohler fühlen. Außerdem ließ er mir praktisch gar keine andere Wahl, denn er bat mich nicht, sondern er kommandierte fast: »Du kommst mit mir nach Deblin. Du kannst dir ja gar nicht vorstellen, um wieviel interessanter und aufregender das Leben dort sein wird als hier in dem langweiligen Rejowiec. Wir bekommen schicke schwarze Uniformen, man wird menschlich behandelt, und die Arbeit ist ein Kinderspiel. Wir müssen lediglich den Flugplatz bewachen.« Er redete so nachdrücklich und überzeugend auf mich ein, daß er mich mit seiner Begeisterung mitriß, und ich sagte zu. Dann ging ich zu Josef, um auch ihn wissen zu lassen, wie meine Entscheidung ausgefallen war, nämlich, daß ich mit Kazik nach Deblin ginge.
Für die Fahrt nach Deblin würden wir hin und zurück zwei bis drei Tage benötigen. Als ich zum Meister kam, um ihn um Urlaub zu bitten, damit ich mich freiwillig zum Dienst im Deblin melden könnte, wurde dieser Wunsch sehr zwiespältig aufgenommen: »Wieso Deblin?« fragten alle im Büro. »Es wäre besser, wenn du zur JUNAK gingst. Da wärst du bei Polen. In Deblin bist du nur unter Deutschen. Überleg dir die Sache gründlich, bevor du dich endgültig entscheidest.«
Ich mußte ihnen im Innern recht geben. Ich sagte ihnen, daß ihre Argumente zwar hieb- und stichfest wären, aber ich hätte meine

Wahl schon getroffen. »Ich habe einem Freund fest versprochen, daß ich mit ihm zusammen nach Deblin gehe«, erklärte ich ihnen. Sie rieten mir nicht mehr weiter ab, und ich bekam meinen Urlaub genehmigt.

Am nächsten Morgen holte Kazik mich von zu Hause ab, aber schon auf dem Weg zum Bahnhof begannen Zweifel in mir zu nagen: Warum wollte ich ein solches Risiko eingehen? Wer weiß, welcher Art von ärztlicher Untersuchung ich unterzogen würde? Warum sollen dort andere Vorschriften herrschen als beim Eintritt in die JUNAK? Wo liegt der Unterschied, wenn ich nach Deblin gehe und dort entdeckt werde? Auch von da aus gäbe es keine Wiederkehr für mich.

Ich ging immer langsamer hinter Kazik her. Meine Gedanken arbeiteten fieberhaft, mündeten aber in der endgültigen Entscheidung, daß ich Kazik alleine fahren lassen würde. Wenn er zurückkam, konnte er mir genau berichten, wie es da zuging. Danach konnte ich immer noch entscheiden, ob Deblin für mich geeignet war. Ich legte mir schon eine Ausrede zurecht, wie ich mich von der Fahrt mit ihm drücken konnte.

Als wir am Bahnhof angelangt waren, gingen wir zum Schalter und kauften zwei Fahrkarten nach Deblin. Dann setzten wir uns auf eine Bank, um die Ankunft des Zugs abzuwarten. Als dieser bereits einfuhr, wandte ich mich an Kazik und sagte: »Weißt du was, Kazik, ich hab mir's überlegt. Ich fahre nicht mit nach Deblin. Auf dem Büro haben sie mir auch gesagt, daß es vernünftiger wäre, der JUNAK beizutreten, als für die Deutschen zu arbeiten. Fahr du nach Deblin, und wenn du zurückkommst, kannst du mir ja alles erzählen.«

Ich hatte all diese Worte in unglaublicher Geschwindigkeit hervorgesprudelt und Kazik gar keine Gelegenheit zur Antwort gelassen, denn er mußte ja den Zug besteigen, der bereits das Abfahrtssignal gepfiffen hatte. Er war ziemlich wütend auf mich, konnte aber keinen Rückzieher mehr machen, sondern fuhr alleine los. Ich dagegen tauschte meine Fahrkarte wieder gegen den bezahlten Preis um und marschierte langsam wieder zurück nach Rejowiec zu Frau Klemkowa.

Auf dem Weg machte ich halt bei Josef. Als er mich alleine daherkommen sah, brach er in schallendes Gelächter aus. »Wieso bist du denn schon wieder zurück? Hast du etwa deine Meinung geändert?«
»Ganz richtig! Jawohl, das hab ich. In der Fabrik haben sie mir auch gesagt, daß es besser wäre, bei den Polen zu dienen als bei den Deutschen. Lieber geh ich noch zur JUNAK.«
Am nächsten Tag, als ich zu aller Überraschung wieder in der Zuckerfabrik antrat, wiederholte ich meinen Spruch: »Ich hasse nun mal die Deutschen, also warum soll ich denn für sie arbeiten?« Ich erklärte ihnen noch, daß ich mich mit ihren Argumenten lange beschäftigt hätte und zu der Einsicht gekommen wäre, daß sie absolut recht hatten.
Viele der Kollegen konnten meine Entscheidung nicht verstehen. »Wieso bist du zurückgekommen? Weshalb hast du deine Meinung geändert?« Ich wiederholte jedesmal dieselben Argumente und machte weiter meine Arbeit, als sei nichts geschehen.
Der Sommer verging ziemlich ereignislos, und der September nahte mit Riesenschritten heran. Ich hatte die ganze Zeit die Augen geschlossen gehalten vor einer Entscheidung, wie ich der JUNAK auskommen konnte. Jetzt war es allerhöchste Zeit, und als die vernünftigste Lösung bot sich immer noch die Organisation Todt an, die ihr Hauptquartier in Lublin hatte.
Ich erbat mir wieder einen Tag Urlaub, sagte aber niemandem, für was ich ihn brauchte. Ich erzählte ihnen lediglich, daß ich etwas zu besorgen hätte. Nur Josef weihte ich ein. Ich erklärte ihm, daß ich mich deshalb für die Organisation Todt entschieden hatte, weil man dort wählen könne, wo man eingesetzt werden möchte, entweder an der russischen Front oder in Italien.
Also machte ich mich ganz allein auf nach Lublin. Ich erreichte das bombastische Gebäude, das in einer sehr vornehmen Straße lag, am frühen Nachmittag, und ich spähte durch die großen Glasfenster in die riesige Vorhalle, die eher wie ein Reisebüro als wie eine Behörde aussah. Draußen waren Plakate angebracht, auf denen ein junger Mann abgebildet war, in gelbbrauner Uniform und mit einem Hakenkreuz auf dem linken Arm. Darauf stand in eindrucksvollen

großen Buchstaben »Organisation Todt«. Ich traute mich nicht hinein, ging ein paarmal um das Gebäude herum, starrte durch die Glasscheiben, ging wieder weiter, kehrte zurück und starrte wieder wie gebannt durch die Scheiben in die Vorhalle, bis ich das Gefühl hatte, daß die Leute drinnen schon auf mich aufmerksam wurden. Da nahm ich meinen ganzen Mut zusammen und betrat die imponierende und einschüchternde Halle.

Eine junge blonde, sehr hübsche und auch sehr nette Sekretärin fragte nach meinen Wünschen. Ich zog meine Papiere aus der Brusttasche meiner Jacke und reichte sie ihr hin. Sie prüfte ein Dokument nach dem anderen und fragte dann, wieso ich der Organisation Todt beitreten wolle. Ich antwortete ihr, daß mich der Dienst in der JUNAK nicht interessiere und daß ich lieber eine anspruchsvollere Tätigkeit ausüben möchte. »Ich habe gehört, daß man in der Organisation Todt wählen kann, wo man Dienst tun möchte«, begründete ich meine Wahl, was sie kopfnickend bestätigte.

Sie nahm ein Formular aus ihrer Schreibtischschublade, spannte es in die Maschine ein und begann, mich die einzelnen Punkte abzufragen: Familienname, Vorname, Geburtsdatum, Geburtsort, Name der Eltern, Schulbildung und so weiter. Ich antwortete wohlüberlegt, hielt die junge Dame doch einen Packen Dokumente in der Hand, auf denen alle Punkte mit meinen Angaben übereinstimmen mußten.

Es gab keinerlei Unstimmigkeiten, und sie reichte mir mit einer Selbstverständlichkeit meine Papiere zurück, daß mir mal wieder mein Pflasterstein von der Seele plumpste.

»Sie haben Glück, unser letzter Transport mit Freiwilligen geht von hier am Wochenende ab. Wenn Sie also mitfahren wollen, müßten Sie morgen, allerspätestens übermorgen mit Sack und Pack hier eintreffen und bereit zur Abfahrt sein. Wenn Sie sich erst später entscheiden, müssen Sie sich in Warschau anmelden, denn das Büro hier in Lublin wird geschlossen. Sie müßten also entweder jetzt gleich unterschreiben, andernfalls wird es nur noch über unser Warschauer Büro möglich sein.«

Es war nicht meine Absicht gewesen, mich sofort zu entscheiden.

Ich wollte etwas mehr Zeit, um die Angelegenheit gründlich zu überdenken, denn ich war mir klar darüber, daß ich nicht mehr zurückkonnte, wenn ich erst mal unterschrieben hatte. Ich saß eine Minute oder vielleicht auch zwei schweigend und nachdenklich vor ihr, und dann sagte ich endlich: »Ich muß das alles zuerst mit meinen Eltern besprechen. Es kommt darauf an, wie sie zu der Sache stehen und ob ich meine Sachen in ein oder zwei Tagen beisammenhaben kann.«

»Es wäre aber doch wirklich unpraktisch, wenn Sie später nach Warschau fahren müßten, also warum unterschreiben Sie nicht gleich jetzt hier?«

Ich brachte meine Eltern noch einmal ins Spiel. »Ich komme morgen wieder. Dann werde ich auch unterschreiben und mich wahrscheinlich für den Transport nach Italien entscheiden.« Sie bemerkte meine Unentschlossenheit und redete mir gut zu: »Also gut. Gehen Sie nach Hause, und besprechen Sie alles ausführlich mit Ihren Eltern. Wenn Sie morgen zurückkommen, werden Sie sicher eingesehen haben, daß die Organisation Todt eine gute Sache ist. Sie werden bestimmt eine Arbeit kriegen, die Ihren Fähigkeiten entspricht und die Sie auch befriedigt.«

Als ich mich wieder auf der Straße befand, war ich mir inzwischen über eines klargeworden. Diese Nazi-Organisation war nichts für mich. Ich hätte gar nicht genau erklären können, wieso, aber wahrscheinlich war es der Gedanke, eine gelbbraune Uniform mit einem Hakenkreuz tragen zu müssen, so wie der junge Mann auf dem Plakat. Lipman Sznajder mit einem Hakenkreuz geschmückt – das war einfach unvorstellbar.

Während ich auf den Zug wartete, der mich nach Rejowiec zurückbringen sollte, mußte ich an meine Schwester Drejza denken. Hier war es gewesen, wo man sie festgenommen hatte – dieses schöne junge Mädchen, gerade siebzehn geworden. Wie mag ihr zumute gewesen sein, als sie gepackt wurde, genau hier in der gleichen Bahnstation von Lublin? Hatte sie etwa auf derselben Bank gesessen, auf der ich jetzt auf meinen Zug wartete? Ich stellte mir vor, wie sie voller Angst darauf gewartet hatte, daß man sie bald wieder freiließe, daß Vater käme, um sie auszulösen – wenn nicht gleich, so aber doch sicher am nächsten Morgen. Ganz bestimmt war sie der festen Überzeugung, daß Vater jede Summe zahlen würde, die man als Lösegeld verlangte. Dann die erste Nacht in Haft! Und die nächste Nacht! Und dann die dritte und all die folgenden! Wie Vater nicht kam und auch keine Nachricht von ihm! Von diesem Platz hier hatte Drejza ihre letzte Reise angetreten. Wohin hatte man sie gebracht? Und wie? Alles Fragen, die wohl für ewig unbeantwortet bleiben.

Zurückgekehrt nach Rejowiec, war ich dem Hohn von Josef und seinen Freunden ausgesetzt. Sie hatten inzwischen den wahren Grund meiner Reise nach Lublin erfahren, obwohl ich ihn nur Josef allein anvertraut hatte, und so lachten sie mich aus und fingen an zu spotten: »Also Deblin paßt dir nicht; die Organisation Todt ist nicht nach deinem Geschmack. Was würde dem Herrn denn passen? Vielleicht ein Schloß?«

Ich erwiderte trotzig: »Ich habe mich gegen die Organisation Todt entschieden, weil ich keine Nazi-Uniform mit einem Hakenkreuz tragen will. Schließlich bin ich ein Pole, und da muß ich ja nicht unbedingt für die Deutschen arbeiten.« Mit dieser Antwort hatte ich sie endlich alle mundtot gemacht.

Am folgenden Tag herrschte eine fast unerträgliche Hitze. Ich hatte mir für die Mittagspause ein kühles Plätzchen ausgesucht und löffelte meine Suppe. Neben mir hatten sich einige Polen niedergelassen – wenn ich mich recht erinnere, waren es vier –, und sie fragten, ob mir meine Suppe schmecke. Ich antwortete ihnen, daß ich sie gut fände, und damit war die ganze Unterhaltung beendet. Es vergingen zehn oder fünfzehn Minuten in absoluter Stille, und es gab nichts Verdächtiges, was meinen Argwohn geweckt hätte, obwohl ich hätte auf der Hut sein sollen, denn plötzlich fragte mich einer der Polen mit übertriebener Freundlichkeit: »Wie geht's denn immer so?« Aber noch ehe ich Gelegenheit fand, auf dieses unerwartete Interesse auf mein Wohlbefinden zu antworten, sprangen die vier auf, packten mich und zerrten mich gewaltsam auf einen der Tische, die überall herumstanden. »Jetzt wollen wir's sehen«, grinsten sie mich an.

Ich fühlte, wie alle Farbe aus meinem Gesicht wich und wie mein

Herzschlag beinahe aussetzte, als die polnischen Wüstlinge mich festhielten und sich über meine Angst totlachen wollten.
Aber dann wurden sie wirklich gewalttätig. »Wir wollen sehen, wie groß er ist«, meckerte der eine, und die anderen fielen wie im Chor in sein meckerndes Gelächter ein – für mich der Auftakt zum Ende. Meine Panik steigerte sich ins unermeßliche. Meine Situation erinnerte an einen Schmetterling, der lebendig auf ein Brett gespießt wird. Obwohl die Angst mir die Kehle zuschnürte, gelang mir ein heisernes Krächzen: »Laßt mich in Ruhe. Ich zeig's euch auch so. Aber laßt mich los.« Meine Peiniger hörten mir überhaupt nicht zu. Es war, als wären sie alle taub.
Da nahm ich meine ganze Kraft zusammen und schrie aus Leibeskräften, so laut ich nur konnte. Aber auch dieses hysterische Geschrei konnte sie nicht dazu bewegen, von mir abzulassen. Sie hatten sich total verbissen; zogen und zerrten an meinen Hosen wie Besessene, und ich konnte den schwarzen Todesengel neben ihnen sehen; ein boshaftes, erbarmungsloses Lächeln auf den Lippen.
Schreiend und mich windend, fühlte ich, wie meine Hosen nachgaben und nach unten rutschten. Ich schrie mir die Lunge aus dem Leib, erzielte aber keine Wirkung. Ich spürte, wie meine Kraft nachließ und wie ich am Ende war – stimmlich und körperlich. Aber als ihre Bemühungen gerade Erfolg hatten und meine Hosen ihren Widerstand aufgegeben hatten, kam mein Meister angesaust. Mein entsetzliches Geschrei war offenbar doch an sein Ohr gedrungen. Wieder einmal war er mein Retter. Sobald die Grobiane ihn erblickten, ließen sie von mir ab, und ich fühlte, wie die eisernen Griffe, die mich so erbarmungslos auf dem Tisch niedergehalten hatten, leichter wurden und nachgaben.
Wütend wies der Meister die Rabiaten zurecht: »Könnt ihr an gar nichts anderes denken? Habt ihr denn nichts Besseres zu tun, als den Jungen zu schikanieren?«
Nichts Geringeres als ein Wunder war geschehen! Und mein Leben war wieder einmal gerettet. Wäre der Meister nur eine Sekunde später aufgetaucht – alles wäre verloren gewesen. Mein Judentum wäre entdeckt gewesen, und sie hätten damit angefangen, ihr Mütchen an mir zu kühlen, und mich wahrscheinlich totgeschlagen.

Welch ein Glück, daß der Meister kam, welch unglaubliches Glück! Ohne eine Portion Glück wäre selbst die Weisheit von König Salomo nichts wert. Nur der Bruchteil einer Sekunde hatte mein Leben gerettet.

Meine vier Peiniger dachten gar nicht daran, vor dem Meister die Flucht zu ergreifen. Seine Schelte hatte sie lediglich wieder ernüchtert, und sie wandten sich mit Entschuldigungen an ihn. »Wir haben uns doch nur einen Spaß erlaubt, ein Spiel. Wir wollten ja nur mal nachschauen, ob Wladek noch ein unberührter Junge ist.« Das alles klang überhaupt nicht reuevoll, sie stellten die Angelegenheit tatsächlich als einen harmlosen Spaß dar, ein lustiges Spiel, ohne jede böse Absicht, das doch niemand ernst nehmen würde. Diesen Eindruck mußten sie allerdings auch erwecken, denn sie konnten ja damit rechnen, daß ich jetzt geradeaus zum Direktor laufen würde, um mich über sie zu beschweren – wie ich es schon einmal getan hatte –,wenn sie ihre wahre Absicht zugegeben hätten, nämlich, daß sie herausfinden wollten, ob ich beschnitten war. Nur aus diesem Grund stellten sie die Angelegenheit als einen harmlosen Spaß hin – einen tödlichen Spaß allerdings für mich, wenn es ihnen gelungen wäre, ihre Absicht zu verwirklichen.

Für mich war das alles andere als ein lustiger Zwischenfall. Ich kann dieses barbarische Quartett bis heute nicht vergessen: den Anblick, wie sie zunächst harmlos dasaßen, um dann heimtückisch über mich herzufallen und mich mit ihren Händen auf dem Tisch festzuhalten. Das war kein Scherz, sondern ein »Freundschaftsakt«, der mir ein für allemal klarmachen sollte, daß sie nicht aufgehört hatten, mir zu mißtrauen; daß ich keiner von ihnen und ein Jude wäre. Ich durfte diese Tatsache nicht ignorieren, obwohl mir nichts anderes übrigblieb, als mit den Wölfen zu heulen. Ich mußte so tun, als betrachte auch ich das Ganze nur als einen Spaß unter Arbeitskollegen, und so spielte ich dann die Rolle, die von mir erwartet wurde: »Ich hab euch doch gesagt, daß ich's euch zeigen werde, wenn ihr wirklich so erpicht darauf seid zu sehen, wie groß er ist«, sagte ich, ihren eigenen Jargon benutzend. Ich durfte ihnen nicht zeigen, wie verängstigt ich war und wie sehr ich ihnen den bösen Zwischenfall nachtrug. Bestimmt hätten sie mir in ihrem typisch

polnischen Stil zur Antwort gegeben: »Was ist denn mit dir los? Bist du denn kein Kerl? Kannst du denn einen Spaß nicht hinnehmen wie ein Mann?«
Also lachte ich zusammen mit ihnen, obwohl ich mich innerlich fühlte wie ein trauriger Clown, über dessen Späße das Publikum Tränen lacht, während niemand seine eigenen sieht.
Allmählich wurde die Zeit wirklich knapp, und ich hatte mich noch immer zu keiner Entscheidung durchgerungen. Es waren nur noch ein paar Tage, die mir verblieben, und dann war meine Frist, bis zu der ich mich bei der JUNAK zu melden hatte, abgelaufen, und das bedeutete mit absoluter Sicherheit, daß die ärztliche Untersuchung mein Geheimnis lüften würde. Daß diese Entlarvung mit Sicherheit meinen Tod bedeuten würde, ging mir nicht aus dem Kopf; nicht für einen Augenblick konnte ich an etwas anderes denken, nicht bei Tag, nicht bei Nacht. Ich konnte nichts mehr essen, ich konnte nicht mehr schlafen, ich konnte mich nicht mehr auf meine Arbeit konzentrieren, ich konnte überhaupt nichts mehr, nur noch an die Untersuchung für die JUNAK denken. September stand vor der Tür, und ich saß in der Falle.

Ein Sack Zwiebeln

Im täglichen Kampf ums Überleben scheute ich vor fast nichts zurück, was mir ein paar Zloty einbrachte. Das schloß auch Schwarzmarktgeschäfte ein, und wie bei allen krummen Sachen hatte auch dabei Josef die Hand im Spiel.
Als ich eines Abends von der Arbeit heimkehrte, wartete er schon bei Frau Klemkowa auf mich. »Ich hab da einen Gemüsehändler kennengelernt«, eröffnete er mir, »dem könnten wir einen großen Gefallen tun. Natürlich springt für uns was dabei raus. Du kannst mir vertrauen.«
Ich ging zu dem Gemüsehändler hin, um nähere Einzelheiten zu erfahren. Ich hatte den Mann schon einige Male bei Josef gesehen und mich sogar schon flüchtig mit ihm unterhalten. Ich schätzte ihn

auf ungefähr vierzig, und auf seinem kleinen, untersetzten Körper saß ein kugelrunder Kopf. »Wladek«, sagte er, »du bist ein Freund von Josef und daher auch mein Freund. Ich weiß, daß ich mich auf dich verlassen kann. Hier in Rejowiec kann man keine Zwiebeln bekommen, ganz egal was du dafür zu zahlen bereit bist, während sie in Warschau auf dem Markt massenhaft und noch dazu billig angeboten werden. Du stammst doch aus Warschau und kennst dich aus. Josef möchte, daß du mit ihm nach Warschau fährst und dreißig Kilo Zwiebeln besorgst. Natürlich gebe ich dir Geld mit.«

Dieser Vorschlag paßte mir überhaupt nicht. Ausgerechnet mit Josef nach Warschau fahren! Von wegen, auskennen! Das eine Mal, wo ich dort war, hatte ich nur ein paar Straßen kennengelernt, und Josef würde bestimmt sofort merken, daß meine Kenntnisse über Warschau gleich Null waren. Er war ganz versessen darauf, endlich einmal Warschau, die Stadt seiner Träume, das Paris des Ostens, kennenzulernen, und hier bot sich ihm eine einmalige Gelegenheit, denn erstens würde ihm der Gemüsehändler die Fahrt bezahlen, und zweitens hätte er in mir einen stadtkundigen Begleiter. (Ich mußte verhindern, daß er jemals herausfand, wie »stadtkundig« ich war.)

»Da kann ich dir leider nicht behilflich sein«, sagte ich mit bedauernder Miene. »Ich kann nicht schon wieder Urlaub beantragen.«

»Du wirst nur einen Tag brauchen«, versuchte er mich zu überreden. »Du kannst hin und zurück jeweils den Nachtzug nehmen. Das bedeutet nur einen Tag Arbeitsverlust«, fuhr er fort, mir die Sache schmackhaft zu machen. »Er zahlt deine Fahrkarte und soviel für die Zwiebeln, daß auch für uns noch ein netter Profit übrigbleibt.«

Ich hatte absolut keine Lust zu dieser Reise, ja, ich hatte sogar Angst davor, was ich aber Josef und dem Gemüsehändler nicht eingestehen wollte. Aber abschlagen konnte ich es ihnen auch nicht, und so versuchte ich zunächst einmal, Zeit zu gewinnen: »Also gut«, sagte ich, »nächste Woche fahren wir.« Damit verabschiedete ich mich.

Ich lag wach im Bett und ärgerte mich fürchterlich über meine Nachgiebigkeit. Weshalb hatte ich mich nur überreden lassen? Wenn ich nur an Warschau dachte, bekam ich schon Bauchkrämpfe. Aber nun hatte ich zugesagt, und es gab kein Zurück mehr.

Aber ich würde ohne Josef fahren! Ich mußte den Termin so

kurzfristig legen, daß er keine Gelegenheit mehr bekam, sich für die Reise vorzubereiten; ich mußte in Kauf nehmen, daß dieser Trick unserer Freundschaft einen ziemlichen Knacks versetzte.
Zeitig, vor Abfahrt des Zuges, aber zu spät, um Josef zu benachrichtigen, ging ich zu dem Gemüsehändler und sagte ihm, daß ich ganz plötzlich und in letzter Minute einen freien Tag bekommen hätte, und ich könnte gleich losfahren. Aber leider, so versicherte ich ihm treuherzig, bliebe mir keine Zeit mehr, Josef mitzunehmen. Dem Gemüsehändler war das egal. Die Hauptsache war, er würde seine Zwiebeln bekommen. Er gab mir das Geld und brachte mich zum 19-Uhr-Zug, der die ganze Nacht durchfahren und am nächsten Morgen sehr zeitig in Warschau ankommen würde.
Ich suchte mir einen Fensterplatz und ließ die Landschaft an mir vorbeisausen. Wir hielten in Travniki, Lublin, Deblin, und dann kam die Kontrollstation vor Warschau. Der Zug verlangsamte seine Fahrt, kam zum Halten, und schon stiegen die Kontrollbeamten ein. Ich händigte ihnen meine Papiere aus: Arbeitserlaubnis, Urlaubsschein und meinen Ausweis. Alle Dokumente überstanden die Kontrolle anstandslos. Ich hatte in keiner Weise Verdacht erregt.
Aber ich beobachtete, wie sie einige Polen aus dem Zug zerrten, danach hörte man Schüsse. Ein Fahrgast, der offensichtlich keine oder falsche Papiere hatte, versuchte in Panik aus dem Fenster zu fliehen, aber noch während er über die Gleise stolperte, traf ihn ein Schuß, und er fiel kopfüber auf die Schienen. Er war bestimmt nicht der einzige, der in dieser Nacht dran glauben mußte, denn die Schießerei dauerte noch eine Weile an, und man hörte Schreie, Befehle und immer wieder Schüsse
Die Kontrolle war vorbei, und meine Papiere hatten sich wieder als über jeden Zweifel erhaben herausgestellt. Nachdem der Zug sich wieder in Bewegung gesetzt hatte, schloß ich die Augen und versuchte ein wenig zu schlafen. Aber diese ganze Episode, die sich so unheimlich schnell abgespielt hatte, daß sie mir später nur wie ein böser Spuk vorkam, ließ mich natürlich nicht einschlafen. Mit wild klopfendem Herzen erreichte ich endlich Warschau – die Endstation des Zuges.
Ich machte mich aus dem Bahnhofsgelände auf den Weg in Rich-

tung Markt. Dort gab es in der Tat Zwiebeln in Hülle und Fülle, und ich mußte nur ein Drittel der Summe für die dreißig Kilo zahlen, die der Gemüsehändler mir mitgegeben hatte. Der Rest gehörte mir. Da ich noch viele Stunden Zeit hatte, bis mein Zug nach Rejowiec ging, wollte ich sie nutzen, um mich ein wenig in Warschau, dieser großen mondänen Stadt, umzusehen. Ich deponierte meine Zwiebeln bei dem Händler, bei dem ich sie gekauft hatte, und bat ihn, diese für mich zu verwahren, bis ich sie gegen Abend wieder abholen würde, und wanderte sorgenfrei und zwiebelfrei durch unsere Hauptstadt. Da ich Geld in der Tasche hatte, konnte ich mir sogar erlauben, etwas zum Essen zu kaufen, und ich machte mir alles in allem einen schönen Tag, der mich vergessen ließ, wie sehr ich mich eigentlich gegen diesen Auftrag gesträubt hatte. Nur der arme Josef würde stocksauer auf mich sein. Gegen Abend holte ich dann meinen Sack Zwiebeln wieder ab und begab mich zum Bahnhof; zum Abendzug nach Rejowiec.

Aber dort erwartete mich eine böse Überraschung. Ein Auskunftsbeamter erklärte mir kurz angebunden und lakonisch, daß der Abendzug ausgefallen sei. »Erst morgen früh um sechs geht der nächste«, fügte er noch gnädig hinzu.

Jetzt war guter Rat teuer. Wo sollte ich denn mit meinem Sack Zwiebeln übernachten? Ich setzte mich in eine Ecke im Bahnhofsgelände, den Zwiebelsack neben mir, und dachte nach. Jetzt war es acht Uhr. Das ließ mir noch eine Stunde Zeit bis zur Ausgangssperre, nach der sich kein Pole mehr auf der Straße blicken lassen durfte. Langsam wurde es leer und immer leerer im Bahnhofsgelände. Alle Menschen schienen einen Platz zu haben, wo sie die Nacht zubringen konnten. Aber wo sollte ich mit meinen Zwiebeln übernachten? Die waren mein größtes Hindernis, also begab ich mich zunächst auf die Suche nach einem sicheren Versteck für die Zwiebeln und dann nach einem für mich selbst.

Ich war der einzige Mensch, der sich noch auf dem Gelände aufhielt, und außer dem Zirpen einiger Grillen herrschte absolute Stille. Ich war in Panik, ich hatte zwar einen Platz für die Zwiebeln gefunden, aber noch immer keinen für mich. Da fiel mir ein, daß doch jeder Bahnhof einen Wartesaal hat, und da es gleich neun war, machte

ich mich eilig auf die Suche, nicht ohne mir vorher genau den Platz einzuprägen, an dem ich die Zwiebeln versteckt hatte.
Leider waren die Kellner im Wartesaal schon dabei, die Tische abzuwischen und die Stühle aufzustellen. Sie würden also gleich schließen. Ich setzte mich so unauffällig wie möglich an einen Tisch in einer versteckten Ecke und hatte die vergebliche Hoffnung, daß man mich vielleicht übersehen würde. Ich hatte auch gerade das Gefühl, daß sie gehen wollten, ohne mich zu beachten, als die Tür aufgestoßen wurde und zwei SS-Männer hereinkamen. Sie gingen zur Theke, bestellten jeder ein Bier und prosteten sich zu. Obwohl ich mich in meiner Ecke noch kleiner gemacht hatte, erspähte mich einer der beiden plötzlich und ließ kein Auge mehr von mir. Dann stellte er sein Bier an der Theke ab und kam geradewegs auf mich zu, während er mich feixend betrachtete und die Hand provozierend auf sein Schießwerkzeug legte. Seinem Gesichtsausdruck war deutlich zu entnehmen, daß er es auf mich abgesehen hatte.
»Mein Gott, was will der Mensch von mir?« dachte ich in panischer Angst. »Jetzt ist alles aus. Jetzt wird er mir Fragen über Fragen stellen, deren Beantwortung ich nicht gewachsen bin, und er wird im Nu herausfinden, daß ich ein Jude bin.« Da er die Hand schon an der Pistole hatte, war mir klar, daß er nicht lange fackeln würde. Und wieder einmal, wie so oft in diesen Zeiten, in denen sich ein Alptraum an den anderen reihte, nahte die Rettung, indem das Telefon hinter der Theke plötzlich laut schrillte. Der Kellner hob ab und reichte dann dem anderen SS-Mann den Hörer, für den der Anruf offenbar bestimmt war. Ich sah, wie er während des Telefonierens eine stramme Haltung einnahm, und hörte ihn einige Male »Jawohl, jawohl« in den Hörer schnarren. Er reichte dem Kellner das Telefon zurück und drehte sich nach seinem Kameraden um, der gerade dabei war, mit mir Katz und Maus zu spielen. »He, Franz«, rief er. »Da ist etwas im Gange, wir müssen sofort zur Kommandantur, und zwar ohne Aufschub. Los, komm, gehen wir.«
Ich konnte es nicht fassen, aber er verlor in der Tat sofort sein Interesse an mir, machte auf dem Absatz kehrt und verließ den Wartesaal mit seinem Kameraden, der inzwischen ein paar Münzen aus seiner Tasche kramte und sie auf die Theke schmiß.

Ich wartete noch ein paar Minuten, bis ich sicher sein konnte, daß sie weit genug weg waren, und schlich mich dann auch hinaus mit Dankbarkeit im Herzen, meinem Schicksal wieder einmal entronnen zu sein – dank eines Telefonanrufs in letzter Sekunde. Aber wo konnte ich die Nacht verbringen? Ich suchte nach einem sicheren Versteck im Freien und fand einen Kellereingang, wo ich mich auf die unterste Stufe setzte.

Die Nacht verging in quälender Langsamkeit. An Schlaf war nicht zu denken, erstens war meine Lage viel zu unbequem, und zweitens saß mir der Schrecken, den mir der SS-Mann eingeflößt hatte, noch in allen Gliedern. Das war nun schon die zweite Nacht, in der es für mich keinen Schlaf gab. Dazu kamen jetzt noch die unheimlichen Geräusche der Nacht, die mich so ängstigten, daß mir die Haare zu Berge standen. Die Nacht war so rabenschwarz, wie ich noch nie eine erlebt hatte. Die Kirchenuhren schlugen, eins, zwei, drei, vier, fünf, und ich hatte nicht eine Minute lang Schlaf gefunden. Ich war glücklich, als es endlich halb sechs schlug und sich langsam hier und da schon ein Mensch im Gelände blicken ließ. Da wagte auch ich mich aus meinem Versteck hervor, ging zu meinem Zwiebelsack, schulterte ihn und ging auf den Bahnsteig, wo der Zug stand, der um sechs nach Rejowiec fuhr.

Noch einige unbequeme Stunden, und ich war glücklich wieder zu Hause. Erleichtert lieferte ich meinen Zwiebelsack ab und kassierte noch einmal eine kleine Summe für meine Bemühungen. Ich bedankte mich, aber ich mußte mir eingestehen, daß keine Bezahlung der Welt mich dazu bewegen konnte, eine solche Höllenfahrt noch einmal zu wiederholen. Die dreißig Kilo Zwiebeln hätten mich mein Leben kosten können. In Zukunft würde ich mir bei jedem Auftrag sehr genau überlegen, ob ich ihn annehmen oder doch besser ablehnen würde. Und wenn Josef unbedingt nach Warschau wollte, sollte er doch allein fahren.

Am nächsten Tag trat ich meine Arbeit an, als sei nichts Außergewöhnliches gewesen. Selbstverständlich behielt ich mein Abenteuer für mich und erzählte keinem ein Sterbenswörtchen.

Aber dieser Tag endete nicht wie jeder andere, denn was ich auf dem Heimweg erfuhr, war zwar auch eine Horrorgeschichte, die

ich aber nicht als eine solche empfand. Für mich war es ein Zeichen von Gerechtigkeit, ja, ich fühlte sogar etwas wie süße Rachegefühle. Der Ukrainer, der mit der Frau ohne Hand verheiratet war und der meine Tante damals an die SS ausgeliefert hatte, nur weil er für ihr Mehl nichts bezahlen wollte, war in seinem Laden von polnischen Partisanen erschossen worden. Ich segnete die Partisanen, denn ich fand, der Mann hatte seine gerechte Strafe erhalten, er war der direkte Anlaß dafür, daß die SS meine Tante damals auf offener Straße niedergeschossen hatte.
Ich konnte der Versuchung nicht widerstehen, in den Laden des Ukrainers zu gehen, um mich von der Wahrheit der Geschichte zu überzeugen. Da lag tatsächlich sein durchlöcherter Körper auf dem Boden, und seine Frau kniete davor und weinte und schluchzte herzzerreißend.
Muß ich mich schämen, daß ich damals ein Gefühl der Genugtuung empfand? Ich hatte dem Mann die Pest an den Hals und ein schlimmes Ende gewünscht. Und hier stand ich, mein Rachedurst gestillt, ohne daß ich einen Finger dazu gerührt hatte. Der Mord an meiner Tante war gerächt.
Die Ukrainer, die in Rejowiec lebten, verließen den Ort in panikartiger Flucht, nachdem ihr Landsmann von polnischen Partisanen so grausam ermordet worden war. Sie packten ihre Habe zusammen und mußten in der Hast vieles zurücklassen, was sich dann die Polen mit Freude unter den Nagel rissen. Nach einigen Tagen war kein einziger Ukrainer mehr in Rejowiec. Ich war froh, daß sie fort waren, aber noch viel mehr freuten mich die andauernden Terroraktionen, mit denen die polnischen Partisanen der SS das Leben schwermachten. Ihre erfolgreichen Aktionen bestärkten mich in der Hoffnung, daß es nicht mehr lange dauern konnte, bis die Deutschen besiegt und vertrieben würden.
Kazik kam eines Tages aus Deblin zurück, und er ließ durch Josef ausrichten, daß er mich gerne sehen wollte. Ich platzte vor Neugier und wollte sofort alles hören, was er zu berichten hatte. Ich wollte mit seinen eigenen Worten hören, wie es auf dem Luftwaffenstützpunkt Deblin zuging. Ich konnte nicht zur JUNAK, die Organisation Todt war keine Alternative, und so hoffte ich, daß das, was

Kazik zu berichten hatte, so akzeptabel war, daß ich dort meinen Ersatzdienst ableisten konnte.
Wir trafen uns ein paar Stunden später. Kazik trug seine schwarze Uniform und hatte hohe schwarze Stiefel an. Er hatte eine Mütze auf dem Kopf, die mit einem Totenkopf dekoriert war, und im Arm seine neue blonde Freundin.
Er sprach mit Begeisterung über seine Arbeit in Deblin; die Worte sprudelten nur so aus ihm heraus, als ob er mir nicht schnell genug all die Vorteile und Annehmlichkeiten seiner Stellung schildern könne. Ich hatte das Gefühl, daß er mich unbedingt davon überzeugen wollte, daß ich mich ebenfalls dort melden müßte. »Es ist ein Jammer, daß du nicht mitgekommen bist«, sagte er mit echtem Bedauern. »Du kannst dir gar nicht vorstellen, was für ein angenehmes Leben wir dort führen: Sport, Spaß, Spiele, Saufen, es ist einfach herrlich. Ich hab dich nicht vergessen und schon alles für dich arrangiert. Ich hab ihnen erzählt, daß ich einen guten Freund habe, der auch bei uns Dienst machen möchte. Wenn meine drei Tage Urlaub vorbei sind, möchte ich dich gerne gleich mitnehmen. Etwas Besseres als eine solche Beschäftigung kann ein junger Mann sich nicht wünschen.«
Ich wollte etwas über die ärztliche Untersuchung wissen, und Kazik, der mich unbedingt überzeugen wollte, entgegnete leichthin: »Ach, nichts Besonderes; das Übliche, so wie bei der Armee.«
Das »Übliche« konnte ich mir gut vorstellen, nämlich kurz und bündig als mein Todesurteil. Seine Antwort hatte mich davon überzeugt, daß Deblin für mich nicht in Frage kam. Selbst wenn es keine ärztliche Untersuchung gegeben hätte, wie käme ich, ein Jude, dazu, eine schwarze Nazi-Uniform zu tragen? Das war schon der Grund, weshalb ich der Organisation Todt den Rücken zugewandt hatte. Für Kazik war diese Uniform natürlich kein Hindernis, er trug sie im Gegenteil mit sichtbarem Stolz.
Ich wollte keine Konfrontation mit ihm riskieren und sagte obenhin: »Vielleicht komme ich mit dir. Ich habe mich noch nicht endgültig entschieden.« Ich mußte ihn hinhalten, denn ein eindeutiges Nein hätte Kazik keinesfalls akzeptiert, und wir hätten noch stundenlang weiterdiskutiert.

Am nächsten Tag kam er mit seiner Freundin ins Haus von Frau Klemkowa, um weiter mit mir über die Angelegenheit zu reden. Ich merkte, wie er Druck auf mich ausüben wollte, als er sagte: »Wladek, ich habe dich schon registrieren lassen, du kannst nicht einfach ablehnen. Die warten schon auf dich. Die Arbeit ist kinderleicht. Du mußt zwei Stunden Wache schieben, der Rest des Tages ist frei, da kannst du machen, wozu immer du Lust hast.« Kazik überschlug sich beinahe vor Begeisterung und hämmerte weiter auf mich ein: »Du willst doch nicht hier in dem öden und langweiligen Rejowiec versauern. Schau dich doch nur mal um! Hier ist alles grau und stumpf. Demblin solltest du dagegen mal sehen!«
Während er auf mich einredete wie ein Wasserfall, erhaschte ich einen Blick auf Frau Klemkowa und sah, wie sie Kaziks Uniform mit dem Hakenkreuz musterte – und ich konnte erkennen, daß sie sich für Kazik schämte, für den Polen, der so stolz darauf war, daß er aussah wie ein Nazi.
Kazik war einfach nicht mehr zu bremsen. Mit einer Naivität, die man schon eher als Dummheit bezeichnen konnte, glaubte er tatsächlich, daß er mich mit seinen Aufschneidereien überreden könne, mit ihm nach Deblin zu fahren.
Er zog einen Flachmann mit Wodka aus seiner Brusttasche und goß uns jedem ein Glas voll ein. Dann prostete er mir zu und versprach: »Wenn dir die Arbeit nicht gefällt, kannst du dich jederzeit wieder abmelden.«
Ich ließ mein Glas unberührt, denn ich mochte keinen Alkohol. Ich überlegte mir, wie ich ihm schonend beibringen konnte, daß ich seine Begeisterung für Deblin nicht teilte, als sich Frau Klemkowa in unsere Unterhaltung einmischte. Ich war ihr wirklich von Herzen dankbar, daß sie ihm geradewegs ins Gesicht sagte, er solle doch nicht glauben, daß seine Angebereien Eindruck auf mich machen würden, außerdem sagte sie ihm noch, daß sie persönlich auch ganz entschieden dagegen sei, wenn ich nach Deblin ginge. Kazik war enttäuscht und verärgert. Er wünschte uns noch kurz angebunden einen guten Abend und verließ uns.
Wie lange konnte ich die Entscheidung noch hinauszögern? Der August neigte sich langsam seinem Ende zu, und alle meine Alters-

genossen hatten ihre Einberufung zur JUNAK bereits in der Tasche. Es verging kein Tag, an dem mich nicht irgendeiner fragte, ob ich denn nun meine Einberufung endlich bekommen hätte. Ich mimte stets große Enttäuschung, wenn ich mit fassungslosem Staunen antwortete: »Nein, noch immer nicht. Ich kann das einfach nicht verstehen, ich müßte sie doch längst schon haben. Na ja, sicher wird sie morgen oder übermorgen eintreffen.«
Aber natürlich traf nichts ein. Und natürlich konnte ich schon verstehen, warum nicht.
Der Gedanke, in Rejowiec bleiben zu können, hatte etwas sehr Verlockendes. Die zehn Monate, die ich bis jetzt hier verbracht hatte, waren doch recht angenehm gewesen, und ich fühlte mich im großen und ganzen sehr wohl in dieser polnischen Kleinstadt. Außerdem hatte ich eine gute Stelle, die mir erlaubte, für mich selbst zu sorgen. Nächsten Monat würde die Zuckerproduktion wiederaufgenommen, und ich würde dann wieder an der Pumpe eingesetzt werden, wo ich immer die Möglichkeit hatte, ein bißchen Zucker mitgehen zu lassen, den ich verkaufen konnte, um mir damit ein kleines Zusatzeinkommen zu verschaffen. Das waren alles in allem keine schlechten Zukunftsaussichten, und ich beschloß, die JUNAK aus meinen Gedanken zu verbannen und statt dessen eine kleine Feier anläßlich der Wiederaufnahme der Zuckerproduktion zu veranstalten.
Ich nahm meine letzten zweihundert Zloty und kaufte dafür Salami, Schinken, verschiedene Käsesorten und feierte mit Frau Klemkowa die guten Tage, die da kommen würden.
Und sie kamen in der Tat. Ich begann mein zweites Jahr als Arbeiter in der Zuckerfabrik und wurde für die Frühschicht von 6.00 bis 14.00 Uhr eingeteilt. Ich hatte den Gedanken an die JUNAK mit Gewalt aus meinem Gedächtnis verdrängt, und deshalb beunruhigte sie mich momentan auch nicht. Aber meine Kameraden machten sich mehr Sorgen als ich: »Die werden dich doch nicht vergessen haben und dich gar nicht mehr holen?« meinten sie besorgt.
»Das wäre mir auch egal«, sagte ich. »Aber die werden mich schon nicht vergessen, und sobald meine Einberufung kommt, werde ich antreten.«

Für den Augenblick kreisten meine Gedanken viel stärker um die Möglichkeit, mein Einkommen zu verbessern. Ich tat mich wieder mit meinem Partner zusammen, mit dem ich in der vorigen Saison Zucker geschmuggelt hatte, und wir begannen das gleiche Spiel von neuem. Meinen Bademeister hielt ich weiterhin bei Laune, indem ich ihm ab und zu etwas Zucker für zu Hause zusteckte, »weil du so ein netter Kerl bist und mir immer gefällig warst«.

Wir schmuggelten praktisch täglich etwas Zucker aus der Fabrik, und ich konnte schon aus Erfahrung schätzen, wieviel ich hatte. Ich brauchte ihn gar nicht mehr zu wiegen. Auch über die Entwicklung der Schwarzmarktpreise war ich auf dem laufenden und merkte bald, daß mein polnischer Partner mich gewaltig übers Ohr haute. Der Erlös wurde nicht halbe-halbe geteilt, sondern wesentlich zu meinen Ungunsten. Aber ich sagte nichts. Sollte er mich doch ruhig für dumm halten! Das war sicherer, als wenn er glaubte, ich sei gescheiter als er – vielleicht sogar zu gescheit. Je naiver ich erschien, desto ungefährlicher war ich, und daher vermied ich Konfrontationen um jeden Preis, denn so wichtig war mir die exakte Profitaufteilung wirklich nicht, als daß ich dafür mein Leben aufs Spiel gesetzt hätte.

Eines Tages entdeckte Frau Klemkowa unter meinen Sachen eine Fotografie meiner Mutter. »Wer ist denn diese schöne Frau?« fragte sie offensichtlich tief beeindruckt.

»Das ist meine Mutter«, erwiderte ich stolz.

»Deine Mutter? Eine wirklich schöne Frau! Was für ein edles Gesicht! Lebt sie noch?«

»Nein«, sagte ich mit trockener Kehle, »sie ist tot.«

Sie nahm das Foto an sich und zeigte es rundherum ihren sämtlichen Nachbarn. Meine Mutter sah in der Tat sehr arisch aus, und Frau Klemkowa wollte mit diesem Foto allen Zweiflern beweisen, daß ich ein reinrassiger Pole sein mußte.

»Schauen Sie sich nur das Bild an«, sagte sie zu jedem. »Das ist Wladeks Mutter; wie konnte nur jemand auf den Gedanken kommen, er wäre ein Jude? Schaut euch doch nur diese schöne Frau an! Eine reinrassige Polin, wie aus dem Bilderbuch.«

Nachdem sie ihre Runde gemacht hatte, befestigte sie das Foto mit einem Reißnagel an der Wand, wo ich es immer anschauen konnte. »So«, sagte sie energisch, »jetzt wird bestimmt keiner mehr sagen können, du seist ein Jude.«

Daß ich das Bild meiner Mutter jetzt so offen hinhängen konnte, war mir tröstlich und schmerzlich zugleich. Wann immer ich allein war, setzte ich mich dem Foto gegenüber und hielt stumme Zwiesprache mit ihm, wobei ich meine Tränen oft nicht zurückhalten konnte, wenn ich in ihr geliebtes, für immer verlorenes Gesicht schaute.

Frau Klemkowa hatten einen Sohn, und eines Tages bat sie mich, ob ich ihm nicht etwas Zucker schicken könne. Das war eine äußerst gefährliche Angelegenheit. Falls das Päckchen abgefangen würde, wäre ich in großen Schwierigkeiten. Wenn überhaupt, dann wäre es schon besser, keinen Streuzucker zu schicken, sondern einen festen Klumpen, den er sich dann eben selbst zerschlagen mußte.

Aber ein Klumpen war natürlich viel schwieriger aus der Fabrik zu schmuggeln als eine Handvoll Staubzucker. Zunächst mußte ich überhaupt mal an einen rankommen und ihn dann in die ungefähre Form eines Würfels bringen. Aber wie konnte ich den Würfel hinausbringen? In meiner Jacken- oder Hosentasche würde er eine nicht zu übersehende Beule verursachen, und außerdem wurde ja jeder Arbeiter beim Verlassen der Fabrik von Wachen nach gestohlenem Zucker abgetastet. Aber das Risiko mußte ich eingehen, ich hatte ihr einen Zuckerwürfel für ihren Sohn versprochen, und sie würde keine Ruhe geben, bis ich mein Versprechen eingelöst hatte.

So stand ich nach Feierabend in der Schlange am Tor mit meinem Zuckerklumpen am Körper versteckt und wartete, bis ich zur Leibesvisitation an der Reihe war. Aber heute schob sich die Schlange ganz besonders langsam nach vorn. Der Grund dafür hatte sich auch bald bis zu mir nach hinten rumgesprochen: Heute wurde nicht von polnischen Wachen kontrolliert, die schon ab und zu mal ein Auge zudrückten, wenn es sich nur um eine winzige Portion handelte, nein, heute war eine Abordnung der SS aus Chelm zur Zuckerfabrik abkommandiert worden, da man dort den Eindruck gewonnen hatte, daß in letzter Zeit besonders viel Zucker durch unbekannte Kanäle die Fabrik verließ, und so konnte ich mir

ausrechnen, daß es heute keine Gnade gäbe, selbst wenn einer nur fünfzig Gramm Zucker am Körper versteckt hätte. Außerdem hielt sich das Gerücht, daß sie eine bestimmte Person suchten, die sich in Rejowiec versteckt hielt. Jetzt stand ich nicht nur Todesängste wegen meines Zuckerklumpens aus, sondern ich war auch noch davon überzeugt, daß nur ich die Person sein könne, die sie suchten. Einen anderen Ausgang aus der Fabrik als durch das Wachhäuschen gab es nicht, und als ich mit dem Gedanken spielte, meinen Zukkerklumpen unauffällig zu »verlieren«, sah ich, daß das gesamte Gelände der Zuckerfabrik von Angehörigen der SS besetzt war. Es waren so viele, daß sie eine totale Kontrolle über die Schlange der Wartenden ausüben konnten. Keiner hätte sich unbeobachtet an seinen Arbeitsplatz zurückschleichen oder eine versteckte Diebesbeute unauffällig loswerden können.
Mit zitternden Knien verfolgte ich, wie die Reihe der Wartenden vor mir immer weiter nach vorn rückte, und bald wäre auch ich bei den Wachen angelangt. Es war unvermeidlich, daß die SS meinen Zuckerklumpen entdecken würde, und wie das Kaninchen auf die Schlange bewegte ich mich auf das Wachhäuschen zu. An die fatalen Folgen für mich durfte ich gar nicht denken. Ich schaute mich nach allen Seiten um, ob es nicht doch eine Gelegenheit gäbe, den Klumpen loszuwerden, aber wo immer ich auch hinschaute, ich blickte nur in die Läufe von schußbereiten Gewehren, welche die SS-Wachen auf uns gerichtet hatten. Ich war schon nahe genug nach vorne vorgerückt, um feststellen zu können, daß die Leibesvisitation nicht bei jedem mit gleicher Gründlichkeit vorgenommen wurde. Der eine mußte sich bis aufs Hemd ausziehen, ein anderer wurde nur von oben bis unten gründlich abgetastet und dann durchgewinkt. Aber welche Methode sie auch immer bei mir anwenden würden, mein Zuckerklumpen bliebe nicht unentdeckt.
Die Reihe der Wartenden schob sich vorwärts, und mein Abstand zu den Wachen wurde bedrohlich kürzer. Noch fünf Arbeiter vor mir, noch vier, noch drei, jetzt waren nur noch zwei Männer vor mir, und gleich wäre ich dran, und ich konnte direkt schon spüren, wie er triumphierend den Zuckerklumpen in die Höhe hielt und wie ich seitwärts abgeführt wurde.

Aber gerade, als ich an der Reihe war und meine Arme bereits zum Abtasten hochgerissen hatte, war der SS-Posten offenbar des ständigen Auf und Ab beim Abtasten der Leute müde geworden, und wie ein Wunder, das sich an mir ereignete, hörte ich, wie er dem polnischen Wachposten, den er als Assistent und Dolmetscher neben sich hatte, befahl, eine Weile alleine weiterzumachen, weil er sich etwas ausruhen müsse.

Der Pole tastete mich von oben bis unten ab, hielt kurz an der verräterischen Ausbeulung inne und schaute mir verschwörerisch in die Augen. Er hatte genau gemerkt, auf was er gestoßen war, sagte aber kein Wort, setzte seine Visitation fort und gab dann das Handzeichen, daß ich durchgehen konnte.

Während der ganzen Untersuchung hatte ich Blut und Wasser geschwitzt, und als ich draußen war, atmete ich erst ein paarmal kräftig durch und gestand mir dann, daß ich dieses Mal viel mehr Glück als Verstand gehabt hatte. Viel mehr Glück!

Den ganzen Heimweg über haderte ich in Gedanken mit Frau Klemkowa. »Bitten Sie mich nie wieder um so etwas«, sagte ich streng zu ihr, als ich ihr den Klumpen auf den Tisch legte. »Deswegen hätte ich beinahe meine Stellung verloren oder sogar noch eine härtere Strafe gekriegt.« Daß ich wegen des Zuckerklumpens sogar mein Leben aufs Spiel gesetzt hatte, wollte ich ihr nicht sagen. Jedenfalls war dies das letztemal, daß ich Zucker an meinem Körper aus der Fabrik geschmuggelt habe. Es gab bessere Methoden, die ich auch ausnutzte, und mit Hilfe meines polnischen Komplizen gelang es mir so, ein kleines Vermögen von etwa tausend Zloty auf die Seite zu legen, die ich sicher brauchen würde, wenn die Zeiten schlechter würden. Damals ahnte ich noch nicht, wieviel schlechter die Zeiten noch würden und wie weise ich mit dieser Vorsichtsmaßnahme gehandelt hatte.

Die Tage vergingen, aus den Tagen wurden Wochen, und die JUNAK hatte sich noch immer nicht bei mir gemeldet. Einerseits war ich darüber sehr glücklich, aber andererseits nagte ein ständiger Zweifel in mir: Was ist, wenn sie mich doch noch einziehen? Meinen Bekannten erklärte ich, daß bestimmt mit meinem Namen etwas durcheinandergeraten wäre, als ich mich von Warschau ab- und in

Rejowiec angemeldet hatte. In Wahrheit wurde ich wahrscheinlich wegen meiner gefälschten Papiere überhaupt nirgends geführt, und ich würde weder in diesem Jahr noch im nächsten von der JUNAK eine Einberufung erhalten. Das bedeutete aber, daß ich verpflichtet war, mich selbst um die Angelegenheit zu kümmern, aber welches Schaf geht schon freiwillig zu seinem Schlächter? Doch der Gedanke, daß ich bei einer Ausweiskontrolle Rechenschaft darüber ablegen müßte, wieso ich nicht in der JUNAK war, ließ mir Tag und Nacht keine Ruhe. Weil inzwischen massenhaft junge Männer aus der JUNAK desertierten, wurden diese auch öfter als früher kontrolliert. Da verfiel ich auf einen Gedanken, der nur aus Verzweiflung geboren werden konnte: Ich mußte mein gefälschtes Geburtsdatum noch einmal fälschen. Meine gute Frau Klemkowa hatte Feder und Tinte in ihrer Küche, und als sie eines Abends aus dem Haus war, setzte ich mich an den Küchentisch und begann mit Tinte den Fünfer von 1925 – meines angeblichen Geburtsjahrs – ganz vorsichtig in einen Sechser zu verwandeln. Mit einer Ruhe, die mir heute unbegreiflich ist, begann ich, den oberen Strich des Fünfers zu einem Halbkreis zu verbiegen und ihn so nach unten zu verlängern, daß er in der Tat wie ein Sechser aussah. Als ich mein Werk betrachtete, war ich recht stolz auf die Arbeit. Ich war überzeugt, daß die Fälschung jeder Prüfung standhalten würde, und ich hatte mich sozusagen mit einem Federstrich wieder um ein Jahr jünger gemacht, so daß ich noch nicht alt genug für die JUNAK war. Das schlechte Gewissen jedoch blieb. Zwar gab es Momente, wo mir das alles egal war, aber die meiste Zeit hing dennoch die verdammte JUNAK wie ein Damoklesschwert über meinem Leben und über meinen nunmehr zweimal gefälschten Papieren.

Wladek entdeckt die Liebe

Die Zuckersaison neigte sich schon wieder langsam ihrem Ende zu. Wir hatten Dezember, und es war schon recht kalt geworden, als Frau Klemkowa mich bat, die Kohlen für den Winter zu bestellen.

Da sie aber kein Geld hatte, rechnete sie damit, daß ich es ihr leihen würde, und das tat ich denn auch, zusätzlich zu der Summe für eine schöne Gans, den traditionellen polnischen Weihnachtsbraten.
In den Augen meiner Hausfrau war ich ein Mitglied ihrer Familie, und so war es denn ganz selbstverständlich, daß erwartet wurde, sie zur Christmette zu begleiten. Als »guter Katholik« konnte ich mich diesem Ansinnen nicht entziehen.
Der Platz vor der Kirche war voll mit fröhlichen Menschen in Weihnachtsstimmung, und jeder grüßte freundlich zu mir herüber; ich gehörte ja schließlich dazu – war kein Fremdling mehr. Dennoch empfand ich mein ganzes Benehmen ein bißchen »unwürdig«. Hier war ich, Lipman Sznajder, der Jude, auf dem Weg in die katholische Kirche zur Christmette.
Aber ich bin nicht hineingegangen – nicht wegen irgendwelcher Skrupel als Jude, sondern weil die Kirche so überfüllt war, daß niemand mehr hineinpaßte. Ich war erleichert und blieb gerne draußen in der Kälte stehen.
Nach der Kirche gingen wir gemeinsam wieder nach Hause, um Weihnachten zu feiern. Frau Klemkowa hatte es verstanden, aus der Weihnachtsgans ein köstliches Mahl zuzubereiten, und ich hatte mich schon lange nicht mehr so wohl gefühlt wie nach diesem herrlichen Essen. Natürlich gehörte sowohl zur Verdauung als auch wegen der Kälte, die draußen herrschte, ein Gläschen Wodka dazu, das wir beide mit Behagen schlürften, und ich muß zugeben, daß sich an diesem Abend meine sonstige Abneigung gegen Alkohol nicht einstellte. »Ein Gläschen in Ehren kann niemand verwehren!«
Die weihnachtliche Atmosphäre, das gute Essen, das Gläschen Wodka, die Wärme im Raum, während draußen der Schnee in leisen, dicken Flocken herabfiel, übten eine merkwürdige Veränderung auf unser Verhalten aus. Die Gespräche wurden freier und unser Lachen ungezwungener. Plötzlich kam ich mir vor wie ein Mann und nicht mehr wie ein Junge, und in Frau Klemkowa sah ich nicht meine Wirtin, sondern eine begehrenswerte Frau.
Es war sehr spät geworden, als Frau Klemkowa Anstalten machte, das Fest zu beenden, indem sie langsam anfing, sich auszuziehen, was mich sehr überraschte, denn das hatte sie nie getan, ohne mich

zu warnen, ich solle mir ja nicht einfallen lassen, sie zu beobachten, »sonst fliegst du bei mir raus«. So streng waren ihre moralischen Grundsätze. Und heute erbot sie sich sogar, mich auszuziehen. Ich war aber so jung und vollkommen unerfahren, und ich stand da, steif wie ein Holzklotz, innerlich aber von einer unerklärlichen Erregung erfaßt, der ich kaum Herr zu werden wußte. Ich hatte nicht die geringste Ahnung, was sie von mir erwartete, und da sie offensichtlich meine totale Unerfahrenheit erkannte, ließ sie von mir ab, und sie legte sich in ihr Bett. Ich legte mich in meines, und so lagen wir noch eine ganze Weile wach: sie mit ihren Gedanken und Gefühlen – ich mit den meinen.

Am nächsten Morgen weckte Frau Klemkowa mich liebevoll und schnurrend wie ein Kätzchen auf. »Ach, hier ist's so schön mollig warm, bei dem kalten Wetter mag man gar nicht raus aus dem Bett, möchtest du nicht ein bißchen zu mir reinkommen?« Ich folgte dieser Aufforderung nur zu gerne, lag dann aber wieder steif wie eine Statue neben ihr und begann nur schwer zu atmen, als sie sich anschickte, meinen Körper zu streicheln, und ihren Körper immer wieder fest an den meinen drückte. Dabei schien meine Schüchternheit sie überhaupt nicht zu stören. Sie hörte erst mit dem Drücken und Streicheln auf, als sie offensichtlich genug davon hatte und sich mit einem tiefen, wohligen Seufzer in ihr Kissen zurückfallen ließ.

Es war sowohl meiner jugendlichen Schamhaftigkeit als auch meiner Vorsicht als Jude zuzuschreiben, daß ich immer schön darauf bedacht war, zugedeckt zu bleiben. Dazu kam die weihnachtliche Morgendämmerung, die langsam unser Zimmer – unser Bett – erhellte, und als wir uns anblickten, waren wir beide etwas verlegen. Liebespaare gingen damals nicht so frei miteinander um und hatten ein sehr stark ausgeprägtes Schamgefühl, was ihre Körper betraf.

Frau Klemkowa streckte und dehnte sich wohlig im Bett und bat mich, doch aufzustehen und ihr eine Tasse Kaffee zu machen. Das tat ich liebend gerne, und ich hätte jeden Liebesdienst freudig erfüllt, den die Dame meines Herzens von mir verlangt hätte. Sie aber zog mich zu sich herunter, so daß ich auf ihr zu liegen kam. Da begriff ich endlich, was von einem Mann erwartet wurde, sicher half sie auch ein bißchen nach, jedenfalls kam ich mir vor wie ein junger

Hirte, der sich immer und immer wieder um seine Schäferin bemüht, und ich hatte nur den einen Wunsch, dieser Morgen sollte nie enden. Meine Liebste muß wohl die gleichen Gedanken gehabt haben, denn in einem plötzlichen Impuls erhob sie sich aus dem Bett, ging in die Küche und erklärte ihrer Untermieterin, daß sie ausziehen müsse. »Mein Sohn kommt zurück«, erklärte sie ihr, »und ich brauche die Küche für ihn.«

Ich wußte, daß das eine Lüge war, aber ich hatte verstanden, daß sie unsere romantischen zweisamen Stunden nicht durch irgendwelche unbefugten Blicke stören lassen wollte. Wir wollten unser Glück ganz für uns allein genießen.

Am Silvesterabend begleitete ich Frau Klemkowa wieder zur Kirche, aber dieses Mal mußte ich mit hineingehen, und da war ich denn recht froh, daß ich bei meiner katholischen Hauswirtin so viel über die katholischen Riten gelernt hatte. Daher schöpfte Frau Klemkowa nicht den geringsten Verdacht, daß ich vielleicht kein Katholik sein könnte.

An Neujahr wiederholte sich alles, wie es an Weihnachten gewesen war. Frau Klemkowa zog mich in ihr Bett, und nachdem wir beide unsere Hemmungen überwunden hatten, wanderte ihre Hand abwärts in eine Richtung, die ihr wohl ganz natürlich für ein Liebesspiel schien, mich aber auf der Stelle verraten hätte. So schob ich ihre Hand sanft weg und fing an fürchterlich zu kichern: »Hi, hi, hi, du kitzelst mich so«, keuchte ich und tat, als ob ich vor lauter Gekichere keine Luft mehr bekäme. Da sie ja nicht ahnen konnte, daß ich nur mein Geheimnis hüten wollte, zweifelte sie nicht an meiner Empfindlichkeit. »Ich bin so schrecklich kitzlig«, entschuldigte ich mich, um damit jeden Verdacht zu entkräften, und als sie mich ganz leicht unter den Armen kitzelte, brach ich wiederum glaubhaft in ein atemloses Gelächter aus.

Ich war hin und her gerissen: Einerseits sehnte ich mich nach der Zärtlichkeit ihrer Hand, die mein bestes Stück streicheln und liebkosen sollte, andererseits erfüllte der Gedanke daran mich mit Entsetzen, daß sie dabei etwas feststellen könnte, was niemand wissen durfte. Selbst in den zärtlichsten Augenblicken, wenn die Leidenschaft unsere Vernunft davontrug, vergaß ich nicht, daß auch im Bett die Todesgefahr auf einen Juden lauern konnte, der es wagte, mit einer Polin zu schlafen. Es war eine harte Charakterprüfung für einen Jungen in meinem Alter. Leidenschaft und Vorsicht so genau voneinander zu trennen und dennoch das Glück unserer Beziehung nicht zu zerbrechen. Meine polnische Geliebte war damals etwa fünfunddreißig, vollschlank und nicht allzu groß. Sie trug ihr volles schwarzes Haar zu einem Pferdeschwanz gebunden, und manchmal steckte sie es hoch, was sie gleich um fünf Zentimeter größer erscheinen ließ. Sie war keine hinreißende Schönheit, ja nicht einmal überdurchschnittlich hübsch, aber sie war eine fleißige, lebenstüchtige Frau, die für sich selbst zu sorgen hatte und für einen Sohn, mit dessen Vater sie zwar zusammengelebt, der sie aber nicht geheiratet hatte. Als alleinstehende Frau hatte sie gelernt, wie man auch zu seinem Vergnügen kommen kann, und ich kann mich nur wundern, mit welcher Zärtlichkeit und Empfindsamkeit diese einfache Frau mich in die Freuden des Liebeslebens einführte. Sie zeigte ganz offen, wenn sie mich haben wollte – und sie zeigte es oft, und ich war nur allzugern bereit, ihren Wünschen nachzukommen. Aber selbst hier blieb meine Furcht vor einer Entdeckung immer präsent und hinderte mich manchmal daran, ihren Lockungen zu folgen. »Heute bin ich schrecklich müde, wart bis morgen früh, dann komm ich.«

Sogar wenn ihre Verführungskünste meine Leidenschaft bis zum äußersten anstachelten, schaffte ich es, mich zurückzuhalten, wenn ich es für klüger hielt. Meistens sprang ich unerwartet in ihr Bett und nahm sie, bevor sie richtig wußte, wie ihr geschah. Danach eilte ich wieder in mein eigenes Bett zurück. Ich hätte diese kostbaren Minuten gerne ausgedehnt, sie gestreichelt und geküßt und wäre so zärtlich zu ihr gewesen, wie Liebespaare das nun mal sind, aber ich wagte es nicht, weil ich fürchtete, sie damit zu Gegenliebkosungen zu animieren, bei denen mein Geheimnis unzweifelhaft aufgedeckt würde. Wie oft hatte ich den Alptraum, daß sie mein Judentum entdeckt hätte, all ihre Nachbarn herbeirief, um ihnen mein schreckliches Geheimnis zu offenbaren, worauf diese sich auf mich stürzten, um mich zu erschlagen, weil ich es gewagt hatte, mit einer Polin ins Bett zu gehen.

Das Leben mit einer falschen Identität zwingt einen dazu, stets und überall auf alles gefaßt zu sein, und ich glaubte, bestimmt alles getan zu haben, um mich gegen unangenehme Überraschungen abzusichern und mein Leben fest und sicher im Griff zu haben. Leider war das eine Täuschung.

Eines Morgens im Januar besuchte ich Josef, und er hatte bereits einen Gast bei sich sitzen: einen Fremden, den ich vorher noch nie gesehen hatte. Er begann ein Gespräch mit mir, in dem er mir eröffnete: »Weißt du eigentlich, daß die Zuckerfabrik achtzig Prozent ihrer Beschäftigten entlassen wird? Von ihren hundert Leuten wollen sie nur noch zwanzig behalten. Sie haben sogar schon eine Liste ausgehängt mit den Namen derer, die gekündigt werden. Schau mal vorbei und sieh, ob du auch draufstehst.«

Nachdem er die Wirkung seiner Worte beobachtet hatte, fuhr er fort: »Zufällig weiß ich es! Dein Name steht auch auf der Liste; deine Arbeit hast du verloren.«

Ob er das nur sagte, weil er Mitleid mit mir hatte oder ob er mich treffen wollte, war mir nicht klar. Jedenfalls sauste ich am nächsten Morgen sofort ans Schwarze Brett und studierte die Liste. Der Mann hatte nicht gelogen. Da stand es schwarz auf weiß: Wladislaw Szymczyk, und zwar auf der rechten Reihe der Liste. Auf der linken waren die Namen der zwanzig Leute aufgeführt, die weiterbeschäftigt wurden, und diese Seite war erheblich kürzer.

Welch eine Katastrophe! Aber so schnell war ich nicht bereit aufzugeben. Ich eilte geradewegs zum Sekretär und fragte ihn, ob es keine Möglichkeit für mich zur Weiterbeschäftigung gäbe.

Mit einem Anflug von Mitleid, der einem höheren Angestellten in einer solchen Situation gut ansteht, gab er mir zur Antwort, daß er auf Befehl von oben handle und daß er all diejenigen Arbeiter entlassen müsse, die keine gelernten Spezialisten waren. Diese durften bleiben, und nur die! »Komm morgen früh ins Lohnbüro, und hol dir deinen Restlohn ab. Urlaubsgeld hast du auch noch zu kriegen und außerdem deine drei Kilo Zucker für diesen Monat.«

Er sprach noch weiter, aber ich hörte ihm schon nicht mehr zu.

Meine Gedanken eilten voraus in die Zukunft. Wie sollte ich überleben ohne meine täglichen zwei Teller Suppe? Wie würde es weitergehen, wenn der illegale Profit vom Schwarzmarkt ausblieb? Der Sekretär las mir meine verzweifelten Gedanken wohl vom Gesicht ab, denn er versuchte, mich mit einer tröstenden Bemerkung aufzurichten: »Schau in ein paar Wochen mal wieder vorbei, ich werde sehen, ob ich dich nicht irgendwie wieder auf die Lohnliste setzen kann.«

Ich hielt die Spannung aber nur ein paar Tage aus, und dann ging ich schon wieder zu ihm. Aus seiner Miene sprach die pure Gleichgültigkeit, als er sagte: »Ich kann dir nur empfehlen, dich nach etwas anderem umzuschauen. Wir werden niemanden mehr einstellen können.« Dann, als ob er seiner harten Rede den Stachel nehmen wollte, fügte er hinzu: »Frag halt Ende Februar noch einmal nach. Vielleicht kann ich dir bis dahin etwas anbieten.«

Ich hatte nur noch ein paar Zloty in der Tasche. Bis jetzt hatten meine diversen Einkommen immer bequem gereicht für Schlafen, Essen, Wäsche, ja, ich konnte mir sogar ab und zu ein neues Kleidungsstück zulegen. Jetzt wäre ich also arbeitslos und müßte zunächst mal an den Inhalt meiner roten Kiste gehen, die für äußerste Notzeiten gedacht war, der jetzt zusammenschmolz wie der Schnee in der Frühjahrssonne, und ich konnte mir den Tag ausrechnen, an dem der Schnee endgültig geschmolzen war. Ich *mußte* Arbeit finden, und zwar schnell. Ich hatte keine große Auswahl – irgend etwas, das mich am Leben halten würde. Es würde nicht leicht sein. Die Polen waren arm und hatten selbst kaum etwas zum Beißen. Aber in jedem Haus war irgendwas kaputt, und fast immer war ich in der Lage, den Schaden zu beheben. So wanderte ich von Dorf zu Dorf, von Haus zu Haus, meinen Werkzeugkasten unter dem Arm – ein Hammer, ein paar Schraubenzieher, eine kleine Säge. Ich konnte nahezu alles reparieren – ich war ein richtiger »Hansdampf in allen Gassen«. Hier flickte ich eine undichte Dachstelle, und als Bezahlung erhielt ich ein Säckchen Mehl; dort machte ich einen verstopften Abfluß frei und bekam als Gegenleistung eine Tüte Zucker oder einen Laib Brot. Bargeld bekam ich so gut wie nie in die Hand, aber ich tauschte meine Handlangerdienste ein

gegen Kaffee, Brot, Bohnen, Schinken, Käse, manchmal auch gegen einen Gebrauchsgegenstand. Was immer repariert werden mußte, ich war zur Stelle. Einmal engagierte ein Bauer mich sogar für zwei Tage als Kuhhirte. Ich nahm an, was immer sich bot, und wartete nicht, bis sich etwas Passendes fand. Dadurch war ich ständig auf der Suche nach neuen Betätigungsgebieten. Manchmal war die Bezahlung schon sehr dürftig – zwei Eier, eine Handvoll Erbsen, aber jedes Lebensmittel war ein Schritt zur Vermeidung des Verhungerns. Es war schon ein rechtes Hungerleben, und ich fühlte mich wie ein Bettler. Besonders wenn ich an meine geschwundene Barschaft dachte, überkamen mich Depressionen, die ich nicht so ohne weiteres abschütteln konnte. Und wie sah meine Zukunft aus? Zukunft? Daß ich nicht lachte! Gab es denn die für mich überhaupt noch? Ja, es gab schon eine Hoffnung darauf, und zwar, wenn sich die Gerüchte, die überall herumschwirrten, als Wahrheit herausstellten, nämlich, daß der Krieg sich seinem Ende näherte und daß die Deutschen bald geschlagen wären. Aber wieviel davon waren Gerüchte, und wieviel war Wahrheit?
Eines Nachts, im Februar 1944, hörte ich Schüsse, die irgendwie anders klangen als all die anderen Schießereien, die ich bis dahin gehört hatte. Diesmal handelte es sich um Scharmützel zwischen der SS und polnischen Partisanen, die sich in der Nähe von Rejowiec versteckt hielten und bei denen es Tote und Verwundete gegeben hatte. Beide Seiten hatten ihre Verluste weggeschafft, aber eine Leiche blieb mitten auf der Straße liegen, es war ein unbeteiligter Fußgänger, der zufällig zwischen ihr Feuer geraten war.
Ich kannte den Mann; es war ein Nachbar von Kazik. Als ich die Leiche da liegen sah, die niemand haben wollte, überkam mich die Ahnung einer Wende. Irgendwie fühlte ich mich durch den Anblick des Toten erleichtert. Nicht, daß der Mann mir irgend etwas getan hätte oder daß ich ihn nicht gemocht hätte, nein, das war es nicht! Es war der Umstand, daß sich in Rejowiec jetzt Deutsche und Polen gegenseitig umbrachten. Das gab mir das Gefühl, daß eine Veränderung der Zustände in der Luft lag. Und wenn diese Änderung kein unerfüllbarer Traum blieb, dann könnten sich auch noch andere Dinge ändern, zum Beispiel, daß der Krieg zu Ende ginge.

Aber diese Tagträume gingen rasch vorüber, und ich führte mein Handwerksgesellenleben weiter, um zu überleben. Und in dieser Zeit gab es öfter Situationen, wo es mich überhaupt nicht interessierte, ob die Deutschen den Krieg gewinnen oder verlieren würden, das waren die Tage, an denen ich weder einen Zloty in der Tasche noch ein Stück Brot zum Beißen hatte. Was war vorzuziehen, ob sie mich nun schnappten und in die Gaskammer steckten, oder ob ich elendiglich verhungern müßte?

Es waren schlimme Tage, an die ich mich nur mit Schaudern zurückerinnere. Mir tat der Pole leid, der unschuldig sein Blut vergießen mußte. Er war ein Mensch, den ich gekannt hatte, und nicht einfach eine Zahl in der Todesstatistik. Ich erinnerte mich an ihn als an einen freundlichen Mann, der mich immer fröhlich gegrüßt hatte, wenn wir uns begegneten. Ich hatte immer das Gefühl, daß er mich mochte. Und jetzt lag sein zerfetzter Leichnam in seinem Blut mitten auf der Straße, umgeben vom Geruch des Todes und der Verwesung. Ich bemühte mich, meine depressiven Gedanken beiseite zu schieben: Was soll's? Wenn er gewußt hätte, daß ich ein Jude bin, hätte er sicher nicht zweimal überlegt, ob er mich abknallen soll oder nicht. Fast überkam mich jetzt ein Gefühl der Freude, da nun auch schon Polen erschossen wurden und nicht mehr nur Juden. Lange hielt ich mich nicht mehr bei der Leiche und meinen morbiden Gedanken auf; ich hatte Wichtigeres zu tun und machte mich wieder auf die Suche nach etwas zu essen.

Diesmal hatte ich mehr Glück als in den vergangenen Tagen, denn in Rejowiec machte eine Gruppe von umhervagabundierenden Ukrainern Station, die vollbeladen mit Gütern in der Gegend herumreisten. Einer meiner Freunde hatte die brillante Idee, zu ihrem Lager zu gehen und zu versuchen, etwas abzustauben.

Die Ukrainer empfingen uns offen und freundlich und fragten uns ohne Umschweife, ob wir ihnen selbstgebrannten Wodka besorgen konnten – sie nannten ihn »Samogon«.

»Was gebt ihr uns dafür?« fragten wir.

»Wir haben ein Grammophon, einen Pelzmantel, Hosen, Hemden und 'ne Menge anderer Sachen«, entgegneten sie.

Wir wußten, daß die Sachen alle gestohlen waren, aber das war uns

ziemlich egal, und wir zogen los, um ihnen ihren Samogon zu besorgen.
Kein einziger Laden in Rejowiec führte mehr Wodka, ja, in ganz Polen gab es offiziell ganz sicher keinen Laden mehr, der industriell hergestellten Wodka verkaufte. Aber auf meiner Wanderschaft über die Dörfer hatte ich viele Bauern kennengelernt. Ich konnte welche nennen, die Würste und Speck hatten, und ich konnte welche nennen, die selbstgebrannten Wodka hatten. Überhaupt wußte ich so ziemlich von jedem Bauern in der Umgebung, was seine Spezialität war. Diese genauen Kenntnisse kamen uns jetzt zugute. In Windeseile hatten wir den Wodka besorgt, und die Waren, die wir dafür eingetauscht hatten, wurden sofort wieder verkauft. Das dafür eingenommene Geld wurde auf der Stelle in noch mehr Wodka umgesetzt, und bald waren wir im Besitz von einem riesigen Vorrat von Handelsgütern, von Kleidungsstücken bis hin zu Radios. Wir machten ein enormes Geschäft auf dem schwarzen Markt, und der Erlös aus unseren ungesetzlichen Geschäften reichte, um meine leer gewordene Kiste beträchtlich zu füllen.
Leider wanderten die Ukrainer bald wieder weiter, und unsere Einkunftsquelle hörte auf zu sprudeln. Dennoch blieben wir mit einem schönen Batzen Betriebskapital zurück. Voller Stolz berichtete ich Josef von den Zlotys, die ich auf die Seite gelegt hatte.
Daraufhin erzählte er mir von den Partisanen und daß er einen Bauern kannte, der ein altes Gewehr besaß, das er gerne verkaufen wollte. Dann fügte er hinzu: »Wenn einer ein Gewehr hat, kann er zu den Partisanen gehen.« Diese Neuigkeit wirkte elektrisierend auf mich. Als Partisan konnte ich gegen die Deutschen kämpfen und würde noch dazu ihren Schutz genießen.
Mit diesen Gedanken im Kopf machte ich mich auf, den Bauern mit dem Gewehr aufzusuchen. Josef ging mit mir, und wir waren den ganzen Tag auf den Beinen, bis wir endlich vor seinem Haus landeten. Er ließ uns nicht einmal hinein, sondern zeigte uns das alte Gewehr über seinen Gartenzaun hinweg. Dieses Mißtrauen war zu der Zeit nicht außergewöhnlich; jeder mißtraute jedem. Das Gewehr war alt und verrostet und machte einen ziemlich heruntergekommenen Eindruck. Munition dafür hatte er auch nicht. »Es

kann leicht repariert werden«, erklärte er. »Dann brauchen Sie es nur noch zu ölen, und Sie haben ein Gewehr, das so gut wie neu ist.« Er nannte einen relativ niedrigen Preis – zwanzig oder dreißig Zloty, die ich gerne dafür hinlegte. Ich war überzeugt, daß ich mir dafür meine Fahrkarte zu den Partisanen erworben hatte.

Frau Klemkowa geriet außer sich vor Zorn, als sie das Monstrum sah. »Schaff das Ding sofort wieder aus dem Haus«, tobte sie. »Wenn man dich damit erwischt, ist es aus mit dir.«

Ich schlug ihre Warnungen in den Wind und machte mich an die Reparatur des Gewehrs. Aber das war ein hoffnungsloses Unterfangen, denn es war so kaputt und verrostet, daß es Zeitverschwendung gewesen wäre, sich weiter damit zu beschäftigen. Erst da hörte ich auf Frau Klemkowa und entledigte mich der unnützen Waffe. Doch während ich sie begrub, wurde mir klar, daß ich damit auch meine »Eintrittskarte« zu den Partisanen begrub; also mußte so bald wie möglich ein neues, aber brauchbares Schießeisen her.

Eines Sonntagmorgens spazierte ich mit einem Freund durch die Hauptstraße von Rejowiec – meine Gedanken kreisten noch immer um das Gewehr –, als ein Auto mit einem unbekannten Nummernschild vor einem Gasthaus hielt. Das Auto war ein deutsches Fabrikat, aber die Insassen waren Italiener, und als das Fahrzeug jetzt unbewacht vor dem Gasthaus stand, ging ich näher heran, um es genauer zu betrachten. Und da lachte es mich an – funkelnagelneu und glänzend lag es auf dem Beifahrersitz: ein Gewehr. Ich suchte fieberhaft nach einer Möglichkeit, es an mich zu nehmen, und wollte meinen Plan gerade in die Tat umsetzen, als die Italiener, die ihren Imbiß beendet hatten, das Lokal wieder verließen und sich zu ihrem Fahrzeug begaben. Sie hatten wohl meine begehrlichen Blicke bemerkt, lachten und riefen mir etwas auf italienisch zu, dabei machten sie Handbewegungen, die andeuten sollten, daß ich den Zugang zum Auto frei machen sollte. Sie setzten sich hinein und brausten los, raus aus Rejowiec – und mit ihnen mein Traumgewehr. Beinahe hätte ich es gehabt. Niedergeschlagen kehrte ich nach Hause zurück; fast hätte ich ein Gewehr besessen und mich bei den Partisanen melden können.

Langsam ging der Erlös vom letzten Schwarzmarkt-Coup seinem

Ende zu, und ich mußte mir ernstliche Sorgen um meine weitere Existenz machen. Kein Mensch würde mich umsonst durchfüttern, und ich mußte mir dringend eine Arbeit suchen, hatte aber keine Ahnung, wie oder wo. Ich dachte sogar an Rauben und Stehlen, aber bei wem gab es um diese Zeit überhaupt noch etwas zum Rauben oder Stehlen?

Die Partisanen

Jetzt besaß ich keinen einzigen Zloty mehr, sondern nur noch sechs leere Zuckersäcke, aus denen man Kleidungsstücke nähen konnte und die ich als eiserne Ration auf die Seite gelegt hatte. Die kamen jetzt an die Reihe, und ich konnte zwei davon verkaufen; für jeden bekam ich zweihundert Zloty. Josef vermittelte mir einen Polen, der noch zwei haben wollte – bezahlen würde er am nächsten Tag. Ich wartete, aber er bezahlte nicht. Josefs Freundin erbot sich, zu vermitteln, aber auch sie erreichte nichts. Als sich absolut nichts rührte, nahm ich mir vor, selbst zu dem Mann zu gehen und mein Geld einzutreiben. Damit ich ihn auch bestimmt zu Hause erreichen würde, wählte ich einen Sonntag und machte mich auf den Weg in sein Dorf – er wohnte ungefähr fünf Kilometer von Rejowiec entfernt.

Ich wanderte durch die Felder und studierte ein energisches Auftreten ein, das ihm keine Chance zu Ausflüchten geben würde, als plötzlich hinter mir eine Stimme ertönte und mir ein lautes »Halt!« zudonnerte.

Ich erstarrte vor Schreck, merkte aber sehr bald, daß ich nichts zu fürchten hatte. Ich kannte den Mann, und er kannte mich. »Wladek, wie kommst du hierher?« fragte er überrascht. Er hatte ein Gewehr umhängen; wahrscheinlich ein Beutestück aus dem Ersten Weltkrieg. Ich erzählte ihm, wo ich hinwollte, er aber warnte mich: »Tut mir leid, mein Freund«, sagte er, »da kannst du jetzt nicht hingehen. Die Deutschen suchen nach Partisanen in dem Dorf. Dieses Risiko kannst du nicht eingehen.« Und dann flüsterte er mir geheimnisvoll zu: »Komm mit mir!«

Ich folgte ihm eine Strecke von fünfzig oder sechzig Metern, und plötzlich war ich mitten in einer Gruppe von ungefähr zwanzig Männern, die alle ein Gewehr hatten – die ersten Partisanen, die ich zu Gesicht bekam. Mein Erstaunen war groß, denn ich kannte die meisten aus der Zuckerfabrik – und sie kannten mich. »Das ist Wladek aus Warschau, wir kennen ihn; dem kann man vertrauen. Da brauchen wir uns keine Sorgen zu machen.«
Ich war fasziniert. Sie unterhielten sich weiter, aber ich starrte wie gebannt auf ein Objekt, das mir wertvoller erschien als alles, was ich bisher gesehen hatte: Auf ein altes Gestell hatten sie ein Maschinengewehr montiert; einsatzbereit, und alle saßen drum herum und bewachten das wertvolle Stück.
»Geh nicht ins Dorf«, warnte mich wieder ein Partisan. »Es ist von den Deutschen umstellt.«
Der Anführer der Partisanen aber war anderer Meinung: »Laß ihn gehen. Er soll zurückkommen und uns berichten, was vorgeht. Er ist zu jung, um verdächtigt zu werden. Er kann unser Kundschafter sein.«
Mir wurde vor Aufregung ganz schwindlig. Sollte mein Traum jetzt und hier wahr werden? Ich, ein Partisan, der als Spion eingesetzt wurde? Die Gefahr schreckte mich nicht, und der Gedanke, daß sie mich nur benutzen wollten, weil ich für niemanden wichtig war, kam mir überhaupt nicht. Sollten die Deutschen mich erwischen und mich als Spion erschießen – nun, für sie war ich entbehrlicher als einer der Ihren. Ob das wirklich ihre Gedanken waren, weiß ich nicht, liegt aber doch sehr nahe. Jedenfalls machte ich mich überglücklich auf den Weg, um den Partisanen nützlich zu sein.
Ich ging in Richtung Dorf und fühlte mich so erwachsen wie noch nie zuvor. Die Häuser waren verlassen und die Straßen menschenleer. Ein einzelner Deutscher kam mir entgegen und starrte mich an. Er konnte sein Erstaunen nicht verbergen, mich hier zu sehen. Aber er sagte kein Wort, sondern machte auf dem Absatz kehrt.
Ich betrat das Haus, aus dem er gerade herausgekommen war, aber es war leer, wie alle anderen auch. Da wurde mir klar, daß die Deutschen kurz vor meiner Ankunft eine Säuberungsaktion in dem Dorf durchgeführt hatten und die meisten Menschen noch rechtzei-

tig geflüchtet waren. Wäre ich etwas früher angekommen, hätte mich die Aktion erwischt, und ich wäre jetzt tot.
Ich eilte zu den Partisanen zurück, so schnell ich konnte, und berichtete ihnen, was ich beobachtet hatte. Sie waren voll des Lobes über meinen Mut, und auch ich war sehr stolz, daß meine Dienste für die Partisanen so wertvoll waren. Ich eilte nach Rejowiec zurück und erzählte jedem, was ich gesehen und getan hatte, und alle lobten mich und gratulierten mir zu meinem geglückten Auftrag. Das Geld konnte ich natürlich nie mehr einkassieren, aber mein Stolz war mit keiner Summe aufzuwiegen.
Der Krieg erreichte unsere Türschwellen schneller als erwartet. Einige Tage nach meinem Einsatz als »Spion« erschienen Flugzeuge am Himmel und bombardierten unser Gebiet. Sie gruppierten sich zu Vierer- oder Fünferformationen, und dann griffen sie systematisch Häuser und Straßen an. Der totale Krieg zwischen Deutschen und Partisanen war angebrochen. Das Ganze spielte sich nur ungefähr fünfzehn Kilometer Luftlinie von Rejowiec entfernt ab. Die Kriegsgeräusche flößten mir keine Angst ein, ganz im Gegenteil, sie stimmten mich freudig, zeigten sie doch an, daß die Partisanen den Deutschen immer heftigeren Widerstand entgegensetzten. Aber dieses Glücksgefühl füllte mein total leeres Portemonnaie nicht, und jetzt war sogar die Miete fällig. Woher sollte ich nur das Geld dafür nehmen?
Ich nahm Zuflucht zu meiner Wanderung über die Dörfer, klopfte wieder an jede Haustür und bot meine Dienste als Nothelfer an. Aber die Aufträge waren wesentlich spärlicher; die Leute hatten selbst kaum mehr etwas zum Essen. Die Lage war so bedrückend wie nie zuvor.
Ich besaß jetzt noch zwei Zuckersäcke, die meine allerletzte Reserve bildeten, und nun mußte ich mich auch davon trennen. Vom Erlös konnte ich meine Schulden bei Frau Klemkowa bezahlen, aber was dann? Ich durfte nicht an die Zukunft denken. Schon jetzt hatte ich Tag und Nacht Hunger, und das einzige Geräusch, das mich von morgens bis abends begleitete, war das Knurren meines Magens. Mit Betteln brauchte ich es gar nicht erst zu versuchen, denn es gab niemanden, der einem Bettler noch ein Stück Brot gegeben hätte.

Ich fragte mich allmählich, ob ich im Konzentrationslager vielleicht doch besser dran gewesen wäre, denn dort bekam man sicher jeden Tag noch eine Kleinigkeit zum Essen, zumindest bis zu dem Tag, an dem man die Insassen ihrer Vernichtung zuführte. Aber Gott sei Dank mußte ich für diesen dummen Gedanken niemals den Beweis antreten.
War meine Lage bisher als schlimm zu bezeichnen, so hatte sie sich jetzt hin zu katastrophal entwickelt, aber ich würde nicht aufgeben! Mein Wille zum Überleben war unzerstörbar. Die Frage, die mich dabei störte, war nur das WIE?

Der ganz große Coup

Wir waren nicht die einzigen, die bemerkten, daß das Kriegsglück der Deutschen sich gewendet hatte. Die Gerüchte, daß sie da und dort und hier und da große Verluste erlitten, gingen herum wie ein Lauffeuer.
Eines Tages erzählte mir Frau Klemkowa, daß ihr Arbeitgeber, der Polizeichef, ihr anvertraut habe, daß die Deutschen die Zuckerfabrik demontieren und nach Deutschland verfrachten wollten. Diese Nachricht mußte mehr zu bedeuten haben als nur ein Gerücht! Jede Nacht waren die Anzeichen ihrer Niederlagen deutlich zu hören – der Kanonendonner, das Zittern der Erde, die Bombenexplosionen, alles kündete den Anfang ihres Endes an. Wir horchten und beobachteten und hofften. Unser täglicher nagender Hunger, unsere Nöte, unser Elend waren unverändert – aber die Stimme der Hoffnung wurde lauter und lauter.
Aber vorher kam der Augenblick, vor dem ich mich stets gefürchtet hatte: ich besaß keinen einzigen Zloty mehr und nichts mehr, das ich hätte zu Geld machen können, hatte Schulden bei Frau Klemkowa und keinen Bissen Brot mehr. In meiner Verzweiflung bat ich Josef, mir zehn Zloty zu leihen, damit ich mir etwas zu essen kaufen könne. Dafür hat man ja schließlich Freunde, dachte ich mir. Josef aber sah mich recht unfreundlich an, brummte etwas von selbst

keinen Zloty mehr im Haus. Was für ein Freund! Gerade, als ich tiefbetrübt abziehen wollte, kam mir seine Freundin zu Hilfe, und sie sagte in sehr bestimmtem Ton: »Aber natürlich kannst du Wladek was leihen! Warum bist du denn so geizig zu ihm? Er war doch immer unser bester Freund.«

Josef bekam einen roten Kopf, ging ohne ein Wort zu sagen ins Schlafzimmer und kam mit einem Zehn-Zloty-Schein zurück, den er mir in die Hand drückte. So schnell ich konnte, sauste ich damit zum Bäcker und kaufte einen Zwei-Kilo-Brotlaib. Wie einen großen Goldklumpen packte ich ihn unter den Arm und konnte kaum warten, bis ich zu Hause angelangt war, wo ich mir den Bauch so lange mit Brot vollschlug, bis ich hautsatt war. Danach konnte ich auch wieder denken. Ich überlegte hin und her, wie ich an etwas Geld kommen könnte, aber die einzige Tätigkeit, die Erfolg versprach, war Stehlen.

In unserer Nähe gab es einen Konsumladen, der früher von Ukrainern geführt worden war. Es war die Rede davon, daß sich noch ganze Schätze von Gebrauchsgegenständen in den Räumen befänden. Der Laden war verschlossen, seit die Ukrainer Rejowiec fluchtartig verlassen hatten, weil sie die Rache der Polen fürchteten, nachdem ein Bürger der Stadt ermordet worden war. Niemand konnte sich zwar vorstellen, wie diese Rache aussehen sollte, aber die Ukrainer hatten es jedenfalls mit der Angst zu tun bekommen und waren Hals über Kopf aus Rejowiec geflüchtet. Der Laden stand seitdem leer und blieb verschlossen. Mir war unerklärlich, wieso noch niemand auf denselben Gedanken gekommen war, denn mich packte eine derartige Ungeduld, nachdem ich davon gehört hatte – ich mußte mir Gewißheit verschaffen, ob das mit den Schätzen, die in dem Laden vergammelten, seine Richtigkeit hatte. Die größte Schwierigkeit hineinzukommen bestand in der schweren Eisenstange, mit der der Eingang verrammelt war und die noch einmal mit einem gewaltigen Schloß angekettet war. Es gab noch andere Hindernisse: Die Fenster waren mit Schmiedeeisengitter gesichert. Meine Beobachtungen hatten ergeben, daß die Sicherheitsvorrichtungen so perfekt waren, daß man höchstens mit einer Ladung Dynamit einen Zugang schaffen konnte, aber das war

natürlich außerhalb jeder Möglichkeit – schon allein deshalb, weil ich nie an Dynamit rangekommen wäre – ganz abgesehen von dem Krach.
Ich ließ mich von all den Hindernissen nicht abschrecken, ich war von der Idee besessen, in den Laden hineinzukommen, koste es, was es wolle.
Ich vertraute einem meiner Freunde meinen Plan an, einem, dem ich genug Grips zutraute, daß er mit mir zusammen die Sache durchziehen konnte und der verschwiegen war.
Zusammen wollten wir das Schloß aufbrechen und durch die vordere Eingangstür in den Laden hineinkommen. Ich hatte mir schon eine Eisenstange besorgt, als sich mir plötzlich die Möglichkeit bot, wie der Einbruch so getarnt werden konnte, daß er von niemanden bemerkt würde. Die Einsicht kam mir ganz zufällig. Frau Klemkowa hatte mich gebeten, ihr aus dem Keller etwas Brennholz zu holen, und sie gab mir dazu den Schlüssel zu ihrem Kellerschloß. Als ich es aufsperrte, bemerkte ich, daß es fast das gleiche war wie das an der Ladentür, vielleicht eine Idee kleiner. Das war die Lösung! Wenn ich das Originalschloß aufgebrochen hatte, würde ich es einfach mit dem unversehrten von Frau Klemkowa ersetzen, und keinem Menschen würde von außen irgendeine Veränderung ins Auge fallen, und daher käme auch niemand auf den Gedanken, daß in den Laden eingebrochen worden sei. Als der Zeitpunkt des geplanten Einbruchs gekommen war, lag ich den ganzen Abend im Bett, um bei Frau Klemkowa keinen Verdacht zu erregen. Die Eisenstange und das Ersatzschloß hatte ich unter meiner Bettdecke versteckt. Um Mitternacht wollte ich aufstehen und mich auf den Raubzug begeben.
Ich wollte vorher noch gern ein bißchen schlafen, aber mein Gewissen ließ das nicht zu. Es meldete sich doch tatsächlich ununterbrochen und wollte mir einreden, wie unwürdig es war, daß Lipman Sznajder jetzt moralisch schon so tief gesunken war, daß er zum Einbrechen ging. Ich befahl ihm zu schweigen und beruhigte es damit, daß einem Menschen alles erlaubt sei, wenn er kurz vor dem Verhungern stand und um sein nacktes Leben kämpfte und daß Skrupel in dieser Situation ein Luxus waren, den er sich nicht leisten

konnte. Außerdem würde der Einbruch ja nicht aus schnöder Gewinnsucht erfolgen, sondern weil alle anderen Bemühungen, etwas zu verdienen, so kläglich im Sande verlaufen waren. Mein Gewissen ließ sich in der Tat durch meine konstruierte Rechtfertigung beruhigen.

Pünktlich zur ausgemachten Zeit war ich zur Stelle, aber mein Freund ließ sich nicht blicken. Also beschloß ich, allein zur Tat zu schreiten. Ich hätte nie gedacht, daß das Schloß so leicht zu knacken war. Bereits meinem ersten Versuch hatte es nachgegeben. Als ich den Laden im fahlen Mondlicht näher untersuchte, traf mich beinahe der Schlag. Ich hatte zwar davon gehört, daß in dem Laden noch große Mengen von Gebrauchsgütern liegen sollten, aber was ich jetzt erblickte, übertraf alle meine Erwartungen. Ein Traum! Eine Fata Morgana! Der Schuppen war bis oben hin mit Waren gefüllt. Ich konnte es nicht fassen, das waren ja unvorstellbare Reichtümer! Und außer mir wußte kein Mensch davon! Mir blieb die Luft weg.

Nachdem ich mich von meiner Überraschung erholt hatte, begann ich darüber nachzugrübeln, wieso sich bis jetzt noch kein Mensch an diese Schätze herangemacht hatte. Aber es gab keine Erklärung dafür. Und dabei haben in dieser Zeit einige Juden nur deshalb überlebt, weil es ihnen hin und wieder gelang, ein Stückchen Brot zu stehlen, einen Zipfel Wurst, ein paar Scheiben Käse, irgendeine Kleinigkeit, die ihr Leben bis zum nächsten Tag garantierte, und ich stand hier in einem Meer von Köstlichkeiten und Kostbarkeiten, und ich mußte jetzt nur einen Weg finden, um alles herauszuschaffen. Wenn mir das gelang, war ich kein armseliger Bettler mehr, sondern ein reicher Mann, unendlich reich, gemessen an der Armut, die damals allgemein herrschte. Ich mußte mich mit Gewalt von dem überwältigenden Anblick losreißen, brachte vorsichtig das intakte Schloß von Frau Klemkowa an der Tür an und steckte das aufgebrochene in die Tasche, um mich seiner irgendwo zu entledigen.

Leise schlich ich mich durch die Nacht von Rejowiec nach Hause und betete unterwegs: »Bitte, lieber Gott, gib, daß mich niemand verdächtigt, gib, daß ich nicht erwischt werde.«

Manchmal überkommt mich die Erinnerung an das aufregende Gefühl, das mich in dem Laden erzittern ließ, und ich weiß, daß ich nicht zum Einbrecher geboren war. Es war dies der erste und blieb der einzige Einbruch in meinem Leben. Der Gedanke an die Angst, die mich damals überkam, ich könnte bei der Aktion erwischt werden, jagt mir heute noch Schauer über den Rücken.

Am nächsten Morgen ging ich zu meinem Freund, der mich gestern nacht versetzt hatte. »Ich bin heute nacht an dem Laden vorbeigeradelt und habe gesehen, daß das Schloß unbeschädigt war, also dachte ich, daß du deinen Plan aufgegeben hast, und ging wieder nach Hause.«

Zuerst wollte ich ihm ins Gesicht schreien: »Du Dummkopf! Ich hab's ganz allein getan, es ging auch ohne deine Hilfe.« Aber dann dachte ich doch, daß es klüger wäre, ihn bei seiner Meinung zu lassen. Ich verbarg meine Erregung und sagte obenhin: »Sicher! Du hattest recht, im letzten Moment habe ich kalte Füße bekommen, und als du auch nicht aufgetaucht bist, habe ich es seinlassen, allein habe ich mich nicht getraut, die Sache durchzuziehen.«

»Ich denke, es war besser so«, sagte er. »Stell dir vor, die hätten uns geschnappt! Gar nicht auszudenken, was wir für eine Strafe gekriegt hätten.«

Ich setzte noch ein Argument auf seine Befürchtungen drauf und sagte: »Und wer hätte uns garantiert, daß überhaupt was zu holen war da drinnen? Stell dir vor, der Laden wäre leer, und die hätten uns aber trotzdem bei einem Einbruch ertappt und uns ins Loch geworfen!«

Er nickte und gab mir recht. Ich wußte nicht, ob ich ihn offen auslachen oder mich heimlich über ihn lustig machen sollte. Also äußerte ich mich überhaupt nicht zu meiner erfolgreichen Aktion, sondern sagte nur noch: »Eben! Die ganze Sache wäre das Risiko nicht wert gewesen. Es war nicht durchgeplant und hätte uns sicher nichts als Verdruß eingebracht.« Der Junge kaufte mir die ganze Geschichte glatt ab.

Jetzt mußte ich darangehen, die Sachen herauszuschmuggeln, und ich hatte mir auch dafür schon einen Plan zurechtgelegt. Ich mußte die untere Glasscheibe der Tür zwischen Eingangstür und dem

eigentlichen Lagerraum einschlagen, damit ich dann von außen an den Absperriegel kommen konnte.
Um zwei Uhr nachts schlich ich mich wieder, bewaffnet mit einer Eisenstange und einer Wolldecke, zum Tatort zurück. Die Wolldecke brauchte ich, um das Geräusch des brechenden Glases zu dämpfen und um das Glas selbst darin aufzufangen.
Das Schloß zur Eingangstür konnte ich nun leicht mit dem passenden Schlüssel von Frau Klemkowa öffnen, und dann schlug ich so vorsichtig wie möglich die Glasscheibe ein. Leider fing ich nicht alle Scherben in meiner Decke ein, und einige fielen klirrend zu Boden. In meinen sensibilisierten Ohren machten sie genügend Lärm, um die gesamten schlafenden Bewohner von Rejowiec aufzuwecken. Ich wartete eine Weile mit rasendem Herzklopfen – aber nichts rührte sich. Alles blieb so still, wie sich das nachts in einer Kleinstadt gehört. Nachdem alles ruhig geblieben war, brachte ich das Schloß außen wieder an und ging nach Hause.
Alle Vorbereitungen waren getroffen, und ich hatte die Generalprobe für das große Ereignis, das in der nächsten Nacht stattfinden sollte, gut überstanden. Mein Hochgefühl war unbeschreiblich. In dieser Nacht schlief ich wie ein König, der wußte, daß ihm alle Reichtümer der Welt gehörten. Der folgende Tag kroch im Schneckentempo dahin, ich hatte einen vollen Tag und eine halbe Nacht durchzustehen, bevor mein Traum von Reichtum endlich verwirklicht werden konnte.
Den Tag verbrachte ich mit Vorbereitungen für den großen Coup, der endlich über die Bühne gehen sollte. Ich besorgte mir Säcke, Kerzen, Streichhölzer, ein Taschenmesser – und wartete, daß die Zeit verging. An diesem Tag verspürte ich überhaupt keinen Hunger, ich nährte mich von dem Gedanken an zukünftigen Reichtum und zermarterte mein Hirn, wie ich die Schätze verkaufen würde. Um mich zu überzeugen, daß dies alles nicht bloß ein Traum war, ging ich noch einmal an dem Laden vorbei, und als ich das Schloß von Frau Klemkowa an der Eingangstür sah, klopfte ich mir innerlich auf die Schulter und lobte mich, was ich doch für ein toller Kerl wäre.
Am Abend ging ich sehr früh zu Bett, denn ich fürchtete, daß ich

mein Geheimnis nicht für mich behalten konnte, wenn ich wie üblich mein Plauderstündchen und meine Tasse Kaffee mit Frau Klemkowa nehmen würde.
Endlich war die Stunde gekommen, in der ich mich auf den Weg machen konnte – Rejowiec schlief fest. Gegen ein Uhr öffnete ich die Türen zum Lagerraum und war gerade reingeschlichen, als ein schriller Ton, ähnlich dem einer Polizeisirene, an mein Ohr drang, der immer näher kam und lauter wurde. Schreckensbleich starrte ich durch das Glas und sah, wie ein deutscher Soldat mit seinem Fahrrad vorbeifuhr. Der Ton wurde wieder leiser und ebbte schließlich ganz ab. Der Kerl war offenbar ein Kunstpfeifer und pfiff so laut und kunstvoll vor sich hin, daß er den ganzen Ort hätte aufwecken können. Ich konnte noch verfolgen, wie er in Richtung Post weiterradelte. Nachdem er außer Hörweite war, zündete ich eine Kerze an und sah mich bei dem flackernden Kerzenschein nach Beute um. Am liebsten hätte ich alles in die Säcke gestopft. Aber das wäre natürlich viel zu unvernünftig gewesen. Ich konzentrierte mich auf die wertvollsten Sachen und begann, meine Säcke damit zu füllen: Tabak, Zigarettenpapier, Feuerzeuge, Flickgarn, Strickwolle, Knöpfe, Bürsten, verschiedene Werkzeuge, alles Artikel, die man draußen nicht mehr kaufen konnte.
Da die Wände im Haus sehr dünn waren, mußte ich fast geräuschlos arbeiten. Ich konnte hören, wie eine Frau im Nebenhaus heftig zu husten begann, und dann ertönten die Geräusche von jemandem, der die Toilette – sprich einen Blecheimer – aufsuchte. Ich packte weiter ein, die Furcht, entdeckt zu werden, wurde von der Glückseligkeit verdrängt, die mir meine reichhaltige Beute vermittelte.
Nachdem der erste Sack gefüllt war, versteckte ich ihn unter der Treppe und begann mit dem nächsten. Danach war es genug; ich mußte aufhören, denn mehr würde ich nicht wegschleppen können. Ich schloß die Glastür, brachte das Schloß an der Außentür wieder an, verschloß es mit dem Schlüssel von Frau Klemkowa und brachte alles in seinen ursprünglichen Zustand, so daß nichts darauf hindeuten konnte, was sich zu nächtlicher Zeit in dem Laden abgespielt hatte.
Als ich mit meinem Diebesgut beladen zu Hause ankam, saß Frau

Klemkowa in der Küche und wartete auf mich. »Wo warst du denn mitten in der Nacht?« fragte sie ärgerlich. Mir blieb nichts anderes übrig, als ihr die Wahrheit zu sagen.

»Davon will ich nichts gehört haben«, sagte sie ängstlich, und da wußte ich, daß mein Geheimnis sicher bei ihr aufgehoben war.

Am nächsten Morgen begann ich meinen Warenvorrat zu sortieren. Um mein Risiko so klein wie möglich zu halten, bot ich kein einziges Stück in Rejowiec zum Verkauf an, sondern ging mit meiner Ware über die Dörfer, von Tür zu Tür, und fragte, ob etwas gebraucht würde. An keiner Tür klopfte ich vergeblich, denn nachdem es fast nichts mehr zu kaufen gab, brauchte jeder mehrere Sachen dringend, und mein Angebot war groß genug, um fast alle Wünsche erfüllen zu können.

Nach meinem ersten Verkaufstag kam ich mit ungefähr zweitausend Zloty nach Hause; ich konnte es kaum glauben und fühlte mich wie ein Millionär.

Die Geschäfte gingen so gut, daß ich mir sogar ein Leihfahrrad zulegen konnte, mit dem ich mein Hausiererdasein wesentlich bequemer gestalten konnte. Mein Selbstbewußtsein erfuhr eine gewaltige Steigerung. Endlich war ich ein erwachsener Mann. Vor ein paar Tagen war ich noch ein Niemand gewesen, ein Bettler, der sich Geld für ein Stückchen Brot leihen mußte, und heute besaß ich ein unermeßliches Vermögen, konnte mir kaufen, was mein Herz begehrte. Aber als allererstes bezahlte ich meine Schulden: Josef erhielt seine zehn Zloty zurück, mein Sollkonto bei Frau Klemkowa wurde ausgeglichen, und die Miete für das Fahrrad zahlte ich gleich für eine Weile im voraus.

Auf meinem Heimweg fuhr ich am Laden vorbei und vergewisserte mich mit einem heimlichen Blick, daß meine Schatztruhe noch unversehrt dastand, daß das Schloß unbeschädigt und der Einbruch unentdeckt geblieben war.

Trotz meiner Jugend wußte ich, daß ich meinen Lebensstandard nicht allzusehr verändern durfte, wenn ich keine Aufmerksamkeit erregen wollte. Ich blieb bescheiden in meiner Kleidung und auch in meinem Habitus. So vielen Einbrechern war weder ein Verräter zum Verhängnis geworden, noch waren sie überrascht worden,

einzig und allein ihre Sucht, den neuen Reichtum stolz herumzuzeigen, womit sie den Verdacht der Nachbarn erregten, hat sie ins Verderben geführt.
Ich war sehr vorsichtig, verstand aber dennoch, mir von Zeit zu Zeit einen kleinen Luxus zu gönnen, der den anderen nicht auffiel, mir aber ein Gefühl von Reichtum und Opulenz vermittelte, das heute kein Millionär nachvollziehen kann, so, wenn ich zum Beispiel Frau Klemkowa bat, uns ein besonders schönes Stück Fleisch zu kaufen, um ein kleines Festmahl zuzubereiten, oder die Zutaten für einen feinen Kuchen zu besorgen; aber das geschah immer in zeitlich unverdächtig langen Abständen. Vor allen Dingen war ich klug genug, mit niemanden über meine Quelle zu reden, nicht einmal Josef gegenüber machte ich eine Andeutung. Eigentlich wußten nur zwei Menschen Bescheid, nämlich ich selbst und Frau Klemkowa. Bis heute habe ich über diese Einbrecherepisode mit niemandem gesprochen, und selbst meine eigene Familie und meine besten Freunde werden es erst erfahren, wenn sie dieses Buch lesen. Als Chronik über meine Jahre im Untergrund darf es nicht verschwiegen werden.
Nach ein paar Tagen als Händler war ich bereits stolzer Besitzer von ein paar tausend Zloty. Wenn das so weiterginge, wäre ich in der Tat bald Millionär.
Einmal, als ich wieder am Konsumladen vorbeiging, beobachtete ich, wie sich ein Polizist der Eingangstür näherte. Mit fachmännischem Blick kontrollierte er das Schloß, drehte es hin und her, und es machte ganz den Eindruck, als habe etwas seinen Verdacht erregt. Sollte er wirklich etwas bemerken, ginge die Suche nach dem Einbrecher auf der Stelle los, und es würde nicht lange dauern, bis sie mir auf der Spur wären. Das durfte nicht geschehen. Ich beschloß auf der Stelle, meine heiße Ware so schnell wie möglich abzustoßen, um alle Beweise für meine Missetat aus dem Haus zu haben.
Das waren meine Gedanken, während ich die Aktionen des Polizisten aus der Ferne beobachtete. Aber, o Wunder, er hatte offenbar nur eine Routineinspektion durchgeführt und nichts Verdächtiges entdeckt. Der Einbrecher war nicht in Gefahr, gefunden zu werden, und er konnte beruhigt seinem lukrativen Geschäft nachgehen,

konnte weiterhin mit seinen wertvollen Sachen über die Dörfer fahren und gegen sie gutes Geld verkaufen. Von Zeit zu Zeit inspizierte ich unbeobachtet den Konsumladen, um mich zu vergewissern, daß alles in Ordnung war und daß ich meine einträgliche Tätigkeit fortführen konnte. Währenddessen wuchs und wuchs mein Zlotyberg, und das Leben hätte noch lange so weitergehen können.

Aber diese idyllische Periode war nur vorübergehend. Die Front rückte immer näher. Die Deutschen waren auf dem Rückzug, und die Russen standen kurz vor Rejowiec. Das vorherrschende Gefühl bei der Bevölkerung war, daß der ganze Spuk nun bald ein Ende haben würde.

Im Spätmärz 1944, es kann auch Anfang April gewesen sein, konnte man jede Nacht das Feuer der Flak am Himmel sehen, und die Bomben explodierten in immer größerer Nähe von Rejowiec.

Eines Tages kam eine Gruppe von Partisanen in die Stadt; sie nannten sich »Armia Krajowa«. Mir war bekannt, daß sie gegen die Nazis kämpften. Was ich jedoch nicht wußte, war, daß sie auch die Russen und Juden bekämpften.

Ich wußte ja, daß viele frühere Arbeiter der Zuckerfabrik jetzt Partisanen waren, und eine ganze Reihe davon betrachtete sich als verlängerter Arm der Justiz. Sie beschränkten ihre Aktionen nicht nur auf den militärischen Bereich. So bestraften sie zum Beispiel polnische Frauen, die mit Nazis geschlafen hatten, indem sie nachts in ihre Häuser drangen, die Frauen unmenschlich verprügelten, ihnen die Köpfe kahlschoren und Worte wie »Nazi-Hure« oder »Hure« an die Hauswände schmierten.

Die Geräusche der anrückenden Front waren schon enervierend genug, dazu Gerüchte über Gerüchte, und eines, das nicht totzukriegen war und das bei jedem Gespräch den Mittelpunkt bildete, besagte, daß die Deutschen auf ihrem Rückzug jeden Ort bis auf die Grundmauern niederbrannten, die Einwohner vertrieben oder umbrachten und den Russen nichts überließen als verbrannte Erde.

Ich glaubte das aufs Wort, entschied mich aber trotzdem, in Rejowiec zu bleiben und mich nicht von meinem Füllhorn zu trennen. Damit es nicht verlorengehen konnte, hub ich eine Grube aus, in die ich meine Schätze hineinlegte. Danach verstärkte ich die Seiten, damit sie nicht einfielen, falls die Deutschen auch Rejowiec dem Erdboden gleichmachen wollten. Schließlich war das alles, was ich besaß.

Für meine Person hatte ich mir eine todsichere Überlebensstrategie ausgedacht. Der alte unbenutzte Brunnen am Marktplatz kam meinen Vorstellungen perfekt entgegen. Dort wollte ich haltbare Lebensmittel einlagern, genügend, um sich einige Tage davon ernähren zu können. Dann machte ich mir einen kleinen Holzsitz und dachte mir eine Methode aus, wie ich mich selbst an zwei Seilen festbinden würde, damit ich nicht ins Wasser fallen konnte, falls ich vom Schlaf übermannt wurde. Das Grundwasser im Brunnen fürchtete ich nicht, im Gegenteil, es konnte mir wunderbar als Trinkwasser dienen. Ich arbeitete meinen Plan bis ins letzte Detail aus, um den Tag zu überleben, an dem die Deutschen Rejowiec dem Erdboden gleichmachen oder es in Flammen aufgehen lassen würden.

Wenn ich wieder Geld brauchte, unternahm ich eine kleine Radtour über die Dörfer und verkaufte so viel, daß ich wieder genügend für meine Unkosten und kleine Extras besaß.

Auf dem Rückweg einer meiner Verkaufsreisen liefen mir Kazik und Juzek, meine alten Freunde, in die Arme. Kazik war aus Deblin desertiert; Juzek diente noch immer in der JUNAK. Sie freuten sich offensichtlich über das unverhoffte Wiedersehen, aber dann änderten sie plötzlich ihr Benehmen und sagten ziemlich barsch zu mir: »Du verschwindest besser von hier. Wir haben eine sehr wichtige Verabredung, da können wir dich auf gar keinen Fall brauchen.«

Mir kam dieser plötzliche Sinneswandel sehr eigenartig vor, aber ich stellte keine Fragen und ging meiner Wege. Später erfuhr ich, daß die beiden Mitglieder einer Räuberbande geworden waren, die mit Pistolen und Gewehren ausgestattet war und brutale Überfälle auf Bauern und Passanten verübte. Noch heute werde ich den Verdacht nicht los, daß sie damals auch mich ausrauben wollten, ihr Vorhaben aber aufgaben, als sie mich erkannten.

Als es Sommer wurde, war auch das Leben trotz aller äußeren Schwierigkeiten wieder angenehmer. Meine Brieftasche war gefüllt, und ich war in bester Verfassung. Ich hatte eine angenehme Unterkunft, eine sehr »entgegenkommende« Wirtin, und es fehlte mir an nichts. Ich fühlte mich so wohl, daß ich einmal lauthals ein Lied schmetterte, eine sehr bekannte polnische Volksweise. Sogleich kam Frau Klemkowa angelaufen und rief mir ziemlich barsch zu: »Hör sofort damit auf!«

Ich bekam meinen Mund nicht mehr zu ob ihres groben Tons. »Was ist denn los? Was hast du denn gegen das Lied?«

»Gegen das Lied hab ich gar nichts«, sagte sie gereizt, »aber du singst wie ein Jude.«

Innerlich fluchte ich ganz mächtig auf meine Dummheit. Wieso hatte ich das nicht bedacht? Die Klemkowa hatte sofort bemerkt, daß ich dieses Lied anders als ein Pole sang, konnte sich aber Gott sei Dank keinen Reim darauf machen. »Bist du vielleicht zusammen mit Juden aufgewachsen? Du singst wirklich genau wie einer von ihnen.«

»Ach, du weißt doch, daß man denen nirgendwo ausgekommen ist; die waren doch überall«, sagte ich möglichst gleichgültig.

Noch einmal suchte sie nach einer harmlosen Erklärung für meinen jüdisch klingenden Gesang: »Das hast du sicher von Judenkindern aus deiner Nachbarschaft gelernt. Und ich kann nicht hören, wenn jemand wie ein Jude singt. Weißt du, Wladek, ich verachte nichts so sehr wie Juden und alles Jüdische. Also bitte, laß das in Zukunft sein.«

Ich habe mich daran gehalten, denn ich wollte nicht unnötig Verdacht in ihr erwecken. Ja, ich habe mir das Singen dann überhaupt abgewöhnt, zumindest, wenn andere Leute dabei waren. Dieser Vorfall machte mir wieder klar, daß ich nie sicher sein konnte, daß irgendwo irgendwer immer den Verdacht hatte, ich könnte ein Jude sein. Also, in Zukunft noch vorsichtiger, noch mißtrauischer sein!

Um meine Möglichkeiten als Geschäftsmann voll ausschöpfen zu können, machte ich auch manchen Handel mit den Deutschen. Als die Russen immer näher rückten, machten die Deutschen Rejowiec zu ihrem Operationszentrum für das gesamte Gebiet. Ein Teil der Truppen war in Schulen untergebracht, ein Teil in anderen öffentlichen Gebäuden, und viele hausten in Zelten.

Die Jugend von Rejowiec – und auch ich bildete darin keine

Ausnahme – strömte in Massen zu den deutschen Soldaten, zum größten Teil aus Neugier, die jedoch nicht meine Triebfeder war. Ich wollte Geschäfte mit ihnen machen. Um in näheren Kontakt zu kommen, offerierte ich meine Dienste als Botenjunge. Ich brachte ihnen Eier oder Wasser, putzte ihre Stiefel oder besorgte ihnen Feuerholz, während sie mir mal ein paar Büchsen Ölsardinen, ein andermal eine Flasche Feuerzeugbenzin im Austausch für meine Gefälligkeiten gaben. Das Benzin hortete ich, und wenn ich einige Liter beisammenhatte, verkaufte ich es zu einem sehr guten Preis an Polen. Benzin war damals ein kostbares Handelsgut. Ich machte zwar meine Geschäfte mit den Deutschen, war aber stets auf meiner Hut vor ihnen und traute keinem über den Weg. Ich erinnere mich noch sehr gut, als mich ein Freund warnte: »Heute nacht findet eine Aktion statt. Die Deutschen wollen alle arbeitsfähigen Männer festnehmen und zur Zwangsarbeit nach Deutschland schicken.«

Mein Freund sprach sehr überzeugend, und ich sah keinen Grund, an seinen Worten zu zweifeln. Woher er seine Kenntnisse hatte, verriet er mir nicht, aber ich wollte kein Risiko eingehen. Ich erzählte Frau Klemkowa die schlimme Nachricht, und wir entschieden, daß ich die Nacht nicht im Haus, sondern versteckt im Wald verbringen solle. Sie gab mir eine Wolldecke; mein Freund kam ebenfalls mit einer Decke an, und wir suchten uns ein sicheres Plätzchen im Wald, wo wir in Ruhe abwarten konnten, während die Deutschen von Haus zu Haus gehen würden, um sich ihre Opfer herauszuholen.

Die Nacht im Wald war erbärmlich kalt. Obwohl wir uns eng in unsere Decken wickelten, froren wir, daß uns die Zähne klapperten. Aber wir nahmen die Kälte gelassen hin, war sie doch die einzige Alternative zur Festnahme durch die Deutschen und Verschleppung in ein Arbeitslager oder sonstwohin. Wir gingen sogar noch tiefer in den Wald hinein, denn es hatte sich herumgesprochen, daß die Deutschen nachts den Wald aus Angst vor Partisanen mieden. Die Partisanen kannten den Wald wie ihre Westentasche und waren den Deutschen daher im Heckenschützenkrieg haushoch überlegen.

Mit zittrigen Fingern und klappernden Zähnen rollten wir uns eine Zigarette, die wir aber dann aus Angst vor ihrem verräterischen

Glimmen gar nicht ansteckten. So saßen wir eng aneinandergeschmiegt, um uns gegenseitig etwas Körperwärme abzugeben. Angst vor dem Einschlafen brauchten wir keine zu haben, denn das verhinderte die beißende Kälte ohnehin.

Es war eine fürchterliche Nacht, aber wir trösteten uns damit, daß es immer noch besser war, so erbärmlich zu frieren, als in die Hände der Deutschen zu fallen und deportiert zu werden.

Auf die Fragen, die wir uns im Flüsterton stellten, gab es keine Antworten: Wie lange würden die Deutschen sich noch in Rejowiec halten können? Würden sie die Stadt kampflos aufgeben oder sie dem Erdboden gleichmachen? Wie viele Nächte würden wir uns im Wald verstecken müssen? Aus der Ferne drang ab und zu Geschützdonner an unsere Ohren, und die Nacht erschien uns endlos.

Aber sie endete schließlich doch, und als der Morgen graute und sich irgendwann sogar die Sonne blicken ließ, wagten wir uns an den Waldrand, um zu erkunden, was sich in der Nacht abgespielt hatte. Aber siehe da, Rejowiec lag so verschlafen und friedlich vor uns wie immer. Überhaupt nichts war in der Nacht passiert: keine deutsche Polizei, keine polnische Polizei, keine zusammengepferchten Gruppen arbeitsfähiger Männer.

Wir gingen die Straße entlang und befragten den ersten Passanten, der uns über den Weg lief, nach der Lage. »Wieso Polizei?« fragte er erstaunt, »deutsche Truppenverstärkung? Nichts bemerkt. Es ist so ruhig und friedlich in Rejowiec wie immer.«

Nur zur Sicherheit hielten wir uns noch ein wenig im Wald auf, und erst als das morgendliche Alltagsleben in Rejowiec seinen Lauf nahm, die Leute wie gewohnt ihrer Beschäftigung nachgingen und wir überzeugt sein konnten, daß nichts passiert war, kehrten wir zurück. Ich bedauerte die Nacht im Wald nicht einen Augenblick lang, es war immer noch tausendmal besser, eine Nacht erbärmlich zu frieren, als das Risiko einzugehen, nach Deutschland deportiert zu werden.

Frau Klemkowa umarmte mich herzlich, als ich wiederkam. Ich erzählte ihr von der unerquicklichen Nacht im Wald, und sie streichelte mir übers Haar und tröstete mich: »Trotzdem war es besser, daß du so vorsichtig warst. Man hätte ja nie wissen können, was passiert wäre.« Vollkommen übermüdet, aber glücklich, kroch ich in mein warmes Bett und schlief bis zum nächsten Morgen durch wie ein Toter. Danach ging ich wieder blendend ausgeschlafen zu den deutschen »Geschäftspartnern«.

Mitglied bei den Partisanen

Meine Geschäftsverbindungen zu den Deutschen führten in eine Richtung, die ich weder beabsichtigt noch mir je erträumt hatte. Eines Abends, als ich in einer Gaststätte saß und mir gerade ein Wurstbrot bestellt hatte, wandte sich ein Pole an mich, der mir bekannt vorkam. »Wladek«, sprach er mich an, »da ist jemand, der mit dir sprechen möchte.«

Früher wäre mir bei einer so unvermuteten Anrede vor Schreck der Bissen im Hals steckengeblieben. Aber inzwischen hatte mir mein Leben in Rejowiec immerhin soviel Selbstvertrauen vermittelt, daß ich ganz ruhig und gelassen blieb. Der Mann deutete auf eine Tür, die zu einem Nebenraum führte. »Da drinnen sitzen sie und warten auf dich.«

Ich sah vier Männer an einem Tisch sitzen, von denen ich einen gut, die anderen drei flüchtig kannte. Der, den ich gut kannte, war Roman, und er ergriff das Wort. »Wir haben bemerkt, daß du ziemlich freien Zugang zu den Deutschen hast, du kannst offensichtlich kommen und gehen, wie du willst. Die scheinen dir zu vertrauen. Wir sind Partisanen, und wir möchten, daß du uns einen Gefallen tust. Wir haben zwar Waffen, aber uns fehlt Munition. Wir brauchen dringend Patronen und Handgranaten.«

Um mich von ihrer Aufrichtigkeit zu überzeugen, stellten sie mir ein Glas Wodka hin. Dann fügte Roman noch hinzu: »Aber für den Fall, daß du geschnappt wirst, mußt du dir merken, daß wir uns nie gesehen haben; wir kennen uns überhaupt nicht, verstanden?«

Ich versprach, daß ich mein möglichstes tun würde, um ihre Wünsche zu erfüllen, worauf sie mir anerkennend auf die Schulter klopften, zahlten und das Lokal verließen.

Ich war unheimlich stolz. Die Partisanen hatten mir einen Auftrag erteilt! Jetzt legte ich mir zunächst einmal mit der mir eigenen Sorgfalt einen Plan zurecht.
Am nächsten Morgen zog ich meinen Wintermantel an und begab mich ins deutsche Lager. Meine Anwesenheit weckte keinerlei Verdacht, denn ich trieb mich so oft dort herum, daß es gar keinem mehr auffiel. Ich schlenderte zu dem Lagerschuppen, in dem die Deutschen ihre Geräte und Ausrüstung aufbewahrten, und ich tat so, als ob ich gerade dabei wäre, einen Auftrag auszuführen. Ich putzte also einige Gegenstände, hielt sie gegen das Licht, wienerte noch einmal drüber, so daß jeder sehen konnte, wie gewissenhaft und pfleglich ich ihre Gegenstände behandelte. Befehl ist Befehl, hieß es doch immer bei den Deutschen, und wenn einer so wild am Werk war wie ich gerade, dann mußte er dazu auch einen Befehl haben. Von daher gesehen gab es also nichts zu befürchten, bestimmt würde keiner kommen und mir unangenehme Fragen stellen. Ich reinigte und polierte so lange an den Dingern herum, bis es Zeit für die Soldaten war, ihr Mittagsschläfchen zu halten. Das war eine Angewohnheit der Deutschen, auf die ich mich verlassen konnte.
Unbemerkt steckte ich einen Patronengurt unter meinen Mantel. Damit begab ich mich in den Keller und befestigte ihn an meinem Körper. Sodann steckte ich noch vier Handgranaten in meine Manteltaschen – in jede Tasche zwei – und machte mich nicht schneller oder hastiger als sonst auf den Heimweg, wo ich meine Beute sorgfältig versteckte.
So erfolgreich diese erste Mission auch verlaufen war, die Ausbeute war lediglich ein Tropfen auf den heißen Stein, und ich mußte die gleiche Prozedur noch einige Male durchziehen, bis ich genügend beisammenhatte, um meinen Auftrag als erledigt ansehen zu können. Gott sei Dank war es mir auch gelungen, meine Beutezüge vor Frau Klemkowa geheimzuhalten. Ich wage mir gar nicht vorzustellen, wie sie reagiert hätte, wenn sie davon etwas bemerkt hätte.
Als ich mich mit den Partisanen wieder im Lokal traf, meldete ich ihnen voller Stolz: »Ich habe alles besorgt, was ihr braucht.«
Sie dankten mir überschwenglich, bestanden aber auf einer Über-

gabe außerhalb der Stadtgrenze, in der Nähe des Friedhofs. Das Risiko würde ganz auf meiner Seite sein.
Ich erklärte mich einverstanden und fand einen Bauern, der bereit war, die Munition in seinem Heuwagen zu verstecken und hinzufahren. Ich setzte mich zu ihm auf den Wagen, und gemeinsam fuhren wir zu dem ausgemachten Treffpunkt. Zu der Zeit war fast jeder Pole zu allem bereit, wenn es gegen die Deutschen ging. Nachdem ich meine wertvolle Fracht übergeben hatte, kehrte ich nach Rejowiec zurück und war stolz wie ein Pfau, daß ich, Lipman Sznajder, der Sohn der verfolgten jüdischen Rasse, ein kleines Rädchen im Kampf gegen die verhaßten Nazis sein durfte. Ich setzte mich an einen Ecktisch in dem Lokal, in dem wir unsere Zusammenkünfte hatten, fühlte mich wie ein Held und war überzeugt, daß niemand außer Roman und den anderen Partisanen über meine Aktivitäten Bescheid wußte.
Aber eine Kleinstadt ist eine Kleinstadt, und früher oder später erfährt jeder alles über jeden. Vielleicht haben die Partisanen selbst geplaudert, vielleicht konnte auch der Besitzer des Heuwagens seinen Mund nicht halten, auf jeden Fall hatte sich meine »Heldentat« wie ein Lauffeuer in Rejowiec verbreitet: »Habt ihr schon gehört, Wladek Szymczyk hat den Deutschen ihre Munition vor ihrer Nase geklaut und sie den Partisanen gebracht!«
Meine Aktien stiegen ins unermeßliche, und in ihren Mienen las ich Bewunderung und Hochachtung. In ihren Augen war ich der Held des Tages.
Wir trafen uns jetzt regelmäßig in dem Lokal, und die Partisanen versäumten nie, mich mit warmen Worten ihrer Anerkennung zu versichern; sie versäumten aber auch nicht, mir eine Bezahlung zukommen zu lassen, und ich erhielt den stolzen Betrag von fünfhundert Zloty, was angesichts des ideellen Zweckes meines Auftrages keine Kleinigkeit war und womit ich überhaupt nicht gerechnet hatte.
Das Eis war gebrochen, und jetzt mußte weitergehandelt werden. Daher sagte Roman eines Abends: »Du kennst dich bestens aus bei den Deutschen und weißt, wie man an alles rankommen kann, jetzt könntest du uns auch Waffen besorgen. Aber sei ja vorsichtig. Du

weißt, wenn man dich dabei erwischt, hast du dein Leben verspielt, und niemand wird dir beistehen können.«
Ich war inzwischen in ganz Rejowiec bekannt als einer, der die Partisanen unterstützt, und ich glaubte, daß das auch umgekehrt so sein würde, falls die Notwendigkeit dazu einmal eintreten würde. Leider mußte ich später feststellen, daß dem nicht so war. Eigentlich wußte ich ja gar nichts über sie, nur, daß sie die Deutschen bekämpften, daß sie polnische Freiheitskämpfer waren.
Tag für Tag stahl ich Patronengurte, Handgranaten und wertvolle Ausrüstungsstücke. Ich traf mich täglich mit meinen Auftraggebern. Während der ganzen Zeit unserer Zusammenarbeit behandelten die Partisanen mich wie ihren Ehrengast. Wenn ich mit ihnen ein Lokal betrat, konnte ich mich in bewundernden Blicken sonnen, die mir aus allen Ecken zuteil wurden. Meine Partisanenfreunde trugen dem Wirt auf, mir alles zu bringen, was ich mir wünschte. Ich weiß nicht, wer nachher die Rechnungen bezahlte, aber ich bekam hingestellt, was immer ich bestellte – von Bezahlung wurde nicht gesprochen. Meine Dienste waren für die Partisanen offenbar unbezahlbar.
Wer kann schon dem Schicksal in die Karten schauen? dachte ich im stillen. Vor ganz kurzer Zeit noch stand ich kurz vor dem Verhungern und war am tiefsten Punkt meiner Erniedrigung angelangt, als ich Josef um zehn Zloty für Brot anbetteln mußte. Und heute war ich ein Fürst! Heute kommt der Wirt an meinen Tisch geeilt, macht einen Bückling und fragt devot nach meinen Wünschen: »Was kann ich Ihnen bringen? Was immer Sie wünschen, junger Herr!« Diese wunderbaren Worte habe ich noch heute im Ohr, sie waren der Beweis, daß man auch in den allerschlimmsten Zeiten die Hoffnung nicht aufgeben sollte. Das Glücksrad kann sich immer noch einmal zu deinen Gunsten wenden!
Durch meine engen Kontakte zu den Partisanen gelang es mir sogar, das Leben meines Freundes Kazik zu retten, der mich eine Zeit zuvor mit allen Mitteln hatte überreden wollen, mit ihm nach Deblin zu gehen.
Eines Tages stand Kazik vor meiner Tür, angsterfüllt, zitternd und leichenblaß. »Wladek, du mußt mir helfen«, flehte er. Er und Juzek hatten sich in den letzten Monaten zu berüchtigten Straßenräubern

entwickelt. Ihre Opfer waren meist Bauern und kleine Leute. Beide waren schon einige Male von den Partisanen gewarnt worden, mit ihren Überfällen Schluß zu machen. Aber sie schlugen alle Warnungen in den Wind und machten unbeeindruckt weiter. »Jetzt haben die Partisanen ein Kopfgeld auf mich ausgesetzt, und ich muß jeden Tag damit rechnen, daß sie mich schnappen. Nur du kannst mich retten«, flehte er weiter. »Auf dich werden sie hören; bitte, sprich mit ihnen. Ich schwöre, daß ich nie wieder an einem Überfall teilnehmen werden.«

Ich versprach ihm, zu sehen, was ich für ihn tun könne, und bei meinem nächsten Treffen mit den Partisanen sein Problem auf den Tisch zu bringen. Offensichtlich waren diese schon darüber informiert, daß Kazik Kontakt zu mir gesucht hatte, denn sie überfielen mich sofort mit Fragen: »Was hast du denn mit diesem Kerl zu schaffen? Woher kennst du ihn überhaupt?«

Ich erklärte ihnen, daß Kazik früher gut mit mir befreundet gewesen war und daß wir beinahe zusammen nach Deblin gegangen wären.

»Du treibst dich da in ziemlich übler Gesellschaft herum«, warnten sie mich. »Halt dich lieber von solchen Leuten fern.«

»Er hat mich gebeten, ein gutes Wort für ihn einzulegen«, sagte ich kleinlaut. »Er hat versprochen, alles zu tun, was ihr von ihm verlangt, wenn ihr ihn am Leben laßt.«

»Laß die Finger von solchen Subjekten«, antwortete Roman kalt, fast drohend. Weiter wollten sie sich mit dem Thema nicht mehr befassen.

Aber ich ließ die Angelegenheit nicht ruhen und bat sie, Kazik doch zu verschonen. Ich wußte, daß ich meinen guten Ruf aufs Spiel setzte, wenn ich mich für ihn verwendete. Unsere Verhandlungen waren hitzig und langwierig – und zunächst vor allen Dingen vollkommen fruchtlos.

Ich saß mit den Partisanen im Restaurant, und Kazik saß draußen auf der anderen Straßenseite auf dem Gehsteig. Ich sauste hin und her mit Fragen und Antworten, mit Drohungen und Versprechen. Zwei der Partisanen waren durchaus versöhnlich gestimmt und bereit, Kazik Bedingungen anzubieten, bei deren Erfüllung sie ihn laufenlassen wollten. Die anderen zwei aber waren kompromißlos und bestanden darauf, daß Kazik »ausgelöscht« werden mußte. Sie weigerten sich sogar, Kaziks Versprechungen auch nur anzuhören. »Es ist doch nicht das erstemal, daß der Kerl uns alles verspricht«, argumentierten sie. Ich versuchte sie zu besänftigen. Ich setzte meine ganze Beredsamkeit ein und ließ ihnen kaum Zeit, über Gegenargumente nachzudenken. Schließlich versprach ich ihnen, ohne das vorher mit Kazik abgesprochen zu haben, daß er ihnen all seine Waffen abliefern und alles gestohlene Geld, das noch in seinem Besitz war, stiften würde, wenn sie dafür darauf verzichten würden, seinen Tod zu fordern.

Dieses Angebot stieß auf Interesse, und sie diskutierten darüber. Schließlich forderten sie mich auf: »Also gut, dann geh zu ihm und sag ihm, daß wir einen Wagen schicken, mit dem soll er zu seinem Versteck fahren, seine Waffen und sein Geld holen und alles an die Partisanen abliefern. Danach wird er in Ruhe gelassen.«

Ich riet Kazik zu, dieses Angebot auf jeden Fall anzunehmen.

Er hatte ja auch gar keine andere Wahl. Er nickte Einverständnis, aber die blanke Furcht stand ihm im Gesicht geschrieben. »Glaubst du denn, daß die es wirklich ernst meinen? Die können mich doch einfach umlegen, wenn sie die Sachen haben. Vielleicht wollen sie mich bloß aus der Stadt rausbringen, damit es keine Zeugen für ihren Mord gibt.«

Ich redete ihm zu wie einem kranken Gaul, versprach ihm, daß ihm weiter nichts geschehen würde, ja, ich gab ihm sogar mein Ehrenwort, obwohl ich dazu gar nicht berechtigt war. Die Angst wich nicht aus seinen Augen, und er stimmte nur zu, weil ihm in der Tat überhaupt keine andere Möglichkeit blieb. Wieder einmal mußte ich mich wundern über das, was man Schicksal nennt: Lipman Sznajder, der Jude, mußte einen polnischen Jungen vor dem Zorn seiner Landsleute retten, die ihn kaltmachen wollten. Ich, der die Bösartigkeit der Polen besser als jeder andere kannte, mußte einen Polen vor den Polen schützen.

Ein Gelegenheitsspion

Ich diente meinen Partisanenfreunden auch ab und zu als Spion. Eines Abends, als ich gerade das Lokal betreten hatte, kam Roman auf mich zugestürzt, ohne mir nur Gelegenheit zu geben, mich erst mal hinzusetzen, und gab mir einen Befehl: »Nimm mein Rad und fahr sofort zum Bahnhof. Dort sollen massenhaft Truppenverstärkungen angekommen sein: SS, Feldgendarmerie, Wehrmacht und Ukrainer. Komm anschließend sofort zurück und berichte uns, was du herausgefunden hast.«

Ich kam mir sehr wichtig vor und dachte gar nicht an Gefahr. Für die Partisanen hätte ich jeden Auftrag ausgeführt. Ich schwang mich auf sein Fahrrad und radelte, so schnell ich konnte, in Richtung Bahnhof, an eine Stelle, von wo aus ich alle Truppenbewegungen übersehen konnte. Bald merkte ich, daß diese Truppen hier nur ein paar Stunden Aufenthalt hatten, um sich die Beine zu vertreten. Die würden nicht in Rejowiec bleiben; ihr Reiseziel war die russische Front. Ich eilte zurück zu den Partisanen, um ihnen meine Beobachtungen mitzuteilen. Sie waren voll des Lobes darüber, wie schnell und mühelos ich die richtigen Rückschlüsse aus meinen Observationen gezogen hatte, und von da an bekam ich ab und zu einen kleinen Spezialauftrag, den ich mit Freuden übernahm.

Aber ich arbeitete nicht lange allein. Die Partisanen stellten mir einen blondgelockten polnischen Jungen zur Seite, der ungefähr in meinem Alter war. Seine Mutter war Lehrerin, und sein Vater hatte eine bedeutende Stimme innerhalb der Partisanenschaft. Der Junge hieß Taddeusz. »Von jetzt an werdet ihr zusammenarbeiten«, teilte man uns lakonisch mit. Gott sei Dank konnten wir uns auf Anhieb gut leiden und wurden gute Freunde. Wir verbrachten eine Menge Zeit gemeinsam im Lager der Deutschen, immer auf der Suche nach etwas, das für die Partisanen nützlich war – mal ein abgestelltes Gewehr, eine Handgranate, Munition oder irgend etwas, das sie brauchen konnten. Aber wir trafen uns auch einfach nur so, um miteinander zu reden, zu spielen, einfach um zusammenzusein.

In Rejowiec wurde ich als zu den Partisanen gehörig und daher mit entsprechendem Respekt behandelt. Mir wurde Herzlichkeit und

Achtung entgegengebracht wie nie zuvor. Ich sonnte mich in dem Gefühl meiner Wichtigkeit, besonders nachdem ich mir so lange Zeit wie der nutzloseste Mensch auf Erden, wie ein richtiger Niemand vorgekommen war. Dieses Gefühl wollte ich nie im Leben vergessen; es würde mich davor bewahren, übermütig oder eitel zu werden.

Die deutsch-russische Front rückte näher mit jedem Kilometer Territorium, den die Deutschen aufgaben, und es war auszurechnen, wie lange es noch dauern würde, bis der Krieg unsere Haustüren erreicht hätte.

Eines Tages zog eine ganze Panzerdivision in Rejowiec ein. Sie fuhren mit mindestens fündundzwanzig Panzern ein, und die Partisanen wußten, daß jeder mit zwei Munitionskisten bestückt war, eine auf der linken, eine auf der rechten Seite, und daß die darin enthaltene Munition für ihre eigenen Waffen geeignet war.

»Ihr müßt uns ein paar von den Munitionskisten besorgen«, befahlen sie uns. Dies war nun wirklich kein »kleiner« Auftrag mehr, im Gegenteil, es war uns klar, daß dies das Gefährlichste war, das man uns bis jetzt zugemutet hatte, und wir fürchteten, daß diese Aufgabe vielleicht gar nicht zu lösen war. Sie gaben uns keinen Rat, wie wir an die Sache herangehen sollten, und sie fragten auch nicht, ob wir uns das zutrauten. Es war ein Befehl – und wir gehorchten.

Wir gingen zunächst mal hinüber zu der Panzerwiese und begannen mit unserer gewohnten Strategie, die darin bestand, daß wir uns mit den Soldaten anfreundeten, ihre Schuhe putzten, Feuerholz herbeischafften und kleine Handlangerdienste verrichteten. Die Hauptsache war, an sie ranzukommen, ihr Mißtrauen zu zerstreuen und ihr Vertrauen zu gewinnen. Auf diese Weise verschafften wir uns Informationen über die tägliche Routine in ihrem Leben und konnten dadurch mit unseren Planungen beginnen, wie wir an die Munitionskisten herankommen konnten.

Die ersten Tage schauten wir uns nur um und taten, als ob wir unheimlich neugierige Burschen wären. Aber wir sahen und hörten alles ganz genau, prägten uns jedes Detail ein und ließen nicht die kleinste Kleinigkeit unbeachtet. Nur, je mehr Informationen wir uns aneigneten, desto klarer wurde uns, welch gefährliche und komplizierte Aufgabe man uns zugemutet hatte. Die Panzerwiese wimmelte nur so von bewaffneten Soldaten, und die Panzer selbst wurden Tag und Nacht bewacht, und nachts an die Munitionskisten heranzukommen war ganz unmöglich, denn zwischen Abenddämmerung und Morgengrauen wurden die Wachen um die Panzer so verstärkt, daß nur der Versuch heranzukommen einem Selbstmord gleichkam. Die Nachtbefehle an die Wachen waren besonders streng. Sie lauteten: Erst schießen, dann fragen!

Wir hatten deshalb beschlossen, die Aktion am hellichten Tag durchzuführen, und zwar nach dem Mittagessen, wenn alle ein bißchen müde und zufrieden waren und wenn ein großer Teil der Soldaten sich irgendwohin zu einem Mittagsschläfchen verzogen hatte.

Bei unseren Generalproben mit den Augen wurde uns klar, daß wir zu klein waren, um an die Kisten ranzukommen und sie dann aus den Panzern rauszuhieven. Also würde einer von uns auf den Panzer raufklettern müssen, die Kiste hochheben und sie dem anderen, der unten bereitstand, in die Hände drücken. Taddeusz erklärte sich freiwillig bereit, die Aufgabe des Kletterers zu übernehmen, während ich die Kiste unten entgegennehmen und sofort damit zu den Partisanen eilen würde.

Aber das waren alles nur Kopfgeburten. Um an die Verwirklichung heranzugehen, mußten wir uns zuallererst mal einen Grund ausdenken, der glaubhaft genug war, um unser Herumstreichen um die Panzer zu rechtfertigen. Ich schlug vor, daß wir uns einen großen Weidenkorb besorgten, mit dem wir dann durch die Panzerreihen gingen und Grünzeug ausrupften. Wenn uns dann einer fragte, würden wir sagen, daß wir Kaninchenfutter suchen. Der Korb müßte groß genug sein, um eine Munitionskiste unter dem »Kaninchenfutter« zu verstecken.

Am 15. Mai 1944 war es dann soweit. (Dieses ereignisreiche Datum hat sich für immer in meinem Gedächtnis eingegraben.) Wir hatten uns einen Korb besorgt, in der Größe, wie ihn Hausfrauen zum Einkaufen auf den Markt mitnehmen, und kurz vor vierzehn Uhr näherten wir uns der Panzerwiese. Die Zeit war optimal gewählt, denn aus allen Ecken tönte lautes oder leichteres Schnarchen. Vor

den Panzern waren zehn oder zwölf Lastwagen geparkt, und aus denen hörten wir auch Schnarchen in allen Tonlagen, als wir uns daran vorbeischlichen.
Unser Plan schien perfekt. Wir füllten den Korb mit Wiesendisteln und Grünfutter, was Kaninchen eben so fressen, und dann stieg Taddeusz auf den Panzer, während ich unten mit meinem Kaninchenkorb stehen blieb. Er entfernte eine Kiste aus dem Panzer und reichte sie mir herunter.
Leider hatten wir in unseren Berechnungen eine winzige Kleinigkeit außer acht gelassen: Die Kiste wog mindestens zehn oder zwölf Kilo und war außerdem zu breit, um im Korb versteckt werden zu können. Entsetzt über diesen Mißerfolg, sprang Taddeusz vom Panzer herunter und flüchtete querfeldein in Richtung Rejowiec. Aber ich stand da wie angewurzelt, eine schwere Kiste mit geraubter Munition in den Armen und ganz auf mich allein und meinen Verstand angewiesen. Ich handelte schnell, riß die Kiste auf und begann die Munition herauszunehmen; eine Patrone nach der anderen versteckte ich unter meinem Kaninchenfutter.
Aber dann nahte das Verhängnis in Gestalt eines Panzergrenadiers, der vom Lastwagen gesprungen war und meinen querfeldein laufenden Freund sah und sofort roch, daß hier etwas im Gange war. Er legte sein Gewehr an und rief ihm nach: »Bleib stehen, oder ich schieße!« Das aber spornte Taddeusz nur an, noch schneller zu laufen, und so begann der Soldat zu schießen. Da bekam Taddeusz es mit der Angst zu tun und ließ sich auf den Boden fallen. Inzwischen hatte der Soldat auch mich erblickt, und ich erwartete schon meinen Todesschuß, der aber nicht erfolgte. Die Schießerei hatte die friedlich Schnarchenden aufgeweckt, und im Nu war ich von einer ganzen Horde umzingelt, während andere sich Taddeusz schnappten. Wir mußten beide unsere Hände über den Kopf legen und wurden abgeführt wie zwei Kriegsgefangene. Sie führten uns in die Schule von Rejowiec, in der sie eine provisorische Wachstube eingerichtet hatten, und die Polen, die uns auf unserem Marsch dorthin sahen, bekreuzigten sich. Sie waren genauso überzeugt wie wir, daß dies das Aus für die zwei tapferen jungen Partisanen bedeutete.

Wir stolperten vorwärts, jeder einen Gewehrkolben im Rücken, und ich konnte nur daran denken, welch trauriges Ende mein Leben jetzt nehmen würde, nachdem ich es so lange und mit so viel Glück immer wieder so erfolgreich hatte verteidigen können. Zwar würde ich nicht wie ein erniedrigter, gedemütigter Jude zum Schlachthaus geführt, sondern als tapferer, aufrechter Patriot einem Erschießungskommando übergeben, aber das konnte mich auch nicht trösten. Unsere Eskorte bestand aus kampfmäßig ausgerüsteten Soldaten, und an Flucht war nicht zu denken.
Als wir vor der Schule ankamen, tauchte ein Major auf. Die Soldaten salutierten stramm und berichteten ihm von unserem versuchten Waffendiebstahl. »Bewacht sie streng!« befahl er. »Ihr haftet mir mir eurem Kopf für ihre Sicherheit. Bleibt hier stehen, ich bin gleich wieder da.«
So sah also das Ende aus? Ich fragte mich, ob sie uns erst noch foltern oder ob sie uns gleich erschießen würden. Auf jeden Fall war ich überzeugt, daß ich die Sonne nicht mehr aufgehen sehen würde. Der Major kam bereits nach zehn Minuten zurück. Er brüllte die Soldaten noch einmal an: »Daß ihr sie mir ja gut bewacht!« Dann verschwand er abermals.
Nach etwa zwei Stunden kam er in Begleitung des Bürgermeisters von Rejowiec zurück, und das Verhör begann mit dem Bürgermeister als Dolmetscher. In barschem Ton fragte der Major nach unseren Namen. Als erstes wandte er sich an Taddeusz, der so verschüchtert war, daß der Bürgermeister für ihn antwortete, aber mit keinem Ton die Verbindung seines Vaters zu den Partisanen erwähnte. Dann war ich an der Reihe: »Wladislaw Szymczyk, und ich wohne bei meiner Tante, Frau Klemka.« Ihren Namen hatte ich absichtlich nur genuschelt, denn ich wollte nicht, daß sie in die Geschichte hineingezogen würde.
Der Bürgermeister sah auf uns wie ein Verwandter, der einen letzten Besuch am Krankenbett eines Todkranken macht – traurig, aber hilflos. Das bestärkte mich nur in der Gewißheit, daß unsere Situation hoffnungslos war. Es war ja auch klar, daß ein Partisan, der beim Stehlen von Munition aus einem deutschen Panzer erwischt worden war, nichts anderes zu erwarten hatte als die Todes-

strafe. Der Major entfernte sich mit dem Bürgermeister, nachdem den Soldaten noch einmal dringend ans Herz gelegt wurde, uns streng zu bewachen.

Nach zwei Stunden wurde uns befohlen, uns bereit zu halten. »Die Gendarmen aus Chelm werden bald hier sein und sich um euch kümmern«, sagten sie in einem Ton, der uns ahnen ließ, was uns dann bevorstand. Sie sperrten uns in einen Schulraum, der als Zelle diente. Wir wurden aus der Schule heraus und durch die Straßen von Rejowiec zum Stadtgefängnis geführt. Wieder konnte ich mich nur über die Ironie des Schicksals wundern: Die Polen, die mich sahen, betrachteten mich als Helden; hätten sie aber gewußt, daß ich ein Jude war, sie selbst hätten mich gesteinigt oder in Stücke gerissen. Held oder kein Held, der Jude ist und bleibt der am meisten gehaßte Menschenschlag bei den Polen.

Als wir am Gefängnis angelangt waren, wurde ich von einem deutschen Soldaten brutal in eine Zelle gestoßen, während man Taddeusz in eine andere, auf der gegenüberliegenden Flurseite schubste. Das laute Geräusch, mit dem sich der schwere Riegel schloß, signalisierte unsere endgültige Trennung und hämmerte mir das Wort »Todesurteil« in den Kopf.

Ich begann mich in der winzigen Zelle umzusehen, konnte aber außer einem kleinen Fenster, das fast nur ein Loch war, und einer Holzpritsche weiter nichts entdecken, das war alles. Hier also würde ich meine letzten Stunden verbringen! Wie würde das Finale sein? Ein Genickschuß? Der Strick? Folterung? Würde mein Ende leicht sein oder begleitet von qualvollen Schmerzen? Es gab nichts, womit ich meine peinigenden Gedanken ablenken konnte.

Auf einmal bemerkte ich, daß irgend etwas unter der Pritsche lag. Als ich mich niederkniete, um zu sehen, was das war, machte mein Herz einen Freudensprung. Ein Beil! Das hatte wohl ein Handwerker liegengelassen. Die wildesten Gedanken wirbelten mir durch den Kopf. Sollte ich die Wache rufen und sagen, da läge etwas Merkwürdiges unter der Pritsche, und wenn er sich dann bückte, um nachzuschauen, ihm das Beil über den Kopf hauen? Nicht töten wollte ich ihn, nein, nur bewußtlos sollte er werden. Und da die Tür offenstünde, könnte ich fliehen. Aber wenn ich nüchtern dachte, mußte ich den Plan als undurchführbar aufgeben; etwas Vernünftigeres mußte mir einfallen, zum Beispiel konnte ich abwarten, bis die Wache eingeschlafen war und dann mit dem Beil die Gitter durchhauen und durch das Fenster abhauen. Aber da wäre ja höchstens ein Sechsjähriger durchgekommen. Vielleicht konnte ich das Mauerwerk neben dem Fenster einschlagen, bis die Öffnung groß genug war, daß ich durchschlüpfen konnte. Aber das würde ja Tage dauern, und ich hatte vielleicht nur noch zehn Stunden zu leben.

Nachdem ich die fruchtlosen und undurchführbaren Ideen alle durchgespielt hatte, verfiel ich in tiefe Hoffnungslosigkeit. Vielleicht wäre ein gutgezielter Schuß in den Kopf gar nicht so grausam. Bestimmt wäre alles sofort vorbei. Aber wie würde ich eine Folter überstehen? Im Geiste zog eine Serie von Folterabartigkeiten an mir vorbei, über die ich in Verbindung mit Nazi-Verhörmethoden schon gehört hatte. Würden sie brennende Zigaretten auf meinem Körper ausdrücken? Würden sie mir die Finger- und Zehennägel ausreißen? Bekäme ich Elektroschocks oder würde gar mit rotglühenden Eisen traktiert? Aber ich würde schweigen und nichts über die Partisanen verraten.

Aber würde ich das wirklich? Nein, der Gedanke an Folter ließ mein Blut zu Eis erstarren. Nein, ich würde nicht als Held sterben. Wahrscheinlich würden sie alles aus mir rauskriegen, was sie hören wollten.

Diese Stunden der Ungewißheit im Gefängnis waren schon Tortur genug. Sie wollten nicht vorübergehen, und mein armes Hirn malte sich immer neue Folterungen aus, die man für mich bereithielt.

Gab es denn gar keine Rettung für mich? Ich kletterte auf die Pritsche und starrte hinaus in die Natur. Es war ein wunderschöner Tag – es war der 15. Mai 1944 –, und er würde mein letzter sein! Mein langer, zäher Überlebenskampf sollte vergeblich gewesen sein? Meine Flucht von Ort zu Ort, bei der ich oft gejagt wurde wie ein streunender Hund, sollte ihr Ende in dieser winzigen Zelle gefunden haben? Und alles, weil ich zu dumm war, eine Kiste Munition zu stehlen. Morgen früh würde ich meine Himmelfahrt antreten, denn daß Exekutionen immer im Morgengrauen durch-

geführt wurden, wußte man ja. Würde ich das Paradies finden? Vielleicht würde ich wiedervereint mit meiner geliebten Mamuschka, mit Vater, Drejza, Moshe, Shmuel, Esther?
Ich blickte in den blauen Himmel und sah zum erstenmal mit vollem Bewußtsein, wie schön die Welt draußen war – vielleicht weil es das letztemal war. Wenigstens für mich.
Ich weinte mich in den Schlaf, und im Traum sah ich Mutter neben mir stehen; ihre Augen waren feucht, und ihr Gesicht leuchtete in strahlender Schönheit und Güte. Sie sprach kein Wort, stand nur da und blickte mich an. Ich weiß nicht, wie lange ich in diesem Traum verharrte, aber als ich aufwachte, war es draußen dunkel geworden. Der Traum war so lebhaft gewesen, daß ich ganz selbstverständlich in die Ecke sprach, in der ich meine Mutter gesehen hatte: »Liebste Mamuschka, sag mir, was soll ich tun?«
Die Antwort gab ich mir selbst: »Lipele, nimm das Beil, hau's dem Wachposten über und lauf weg!«
Ich hämmerte gegen die Tür, um seine Aufmerksamkeit zu erregen und ihn so in meine Falle zu locken. Ich schlug mit aller Kraft und schrie, so laut ich nur konnte; nichts rührte sich. War ich denn ganz allein in diesem verdammten Gefängnis?
Meine Fäuste taten mir weh, und meine Stimme wurde heiser. »Hilfe«, schrie ich, »Hilfe, ich verdurste; bringt mir Wasser!« Die einzige Entgegnung war das Echo meiner eigenen Stimme.
Jetzt mußte doch endlich einer kommen; aber nichts rührte sich, und warum machte sich Taddeusz nicht bemerkbar? Die absolute Stille machte mich wahnsinnig, und ich war wild entschlossen, dem ersten, der sich bei mir blicken ließ, das Beil über den Kopf zu schlagen und abzuhauen, so schnell mich meine Füße trugen.
Da hörte ich, wie von außen vorsichtig der Riegel bewegt wurde. Ich drückte mich an die Mauer neben der Tür, das Beil bereit zum Zuschlagen in Händen. Aber die Tür wurde nur ganz langsam einen Spaltbreit geöffnet, und ich hörte jemanden auf polnisch sagen: »Raus! Komm schnell raus!«
Das ließ ich mir nicht zweimal sagen, und ich rannte, so schnell ich konnte, raus aus dem Gefängnis, rein in die Felder; mein Befreier rannte mit mir.

Weit entfernt konnte ich die Umrisse meiner Heimatstadt Chelm erkennen, ein riesiger Feuerschein stieg über ihr empor und erleuchtete den Himmel wie ein Feuerwerk. Ich sah den hohen Turm der größten Kirche von Chelm wie einen anklagenden Zeigefinger gegen den Horizont ragen.
War das etwa auch ein Traum? Nein, das war grausame Wirklichkeit! Chelm, mein geliebtes Chelm, stand in Flammen. Und ich war tatsächlich aus dem Gefängnis geflohen. Ich rannte und rannte, die Richtung beachtete ich nicht, nur weg von dem Gefängnis, das nichts für mich barg als den Tod, und hinein in eine Freiheit, die vielleicht nur ein paar Stunden dauern würde.
Ich lief weiter und weiter, bis mich auf einmal von hinten zwei Arme festhielten und eine Männerstimme mir auf polnisch atemlos zukeuchte: »So, Junge, jetzt reicht's! Du brauchst nicht mehr zu laufen! Du bist in Sicherheit! Ruh dich erst mal ein bißchen aus. Wir werden ein gutes Versteck für dich finden. Du hast es überstanden.« Mein Befreier war ein Pole, und mit einemmal wurde mir klar, daß ich jetzt wirklich und wahrhaftig frei war. Frei! Ein schöneres Wort konnte es auf der ganzen Welt nicht geben. Dieser Mann hatte tatsächlich riskiert – und sicher unter eigener Lebensgefahr –, mich zu befreien. Er gab mir Instruktionen für mein weiteres Verhalten: »Sei Punkt sechs Uhr morgen früh an der Kreuzung Rejowiec-Krasnistaw. Dort wird jemand auf dich warten und dir genau sagen, was du zu tun hast. Aber du mußt unbedingt pünktlich sein. Sechs Uhr! Keine Minute später!« Er trennte sich ohne weitere Worte von mir und ging seiner Wege.
Bis sechs Uhr hatte es noch einige Stunden Zeit, und so entschied ich mich, zu Frau Klemkowa zu gehen. Ihre Freude über unser Wiedersehen war überwältigend, und sie war echt, denn auch sie hatte befürchtet, daß für mich keine Sonne mehr aufgehen würde. Ich war so erledigt, daß ich mich in voller Kleidung aufs Bett warf; allerdings hätte meine Situation es auch gar nicht zugelassen, mich auszuziehen, es hätte ja jeden Moment jemand an die Tür klopfen können, um nach mir zu suchen. Ich mußte fluchtbereit sein.
Wie gerne hätte ich die paar Stunden, die mir bis zu meinem Rendezvous noch blieben, geschlafen, aber es wollte sich kein Schlaf

bei mir einstellen. Zuviel war in den letzten Stunden über mich hereingebrochen. Um fünf erhob ich mich endlich von meinem Lager und machte mich auf den Weg zum vereinbarten Treffpunkt. Wir waren beide pünktlich. Ich kam zu Fuß, der Pole mit dem Fahrrad. Das war nicht der Engel von der vorigen Nacht, denn dieser Mann hier sprach in unglaublich barschem Ton zu mir: »Von jetzt an unterstehst du dem Kommando der Partisanenbrigade. Halt dich von Rejowiec fern, es sei denn, du erhältst einen Befehl von uns, dich dorthin zu begeben. Wenn du unsere Befehle nicht bis ins letzte Detail befolgst, werden wir keinen Moment zögern, dich abzuknallen. Merk dir das gut, denn es ist uns Ernst damit. Wenn du einem Befehl zuwiderhandelst, bist du ein toter Mann.«

Ich konnte ihm nicht antworten; meine Kehle war wie zugeschnürt. So hatte überhaupt noch nie jemand mit mir gesprochen. Aber nun wußte ich Bescheid über die Disziplin unter den Partisanen. »Ich zeige dir jetzt, wo du hingehen mußt«, fuhr er fort. »Siehst du das Haus da unten, ungefähr einen Kilometer von hier? Da gehst du hinein und sagst den Bewohnern, daß du von mir kommst. Die werden dich verstecken und für dich sorgen. Aber vergiß nicht: keine Extratouren nach Rejowiec! Du hast dort nichts verloren, denn die Deutschen suchen bestimmt nach dir; es sei denn, wir schicken dich hin.«

Ich stammelte ein Dankeschön und machte mich auf zu dem Haus, das er mir gezeigt hatte. Ich war verwirrt und konnte mir keinen Reim auf die ganze Geschichte machen. Alles war so schnell gegangen. Gestern war ich ein Gefangener der Nazis gewesen, der auf seine Exekution wartete, jetzt sah ich vor mir die Sonne aufgehen, ein Anblick, von dem ich geglaubt hatte, daß er mir nie wieder zuteil würde, und ich war ein freier Mann. Frei ja, aber verpflichtet zu sklavischem Gehorsam. Ich kam mir ein bißchen vor wie der Held in einem drittklassigen Abenteurerfilm, in dessen Handlung die Logik unwichtig war. Hauptsache, es passierte was, um die Handlung voranzutreiben.

Ich klopfte an der Tür des beschriebenen Hauses, und nachdem ich dem Mann, der mir öffnete, mein Sprüchlein aufgesagt hatte, bat er mich mit freundlichen Worten ins Haus. Er machte mir ein kräftiges

Frühstück, und ich konnte nicht umhin zu bemerken, welche Mühe er sich gab, damit ich mich wohl fühlte. Nachdem ich das Frühstück mit großem Genuß verputzt hatte, berichtete er mir, wie es zu meiner Befreiung aus dem Gefängnis gekommen war:

Als die Partisanen erfuhren, daß wir geschnappt worden waren, hatten sie zunächst vor, zwei von ihnen zum Gefängnis zu schicken, uns ans Fenster zu rufen und uns zu erschießen. Sie waren überzeugt, daß die Deutschen mit ihren Verhörmethoden alles aus uns herausbekommen würden, was sie wissen wollten. Also war es am klügsten, uns mundtot zu machen. Damit hätten sie uns außerdem auch noch unnötige Leiden erspart.

Als aber die Eltern von Taddeusz von diesem Plan hörten, liefen sie Sturm dagegen. Sein Vater setzte seinen ganzen Einfluß bei den Partisanen ein, um sie davon abzubringen. Taddeusz war sein einziger Sohn; sie konnten ihn doch nicht einfach liquidieren! Er fand nirgends Gehör; die Partisanen hatten es nun einmal so beschlossen, und so würde es auch ausgeführt! In seiner Verzweiflung suchte Taddeusz' Vater sich gegen teures Geld ein paar Helfer, und gemeinsam zogen sie zum Gefängnis, um ihn zu befreien. Wie sie es genau angestellt hatten, konnte mir mein Gastgeber auch nicht sagen. Er wußte nur, daß sie Taddeusz im Triumphzug nach Hause gebracht hatten. (Also nach mir hätte kein Hahn gekräht! Aber weil Taddeusz frei war, mußte auch ich befreit werden.) Mein Gastgeber fuhr fort: »Nachdem ihr festgenommen wart, telefonierten die Deutschen nach Chelm, damit von der dortigen Gendarmerie jemand zu eurer Bewachung kommen sollte. Die sagten auch zu, wollten aber bis zum nächsten Morgen warten, da sie in der Nacht einen Überfall der Partisanen befürchteten. Als sie dann tatsächlich am nächsten Morgen im Gefängnis ankamen, waren beide Vögel ausgeflogen.« Das leere Gefängnis machte sie unglaublich wütend, und sie gaben den Befehl, Rejowiec dem Erdboden gleichzumachen. Wenn sie schon Menschen wegen eines geringen Diebstahls oder wegen gar nichts erschießen ließen, erschien es ihnen sicher nicht als übertriebene Vergeltungsmaßnahme, einen ganzen Ort als kollektive Strafe zu vernichten.

Der Bürgermeister von Rejowiec lief von Pontius zu Pilatus, bat und flehte, man könne doch nicht wegen eines Dummenjungenstreichs eine ganze Stadt auslöschen. »Aber es sind doch noch halbe Kinder«, flehte er den deutschen Kommandanten an. »Wir bezahlen euch, was ihr wollt, aber verschont um Gottes willen die Stadt.« Nun schaltete sich auch der Pfarrer ein, und nachdem die Deutschen genügend Lösegeld erhalten hatten, waren sie bereit, Rejowiec zu verschonen. Sie stellten aber eine Bedingung: Am Sonntag müßte der Pfarrer von der Kanzel verkünden, daß die Deutschen lediglich hier waren, um den Kommunismus zu bekämpfen, und daß daher solche Streiche, wie die zwei Jugendlichen sie verübt hatten, nur den Kommunisten helfen würden, und daß so etwas in Zukunft zu unterbleiben habe. Die Predigt erfolgte am Sonntag genau mit dem Wortlaut, wie dem Priester befohlen worden war.

Inmitten des Kugelhagels

Ich blieb zwei Tage bei meinem Gastgeber, dann mußte ich weg. Die Partisanen fürchteten, daß sein Haus zu nahe bei Rejowiec lag und damit die Gefahr zu groß war, daß die Deutschen mich aufspürten. Man befahl mir, mich in ein Dorf vier oder fünf Kilometer weiter entfernt zu begeben. Dort sollte ich in das vierte Haus auf der linken Seite gehen und sagen, wer mich geschickt hat. Ich nahm den Weg quer über die Felder, damit ich möglichst keiner Menschenseele begegnete, und als ich den Dorfrand erreicht hatte, zählte ich die Häuser ab und klopfte am vierten auf der linken Seite. Ein junges Ehepaar öffnete, das offensichtlich schon Bescheid über mich wußte, denn sie begrüßten mich mit großer Herzlichkeit. Ich brauchte ihnen gar nichts zu erklären. Die Frau war noch sehr jung, höchstens zwanzig, und ihren Mann schätzte ich auf etwa fünf Jahre älter. Sie luden mich freundlich ein, mich mit ihnen an den Tisch zu setzen und ihr Mittagessen mit ihnen zu teilen. Die Einladung ehrte mich sehr, aber ich bestand darauf, mich an den Kosten für den Haushalt zu beteiligen, ein Angebot, das von ihnen mit großer Erleichterung akzeptiert wurde. Als ich ihnen die Geschichte meiner

Gefangennahme und der anschließenden Flucht erzählte, saßen sie mit offenen Mündern da, denn in einem so kleinen Dorf war ein derartiges Ereignis eine unglaubliche Sensation. Der junge Mann stand am nächsten Morgen sehr früh auf, um Weizen zu mähen und ihn zu Garben zu binden. Ich erbot mich, ihm zu helfen, und wir beide arbeiteten den ganzen Tag auf dem Feld. Ich wollte ein richtiges Familienmitglied sein und Freud und Leid mit ihnen teilen und nicht nur ein Hausgast, der zuschaut, wie seine Gastgeber sich plagen. Ich wäre mir vorgekommen wie ein Parasit, wenn ich nicht auch bei der Arbeit meinen Anteil erbracht hätte. Wenn wir abends vom Felde heimkamen, saß die Stube voller Partisanen; die meisten hatten ihre Waffen dabei. Hier in diesem Dorf hatten die Deutschen nichts mehr zu sagen, hier hatten sie ihre Macht verloren. Es waren vier wunderschöne, friedliche Tage, die ich in dem Dorf verlebte. Tagsüber arbeiteten wir auf dem Feld, und abends gingen wir über die Feldwege hin zum Wald spazieren und unterhielten uns über dies und das. Die Einwohner wußten über mich Bescheid und nahmen mich wie einen der Ihren auf. Sie drehten mir Zigaretten und behandelten mich zuvorkommend und mit Respekt. Von mir aus hätte diese friedliche Zeit noch lange fortdauern können, aber am fünften Tag meiner Anwesenheit – wir waren gerade auf dem Weizenfeld – kam ein Partisan auf einem Pferd angeritten und rief uns zu: »Die Deutschen kommen! Lauft weg, so schnell ihr könnt!« Sofort drängte sich mir das Bild der um sich wütenden Nazis auf, brennend, zerstörend, verwüstend, Amok laufend, schießend, mordend, vergewaltigend und folternd – Szenen von unvorstellbarer Grausamkeit.
»Was ist passiert?« fragte ich. »Wieso kommen sie hierher?« Die Erklärung war schnell gegeben: Ein Wagen, in dem ungefähr zwanzig Partisanen saßen, fuhr auf einem alten schmalen Eselspfad von einem Dorf zum nächsten. Der Pfad führte durch eine Senke, die rechts und links von hohen Hecken und Bäumen umgeben und damit fast uneinsehbar war. Für geheime Aktivitäten lag er ideal, allerdings konnte kein Gegenfahrzeug vorbei, so schmal war der Pfad. Wenn ein Wagen einmal auf dem Weg war, gab es keine Umkehr mehr, bevor er am Ende des Pfades angelangt war und in

freies Gelände mündete. Aber plötzlich bemerkten sie hinter sich drei Deutsche auf Motorrädern angebraust kommen. Es war offensichtlich eine Vorhut, die das Gelände sondieren sollte im Hinblick auf ein provisorisches Lager oder einen Fahrzeugpark, der in der Gegend errichtet werden sollte.

Die Partisanen befürchteten, daß die Deutschen sofort anfingen zu schießen, wenn sie feststellten, daß es keine Möglichkeit für sie gab, den langsamen Wagen zu überholen. Vielleicht dachten sie auch, daß es in dieser einsamen Gegend ein Kinderspiel wäre, die drei Störenfriede abzuknallen, jedenfalls wollten sie sich auf keinen Zufall verlassen, sondern eröffneten ohne Zögern das Feuer auf die drei. Aber leider schossen sie alle daneben. Die Deutschen sprangen von ihren Motorrädern, gingen in Deckung und erwiderten das Feuer auf die Partisanen. Diese fuhren, so schnell ihr schwerfälliges Fahrzeug es erlaubte, und entkamen. Die Deutschen, als gut organisierte Truppe, holten über Feldtelefon Verstärkung herbei, denn einen derartigen Partisanenüberfall durften sie nicht ungestraft hinnehmen. Und jetzt erwarteten sie jeden Moment die angeforderte Verstärkung, und der Partisan war mit seinem Pferd auf dem Weg, um alle Leute zu warnen.

Mein junger Gastgeber kommandierte eine Partisanengruppe. Als er diese Nachricht hörte, beschloß er, das Dorf zu evakuieren, da er befürchtete, daß die Deutschen als Vergeltungsmaßnahme die gesamten Bewohner töten würden. Die Vorbereitungen zur Flucht wurden in Windeseile durchgeführt. Er besaß ein altes Maschinengewehr, das in drei Teile zerlegt werden konnte. Ohne das wollte er das Dorf nicht verlassen. Also nahmen wir es auseinander, und ich bekam das schwerste Teil zu schleppen. Das konnte ich aber nicht auf dem Rücken tragen, ohne meilenweit damit aufzufallen. Also schleppte ich es in den Armen mit mir, und da es gut und gerne seine zwanzig Kilo wog, war ich um einiges langsamer als die anderen.

Die Deutschen waren in der Tat sehr schnell zur Stelle, und ihre Kugeln pfiffen bereits hinter uns her. Wir flohen in Richtung auf das nächste Dorf, in das wir nur durch einen Wald, hinter einem weit entfernten Hügel, gelangen konnten. Wir liefen so schnell, daß

die meisten praktisch alles wegwarfen, was sie im Lauf behinderte. Aber sie waren uns dicht auf den Fersen und schossen auf uns wie auf hoppelnde Hasen. Wir rannten noch schneller. Ich hörte das Pfeifen der Kugeln um mich herum, und ich konnte die Erde riechen, die aufspritzte, wenn die Kugeln rings um mich herum in den Boden einschlugen. Mir war, als hätten die Deutschen es auf mich im besonderen abgesehen. Vielleicht hatten sie durch ihre Feldstecher erkannt, was ich mit mir herumschleppte. Mein Herz machte bei jedem Einschlag einen Plumps, aber ich ließ meine kostbare Last nicht los. Ich stolperte und keuchte weiter, nur auf das eine bedacht, nämlich nicht hinzufallen und das Gleichgewicht zu halten. Ich machte noch längere Schritte in der Hoffnung, schneller den Wald zu erreichen, damit ich unsichtbar wäre. Ich mußte es schaffen, bevor mich eine der mich unablässig umpfeifenden Kugeln erwischte. Fast alle Dorfbewohner hatten den Waldrand bereits erreicht, nur ich keuchte langsamer als alle anderen mit meinem schweren Maschinengewehrteil hinter ihnen her. Ich fühlte, daß meine Kräfte mich bald verlassen würden, und betete, daß sie noch für vielleicht hundert Meter ausreichen würden, damit das schützende Walddikkicht mich verschlucken würde. Die anderen, die den Wald bereits erreicht hatten, feuerten mich an und riefen mir zu, um Gottes willen nicht nachzulassen. »Gleich hast du's geschafft!« Hätte ich nur das verdammte Teil wegwerfen können, dann hätte ich den Waldrand erreicht wie eine Feder. Aus unerklärlichen Gründen setzten die Deutschen uns nicht nach. Statt dessen stellten sie ihre Maschinengewehre in Position und schossen auf uns, als ob sie Zielübungen machten. Wir liefen hin und her wie die Mäuse vor der Katze, bis endlich jeder einen Baum gefunden hatte, hinter dem er sich für den Augenblick einigermaßen sicher fühlen konnte. Sie machten sich auf, tiefer in den Wald vorzudringen, aber ich bettelte: »Laßt mich nur einen Moment hier sitzen und verschnaufen. Ich kann nicht mehr weiter.«
»Das geht nicht. Hier sitzen wir wie der Fuchs in der Falle. Wir müssen tiefer in den Wald hinein.« Ich stolperte und keuchte also weiter hinter ihnen her, bis wir so weit in den Wald vorgedrungen waren, daß wir uns sicher fühlen konnten, denn das wußte inzwi-

schen jeder Partisan in Polen: Im Wald hatten die Deutschen höllische Angst. Der war nämlich das Operationsgebiet der Partisanen.

Aber selbst jetzt durfte ich mich noch nicht ausruhen, allerdings verringerten wir unser Tempo, so daß sich meine Atemzüge langsam wieder normalisierten, und mein Herzschlag ebenfalls. So erreichten wir das Dorf jenseits des Waldes – unser eigentliches Fluchtziel. Das Dorf stand ganz unter dem Schutz der Partisanen, und hier fühlten wir uns endlich sicher. Wohltuende Ruhe und ländlicher Frieden empfing uns, und das Dorf erschien uns wie der Himmel, nach der Hölle, die wir gerade hinter uns gebracht hatten. Die Einwohner erzählten uns, daß die Deutschen sich abgesetzt hätten. Nun hatten wir einen doppelten Grund zum Feiern. Einmal waren die Deutschen vertrieben, und zum anderen hatten wir alle unser Leben gerettet. Niemand hatte Schaden genommen.

Die Dorfbewohner richteten ein richtig schönes, großes Festbankett aus, und ich wurde an den Ehrenplatz gesetzt. Ein Partisan nach dem anderen kam zu mir, klopfte mir auf die Schulter und sagte mir, was ich für ein Mordskerl sei, und jeder bedankte sich, daß ich das schwere Maschinengewehrteil die ganze Zeit mitgeschleppt hatte. Sie prosteten mir unaufhörlich zu, wobei ich leider nicht mithalten konnte, und hörten nicht auf zu betonen, daß ich einer der Ihren sei.

Das Fest dauerte bis in die tiefe Nacht. Wir waren insgesamt etwa hundert Leute, die sich auf drei Häuser verteilten. Das Haus, in dem ich saß, war, glaube ich, am lustigsten. Die Frauen richteten ununterbrochen neue Speisen her, während die Männer an langen Tischen saßen und Partisanenerlebnisse und Witze zum besten gaben. Die Euphorie um meine Person hatte sich gelegt, und ich saß jetzt ziemlich isoliert da, meinen Gedanken überlassen, und fühlte mich fremd und irgendwie nicht dazugehörig. Sie hatten mir ihre Reverenz erwiesen, und damit war alles vorbei.

Meinen Gastgeber, dessen schweres Maschinengewehr ich den ganzen Weg geschleppt hatte, bekam ich überhaupt nicht mehr zu Gesicht – er war wohl in einem der beiden anderen Häuser. Mein Gefühl der Fremdheit wurde immer stärker. Natürlich waren die

Leute alle freundlich zu mir, aber ich kannte keinen; es waren nur fremde Gesichter um mich herum.
Dieses Gefühl hatte ich nicht so stark empfunden, als wir noch alle bei Tisch saßen und schmausten, und das hatte sehr lange gedauert. Jede leere Platte wurde sofort gegen eine neue, volle ausgetauscht, und wir redeten, tranken und stopften uns mit Essen voll, wie ich es vorher noch nie erlebt hatte. Um ehrlich zu sein, später auch nie wieder.
Aber dann in der Nacht, als die Festlichkeiten beendet, die Tische abgeräumt und die Fußböden mit Stroh für unser Lager ausgelegt waren, überkam mich das Gefühl der Ausgeschlossenheit und der Einsamkeit mit Macht. Trotz der vielen Menschen um mich herum fühlte ich mich unbehaglich und einsam. Die Flucht, die Völlerei, all das hatte mich so müde gemacht, daß ich Gott sei Dank bald in tiefen Schlaf versank. Der nächste Tag war noch einmal ein Fest- und Freßtag, denn da mußten die Reste vom Vortag – und das waren nicht wenige – aufgegessen und ausgetrunken werden. Die Wodkaflaschen wurden bis zum letzten Tropfen leer gemacht. Danach gingen alle auseinander, jeder seiner Beschäftigung nach. Nur ich mußte im Haus bleiben, denn mir war ja strengstens untersagt worden, nach Rejowiec zu gehen. Es war ein so trauriger und depressiver Tag für mich, daß ich das Datum – 23. Mai 1944 – nie vergessen werde. Ich kam mir benutzt vor, benutzt und danach in die Ecke gestellt. Nicht, daß die Dorfbewohner mich gebeten hätten, ihr Dorf zu verlassen, nein, sie ignorierten mich einfach. Ich war ein Fremdkörper.
Gegen elf Uhr vormittags hatte meine Verstimmung ihren Höhepunkt erreicht, und ich hatte mich durchgerungen, trotz aller Verbote nach Rejowiec zurückzukehren. Da wäre ich wenigstens nicht so einsam. Natürlich dachte ich an die Warnung der Partisanen, die fürchteten, daß mich in Rejowiec ein Deutscher erkennen könnte, aber ich mußte einfach unter Menschen, die mir etwas bedeuteten. Ich würde bis zur Dunkelheit warten und dann losgehen, und zwar zu Frau Klemkowa. Dort könnte ich mich seelisch erholen, selbst wenn es nur für kurze Zeit wäre.
Ich ging ziemlich schnell, aber gegen zwei Uhr konnte ich mich vor

Müdigkeit nicht mehr auf den Beinen halten. An einem Feldrand legte ich mich in einen Heuhaufen und genoß den herrlichen Duft, der, zusammen mit meiner ungeheuren Müdigkeit, ein schnellwirkendes Schlafmittel darstellte. Aus diesem herrlichen Schlaf wurde ich ziemlich unsanft durch einen Tritt in die Seite aufgeweckt. Ich öffnete die Augen und blinzelte in das Sonnenlicht. Da stand ein Bauer vor mir, der mir drohend eine Heugabel unter die Nase hielt. Er wußte nicht, ob da ein Pole, ein Deutscher oder ein Ukrainer vor ihm lag, und mit unverhülltem Zorn fragte er mich, was ich in seinem Heuhaufen zu suchen hätte. Er rief einen zweiten Mann herbei, der etwas weiter weg beim Heuwenden war. Als dieser, ebenfalls mit einer Heugabel bewaffnet, angerannt kam, verflog meine Angst, denn diesen Mann kannte ich aus der Zuckerfabrik, und er klärte den Bauern darüber auf, wer ich war. Als er ihm erzählte, daß ich wegen Munitionsdiebstahls von den Deutschen verhaftet worden war, änderte sich das Benehmen des Bauern auf der Stelle. Ich war ja einer, der zu ihnen gehörte, und er lud mich ein, mit in sein Haus zu kommen, das sich als großer, beinahe herrschaftlicher Wohnsitz entpuppte.

Im Haus fand ich bereits einen Gast vor: einen hochrangigen Partisanen. Als sie ihm von mir erzählten, war er offenbar sehr erfreut, meine Bekanntschaft zu machen, aber als ich ihm gestand, daß ich auf dem Weg nach Rejowiec war, fuhr er mich ziemlich brüsk an: »Solange du ein Partisan bist, kannst du nicht einfach selbst bestimmen, was du tust. Du hast dich streng an deine Befehle zu halten. Und solange es noch Deutsche in Rejowiec gibt, darfst du dich da nicht blicken lassen.« Der energische Partisan schickte einen Boten zu meinem Befehlshaber, und ich hatte in dem Haus abzuwarten, bis er mit seinen Anweisungen zurückkam.

Während ich nichtstuend in dem Haus herumsaß, beobachtete ich, wie die Frau des Hauses ihrer ungefähr zehnjährigen Tochter die Haare wusch. Als etwas Seifenschaum in die Augen des Mädchens gelangte, fing es laut zu schreien an. Eine banale, alltägliche häusliche Szene, nichts Besonderes, aber mir trieb sie die Tränen in die Augen. Ich mußte daran denken, wie Mutter die Haare von Drejza und Esther gewaschen und auch sie wild schreiend gegen den

Seifenschaum protestiert hatten. Ich hörte das Weinen des Mädchens und beneidete es darum. Wie glücklich mußte sich doch ein Kind schätzen, das liebevoll von seiner Familie umsorgt wurde. Ich fühlte mich noch einsamer – gab es doch niemanden auf der Welt, der auch an mir solch kleine Liebesdienste verrichtet hätte.
Als der Bote nach einigen Stunden zurückkam, war alles klar: Ich durfte auf keinen Fall nach Rejowiec. Die Partisanen verlangten, daß ich bei ihnen im Wald blieb und an ihren Aktionen teilnahm. Der Befehl erfolgte mit großem Nachdruck, und es gab keine Widerrede dagegen. Von jetzt an war ich ein Freiheitskämpfer, worum mich allerdings niemand gebeten hatte. Es wurde einfach so bestimmt. Ich durfte weder zusagen noch ablehnen.

Der Held des Tages

Die Hausfrau beobachtete mich genau. Ich glaube, sie hatte meine Gedanken erraten und empfand Mitleid. Sie wandte sich an ihren Mann, der selbst ein hohes Tier bei den Partisanen war, und fragte ihn in ziemlich strengem Ton: »Glaubt ihr denn wirklich, ihr könnt euren Widerstand auf so junge Schultern wie die von Wladek laden?« Ihr Mitleid mit mir war unüberhörbar, und ihr Wunsch mir zu helfen war echt. »Schickt ihn doch woandershin, was kann er denn, unerfahren wie er ist, im Wald schon ausrichten?« Aber ihr Mann ließ sich nicht beeinflussen: »Es ist so entschieden, da hilft kein Lamentieren. Er wird dahin gehen, wo man ihn hinschickt.«
Die Frau wurde sehr ungehalten und ließ sich das auch durchaus anmerken. »Wie kannst du nur darauf bestehen, daß ein so unsinniger Befehl ausgeführt wird? Du kannst sie doch leicht davon überzeugen, daß er an anderer Stelle von größerem Nutzen sein könnte.«
Ihre Stimme war laut und schrill geworden, aber in meinen Ohren klang sie weich und lieblich wie die eines Schutzengels. »Schick ihn nicht in den Wald, er ist doch noch viel zu jung und zu zart für das harte Leben dort. Natürlich weiß ich auch, daß die Deutschen, die

ihn geschnappt haben, noch in Rejowiec sind und daß er dort nicht hinkann. Das könnte sein Tod sein. Aber du kannst ihm helfen. Du hast doch Verbindungen und könntest ihm leicht einen sicheren Platz besorgen.«

Wie in so vielen ehelichen Auseinandersetzungen behielt auch hier die Frau die Oberhand. Selbst der hartgesottenste Partisan ist auf Dauer den Argumenten seiner Frau nicht gewachsen. »Also gut«, sagte er zögernd, und mit der Langmut eines treusorgenden Vaters wandte er sich an mich: »Mach dich fertig! Ich schicke dich woandershin.«

Er nannte mir den Namen eines Dorfes, das einige Kilometer entfernt lag. »Wenn du an das erste Haus zur linken Hand kommst, klopf an die Tür und sag den Leuten, daß du von mir kommst. Sie werden dir dann schon sagen, was du machen sollst.«

Seine gutherzige Frau gab mir etwas zu essen mit, und ich dankte ihr überschwenglich für alles, was sie für mich getan hatte, und machte mich auf den Weg zu meinem neuen Refugium. Hier kam Lipman Sznajder, Mitglied einer Bande von tapferen Partisanen im Freiheitskampf gegen die Deutschen, aber auch gegen die Russen und im besonderen gegen die Juden. Hätten sie gewußt, daß ich selbst ein Jude bin, wäre ich auf der Stelle ein toter Mann gewesen, vielleicht hätten sie mich sogar mit dem Kopf nach unten an den nächsten Baum gehängt, um mich dort verrotten zu lassen. Aber diese Gefahr bestand nicht: Ich war ja Wladek Szymczyk aus Warschau für sie. Und ich mußte höllisch auf der Hut sein, damit sie nichts anderes vermuteten.

Das Haus fand ich auf Anhieb. Ich nahm meine Mütze ab, wie jeder Pole das zum Zeichen der Ehrerbietung tut, und klopfte an. »Die Partisanen schicken mich her«, sagte ich der jungen Frau, die mir die Tür aufmachte.

Sie hatte schon von mir gehört und war informiert, was weiter mit mir geschehen sollte. »Geh in das sechste Haus auf der rechten Seite, dort wirst du mit offenen Armen empfangen werden«, erklärte sie mir weiter und drückte mir etwas zu essen in die Hand, das sie offenbar schon für mich hergerichtet hatte.

Wieder bedankte ich mich artig und zog auf der anderen Straßenseite weiter. Ich zählte: eins, zwei, drei, vier, fünf und das nächste mußte es sein. Da die Häuser alle gleich aussahen, gab es keine andere Möglichkeit, sie zu identifizieren, als ihre Reihenfolge abzuzählen. Ich nahm meine Mütze wieder in die Hand und klopfte. Sogleich öffnete mir ein junger Partisan, der mich ebenfalls freundlich willkommen hieß. Auch er war bereits darüber informiert, daß ich an seine Tür klopfen würde. Er hörte staunend und voller Bewunderung zu, als ich ihm die Einzelheiten rund um den Munitionsdiebstahl erzählte. Ich merkte ihm an, daß er richtig stolz war, einen so tapferen jungen Partisanen bei sich beherbergen zu dürfen. Nachdem wir noch eine Weile zusammengesessen hatten, reichte er mir einen Sack, gefüllt mit Stroh, der mein Nachtlager sein sollte. Das war aber keineswegs als Benachteiligung gedacht, denn hier schliefen alle auf Strohsäcken.

Dieser Partisan hatte zwei Söhne, achtzehn und dreizehn Jahre alt, und am nächsten Morgen, gleich nach dem Frühstück, bot ich mich an: »Ich möchte mit aufs Feld gehen, allein im Haus zu bleiben, während ihr alle draußen arbeitet, ist sterbenslangweilig.«

»Heute ist aber Sonntag«, sagte mein Gastgeber. »Also ruh dich noch ein bißchen aus. Morgen kannst du gerne mitgehen, wir können eine Hilfe gut gebrauchen.« Zum Zeichen seiner Sympathie drehte er mir eine Zigarette und reichte sie mir wie eine Kostbarkeit.

Am nächsten Morgen saß ich mit der ganzen Familie am Frühstückstisch und betete anschließend das Dankgebet mit ihnen. Das hatte ich Gott sei Dank perfekt bei meiner katholischen Wirtin gelernt. Danach machte ich einen Spaziergang durch das kleine Dorf, in dem es allerdings außer ein paar armseligen Hütten nicht viel zu sehen gab. Aber die Einwohner zeigten aufgeregt mit den Fingern auf mich, liefen mir nach und wollten mich genau betrachten – Kinder wie Erwachsene. Ich hatte nicht gewußt, daß ich inzwischen hier ein Held und eine Berühmtheit geworden war.

Nach diesem kurzen Morgenspaziergang ging ich zu meinem Gastgeber aufs Feld. Die Arbeit war nicht schwer und machte mir Spaß. Ich fühlte mich so unsagbar frei; frei und in Sicherheit. Hier bei diesen einfachen Menschen würde keiner auf die Idee kommen, mit Gewalt nachzuschauen, ob ich ein Jude war oder nicht. Hier wurde

ich von allen bewundert, und es amüsierte mich köstlich, wenn ich beobachtete, wie die Kinder ganz aufgeregt wurden, wenn sie meiner ansichtig wurden, und die nicht so schüchternen sogar an mich rankamen, um mich zu berühren wie ein exotisches Tier.
Ja, ich fühlte mich hier sicher, aber auch irgendwie eingesperrt. Die Tage vergingen schnell, und ich hatte mich bald mit den Söhnen des Bauern angefreundet, auch mit den anderen Bewohnern des Dorfes hatte ich einen wunderbaren menschlichen Kontakt. Aber das Gefühl der Fremdheit wollte nicht von mir weichen. Ich hatte immerzu Sehnsucht nach Rejowiec. Ich arbeitete wie verrückt auf den Feldern und kann mit gutem Gewissen behaupten, daß ich eine Hilfe war, die der Familie ihre gesamte Energie zur Verfügung stellte – bis zum Juni 1944, als die Nachricht meiner »Befreiung« ins Dorf gebracht wurde. Die deutsche Panzerdivision war von Rejowiec weitergezogen, und ich konnte mich wieder sehen lassen. Allerdings versäumte man nicht, mich zu warnen, daß ich mich auf keinen Fall auffällig benehmen dürfe.
Ich kann mein Glücksgefühl nicht beschreiben. Ich ließ meinen Gastgeber die gute Nachricht wissen, und schon war ich auf dem Weg nach Rejowiec. Heim, nach Hause, welch süßes Wort! Frau Klemkowa konnte sich kaum fassen vor Freude, als ich vor ihrer Tür stand. Ich weinte Tränen vor Freude über unser Wiedersehen. Josef, mein guter Freund, kam angerannt und schloß mich in seine Arme wie den verlorenen Sohn. Die ganze Stadt schien zu wissen, daß ich bei den Partisanen war, und man behandelte mich mit größtem Wohlwollen und Respekt. Niemand äußerte auch nur den geringsten Verdacht, daß ich ein Jude sein könnte – ich war ja ein Partisan, und ein Partisan zu sein bedeutete in erster Linie, einer der Ihren zu sein.
Meine Freunde konnten sich nicht satt hören an meinen Erlebnissen, und ich ließ kein Detail aus, im Gegenteil, ich konnte der Versuchung nicht widerstehen, hier und da meine Geschichte noch ein wenig auszuschmücken, vermied aber sorgfältig, Namen oder genaue Ortsangaben zu nennen, um nicht durch Unbedachtsamkeit jemanden in Gefahr zu bringen.
Ich war zum Mittelpunkt des Interesses in Rejowiec geworden.

Wenn ich das Lokal betrat – das Hauptquartier der örtlichen Partisanengruppe –, wurde ich mit lautem Hallo begrüßt und von den Partisanen freigehalten.
Als ich Taddeusz zum erstenmal wiedersah, fielen wir uns wie zwei Brüder in die Arme. Wir waren beide am Leben, obwohl wir schon zum Tod verurteilt gewesen waren. Ich wußte, daß ich ihm viel zu verdanken hatte; wäre sein Vater nicht gewesen, die Partisanen hätten uns eiskalt umgelegt, um zu verhindern, daß die Deutschen irgendwelche Namen oder Pläne aus uns herauskriegen könnten.
Dessenungeachtet freuten die Partisanen von Rejowiec sich ehrlich, mich wiederzusehen, warnten mich aber, mich nicht zu offen zu bewegen und soviel wie möglich im Haus zu bleiben. Sie fürchteten, falls ich durch Zufall doch noch geschnappt würde, könnte das für sie alle verhängnisvoll werden. Daher war es wichtig für sie, mich möglichst im Verborgenen zu halten.
Achtzehn Tage lang – ich habe sie gezählt, und es war nicht eine Stunde weniger – hatte ich absolut nichts zu tun; meine Frustration wuchs von Tag zu Tag; ich fühlte mich so nutzlos wie ein Löwe im Käfig. Ein paarmal ging ich in der Dunkelheit zu Josef, ein paarmal ins Restaurant, aber das war kein Leben für mich! Schließlich verlor ich die Nerven, ging zu den Partisanen und machte ihnen klar, daß ich diese Art von Leben nicht mehr aushielte. »Habt ihr denn gar keinen Auftrag für mich? Die Langeweile macht mich verrückt. Ich muß etwas zu tun haben.«
»Wir können deinen Gemütszustand verstehen«, sagte Roman. »Die Deutschen sind ja jetzt fort, und du bedeutest kaum mehr eine Gefahr. Also, schnapp dir ein Fahrrad, radle runter zum Bahnhof und berichte uns, was sich da abspielt. Übrigens kannst du ab jetzt kommen und gehen, wie du willst.«
Ab diesem Tag hatte ich ständig eine Aufgabe. Ich wurde je nach Bedarf als Bote oder als Spion eingesetzt. Ich hielt meine Augen offen und berichtete alles, was mir irgendwie auffiel. Mein Hauptaktionsgebiet war die Gegend um den Bahnhof, wo ich alle Züge genau registrierte und jede Änderung sofort meldete. Man gab mir relativ ungefährliche Aufträge, und eine Waffe durfte ich auch nicht tragen. Zunächst war ich darüber sehr gekränkt, ich dachte, sie

hätten kein Vertrauen mehr zu mir und hätten mich fallengelassen, aber bald merkte ich, daß ich da ganz falsch dachte. Sie wollten mich nur keiner unnötigen Gefahr aussetzen; mein guter Ruf in Rejowiec war unantastbar.

Verbrannte Erde

Ein paar Tage lang war es ruhig, und man hörte nichts Neues von der Front. Aber dann begannen die Gerüchte sich zu überschlagen. Die Deutschen waren auf dem Rückzug und verbrannten und zerstörten alles, was sie aufgeben mußten. Die vorrückenden Russen sollten keinen Stein auf dem anderen mehr vorfinden. Sie nahmen auch Zivilisten als Geiseln mit. Sie zogen einfach ab, und alles, was auf ihrem Weg lag, wurde erbarmungslos zerstört.
Jeder begann sich zu fragen, was mit Rejowiec passieren würde, aber ich wollte die Stadt trotz der Greuelgerüchte nicht verlassen. Ich hätte auch gar keinen anderen Ort gewußt, wo ich hätte Zuflucht finden können. Die größte Angst bereitete mir der Gedanke, daß die Deutschen mich nach Deutschland verschleppten, wo ich wieder damit rechnen mußte, als Jude entlarvt zu werden, und ich konnte im Geiste schon wieder den Befehl hören, den ich fürchtete wie sonst nichts auf der Welt: »Die Hosen runter! Sofort!«
Die Explosionen kamen näher und näher, und man konnte das Pulver in der Luft buchstäblich schon riechen. Die Front war jetzt so nahe herangerückt, daß ich mich schnellstens entscheiden mußte, wie ich mich retten wollte. Ich überlegte hin und her und kam dann zu folgender Entscheidung: Ich würde in Frau Klemkowas Keller eine tiefe Grube graben, dort würde ich meine Schätze aus dem Einbruch bei den Ukrainern verstecken, und im letzten Moment würde ich mich selbst dazu hineinbegeben. Das erschien mir die beste Idee, und ich begann zu graben. Es war eine Knochenarbeit, und ich schwitzte, daß mir das Wasser in Bächen am Körper herunterlief. Auch hatte ich nur die primitivsten Werkzeuge, und der Boden in Frau Klemkowas Keller war sehr hart.

Als sie einmal herunterkam, um nachzusehen, wieso es dauernd klopfte, schlug sie die Hände über dem Kopf zusammen und fragte: »Ja, um Himmels willen, was machst du denn da?«
Schwitzend und atemlos erklärte ich ihr, wozu die Grube dienen sollte, aber Frau Klemkowa lachte mich schallend aus: »Ja, weißt du denn nicht, daß dein Bunker dir gar nichts nützt, denn wenn das Haus brennt, wirst du jämmerlich ersticken. Was für eine hirnverbrannte Idee!«

Ein Grab für abgetrennte Glieder

Es ärgerte mich, daß ich das mit dem Bunker nicht bedacht hatte. Ich war zwar Frau Klemkowa sehr dankbar, daß sie mich darauf hingewiesen hatte, aber jetzt mußte ich meine Pläne wieder vollkommen umstellen. Also fiel mir mein ursprünglicher Plan ein, nämlich in dem Brunnen am Marktplatz Zuflucht zu suchen. Ich besorgte mir die stärksten Stricke, die ich bekommen konnte, richtete genügend Lebensmittel für ungefähr dreißig Tage her und überlegte, wie ich das in dem Brunnen verstauen konnte, ohne daß die Lebensmittel verdarben.
Geld hatte ich auch noch genügend; über tausend Zloty aus meinem Einbruch bei den Ukrainern, und von den Partisanen hatte ich auch noch Geld. Da ich mir aber denken konnte, daß Zloty eine wertlose Währung sein würden, wenn die Russen kommen, gab ich noch soviel wie möglich für Lebensmittel aus, die ich für schlechtere Zeiten horten konnte, und auch Frau Klemkowa gab ich eine größere Summe, damit sie sich noch besorgen konnte, was sie am nötigsten brauchte.
Täglich wurden jetzt Hunderte von deutschen Verwundeten in die Stadt gebracht, wo man in der Schule ein provisorisches Lazarett eingerichtet hatte. Ich sah, wie sie in teilweise schrecklichem Zustand hereingebracht wurden, mit zerfetzten Gliedern und am ganzen Körper blutend. Und ich sah es mit Genugtuung. Zwar behielt ich meine Gedanken für mich, aber mich durchströmten

süße Rachegefühle, Rache für das Leiden meiner Familie, Rache für all die vielen anderen armen Juden.
Ich hatte einen Saal entdeckt, wohin man die schwersten Fälle gebracht hatte, und in der Nähe dieses Saales hielt ich mich stundenlang auf; hörte ihrem Stöhnen und Schreien zu. Ohne einen Funken Mitleid blickte ich auf diese Bilder des Grauens und der Pein, die jedem normalen Menschen die Tränen in die Augen getrieben hätten. Aber nach dem, was die Deutschen meinem ganzen Volk angetan hatten, konnte ich kein Mitleid für sie empfinden. Ja, ich mußte sogar meine Schadenfreude verbergen, da der Ausdruck solcher Gefühle meine Rasse hätten verraten können. Aber ich hatte noch einen zweiten Grund für meine Gefühllosigkeit diesem Leid gegenüber. So viele schreckliche Verluste konnten doch nur bedeuten, daß die siegesgewohnten Deutschen bald am Ende waren, und ich begann schon Überlegungen anzustellen, wie mein Leben nach dem Krieg aussehen könnte.
Ich stand da, in meinen Gedanken versunken, als mich ein deutscher Hauptmann ansprach. Er hatte eine Pistole in der Hand, die direkt auf mich gerichtet war. »He, du da, Junge, komm mal mit mir!«
Der Schreck dieser unvermuteten Anrede riß mich in die Realität zurück. Streckte der Tod jetzt doch wieder seine Fühler nach mir aus? Wußte der Hauptmann, daß ich ein Partisan und kurz vor meiner Exekution aus dem Gefängnis entkommen war? Für einen Moment überlegte ich, ob ich ihm die Pistole aus der Hand schlagen, ihn anspringen und um mein Leben kämpfen sollte. Zum Glück gab ich diesem Impuls nicht nach.
Der Hauptmann führte mich durch das Behelfslazarett, und ich verfluchte meinen Leichtsinn. Warum hatte ich nicht auf die Partisanen gehört, die mir geraten hatten, mich möglichst unauffällig zu verhalten? Aber der Teufel hatte mich immer wieder hierhergeführt, weil ich die Pein und die Schmerzen seiner Brüder erleben wollte. Warum mußt du nur immer wieder alles aufs Spiel setzen? schimpfte ich mich selbst aus. Es gab doch überhaupt keinen geeigneteren Platz, mich abzuknallen, als hier in dieser Schreckenskammer, wo eine Leiche mehr oder weniger bestimmt nicht auffallen würde.

Erst als wir draußen auf dem Hof waren, erkannte ich, daß meine Ängste vollkommen unbegründet gewesen waren. Der Hauptmann wollte mir nur eine Arbeit zuweisen. Eine Arbeit? Aber mit Vergnügen! Nur, wozu dann die Pistole, Herr Hauptmann?
Er drückte mir einen Spaten in die Hand und deutete auf ein Wiesenstück von ungefähr zwei Metern im Quadrat und befahl mir zu graben. »Aber mindestens einen Meter tief«, sagte er, und bald erfuhr ich auch, wozu diese Grube dienen sollte. Und auch diese Verwendung erfüllte mich mit Genugtuung, und ich grub wie besessen.
Die Grube, die ich aushub, war als Grab für amputierte Glieder gedacht – Hände, Füße, Arme, Unterschenkel, Oberschenkel – ein grauenhaftes Bild – ein Alptraum. Obwohl ich die Erlaubnis hatte zu gehen, sobald meine Arbeit beendet war, kam ich freiwillig am nächsten Tag zurück, um noch eine Grube auszuheben – ich hatte nie gewußt, daß Gruben ausheben soviel Freude machen kann –, und als ich meine Arbeit getan hatte, waren sie so zufrieden, daß sie mir Zigaretten und Lebensmittel in die Hand drückten.
Ich freundete mich mit dem deutschen Hauptmann und seinen Untergebenen an, denn sie waren gute Geschäftsverbindungen. Die Patienten hatten Schokolade, Ölsardinen und Zigaretten. Dafür wollten sie Eier, immer nur Eier. Ich besorgte ihnen so viele Eier, wie sie haben wollten, und verkaufte ihre Schokolade und Ölsardinen zu einem guten Preis. Auf die Art hatte ich mein zweifaches Vergnügen: Zum einen verdiente ich einen schönen Batzen Geld, zum anderen konnte ich die Peiniger meiner Familie und meiner ganzen Rasse sehen, die vor Schmerzen stöhnten, jammerten und schrien. Dies erschien mir als Gerechtigkeit Gottes und als Strafe für all das Leid, das sie über die Juden gebracht hatten.
Meine Arbeit für die Deutschen gab ich nicht auf und führte die mir übertragenen Arbeiten gewissenhaft und sorgfältig aus. Ich war überpünktlich, das heißt, ich erschien vor der festgesetzten Arbeitszeit und scheute vor keiner Aufgabe zurück. Der deutsche Hauptmann, auf dessen Befehl ich die Grube ausgehoben hatte, war mir überaus freundlich gesinnt, lobte meine Arbeit und zeigte mir überhaupt ganz unverhohlen seine Sympathie. Wenn wir uns am

Abend verabschiedeten, versäumte er nie, mir zuzurufen: »Komm aber bitte morgen wieder!«
Ich kam auch wieder, aber eines Morgens, als ich meine Arbeit antreten wollte, war das Lazarett leer – über Nacht evakuiert –, niemand war zu sehen, nur leere, lange Korridore, und zwei gelangweilte deutsche Wachen vor der Eingangstür. Alle anderen waren wie vom Erdboden verschwunden. Ich mußte mir die Augen reiben, denn für einen Moment durchzuckte mich der Gedanke, daß ich die ganze Lazarett-Episode nur geträumt hätte. Ich fragte eine der Wachen, was passiert sei, und er antwortete nur lakonisch: »Sie sind weg! Sie sind nicht mehr da!« Es war offensichtlich, daß er nicht einmal wußte, wohin. Es schien ihn auch gar nicht zu interessieren. Mich reizten die Kellerräume, weil ich dort nachsehen wollte, ob sie etwas Brauchbares zurückgelassen hatten, wobei ich mich ganz besonders für Waffen und Munition interessierte. Da der Eingang aber von den beiden Soldaten bewacht wurde, schlich ich mich unbemerkt durch eine schmale Eisentür, die von einer Seitenmauer des Gebäudes in den Keller führte.
Ich traute meinen Augen nicht, als ich die Schätze erblickte, die sie zurückgelassen hatten. Zwar gab es keine Waffen und auch keine Munition, aber der Keller war ein Depot von Uniformen, Stiefeln und persönlichen Ausrüstungsgütern der deutschen Wehrmacht. Ich fand sogar ein Paar Stiefel in meiner Größe. Der eine Schuh hatte zwar ein Einschußloch, aber das störte mich nicht. Ich setzte mich auf den Boden und zog sie gleich an, und fühlte mich wohl darin, wenn ich auch daran denken mußte, daß ich vielleicht den Fuß, der vor mir darin gesteckt hatte, in die Grube geschaufelt hatte. Ich wagte nicht, noch irgend etwas anderes mitzunehmen, denn auf Handel mit gestohlenem Wehrmachtsgut standen hohe Strafen, und so ließ ich alles andere unberührt.
Als ich aus dem Notlazarett gerade wieder aus der kleinen Seitentür hinaustrat, hörte ich das Heranrasseln eines Panzers. Ich warf mich sofort flach auf die Erde, das Gesicht gegen den Boden gedrückt, denn ich wollte nicht riskieren, wegen des Tragens deutscher Wehrmachtsstiefel erschossen zu werden. Aber der eine Panzer war der erste eines ganzen Konvois von ungefähr zwanzig, die aus der Stadt

rasselten. Als der letzte an mir vorbei war, raffte ich mich vom Boden hoch, lief heim zu Frau Klemkowa und sagte ihr: »Die Deutschen ziehen aus Rejowiec ab. Jetzt dauert es bestimmt nicht mehr lange, bis die Russen kommen.«
Ich ahnte gar nicht, wie recht ich mit meiner Vermutung hatte. Am nächsten Morgen stellte sich heraus, daß die SS im Schutze der Nacht die Spirituosenfabrik verlassen hatte. Oh, diese Ungeheuer, an deren Händen das Blut meiner ganzen Familie klebte, wie ängstliche Hasen waren sie vor den herannahenden Russen geflohen. Im Ort hatte nahezu jeder einen persönlichen Grund, mit den Nazis abzurechnen.
Für mich kam diese Gelegenheit eines Sonntagmorgens, als ein junger Nachbar mit einem alten Gewehr in der Hand zu mir kam und mir vorschlug: »Wladek, komm mit, wir wollen ein paar Deutsche abknallen.« Die Idee begeisterte mich, und ich war sofort bereit mitzugehen. Es gab nur noch eine Handvoll Angehörige der Wehrmacht in Rejowiec, und wenn sie durch die Stadt mußten, war nie einer allein. Sie gingen mindestens zu zweit, meist aber zu dritt oder zu viert. Ich war sicher, daß es uns gelingen würde, ein Paar auseinanderzulocken und sie dann leichter zu töten.
Als Frau Klemkowa von unserem Vorhaben hörte, wurde sie so zornig, wie ich sie noch nie erlebt hatte. Sie sah meinen Nachbarn an, richtete ihre Worte aber ausschließlich an mich: »Du wirst nirgendwohin gehen. Du wirst schön hier im Haus bleiben!«
Ich versuchte mich gegen ihre Bevormundung zu wehren: »Aber es ist doch ein Befehl. Er ist ein Partisan, und ich habe ihm zu gehorchen. Ich darf keinen Befehl verweigern.«
Aber Frau Klemkowa warf mir einen Blick zu, der ein Loch hätte in meine Hose brennen können, und sagte in einem Ton, dem selbst Adolf Hitler wahrscheinlich keinen Widerspruch mehr entgegenzusetzen gewagt hätte: »Du gehst nicht mit, du bleibst im Haus, basta! Wir wollen doch mal sehen, wer hier das Sagen hat!«
Der Nachbar wollte seine Autorität retten: »Ich bin ein Partisan und zweiundzwanzig Jahre alt, und ich befehle Wladek mitzukommen.«
Aber sie wischte seine Einwände mit einer Handbewegung fort. »Du hast in meinem Haus gar nichts zu befehlen; hier gelten meine

Befehle. Und Wladek geht nicht mit!« Damit ergriff sie den Nachbarn bei den Schultern, drängte ihn zur Tür hinaus und schlug sie ihm vor der Nase zu. Dafür muß ich meiner energischen Frau Klemkowa noch heute dankbar sein.

Der junge Partisan versteckte sich hinter einem der Nachbarhäuser und wartete auf seine Opfer. Er mußte lange ausharren, bis sich endlich ein müde aussehender Soldat dem Haus näherte. Ihn zu erledigen muß dem Partisan wohl wie ein Kinderspiel vorgekommen sein, denn er ging mit dem Gewehr im Anschlag auf ihn zu und rief: »Hände hoch!« Als der deutsche Soldat die auf ihn gerichtete Waffe sah, war von seiner Müdigkeit nichts mehr zu merken. Er riß seine Pistole heraus und hatte im Bruchteil einer Sekunde abgedrückt. Er traf ihn mitten in die Stirn.

Hätte Frau Klemkowa es nicht verhindert, so hätte das auch mein Ende sein können.

Ich ging in das Trauerhaus und machte meinen Kondolenzbesuch. Der Leichnam war in der Mitte des Raumes aufgebahrt, brennende Kerzen ringsherum aufgestellt, und die weinenden und klagenden Verwandten standen rings um die Totenbahre. Die Eltern waren untröstlich. Er war ihr einziger Sohn gewesen.

Welch ein Glück, daß ich auf sie gehört habe, dachte ich, als Frau Klemkowa mir vorhielt, wie dumm der junge Partisan sich benommen hatte. Wäre ich mit ihm gegangen, wäre ich jetzt bestimmt auch tot. Dann hätten die Polen entdeckt, daß ich ein Jude war, und niemand hätte sich auch nur die Mühe gemacht, meinen Leichnam zu beerdigen.

In der Nähe unseres Hauses gab es einen Fischweiher. Eines Tages beobachtete ich, wie einige Polen dabei waren, ihn trockenzulegen, um die Fische zu fangen. Ich gesellte mich zu ihnen und sah die zappelnden Fische am Boden liegen und nach Luft ringen. Ich schnappte mir einen von den größten, um ihn nach Hause zu bringen. Er war so schwer und glitschig, daß ich ihn nur am Schwanz halten konnte, und so schleppte ich ihn den ganzen Weg. Kurz vor meinem Ziel sah ich ganz in der Nähe einen uniformierten Reiter ankommen, mit einem Gewehr über der Schulter. Das war kein Deutscher, es war auch kein Pole. Er hielt sein Pferd an, schaute

sich nach allen Richtungen um und ritt dann wieder zurück, von wo er hergekommen war.
Die Polen am Fischweiher hatten sofort erkannt, wer der fremde Reiter war: »Ein russischer Soldat«, riefen sie aufgeregt. »Er gehört zu einer russischen Vorhut. Das kann nichts anderes bedeuten, als daß sie vor Rejowiec stehen.«
Ich übergab Frau Klemkowa meinen Fisch. »Ich habe gerade einen russischen Soldaten gesehen«, berichtete ich ihr, ganz außer Atem. »Er kam von Chelm her, ist aber gleich wieder umgekehrt. Aber ich bin sicher, er wird bald wieder zurückkommen.«
Ich bat sie, aus dem Fisch ein besonders feines Mahl zuzubereiten, mit dem wir den ersten Russen begrüßen würden, der an unserem Haus vorbeikäme, als Zeichen des Willkommens. Wir hielten eine Flasche Wodka bereit, um mit ihm auf den historischen Augenblick anzustoßen.

Die Russen kommen nach Rejowiec

Solange ich lebe, werde ich den Moment nie vergessen, als ich die Russen in Rejowiec einmarschieren sah. Es war Sonntag, der 22. Juli 1944. Sie kamen in Panzern mit aufgerichteten Geschützrohren. Sie kamen als unsere Befreier. Frau Klemkowa briet den Fisch, und der köstliche Duft durchzog das ganze Haus und heizte unseren Appetit mächtig an. Das Festmahl war bereitet – für uns und für die Russen.
Die russischen Soldaten machten einen unglaublich erschöpften Eindruck, ihre Uniformen waren schäbig und bar jeder militärischen Schneidigkeit. Ihre Schuhe waren abgetragen und hatten sicher schon bessere Tage gesehen. Ihre Gewehre hatten sie mit Stricken um die Schulter gebunden. Aber ungeachtet ihrer äußeren Erscheinung, erschienen sie uns wie himmlische Wesen. Vor allem wie tapfere Helden, denen Verehrung und Dankbarkeit für ihren heldenhaften Kampf gegen die verhaßte Nazigewalt gebührte. Ihr Kampfgeist und ihr Patriotismus hatten den Sieg über ihre schlechte

Ausrüstung davongetragen und sie befähigt, trotz aller materiellen Nachteile den Feind in die Flucht zu schlagen.
Ich lief dem ersten russischen Soldaten, den ich zu Gesicht bekam, entgegen, reichte ihm die Hand und bat ihn, zitternd vor Aufregung, in Frau Klemkowas Haus zu kommen. Ich stammelte in den paar russischen Worten, die mir geläufig waren: »Bitte, kommen Sie mit, wir haben ein Festessen vorbereitet.« Er hatte mich verstanden und folgte mir ins Haus. Unser siegreicher Befreier war müde und etwas ungeduldig. Er trank ein Glas Wodka, atmete tief durch und trank noch ein Glas Wodka. Als der Fisch auf den Tisch gestellt wurde, nahm er seinen Tornister ab, steckte eine Portion Fisch hinein und wandte sich wieder der Wodkaflasche zu, aus der er sich noch mal einen kräftigen Schluck genehmigte.
Wir waren begierig darauf, mit ihm unser Festessen zu teilen, gemeinsam den Einmarsch der Russen in Rejowiec zu feiern, aber unser ungeduldiger Befreier stand schon wieder in der Tür. Ihn interessierte nur eine Frage: »Wie weit ist es noch bis nach Berlin?«
»Oh, Berlin? Berlin ist weit, weit weg«, antwortete ich. Das war der echte Russe – wie er im Buch steht –, fußkrank, todmüde, aber kein anderes Ziel im Kopf als weiter, weiter, um Berlin einzunehmen!
Nun waren die Russen also endlich gekommen. Aber der Krieg war noch nicht vorüber. Die Deutschen sammelten ihre Streitkräfte in der Nähe von Rejowiec, und als die Russen einmarschierten, versuchten sie verzweifelt, diese mit Granaten und Artillerie aufzuhalten. Gott sei Dank hielten sie ihre Taktik nicht lange durch. Die russische Verstärkung rückte mit Macht nach, und der deutsche Widerstand wurde schwächer und erlahmte bald vollends.
Dann begannen die Feiern, denn die Deutschen hatten jetzt endgültig ihre Macht in Rejowiec verloren. Sie waren in die Flucht geschlagen worden, und der Alptraum war aus und vorbei. In der Stadt herrschte eine ausgelassene Stimmung, die ungetrübte Freude über die Befreiung vom Joch der Unterdrückung.
Ich teilte die Ausgelassenheit, aber viele Wermutstropfen fielen in meinen Freudenkelch. Ich konnte die grauenhaften Bilder aus dem Ghetto nicht wegwischen. Ich konnte die wehrlosen Juden nicht vergessen, wie sie für diesen Moment der Befreiung zu Gott flehten,

der dem Wahnsinn der deutschen Menschenvernichtung ein Ende bereiten sollte.
Aber sie erlebten die Erhörung ihrer Gebete nicht mehr; nur ich, Lipman Sznajder, umbenannt in Wladislaw Szymczyk, hatte überlebt, und mir war nun erlaubt, zuzuschauen, wie die Russen im Eiltempo vormarschierten und den deutschen Mördern einen schmachvollen Rückzug aufzwangen. Mit meinen Augen erblickte ich unsere russischen Rettungsengel, aber in meiner Phantasie sah ich die unglücklichen Gesichter der vielen Juden, denen es nicht mehr vergönnt war, diesen triumphalen Augenblick mitzuerleben. Für mich aber würde zum ersten Male seit Jahren ein Leben ohne Furcht beginnen, friedlich und ruhig, in einer Welt, in der die Greuel der Hölle hinweggefegt worden waren, und ein unglaublicher Stolz auf mich selbst erfüllte mich, Stolz, daß ich das Inferno mit seinen tausendfachen Widerwärtigkeiten überlebt hatte.
Ich beschloß, Chelm, die Stadt meiner Jugend, aufzusuchen, mein Geburtshaus wiederzusehen und meine ganz persönliche Heimkehr zu feiern; durch die Straßen meiner verlorenen Kindheit zu laufen. Ich konnte den Morgen kaum abwarten, um aufzubrechen. Als es endlich hell wurde, erklärte ich Frau Klemkowa, daß ich nach Chelm gehen würde.
»Chelm?« fragte sie ganz erstaunt. »Was willst du denn in Chelm?«
Ich murmelte ein paar unverständliche Worte, mit denen sie nichts anfangen konnte. Sie konnte ja nicht ahnen, daß ich in die Stadt meiner Kindheit zurückkehren wollte. Ich blickte in ihre gütigen Augen, und ein flüchtiger Gedanke ging mir durch den Kopf: Wie würde diese gutherzige Frau reagieren, wenn ich ihr jetzt entdeckte, daß ich, Wladek Szymczyk aus Warschau, jetzt, wo die Deutschen vertrieben waren, niemand anderer war als Lipman Sznajder, ein Jude aus Chelm? Ich stellte mir vor, daß sie den Schock ihres Lebens erleiden, wahrscheinlich in Ohnmacht fallen oder vom Schlag getroffen werden würde. Ich schaute sie zärtlich an und wurde mir bewußt, wieviel sie mir bedeutet hatte. Aber ich hütete meine Zunge. Warum sollte ich ihr einen solchen Schmerz bereiten?
In den Straßen von Rejowiec wimmelte es von Fahrzeugen. Ich gab ein Handzeichen, und sofort hielt ein russischer Wagen vor mir. In

diesen Tagen kamen die Russen den Polen mit Rücksicht und Freundlichkeit entgegen. Der Fahrer fragte mich, wo ich hinwollte. »Nach Chelm«, antwortete ich. »Wenn Sie in die Richtung fahren, nehmen Sie mich bitte mit. Ich möchte so schnell wie möglich hin.« Der Fahrer sah mich erstaunt an. »Was willst du denn da, Söhnchen, warum diese Eile?«

»Ich kann es nicht erwarten, die Stadt meiner Kindheit wiederzusehen, und ich möchte mich mit eigenen Augen überzeugen, wieviel davon noch steht.«

Ich fuhr mit einem russischen Wagen in Chelm ein. Ich war so aufgeregt, daß ich am ganzen Körper zitterte. Ich wollte meine Arme hochreißen und so laut rufen, daß es alle hören könnten: »Ich lebe, ich lebe! Lipman Sznajder lebt und ist nach Chelm zurückgekehrt. Ich bin nicht mehr Wladislaw Szymczyk. Ich bin Lipman Sznajder, der Jude.«

Ja, das wollte ich, aber ich schwieg. Chelm, meine Stadt, die Stadt meiner Träume, die Stadt meiner verlorenen Kindheit, existierte nicht mehr. Zwar waren die meisten Häuser unversehrt, aber für mich waren sie ein großer Friedhof, jedes Haus ein Gedenkstein für eine einst blühende jüdische Gemeinde, die man einfach ausgelöscht hatte. Nur Grabsteine für eine Stadt, deren Herz nie mehr schlagen würde. Ich war ein Fremder in meiner Heimatstadt.

Ich schaute auf die Häuser, die ich von früher kannte, aber es wollte sich keine Erinnerung mehr einstellen. Alles schien unscharf und weit weg. Diese fremde Stadt war leblos wie ein grauer Schatten, wie ein flüchtiger Traum, an den man sich am Morgen kaum noch erinnern kann. Ich war verwaist. Nun war das langersehnte Ende des Krieges gekommen, aber für mich gab es kein Chelm mehr, und mit der Stadt waren auch meine Kindheit, meine Jugend verloren. Ich war zurückgekommen, um wieder Lipman Sznajder, der Jude, zu werden. Aber es gab nichts, wohin ich zurückkommen konnte.

Enttäuscht verwandelte ich mich wieder in Wladek Szymczyk. Viele Polen waren aus Rejowiec nach Chelm gekommen, um hier einzukaufen, und wenn sie mich, Wladek Szymczyk, sahen, schlossen sie mich in die Arme und freuten sich aufrichtig.

In Chelm hatte ich nichts mehr verloren, also kehrte ich mit einer

Gruppe von Bekannten aus Rejowiec schweren Herzens zurück. Bei dem Gedanken an Rejowiec konnte ich ein Bild nicht aus meinem Herzen verdrängen: meine schwerverletzte Schwester Esther, die lebend in die Mordgrube der Nazis geworfen worden war. Ich war allein, ganz allein in einer kalten und fremden Welt, kein Mitglied meiner Familie war da, das mit mir die Freude des Überlebens teilen konnte, und die Freude, die man mit niemanden teilen kann, ist keine Freude. Jetzt stand ich vor der Entscheidung: Sollte ich mein Leben weiter als Pole leben? War das eine Lösung?
An einem der nächsten Tage ließen die Russen sämtliche Einwohner auf dem Marktplatz von Rejowiec aufmarschieren. Die Russen liebten solche Massenversammlungen. Sie berichteten uns von den unbeschreiblichen Schäden, die die Deutschen bei ihrem Rückzug in Polen angerichtet hatten: gesprengte Eisenbahnschienen, zerstörte Strom- und Telefonleitungen, alles zerbombt und zerschossen, was in ihrer Schußlinie gestanden hatte. Sie fragten nach Freiwilligen, die bereit wären, die Schäden zu reparieren, so daß sie ohne Verzögerung ihren Vormarsch fortsetzen und die Nazi-Schergen ein für allemal vernichten konnten.
Wie die meisten jungen Polen meldete auch ich mich freiwillig, aber mein Herz und meine Gedanken waren nicht bei der Sache. Ich dachte an meine Zukunft, die nun – ganz anders, als ich mir das vorgestellt hatte – im dunkeln lag. Sollte ich doch nach Chelm zurückkehren? Es war immerhin der Ort, in dem ich mich am besten auskannte. Aber was sollte ich anfangen in einem Chelm, das mir fremd geworden war? Wäre es nicht besser, in Rejowiec zu bleiben? Hier hatte ich mein eigenes Leben als Pole gefunden, und keiner würde mich hier belästigen. Aber ich sehnte mich danach, wieder ich selbst zu sein: Lipman Sznajder.
Ich arbeitete mit mechanischen Bewegungen an der Wiederherstellung der zerstörten Einrichtungen, aber meine Gedanken waren nicht beteiligt. Sie gingen ihre eigenen Wege: Sollte ich als Jude in einem Chelm leben, das mir nichts mehr bedeutete, oder als Pole in Rejowiec, wo ich gesellschaftlich integriert war?
Nach zwei Tagen des unablässigen Zweifelns machte ich mich abermals auf den Weg nach Chelm. Ziellos wanderte ich durch die

Straßen auf der Suche nach Vertrautem, in der Hoffnung, doch wenigstens auf ein jüdisches Gesicht zu stoßen, das ich von früher kannte. Vergeblich. Es gab einfach keinen mehr. Es blieb mir also nur Rejowiec, der Ort, der jetzt meine Heimat war.
Ein paar Tage nur hielt ich es, unruhig hin und her getrieben, in Rejowiec aus, dann zog es mich zum drittenmal nach Chelm. Ich fuhr abermals, obwohl ich erkannt hatte, daß diese Stadt mir nichts mehr bedeutete. Dennoch hoffte ich auf irgend etwas; es mußte doch noch etwas geben in Chelm, das mir gehörte; ein Gesicht, ein Haus, etwas, das nicht für immer verloren war.
Wieder schlenderte ich stundenlang durch die Straßen auf meiner Suche nach »Ich-weiß-nicht-was«, ohne daß eine Menschenseele Notiz von mir nahm. Und dann, gerade als ich mich tief enttäuscht auf den Rückweg machen wollte, traf ich auf ein bekanntes Gesicht. Es war ein Pole, der mich aus Vaters Geschäft kannte. Als er mich sah, kam er auf mich zu, schnippte mit dem Finger an die Stirn und sagte in spöttischem Ton: »Nanu, Sznajder, du lebst noch?«
Du lebst noch! Das war alles, was ihn interessierte. Wahrscheinlich war er sogar enttäuscht, daß es noch einen Juden in Chelm gab. Wenn ich noch einen Beweis gebraucht hätte, wie sehr die Polen die Juden haßten – hier hatte ich ihn.
Ich kehrte in die Stadt zurück, in der ich als Pole lebte. Hier in Rejowiec war ich akzeptiert, ja sogar respektiert. Die Leute wußten um meine Aktivitäten als Partisan, und das wurde honoriert. Aber ich war ein Jude und wollte das nicht ein Leben lang verbergen müssen. Ich wollte als Jude leben. Und hier in Rejowiec gab es nur als Pole ein Zukunft für mich.
Eine Woche nach ihrem Einmarsch ermöglichten die Russen der Bevölkerung von Rejowiec eine Führung durch das Lager von Majdanek, und dort traf ich meine Entscheidung: Ich würde zur Armee gehen und gegen die Deutschen kämpfen, die alle Mitglieder meiner Familie umgebracht hatten.
Aber es war nicht der Tod meiner Familie allein, der zu diesem Entschluß geführt hat. Es war der Anblick, der sich uns in dem Konzentrationslager bot; Grauenhafteres hat nie ein menschliches Auge erblickt. Die Hölle hatte sich aufgetan. Tausende von Leichen,

abgedeckt mit Zement, Überreste von verbrannten Körpern, Leichen, die nur noch aus Haut und Knochen bestanden. Man führte uns in Kammern, die bis zur Decke mit Schuhen vollgestopft waren, andere, in denen Tausende von Brillen lagen, sie zeigten uns Hallen mit aufgetürmten Bergen von Koffern und persönlichen Gegenständen. Erst jetzt verstand ich die Bedeutung des Wortes Holocaust.

Meine Knie zitterten, und ich kämpfte gegen eine Ohnmacht an. Danach drehte ich durch. Ich verließ den Ort des Grauens, so schnell ich konnte, kehrte nach Rejowiec zurück, schnappte mir eine Flasche Wodka und ließ mich vollaufen, bis ich besinnungslos vom Stuhl fiel. Auf die Art konnte ich wenigstens für eine Weile vergessen, was sich in Majdanek unauslöschlich in meine Seele eingegraben hatte. Aber das offene Maul der Grube hörte nicht auf, mir seine Leichen ins Gesicht zu speien, seine eingesunkenen Augen und seine verhungerten Skelette. Als ich erwachte, mußte ich weitertrinken, bis ich erneut bewußtlos wurde. Sobald ich zu mir kam, überfielen die Gespenster mich aufs neue. Ich konnte mich nicht dagegen wehren. Ich fing an zu toben und zu schreien, und als meine Energie erschöpft war, schüttelte mich hemmungsloses, unkontrollierbares Schluchzen.

Meine Leute sollten gerächt werden! In Polen rekrutierte sich eine Armee, die zusammen mit den Russen gegen die Deutschen kämpfte. Als Pole konnte ich dieser Armee beitreten, und ich konnte sie jagen, wie sie vorher mein Volk gejagt hatten – oder als Jude könnte ich in die russische Armee gehen und als Lipman Sznajder meinen Teil dazu beitragen, den Mord an meiner Familie, an meiner ganzen Rasse zu rächen. Sei es nun als Jude oder als Pole – ich wollte Rache; Rache für meine Schwester Esther, die man lebend in die Grube geworfen hatte, für meinen Vater, der spurlos verschwunden ist, für meine Mutter, die hilflos auf ihrem Bett lag, als die Kugel des Mörders sie traf, für meinen kleinen Bruder Shmuel, für Moshe und Drejza, für all die toten Juden, für alle, die in meinem Herzen ewig weiterleben würden und denen ich diese Rache schuldig war.

Vielleicht hatte ich nur deshalb überlebt. *Vergeltung* war das Wort, das mir Kraft gab, meinen Überlebenskampf wiederaufzunehmen.

Erinnerungen

Ich stamme aus einer weitverzweigten Familie, die seit vielen Generationen in Chelm ansässig war. Mein Urgroßvater Abisz Szticziver erhielt seinen Namen nach seinem Geburtsort, einem Dorf in der Nähe von Chelm, und wurde eine hochgeachtete Persönlichkeit in Chelm. Zu Zeiten, da nur alte Rumpelkarren als Fortbewegungsmittel dienten, besaß er bereits eine vornehme Kutsche, die von zwei Schimmeln gezogen wurde, und wenn er an den Einwohnern von Chelm in seiner Kutsche vorbeifuhr, zogen sie den Hut und grüßten ihn respektvoll.

Urgroßvater Szticziver baute einen herrschaftlichen Wohnblock in Chelm um einen schönen begrünten Innenhof herum, der nach ihm der »Abisz-Sztiziver-Hof« genannt wurde, und seine gesamte Verwandtschaft – Brüder, Onkeln, Cousins und Enkel – wohnte darin. Dieser Wohnblock entwickelte sich im Lauf der Jahre zu einem der begehrtesten Adressen in Chelm, denn dort zu wohnen bedeutete Ansehen und sozialen Status in der Gemeinde.

Wollte ein Mann ein Mädchen aus der Sztiziver-Familie heiraten, so genügte es nicht, die Genehmigung des Vaters einzuholen, sondern die gesamte Sippschaft mußte ihre Einwilligung geben. Ein Familienrat wurde einberufen und der Antragsteller von allen Seiten begutachtet, Vor- und Nachteile seiner Herkunft sorgsam abgewogen, um dann gemeinsam zu entscheiden, ob er würdig war, in die Familie aufgenommen zu werden.

Der Abisz-Sztiziver-Hof stand in der Pocztowastraße Nr. 51 und bestand aus drei selbständigen Gebäudekomplexen, jeder von beachtlicher Größe. Der größte war der rechte, der dahinter wurde von meinem Großvater, dem Sohn von Abisz, mit seiner gesamten Familie bewohnt; links, der dritte Komplex war in mehrere abgeschlossene Wohnungen unterteilt, in denen die anderen Familienmitglieder lebten. Trotz seiner enormen Ausdehnung konnten nicht alle Familienmitglieder im Abisz-Szitziver-Hof unterkommen, und einige mußten ihr eigenes Haus in der Nähe des Hofes bauen. Das Haus meiner Eltern zum Beispiel stand ein paar hundert Meter weiter weg in der Reformackastraße.

Meine Mutter war eine ungewöhnlich schöne Frau, deren Züge Güte und Warmherzigkeit widerspiegelten. Ihre Augen waren sanft und gütig, und sie strahlte Ruhe und Vornehmheit aus. Es gab niemanden, der ihr zuliebe nicht alles getan oder ihr gar Böses gewünscht hätte. Sie war der absolute Mittelpunkt der Familie, und die Familie war der absolute Mittelpunkt ihres Daseins.

Wir waren eine intakte Familie im besten, altmodischen Sinn: glücklich und wohlhabend. Meine Großmutter, die Mutter meiner Mutter, die alle nur Bobba Raza Meyer nannten, lebte mit uns in unserem großen Haus. Sie war eine tiefreligiöse Frau, gläubig und sehr klug. Wie alle orthodoxen Jüdinnen trug auch sie eine Perücke, und alle ihre Kleider waren aus dem gleichen grauen Stoff gemacht. Meine Großmutter war der Inbegriff der Tugend. Sie besaß ihren eigenen Stuhl auf der Frauenseite der Synagoge, der von Generation zu Generation vererbt wurde. Dort war sie oft anzutreffen; die Synagoge war ein wichtiger Teil ihres Lebens, allerdings nicht nur des Betens willen. Es war ein Ort, an dem die Frauen Kochrezepte austauschten und sich untereinander berieten, wie der »Gefilte Fisch« am besten gesüßt wird. Hier wurde über alles gesprochen, und jeder wußte über den anderen Bescheid, und hier, in ihrem Synagogenstuhl, erfuhr meine Großmutter alles, was in Chelm vor sich ging.

Eines Tages hörte ich, wie Großmutter sagte, daß sie ihre »Stadt« meiner Mutter vererben würde, wenn die Zeit dafür gekommen sei. Ich war sehr erstaunt und fragte: »Was, Bobba Raza hat eine eigene Stadt?« Ich wurde ausgelacht, und man klärte mich auf, daß mit dem Wort »Stadt« der eigene Stuhl in der Synagoge gemeint war – ein Stuhl, der unbezahlbar war und der einem nur vererbt werden konnte. Da meine Mutter ihre jüngste und liebste Tochter war, sollte ihr der Stuhl vererbt werden.

Bobba Raza hat achtzehn Kinder geboren, von denen einige während eines Progroms umkamen und einige im Ersten Weltkrieg gefallen sind. Die Überlebenden wohnten in Chelm oder im nahen Lublin. Sie war mit einem Gewürzhändler verheiratet gewesen, der oft bis nach Danzig fuhr, um Waren einzukaufen.

Nachdem meine Eltern geheiratet hatten, übernahm mein Vater die

Leitung von Bobba Razas Groß-und Einzelhandel in der Kopernikastraße Nr. 2, der ihm und seiner Familie ein finanziell sorgenfreies Leben ermöglichte.
Meine Mutter hat fünf Kindern das Leben geschenkt, und zwar: Esther (1922), Moshe (1924), Drejza (1925), Lipman (1927) und Shmuel (1928). Shmuel und ich wurden immer gleich angezogen, und viele Leute hielten uns für Zwillinge.
Als ich das Alter zum Eintritt in die »Cheder« erreicht hatte, regte sich zum erstenmal in meinem Leben mein Widerspruchsgeist gegen Disziplinierungszwang. Bobba Raza brachte uns – Shmuel und mich – zur »Cheder«, und am Abend holte sie uns wieder ab. Mir lag überhaupt nichts am Lernen, und oft genug trieb ich mich tagsüber woanders herum. Ich verließ mich dabei ganz auf Shmuel, der an mich weitergab, was er gelernt hatte. Im Gegensatz zu mir war Shmuel ein glänzender Schüler.
Unsere Eltern waren stolz auf alle ihre Kinder. Moshe war ein Yeshiva-Schüler, ebenso Shmuel, als er älter war. Esther und Drejza gingen in die »Tarbut«, die hebräische Schule. Als meine Eltern merkten, daß ich mich nicht für die »Cheder« eignete, schrieben sie mich in einer polnischen Schule ein, zu der auch jüdische Kinder zugelassen waren.
Am ersten Tag brachte Esther mich hin. Ich wollte unbedingt in der letzten Bank sitzen – möglichst weit weg vom Lehrer. Nachdem ich mich einigermaßen an die Schulordnung gewöhnt hatte, wurde ich ein ganz passabler Schüler, der allerdings weit davon entfernt war, ein Musterschüler zu sein.
In dieser Schule kam ich das erstemal mit Antisemitismus in Berührung. Meine Mitschüler waren polnische Kinder, die mich verhöhnten und beschimpften. »Judenschwein« war ein Wort, das mir bald geläufig war. Auch »ansteckende Lepra« und »Haut doch ab nach Palästina« waren einige der Bemerkungen, die ich von meinen polnischen Freunden oft zu hören bekam. Und da man mir nie beigebracht hatte, »auch die linke hinzuhalten«, kam ich nahezu täglich mit zerrissener Kleidung nach Hause. Tätliche Auseinandersetzungen zwischen polnischen und jüdischen Kindern waren an der Tagesordnung, und oft war ich selbst der Anlaß zu einer Rauferei,

weil ich zu ihren Beleidigungen nicht schwieg, sondern mit gleicher Münze zurückzahlte.
Wann immer ich eine Balgerei zwischen »denen« und »uns« bemerkte, mischte ich sofort mit und kam meinen Glaubensgenossen zu Hilfe. Ich galt bald als der Anführer der jüdischen Clique. Je mehr Prügel ich bezog, desto heftiger schlug ich zurück. Meine Großmutter versuchte ständig, mich zur Mäßigung zu überreden – sie fürchtete, man würde mich von der polnischen Schule weisen –, aber ich konnte keine Beleidigungen einstecken, weder persönlich noch solche, die meinen Freunden zugedacht waren.
Die jüdische Gemeinde in Chelm zählte ungefähr zwanzigtausend Mitglieder, und wir bildeten die Majorität der Einwohnerzahl. Da die meisten Juden sehr religiös waren, galt die Synagoge als absolutes Zentrum unseres Gemeindelebens.
Am Freitagabend waren die Straßen von Chelm voller Juden, die gemessenen Schrittes in ihren traditionellen Kleidern – Streimels, Kapotas und Tzitziots – stolz zur Synagoge schritten. Auch die männlichen Mitglieder meiner Familie nahmen an dieser Sabbat-Prozession teil. Moshe, mein ältester Bruder, ging voran, ihm folgten Vater, Shmuel und ich. Vater war auf diesem Weg zur Synagoge mit seinen drei wohlgeratenen Söhnen so stolz, wie ein Vater nur sein kann. Ich selbst ging nicht gerne mit, da mir aber nie in den Sinn gekommen wäre, Vaters Anordnung nicht zu respektieren, schloß ich mich ihnen eben an.
Ganz besonders gut kann ich mich an die Feiertage im Winter erinnern, wenn der Schnee meterhoch lag und klirrende Kälte herrschte. Ich fror erbärmlich, marschierte aber, wie alle anderen auch, tapfer zur Synagoge. Wenn wir dann nach Hause zurückkehrten, empfing Mutter uns mit warmer Herzlichkeit. Die Freude über unsere Rückkehr strahlte aus ihrem Gesicht, wenn sie »ihre Männer« mit »Shabbos Sholem« begrüßte und liebevoll an sich drückte. Dann wurde im Eßzimmer das Sabbat-Mahl eingenommen. Vater saß am oberen Tischende, und erst nachdem er Platz genommen hatte, durften wir uns hinsetzen; immer in der gleichen Reihenfolge: Gleich links von Vater saß Moshe, ihm folgten Esther und Drejza. Ich saß unmittelbar rechts neben ihm, gefolgt von Shmuel und

Bobba Raza. Das untere Tischende, Vater gegenüber, war ausschließlich unserer geliebten Mutter vorbehalten. Noch heute klingt Vaters warme, melodische Stimme in meinen Ohren, wenn er den Kiddush-Segen sang. Wenn er geendet hatte, ging Mutter auf ihn zu und umarmte ihn.

So wie Chelm sich mir mit den Augen eines Kindes darstellte, war diese Stadt, um die sich so viele Geschichten ranken, die schönste, größte, vornehmste und eleganteste Stadt auf Erden, der Inbegriff alles Schönen. Ich war stolz darauf, ein Sohn meiner Familie und genauso stolz darauf, ein Sohn von Chelm zu sein.

Meine Mutter, meine geliebte Mamuschka (so nannten wir sie immer), war ein wahrer Engel. Es fällt schwer, all ihre wunderbaren Eigenschaften aufzuzählen, ich habe bestimmt einige vergessen; es waren derer so viele. Als ich noch klein war, dachte ich, sie sei eigens dazu auf die Welt gekommen, um Gutes zu tun; Gutes für ihre Familie, ihre Freunde und Gäste. Alle schauten mit Liebe und Verehrung zu ihr auf, und Binjumin, ihr Bruder, betete sie nahezu an. Sie war eine großzügige Seele, und ich habe nie erlebt, daß jemand vergeblich um ihre Hilfe gebeten hätte. Jeden Freitag kaufte sie Unmengen von »Challahs« – Sabbat-Brot –, das sie aufschnitt und an Bettler und Hungrige verteilte. Sie gab mit vollem Herzen. Ich erinnere mich an einen Bettler, der ein zweites Mal die Hand ausstreckte. Als ich Mutter darauf aufmerksam machte, daß dieser Mann sein Stück schon bekommen hätte, meinte sie, daß ich mich wahrscheinlich irrte. »Aber wenn es wirklich so ist«, sagte sie, »dann zeigt das doch nur, daß der Mann noch hungrig ist, und wir sollen geben, solange wir können.«

Mein Vater, der nicht so gern mit vollen Händen gab, wies sie manchmal zurecht und fragte sie: »Warum tust du das? Wenn du so weitermachst, wird unser Haus bald ein Tummelplatz von Schmarotzern und Schnorrern werden. Willst du das denn?«

Aber Mutter, die immer gleichmäßig ruhig und freundlich blieb, gab ihm stets die gleiche Antwort: »Solange ich kann, werde ich geben, und zwar mit ganzem Herzen. Und falls wir einmal arm werden, so wird Gott *uns* helfen.«

Nach dieser Maxime war ihr ganzes Leben ausgerichtet. »Gib,

wenn du geben kannst, und Gott wird es dir vergelten, wenn du in Not bist.«

Ob jemand krank war oder Hilfe brauchte, jeder durfte auf Mutter zählen. Und sie gab ihre Hilfe selbstverständlich.

Mein Vater war dagegen streng. Von ihm bekam ich schon einmal eins hinter die Ohren, selbst wenn ich gar nichts angestellt hatte. Dessenungeachtet hielt ich unsere Familie für die glücklichste der Welt.

Freitags herrschte im Haus eine absolute Feiertagsatmosphäre. Unmittelbar vor Einbruch der Dämmerung, wenn die Sonne untergegangen war und der Horizont von Rot in Grau überwechselte, verließ der Sexton mit seinem langen weißen Bart die Synagoge, um den Sabbat zu verkünden. Mit einem langen Stock schritt er langsam und würdevoll durch die Straßen von Chelm und rief mit Stentorstimme, so daß ihn niemand überhören konnte: »Shabbes, Shabbes.«

Das war das Signal für alle Juden, ihre Geschäfte zu schließen. Die Straßen waren plötzlich wie leergefegt, und auch die Christen schlossen ihre Läden. Wer sich an einem Freitagabend in Chelm aufhielt – Jude oder Nichtjude –, konnte sich der festlichen Stimmung nicht verschließen. Wenn die Rufe des Sexton ertönten, hielten die Kinder im Spiel inne und eilten nach Hause, um sich an den Festvorbereitungen zu beteiligen, die in jedem jüdischen Haushalt stattfanden.

Ich bin seit meiner Kinderzeit in vielen fremden Ländern gewesen und habe mich auch an vielen Festlichkeiten beteiligt, aber eine Atmosphäre, die so feierlich war wie die im Hause meiner Eltern, ist mir nirgendwo anders begegnet.

Auch viele Feiertage, die während des Jahres stattfanden, sind mir unvergeßlich geblieben. Da gab es zum Beispiel *Purim*, etwas, das es in dieser Art nur in Chelm gab; eine Art ländliche polnische Fastnacht. Für uns Kinder war *Purim* das lustigste Fest überhaupt; selbst die rauhen Winde und Regenfälle konnten unserer Fröhlichkeit keinen Abbruch tun, wenn wir uns in unseren selbstgemachten Verkleidungen in den Straßen tummelten. Dabei waren der Phantasie keine Grenzen gesetzt, und jede Anregung aus dem Familien-

kreis wurde begierig aufgenommen und sofort in die Tat umgesetzt, wenn der Vorschlag gut erschien. Die phantasievollsten Kostüme waren die, die in irgendeiner Beziehung zu Chelm standen.
Passah war das andere beliebte Fest; das jüdische Osterfest, wo es schon überall nach Jasmin und Mandelblüten roch. Mit der Erneuerung der Natur wurden auch wir Kinder von A bis Z neu ausgestattet: Kleidung, Schuhe, Spiele. Wir wurden mit Geschenken überhäuft, und überglücklich fanden die Kinder sich draußen im Freien zusammen, um sich in unschuldigem Kinderstolz gegenseitig ihre Geschenke zu zeigen. Passah war ein wunderschönes Fest, und selbst heute noch, nach so vielen Jahren, überkommt mich ein unstillbares Sehnen nach meiner vergangenen glücklichen Kinderzeit, wenn die Passahzeit naht.
Sommerzeit bedeutete Ferienzeit. Wir hatten eine Tante in Tumaszowka, in der Nähe von Wladowa. Dort mieteten wir jedes Jahr eine Datscha für den ganzen Sommer, die mitten im Wald stand und wo wir uns nach Herzenslust austoben und den ganzen Tag spielen konnten, was immer uns in den Sinn kam. An Wochenenden kam Vater zu uns raus. Obwohl er sich lieber ausgeruht hätte, ließen wir ihm keine Ruhe und zogen ihn mit uns in den Wald, wo wir den ganzen Tag verbrachten.
Nach der Rückkehr aus den Sommerferien in die Stadt erwartete uns eine angenehme herbstliche Temperatur. Dann dauerte es nicht mehr lange, und die Straßen von Chelm lagen voller bunter Blätter, die ankündigten, daß der Winter nicht mehr fern war. Und wenn er dann da war, mit meterhohem Schnee, weich und weiß wie Watte, klirrender Kälte oder aber auch mit Regengüssen, die die Straßen in Bäche verwandelten, dann begann der Winterspaß.
Eingemummt in warme Kleidung und Gummistiefel, ruderten wir durch die Regenpfützen, oder wenn es Schnee gab, bauten wir die lustigsten Schneemänner mit Karottennasen, Kohleaugen und Reisigbesen unterm Arm, oder wir veranstalteten Schneeballschlachten. Wintervergnügen gab es in Hülle und Fülle, und unsere Phantasie war unerschöpflich im Erfinden von immer neuen Spielen.
Shmuel und ich hingen aneinander wie die Kletten; wir waren praktisch unzertrennlich, und ohne den anderen war jedes Vergnü-

gen nur ein halbes. Ich war Shmuels bester Freund, und er meiner. Eines Tages besuchte uns Onkel Binjumins Sohn, unser Cousin Chaim-Josl. Er war damals achtzehn oder neunzehn, und da sein Vater dank seiner Essigfabrik über ein respektables Vermögen verfügte, konnte er sich leisten, seinen Sohn in Lublin studieren zu lassen. Chaim-Josl brachte uns eine Neuigkeit, die uns vor Staunen sprachlos werden ließ: »Ich bin gekommen, um mich von euch zu verabschieden. Ich will nach Palästina gehen und dort Pionierarbeit leisten.«

Seine jugendliche Begeisterung steckte auch uns an. Er war voller Enthusiasmus und sah der Herausforderung, welche der Aufbau eines zionistischen Staates an ihn und alle anderen stellen würde, mit großem Idealismus entgegen.

Seine Familie billigte das Vorhaben nicht, aber Chaim-Josl setzte sich durch. »Kann es denn für einen jungen Juden überhaupt eine schönere Aufgabe geben, als in das Land Israel zu gehen und dort am Aufbau eines eigenen Landes für die Juden zu helfen?« war sein Gegenargument, dem schließlich niemand etwas entgegensetzen konnte.

Er ließ sich von nichts und niemand umstimmen und machte sich auf die Reise nach Palästina. Sein Vater, Mutters Bruder und unser Onkel Binjumin, folgte ihm drei Jahre später, nachdem er seine Essigfabrik verkauft hatte. Vom Erlös gab er meinem Vater einen Teil und konnte dennoch als reicher Mann in die neue Heimat einreisen. Auch sein zweiter Sohn, Adam, ging mit, und gemeinsam bauten sie später einen Wohnblock in Tel Aviv in der Dizengoffstraße Nr. 294.

Nachdem sie Polen verlassen hatten, erhielten wir regelmäßig Ansichtskarten aus dem Heiligen Land. Onkel Binjumin schrieb begeistert über die neue Heimat. Seine eindrucksvollen Beschreibungen der Landschaft, des ewigen Sonnenscheins und der Entschlossenheit der Menschen, dieses Land wiederzugewinnen, weckten auch in uns den Wunsch, ihnen nachzufolgen. Da Onkel Binjumin meiner Mutter sehr zugetan war, versprach er, sich um alles zu kümmern, was wir brauchten, wenn wir nur kämen, »in das einzige Land auf der Erde, in dem ein Jude in Ruhe und Frieden leben kann«.

Nach jedem Brief aus Palästina begannen die Diskussionen: Sollen wir in Polen bleiben oder nach Palästina aufbrechen? Onkel Binjumins Beschreibungen waren so verlockend, daß hitzige Debatten zwischen Eltern und Kindern über Gehen oder Bleiben entstanden. Aber am Ende jeder Diskussion stand die Entscheidung unserer Eltern fest: »Wir können den Familienbetrieb nicht einfach aufgeben.« Und damit war die Debatte beendet ... bis die nächste Beschreibung von Onkel Binjumin eintraf.

Chuma, die Schwester meiner Mutter, lebte in Lublin und war mit Pinchas Ringelboim verheiratet. Sie hatten drei Kinder: Chaim-Josl, Itzele und Esther. Die Familie besaß ein großes Textilgeschäft, und die beiden Jungen durften auf der berühmten Lubliner Yeshivah studieren, aus der viele berühmte Rabbis und Gelehrte hervorgegangen sind. Dort aufgenommen zu werden verlangte eine überdurchschnittliche Intelligenz und war außerdem sehr teuer. Aber Reichtum allein ermöglichte keinem den Zugang.

Itzele hat oft bei uns zu Hause übernachtet. Ich erinnere mich gut an seine unermüdlichen Versuche, uns soviel wie möglich über Judaismus beizubringen, und daß er uns jedesmal mit klingender Münze belohnte, wenn wir eine Seite aus dem Talmud rezitierten. Mein Bruder Shmuel hatte ein gutes Gedächtnis und lernte leicht auswendig, während mir der fremdartige Text enorme Schwierigkeiten bereitete. Aber Itzele hat mich deshalb nie benachteiligt oder mich gar vor Shmuel gedemütigt. »Der gute Wille ist ausschlaggebend«, tröstete er mich und händigte auch mir meine Belohnung aus – einen halben Zloty für eine Seite –, was für eine Riesenportion Eis reichte – viel mehr als unser wöchentliches Taschengeld. Schon aus diesem Grund freuten wir uns mächtig, wenn Itzele ins Haus kam. Ebenso willkommen war uns sein Bruder Chaim-Josl, der uns auch immer Geschenke mitbrachte und uns hin und wieder eine Münze zusteckte.

Mein Vater war einer von vier Söhnen, von denen der jüngste Judl (Jehuda) hieß; die beiden anderen waren Moishe und Josl. Vater hatte außerdem noch fünf Schwestern: Chantze war die jüngste, eine hieß Esther; an die Namen der drei anderen kann ich mich nicht mehr erinnern.

Wir waren – wie schon erwähnt – eine weitverzweigte Familie. Abisz Szticziver, mein Urgroßvater, hatte ein Vermögen mit Bauholz gemacht. Er hatte Handelsbeziehungen zum polnischen Adel gehabt und sorgte dafür, daß alle seine Kinder gut situiert waren. Mein Urgroßvater liebte seine Kinder sehr und besorgte jedem einen Stammbaum.
Als ich vor vielen Jahren die Herkunft meines Namens erforschte, fand ich heraus, daß mein Urgroßvater den Stammbaum des Rabbi Lipman gekauft hatte, der um 1550 in Böhmen gelebt hatte und ein berühmter Rabbi und hochgelehrter Weiser war. Das von ihm geschriebene Buch ist der Bibliothek der Synagoge in der Ben-Jehuda-Straße in Tel Aviv einverleibt, und ich konnte es mit eigenen Augen betrachten, als wir dort die Bar Mitzvah meines Sohnes Ronen feierten.
Abisz Szticziver starb 1940; er wurde neunzig Jahre alt, und bei seiner Beerdigung folgte eine unübersehbare Menschenmenge seinem Sarg.

Nachwort

Nachdem der Autor im Jahre 1945 sein Leben unter seinem richtigen Namen, Lipman Sznajder, in Polen wiederaufgenommen hatte, zwang ihn das in seinem Heimatland noch immer stark vorherrschende antisemitische Klima, das Land zu verlassen. Die polnische Untergrundbewegung AK hatte ein Todesurteil gegen ihn erlassen. Mit Unterstützung der jüdischen Hilfsorganisation SOCHNUT versuchte er, nach Palästina auszuwandern. Die Reise dorthin war zu dieser Zeit unglaublich beschwerlich; sie führte ihn u. a. durch Rumänien, Ungarn, Österreich, Jugoslawien und Italien, wo seine Reise ihr vorläufiges Ende fand, da die politischen Zustände in Palästina inzwischen keine weiteren Einwanderungen mehr zuließen. In jedem der Länder, durch die ihn seine Odyssee geführt hatte, suchte er vergeblich nach Spuren seiner verschwundenen Schwester Drejza, deren Schicksal noch immer ungeklärt war.

Lipman Sznajder blieb bis 1948 in Mailand, wo er neue Freunde fand und auch Geschäftsverbindungen nach München anknüpfen konnte, einer Stadt, in die er dann für lange Jahre seinen Wohnsitz verlegte.

Obwohl er kaum mehr besaß als die Kleider, die er auf dem Leib trug, wagte er sich an einen kleinen Import-Export-Handel, der sich in der Hauptsache auf Kameras und Fotozubehör konzentrierte. Der Handel entwickelte sich so gut, daß er bald einen richtigen Großhandel aufnehmen konnte, dem er den Namen »Foto-Cinema« gab. Diese Entscheidung erwies sich als richtig, denn auch der Großhandel ließ sich so gut an, daß er fünf Jahre später einen zweiten, wesentlich größeren Betrieb eröffnen konnte, nämlich die Firma »CINEX Generalvertretung für Mustang«. FOTO SCHNEIDER, wie sein Hauptgeschäft hieß, war ein bekanntes Fachgeschäft in München.

Im Jahre 1961 erfüllte er sich einen Kindheitstraum, und er reiste zum erstenmal nach Israel, wo er seine einzigen Verwandten besuchte, die den Holocaust überlebt hatten, weil sie noch rechtzeitig vor Kriegsausbruch nach Palästina ausgewandert waren. In Israel lernte Lipman Sznajder auch seine Frau kennen, die eine Sabra, also

eine geborene Israelin ist. Sie heirateten noch im gleichen Jahr, und die junge Frau Sznajder folgte ihrem Mann nach München. Inzwischen ist die Familie Sznajder auf drei bereits erwachsene Kinder und zwei Enkel angewachsen.
1967 kaufte er in München ein Wohnheim mit fünfundsechzig Zimmern, das er an die Bundespost vermietete, und 1971 baute er sein eigenes Hotel in München – ein Haus der gehobenen Mittelklasse mit einhundertfünfzig Betten und einem angeschlossenen Restaurant sowie mit Saunabetrieb. Das Hotel leitete er persönlich. Frau Sznajder konnte ihr Heimweh nicht überwinden, und so entschied die Familie sich im Jahre 1982, nach Israel zurückzukehren, und heute teilen die Sznajders ihre Zeit ziemlich gleichmäßig zwischen Tel Aviv und München auf, wo sie außer ihrem Hotel noch einige Eigentumswohnungen und Büroräume besitzen.
Lipman Sznajder schrieb nach diesem Buch noch ein zweites mit dem Titel »Die Stunde nach der Befreiung«, in dem er, der zunächst eine ganze Weile davon überzeugt war, er sei der einzige Jude, der den Holocaust überlebt hätte, schildert, wie sein weiteres Leben nach der Befreiung alles andere als in ruhigen Bahnen verlief.